Geschichte Oberschule Sachsen

entdecken und verstehen

7

Vom Beginn der Neuzeit bis zur Industrialisierung

Caroline Heber, Chemnitz
Michael Heinz, Annaberg-Buchholz
Kerstin Herrmann-Nitz, Chemnitz

Regionalgeschichtliche Autoren:
Daniel Geißler, M. A., Dresden
Andreas Peschel, M. A., Dresden

Cornelsen

Unter Verwendung von Beiträgen von:
Florian Basel, Dr. Thomas Berger-v. d. Heide, Heike Bruchertseifer, Judith Engelhardt, Matthias Fels, Kathrin Grashiller, Carola Gruner-Basel M. A., Wolfgang Humann, Hans-Jürgen Kaiser, Karl-Heinz Müller, Stefanie Müller, Prof. Dr. Hans-Gert Oomen, Kathrin Roth, Jürgen Schöll, Maximilian Schuster, Doris Thammer, Dr. Birgit Wenzel, Josef Zißler

Projektleitung: Dr. Uwe Andrae
Redaktion: Sandra Ehrlich, Banzkow bei Schwerin
Grafik und Illustration: Klaus Becker, Oberursel; Thomas Binder, Magdeburg; Erfurth&Kluger, Berlin; Elisabeth Galas, Bad Breisig; Carsten Märtin, Oldenburg; Hans Wunderlich, Berlin
Karten: Dr. Volkhard Binder, Greven; Carlos Borrell, Berlin
Medienbeschaffung: Martha Altenstein
Gesamtgestaltung: Heimann und Schwantes, Berlin
Technische Umsetzung: zweiband.media, Berlin

Das Umschlagbild zeigt das nahe Dresden gelegene Jagdschloss Moritzburg. Zwischen 1542 und 1546 von Herzog Moritz als Jagdhaus erbaut, wurde es später zum Schloss ausgebaut.
Foto: Imago Stock & People GmbH/Hanke

www.cornelsen.de

Die Mediencodes enthalten zusätzliche Unterrichtsmaterialien, die der Verlag in eigener Verantwortung zur Verfügung stellt.

Soweit in diesem Lehrwerk Personen fotografisch abgebildet sind und ihnen von der Redaktion fiktive Namen, Berufe, Dialoge und Ähnliches zugeordnet oder diese Personen in bestimmte Kontexte gesetzt werden, dienen diese Zuordnungen und Darstellungen ausschließlich der Veranschaulichung und dem besseren Verständnis des Inhalts.

1. Auflage, 1. Druck 2021

Alle Drucke dieser Auflage sind inhaltlich unverändert und können im Unterricht nebeneinander verwendet werden.

Druck: Mohn Media Mohndruck, Gütersloh

ISBN 978-3-06-065828-2 (Schülerbuch)
ISBN 978-3-06-065833-6 (E-Book)

PEFC
PEFC/04-31-1033

PEFC zertifiziert
Dieses Produkt stammt aus nachhaltig bewirtschafteten Wäldern und kontrollierten Quellen.
www.pefc.de

1

2

entdecken und verstehen

Liebe Schülerin, lieber Schüler,
wir möchten dir die verschiedenen Seiten dieses Buches vorstellen.

Auftaktseiten

Jedes Kapitel startet mit einem großen Bild. Darauf gibt es viel zu entdecken: Du kannst Eindrücke sammeln und zusammentragen, was du schon weißt.

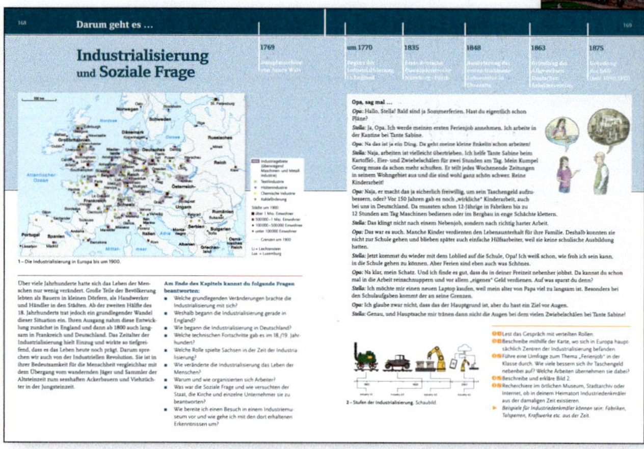

Darum geht es ...

Diese Seite gibt dir einen Überblick
- über wichtige Daten und Räume,
- über die Themen des Kapitels und
- darüber, was du am Ende wissen und können sollst.

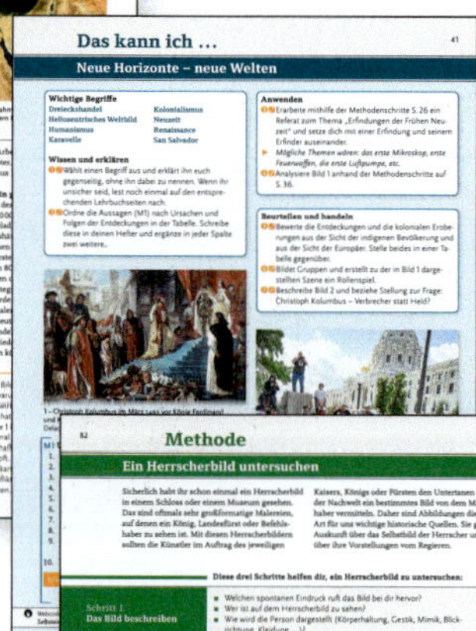

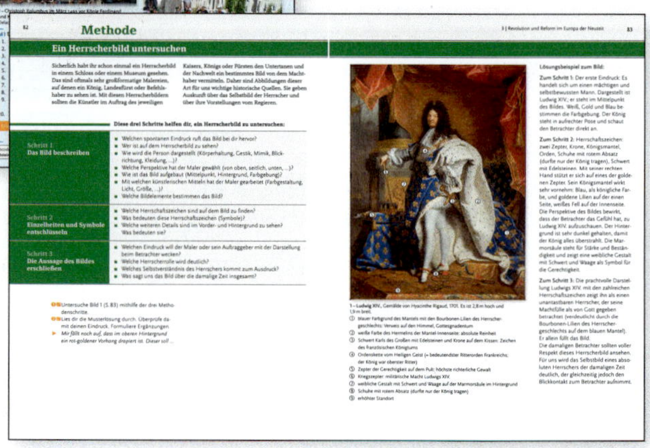

Über den Tellerrand geschaut ...

Auf dieser Seite erhältst du noch vertiefende bzw. weiterführende Informationen zu einem Thema des Kapitels.

Das kann ich ...

Am Ende des Kapitels kannst du dein Wissen und Können testen.

Methode

- Hier kannst du **Schritt für Schritt** erlernen, wie du z. B. eine Internetrecherche durchführst, Statistiken und Textquellen untersuchst oder in deiner Stadt Spuren des Mittelalters finden kannst.
- **Lösungsbeispiele** helfen dir.
- Eine Übersicht der Methoden findest du im Anhang, S. 202 ff.

Inhaltsseite

Oben links steht immer die **Frage**, um die es auf der Doppelseite geht. Dann folgen **Autorentexte**.

Bei den **Materialien** werden Reden von Politikern, Zeitzeugenberichte und andere Schriften aus der Vergangenheit als Quellen mit einem **Q** versehen. Texte, in denen Wissenschaftler oder Journalisten aus heutiger Sicht etwas darstellen, tragen ein **M**.

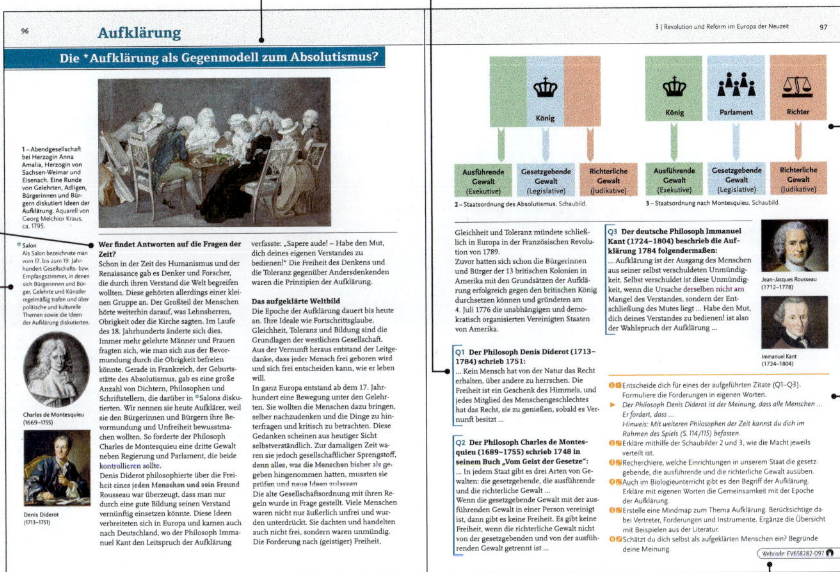

Du findest hier auch **Bilder, Karten und Grafiken.**

Mit den **Aufgaben** kannst du Fragen, Autorentexte und Materialien bearbeiten. Hinter dem Pfeil ▶ findest du **Starthilfen.**

Auf der Randspalte findest du **in schwarzer Schrift Worterklärungen** von schwierigen Begriffen im Autorentext.

Der **Webcode** rechts oder links unten auf der Seite führt dich zu verschiedenen Angeboten zur Weiterarbeit: Du kannst Themen des Buches im Internet vertiefen und dein Wissen anhand von auf Selbsteinschätzungsbögen prüfen. So geht es:

1. Gehe auf die Webseite cornelsen.de/webcodes
2. Gib den Webcode der Seite ein, z. B.:

Webcode: EV658282-097

Geschichte vor Ort

Hier erfährst du etwas über die Geschichte Sachsens.

Geschichte vor Ort
Industrialisierung in Sachsen

Hier spielt die Geschichte

Mithilfe dieser Seite könnt ihr euer Wissen gemeinsam testen und Spaß haben.

Individuell lernen und fördern

Schauplatz-Seiten: Wahlaufgaben zu einem spannenden Großbild

Auf Schauplatz-Seiten findest du – immer passend zum Kapitelthema – **ein großes Bild mit Wahlaufgaben** (rot), die du in Gruppenarbeit löst.

94 Frankreich – Vorbild für Europa

3 | Revolution und Reform im Europa der Neuzeit 95

Der Dresdner Zwinger – Klein-Versailles

Schauplatz Geschichte

Während der Zeit des Absolutismus stellten Herrscher gern ihren Reichtum zur Schau. Hierzu veranstalteten sie auch prächtige Feste. Auf dem Bild „Aufzug im Zwinger" (1722) von Alexander Thiele ist eine solche Feierlichkeit dargestellt. August der Starke ließ sie im Februar 1722 zum Abschluss des Karnevals veranstalten. Der Dresdner Zwinger diente damals als Veranstaltungsort des Aufzugs mit anschließendem Pferderennen.

Bildet Paare oder Gruppen und wählt eine der folgenden Aufgaben. Stellt anschließend eure Ergebnisse den anderen vor.

1 Auf dem Gemälde ist besonders die Vorbereitung zum Pferderennen abgebildet. Überlegt, welche weiteren Highlights es an diesem Tag gegeben haben könnte. Entwerft eine Einladung zu diesem Fest, in der ihr die Höhepunkte aufzählt.

2 Stellt euch vor, ihr seid Stallbursche in den königlichen Stallungen. Zur Pflege der Pferde dürft ihr an diesem Tag mit vor Ort sein und das Geschehen beobachten. Was könntet ihr von diesem Fest am Abend euren Freunden erzählen? Schreibt einen Bericht.

3 Das Gemälde enthält auch geplante, später aber nicht umgesetzte Bestandteile. Vergleicht den heutigen Zwinger mit der vorliegenden Ansicht. Beachtet weitere Gebäude und Darstellungen im Hintergrund.

Von leicht bis schwierig …

Bei allen Aufgaben dieses Buches findest du **Würfel**.
Sie zeigen **unterschiedliche Schwierigkeitsgrade** an:

- einfacher Schwierigkeitsgrad
- mittlerer Schwierigkeitsgrad
- erhöhter Schwierigkeitsgrad

1 Nenne Faktoren, die die Industrialisierung in Sachsen begünstigten.
2 Gib den Inhalt von Q1 mit eigenen Worten wieder.
3 Stelle Vermutungen an, warum der sächsische Prinz Johann unbedingt an der Eröffnung des ersten Streckenabschnitts der Leipzig-Dresdner Eisenbahnstrecke dabei sein wollte.
4 Verfasse einen Artikel, in dem du über die Entwicklung der Industrialisierung in Sachsen und ihre Bedeutung für das Land und die Menschen informierst.
5 Recherchiere in verschiedenen Medien und finde Zeugnisse aus der Zeit der Industriellen Revolution in deinem Heimatort oder der Umgebung. Stelle die Fabriken und deren einstigen Produkte vor.

▶ ▶ Starthilfen – unterstützen und fördern

Auf den Seiten dieses Buches findest du **Starthilfen, die dich bei der Lösung von Aufgaben unterstützen**. Sie tragen ein oranges ▶ oder rotes ▶ Dreieck und sind in *kursiver* Schrift gesetzt.

1 Beschreibe mithilfe der Bilder 1 und 2 den Unterschied zwischen dem geozentrischen und kopernikanischen (heliozentrischen) Weltbild. Fertige zur Verdeutlichung eine Skizze an.
2 Prüfe, ob es Ähnlichkeiten in den Auffassungen des Agricola (Q1) und dem Vorgehen des Kopernikus gibt.
▶ *Formuliere hierfür zunächst die Aussage Agricolas mit eigenen Worten und vergleiche dann.*
3 Erstellt in Gruppenarbeit Steckbriefe zu Kopernikus, da Vinci und Galilei. Orientiert euch dabei an den VIP-Seiten.

Hilfe durch die Operatorenliste

Alle Aufgaben enthalten bestimmte Begriffe, die dir mitteilen, was du bei dieser Aufgabe tun sollst, z. B. nenne, beschreibe, erkläre ... . Dies sind die Operatoren. Auf den beiden **Innenseiten des Einbands** dieses Buches findest du eine **Operatorenliste**, in der du solche Begriffe nachschlagen kannst. Du findest dort außerdem Hilfen, wie du bei der Lösung von Aufgaben mit diesem Operator vorgehen kannst, und ein Beispiel dazu.
Die Operatoren sind **alphabetisch** geordnet.

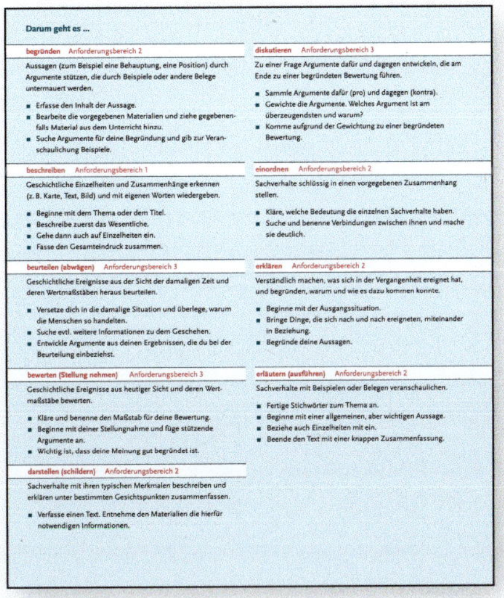

Darum geht es ...

begründen Anforderungsbereich 2

Aussagen (zum Beispiel eine Behauptung, eine Position) durch Argumente stützen, die durch Beispiele oder andere Belege untermauert werden.

- Erfasse den Inhalt der Aussage.
- Bearbeite die vorgegebenen Materialien und ziehe gegebenenfalls Material aus dem Unterricht hinzu.
- Suche Argumente für deine Begründung und gib zur Veranschaulichung Beispiele.

beschreiben Anforderungsbereich 1

Geschichtliche Einzelheiten und Zusammenhänge erkennen (z. B. Karte, Text, Bild) und mit eigenen Worten wiedergeben.

- Beginne mit dem Thema oder dem Titel.
- Beschreibe zuerst das Wesentliche.
- Gehe dann auch auf Einzelheiten ein.
- Fasse den Gesamteindruck zusammen.

beurteilen (abwägen) Anforderungsbereich 3

Geschichtliche Ereignisse aus der Sicht der damaligen Zeit und deren Wertmaßstäben heraus beurteilen.

- Versetze dich in die damalige Situation und überlege, warum die Menschen so handelten.
- Suche evtl. weitere Informationen zu dem Geschehen.
- Entwickle Argumente aus deinen Ergebnissen, die du bei der Beurteilung einbeziehst.

bewerten (Stellung nehmen) Anforderungsbereich 3

Geschichtliche Ereignisse aus heutiger Sicht und deren Wertmaßstäbe bewerten.

- Kläre und benenne den Maßstab für deine Bewertung.
- Beginne mit deiner Stellungnahme und füge stützende Argumente an.
- Wichtig ist, dass deine Meinung gut begründet ist.

darstellen (schildern) Anforderungsbereich 2

Sachverhalte mit ihren typischen Merkmalen beschreiben und erklären unter bestimmten Gesichtspunkten zusammenfassen.

- Verfasse einen Text. Entnehme den Materialien die hierfür notwendigen Informationen.

diskutieren Anforderungsbereich 3

Zu einer Frage Argumente dafür und dagegen entwickeln, die am Ende zu einer begründeten Bewertung führen.

- Sammle Argumente dafür (pro) und dagegen (kontra).
- Gewichte die Argumente. Welches Argument ist am überzeugendsten und warum?
- Komme aufgrund der Gewichtung zu einer begründeten Bewertung.

einordnen Anforderungsbereich 2

Sachverhalte schlüssig in einen vorgegebenen Zusammenhang stellen.

- Kläre, welche Bedeutung die einzelnen Sachverhalte haben.
- Suche und benenne Verbindungen zwischen ihnen und mache sie deutlich.

erklären Anforderungsbereich 2

Verständlich machen, was sich in der Vergangenheit ereignet hat, und begründen, warum und wie es dazu kommen konnte.

- Beginne mit der Ausgangssituation.
- Bringe Dinge, die sich nach und nach ereigneten, miteinander in Beziehung.
- Begründe deine Aussagen.

erläutern (ausführen) Anforderungsbereich 2

Sachverhalte mit Beispielen oder Belegen veranschaulichen.

- Fertige Stichwörter zum Thema an.
- Beginne mit einer allgemeinen, aber wichtigen Aussage.
- Beziehe auch Einzelheiten mit ein.
- Beende den Text mit einer knappen Zusammenfassung.

Medienbildung / digitale Bildung

Auf vielen Seiten kannst du **Angebote zur Medienbildung und digitalen Bildung** finden:
Unter den Webcodes:

- **Linktipps** zur Lösung von Arbeitsaufträgen

  Webcode: EV658282-097

- **Selbsteinschätzungsbögen** zur „Das kann ich"-Seite

  Webcode: EV658282-041
  Selbsteinschätzungsbogen

Bei den Aufgaben:

- **Rechercheaufgaben im Internet**

  3 Recherchiere im Internet zu Calvin, Zwingli und Heinrich VIII. und erstelle jeweils einen Steckbrief.

EL MONTE

1 Neue Horizonte – neue Welten

„Oh Jahrhundert, oh Wissenschaft, es ist eine Lust zu leben!"
Diese Worte stammen von dem Ritter und Gelehrten Ulrich von Hutten, der auch kurze Zeit in Leipzig lebte. Sie verdeutlichen, was die neue Epoche ausmachte, die um 1450 das Mittelalter ablöste – die Neuzeit. Diese war geprägt durch einen großen Forscherdrang, dessen Ergebnis eine Vielzahl bedeutender Erfindungen und Entdeckungen war. Mit ihnen konnten die Menschen die Welt mit anderen Augen sehen und so ihren eigenen Horizont erweitern.

Neue Horizonte – neue Welten

1 – Europäische Entdeckungsfahrten im 15./16. Jahrhundert.

Die Welt mit anderen Augen sehen
Während im Mittelalter der christliche Glaube das Weltbild der Menschen in Europa bestimmte, änderte sich dies um 1500. Begünstigt durch eine Warmzeit war es ab dem Hochmittelalter zu einer Bevölkerungsexplosion gekommen. Tausende Siedlungen wurden neu gegründet und die vorhandenen Städte wuchsen sichtbar. Sie entwickelten sich zu Zentren des kulturellen und wissenschaftlichen Austauschs. Die Menschen begannen, sich verstärkt für naturwissenschaftliche Vorgänge zu interessieren und zu forschen. Sie wollten alles genau wissen. Diese neue Sicht auf die Welt und eine Vielzahl an Erfindungen machten es erst möglich, dass europäische Seefahrer aufbrachen, um nach neuen Seewegen zu suchen und fremde Länder zu entdecken. Dieses Zeitalter der Entdeckungen ging einher mit der Eroberung der Welt durch die Europäer, deren Folgen bis heute spürbar sind. In diesem Kapitel wirst du viele Neuerungen und Erfindungen kennenlernen und erfahren, welche Auswirkungen sie hatten.

Am Ende des Kapitels kannst du folgende Fragen beantworten:

- Wie veränderte das neue Denken das Bild der Menschen von sich selbst und der Welt?
- Welche bahnbrechenden Erfindungen gab es um 1500 und inwiefern ermöglichten viele von diesen die Entdeckung neuer Seewege oder neuer Erdteile und Kulturen?
- Wie lebten die Völker der Inkas und Azteken in Mittel- und Südamerika?
- Welche Folgen hatten die europäischen Entdeckungsfahrten für die einheimische Bevölkerung Amerikas und für die Europäer?
- Wie werden Bildquellen untersucht?
- Wie halte ich ein Referat?

1450	1453	1492	1519–21	15.–16. Jh.
Erfindung des Buchdrucks mit beweglichen Lettern	Eroberung Konstantinopels durch die Türken	Globus von Martin Behaim, erste Entdeckungsreise des Kolumbus	Erste Weltumsegelung durch Magellan	Epoche der Renaissance

Opa, sag mal ...

Stella: Hallo Opi, du, ich habe mal eine Frage: Wir sind in Geschichte gerade bei den Seefahrten des Kolumbus. Da hat Charlotte von ihrem Urlaub erzählt und gesagt, dass es auf der Insel Ibiza ein Denkmal mit einem Ei und dem Schiff von Christoph Kolumbus gibt. Weißt du, was das zu bedeuten hat?

Opa: Ah, das Ei des Kolumbus! Das soll auf folgende kleine Geschichte zurückgehen: Kolumbus wurde nach seiner Rückkehr von der Amerikareise zu vielen Feiern eingeladen. Bei einem Festessen ließ ein Gast die Bemerkung fallen, dass es doch nichts Besonderes war, Amerika zu entdecken. Das kränkte Kolumbus sehr, sodass er zu dem Gast sagte, es wäre auch einfach, ein Ei auf die Spitze zu stellen.

Stella: Wie soll denn das gehen? Das Ei fällt doch immer wieder um, oder?

Opa: Es brachte auch keiner der Anwesenden zustande. Schließlich nahm Kolumbus selbst das Ei und schlug es so stark auf den Tisch, dass die Spitze eindrückte und das Ei stehen blieb. Da sagten die Anwesenden, dass sie das so auch gekonnt hätten. Worauf Kolumbus wiederum gesagt haben soll: „Der Unterschied ist, meine Herren, dass Sie es *hätten* tun können, ich hingegen *habe* es getan!"

Stella: Clever, dieser Kolumbus.

Opa: Genau, und deswegen spricht man bei einer überraschend einfachen Lösung für ein schwieriges Problem vom Ei des Kolumbus.

Stella: Also dafür steht das Denkmal. Es ist aber auch lustig, wie der Künstler diese Geschichte dargestellt hat. Bei meinem nächsten gekochten Frühstücksei werde ich auch einmal Kolumbus spielen.

2 – Maya-Tempel von Yucatan (heutiges Mexiko). Foto, 2019.

3 – „Das Denkmal der Entdeckung Amerikas", umgangssprachlich „Ei des Kolumbus" genannt, in Sant Antoni auf Ibiza. Im Inneren des Eies ist die Santa Maria, das Schiff des Christoph Kolumbus, zu sehen. Foto, 2012.

1 Lest das Gespräch zwischen Stella und ihrem Opa in verteilten Rollen.

2 Ermittle mithilfe der Karte und eines Atlasses Ausgangs- und Zielpunkte für Entdeckungsfahrten im 15. und 16. Jahrhundert.

3 Erkläre, was Kolumbus mit dem Ei verdeutlichen wollte.

4 Berichte, was du über die Entdeckungen im 15. und 16. Jahrhundert schon weißt. Die Einstiegsseite (S. 10/11) sowie die Bilder 2 und 3 helfen dir dabei.

Neue Zeit – neues Denken?

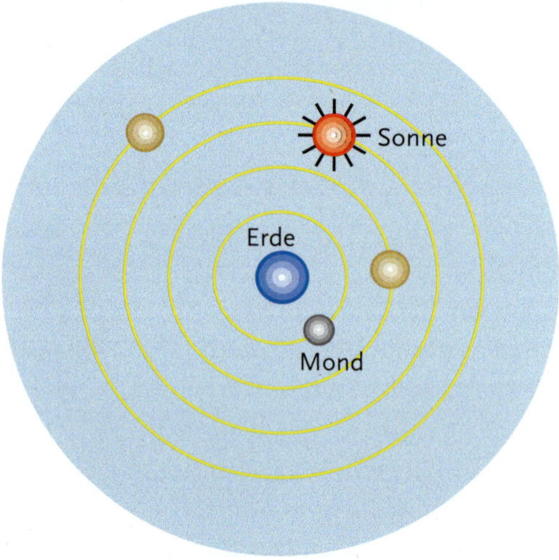

1 – Bewegung der Planeten nach der mittelalterlichen Vorstellung (= geozentrisches Weltbild). Schaubild.

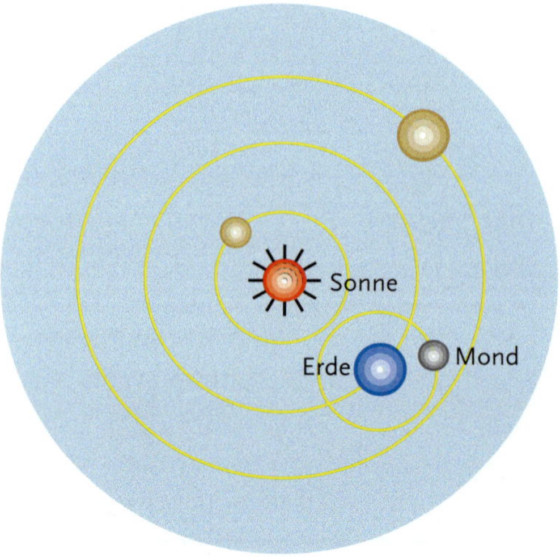

2 – Bewegung der Planeten nach den Berechnungen des Kopernikus (= heliozentrisches Weltbild). Schaubild.

Nikolaus Kopernikus (1473–1543).

Leonardo da Vinci (1452–1519), Selbstporträt, ca. 1490–1500.

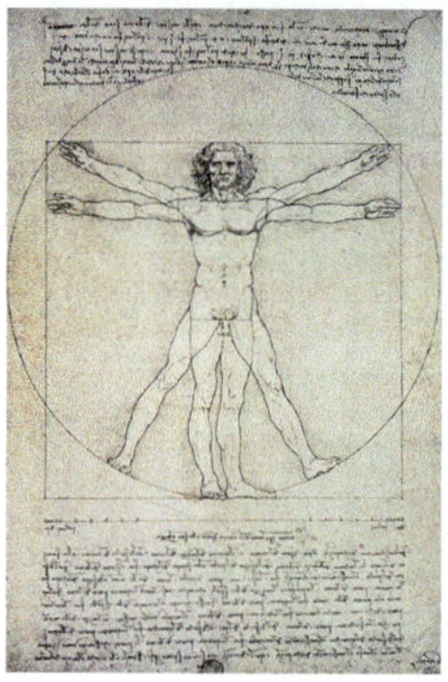

Proportionsstudie „Vitruvianischer Mensch". Skizze von Leonardo da Vinci, 1492.

Wissenschaft oder Glaube?

Im Mittelalter hatte der christliche Glaube das Denken der Menschen und somit das gesamte Leben bestimmt. Auch zu wissenschaftlichen Fragen wurden Antworten vorwiegend in der Bibel gesucht. Aber im 15. Jahrhundert änderte sich das. Für diese neue Denkweise steht beispielsweise der polnische Priester und Astronom Nikolaus Kopernikus.

Dieser hatte sich nicht nur mit dem alten geozentrischen Weltbild des Ptolemäus und dessen Vorgängern auseinandergesetzt, sondern den Sternenhimmel genau beobachtet. Er erkannte, dass die Sonne „[i]n der Mitte von allen [Planeten]" ihren Sitz hat und sich die Planeten in Kreisbewegungen um sie drehen. Außerdem stellte er fest, dass die Erde sich um ihre eigene Achse dreht. Fast 30 Jahre forschte Kopernikus an seiner Theorie, die völlig dem bisherigen Weltbild der Kirche widersprach. Und so scheute sich der Kirchenmann bis kurz vor seinem Tod davor, seine Erkenntnisse, die er in dem Buch „Die Umschwünge der himmlischen Kugelschalen" zusammengefasst hatte, öffentlich zu machen. Als das Werk im März 1543 schließlich erschien, wurde es von vielen als „Humbug" abgetan und kritisiert. Jahrzehnte später verbot die Kirche das Werk, da es den biblischen Lehren widersprach. Das bedeutete, es durfte bis 1822 nur in bearbeiteter Form erscheinen. Doch der Durchbruch des neuen heliozentrischen Weltbildes war nicht mehr aufzuhalten. Man nennt dies die „kopernikanische Wende".

„Wissen ist das Kind der Erfahrung"

Ein weiterer berühmter Wissenschaftler war Leonardo da Vinci. 1452 in der Nähe von Florenz in Italien geboren, galt er schon bei seinen Zeitgenossen als *Universalgenie, denn er war Naturwissenschaftler, Maler, Bildhauer, Architekt, Ingenieur, Arzt, Philosoph und Erfinder. Besonders berühmt ist sein Gemälde der Mona Lisa oder der „Vitruvianische Mensch".

Neben seinen Zeichnungen trugen auch verschiedene Erfindungen zu da Vincis Ruhm bei, die für die damalige Zeit wohl Science-Fiction gewesen sein dürften: ein Fallschirm, ein Panzerfahrzeug, ein U-Boot, ein Taucheranzug oder Flugapparate, die er Luftschrauben nannte. Dabei stand für ihn stets der Entwurf im Mittelpunkt und nicht dessen praktische Verwirklichung. Grundlage für seine Arbeiten waren genaue Beobachtungen von Umwelt und Natur.

Darüber hinaus war er am Aufbau und den Funktionen des menschlichen Körpers

3 – Mona Lisa. Gemälde von Leonardo da Vinci, ca. 1503.

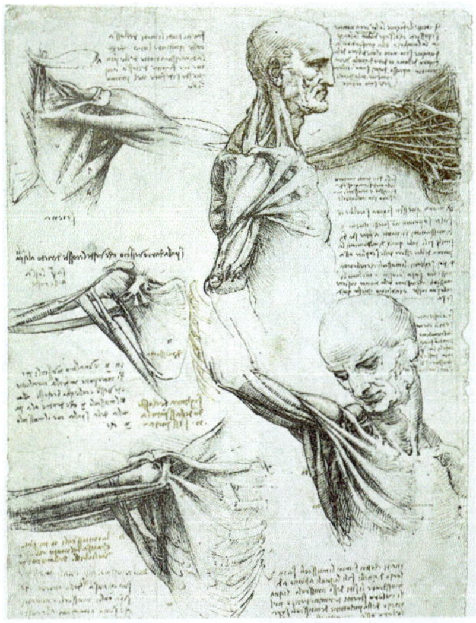

4 – Studienblatt zur Hals- und Schultermuskulatur. Leonardo da Vinci, ca. 1509.

5 – Luftschraube: Vorläufer des Hubschraubers. Modell nach einer Zeichnung von Leonardo da Vinci, 1480–1490.

interessiert und *sezierte, trotz Verbots durch die Kirche, über 30 Leichen. Seine Körperstudien lieferten wichtige Erkenntnisse für die weitere medizinische Forschung.

„Die Neugier steht immer an erster Stelle des Problems, das gelöst werden soll"
Der 1564 im italienischen Pisa geborene Philosoph, Mathematiker, Ingenieur, Physiker und Astronom Galileo Galilei galt ebenfalls als Universalgenie. Er entwickelte zum Beispiel das Fernrohr weiter, um damit die Milchstraße und die Mondoberfläche zu beobachten. Neben Sonnenflecken entdeckte er die Saturnringe und die vier Jupitermonde. All das waren Beweise für die Behauptungen des Nikolaus Kopernikus: Die Erde dreht sich um die Sonne und nicht umgekehrt. Mit diesen Erkenntnissen erregte er Missfallen beim Papst. Alle Schriften des Galileo Galilei wurden verboten. Nach mehreren Prozessen und Haftstrafen zwang man ihn, unter Androhung des Feuertodes, alle seine Thesen zu widerrufen. Erst 1992 erklärte der Vatikan diesen Prozess für Unrecht.

Q1 Der niederländische Gelehrte Rudolf Agricola schrieb 1472 an einen Freund:
... Lass dir verdächtig sein, was du bisher gelernt hast. Verurteile alles und verwirf das, wofür du keine Beweise findest. Auf dem Glauben beruht die Frömmigkeit, die wissenschaftliche Bildung aber sucht stets nach Beweisen ...

Q2 Seine Vorgehensweise begründete Leonardo 1493 mit folgenden Worten:
... Mir aber scheint, es sei alles Wissen eitel und voller Irrtümer, das nicht von der Erfahrung, der Mutter aller Gewissheit, zur Welt gebracht wird ... Hüte dich vor den Lehren jener Spekulanten, deren Überlegungen nicht von der Erfahrung bestätigt sind ... Wir müssen von der Erfahrung ausgehen und mit dieser die Naturgesetze erforschen ...

*** Universalgenie**
Begriff für eine gelehrte Person, die sich auf verschiedenen (wissenschaftlichen) Gebieten durch außergewöhnliche Leistungen hervorgetan hat.

*** sezieren**
Dies bezeichnet das Öffnen und Zergliedern des toten menschlichen Körpers.

1. Beschreibe mithilfe der Bilder 1 und 2 den Unterschied zwischen dem geozentrischen und kopernikanischen (heliozentrischen) Weltbild. Fertige zur Verdeutlichung eine Skizze an.
2. Prüfe, ob es Ähnlichkeiten in den Auffassungen des Agricola (Q1) und dem Vorgehen des Kopernikus gibt.
   ▶ *Formuliere hierfür zunächst die Aussage Agricolas mit eigenen Worten und vergleiche dann.*
3. Erstellt in Gruppenarbeit Steckbriefe zu Kopernikus, da Vinci und Galilei. Orientiert euch dabei an den VIP-Seiten.
4. Gestaltet in Partnerarbeit zu folgender Situation ein Rollenspiel: Ein Mönch und ein Forscher diskutieren die Ansichten von Kopernikus und Galilei (Text).
   ▶ *Mönch: Lieber Freund, findest du nicht auch, dass Gott das Universum mit unserer Erde als Mittelpunkt wunderbar geschaffen hat? Forscher: Nun, dem kann ich leider nicht ganz zustimmen, denn ...*

Wie veränderte sich das Bild vom Menschen?

1 – Selbstbildnis im Pelzrock. Gemälde des Nürnberger Künstlers Albrecht Dürer (1471–1528), 1500.

2 – David-Skulptur von Michelangelo, 1501–1504. Sie ist 5,17 m hoch und damit die erste Monumentalstatue der Renaissance.

* Renaissance
(frz. für Wiedergeburt) Epoche am Ende des 15., Anfang des 16. Jh., die die antike Philosophie, Literatur und Kunst wiederentdeckte und wiederbelebte. Sie ging von den Städten Norditaliens aus und verbreitete sich in ganz Mittel- und Westeuropa.

Lorenzo di Medici (1449–1492).

* Humanismus
Geistige Bewegung, die sich während der Renaissance von Italien aus in ganz Europa verbreitete. Die Humanisten waren überzeugt, dass die Menschen durch das Studium der antiken Vorbilder vollkommener würden.

Die Wiedergeburt der Antike

Seit dem 14. Jahrhundert war Italien, insbesondere Florenz, zum Zentrum von Kunst, Kultur und Wissenschaft geworden. Finanziert und gefördert von der einflussreichen Familie der Medici lebten viele der damals bedeutendsten Persönlichkeiten, wie der Bildhauer Michelangelo Buonarroti oder der Gelehrte und Politiker Machiavelli in der Stadt. Künstler und Gelehrte waren davon besessen, das bisherige Weltbild zu hinterfragen und den Menschen und die Erde besser zu verstehen. Allein der Verstand und die Sinne sollten benutzt werden, um Antworten auf rätselhafte Naturereignisse zu finden. Man richtete sich nicht mehr nach der Bibel, sondern las nun vorrangig die alten Schriften der griechischen und römischen Gelehrten. Deshalb nennt man diese Zeit auch die *Renaissance. Insbesondere die gebildeteren und reicheren Stadtbürger lösten sich häufig von der Bevormundung durch die Kirche. Sie fühlten sich als eigenständige Persönlichkeiten und wollten sich bereits im Diesseits an Schönem erfreuen und das Leben genießen. So entwickelte sich der einzelne selbstbewusste und glückliche Bürger zum Ideal der Renaissance.

Der Mensch im Mittelpunkt – *Humanismus

Mit der Renaissance entstand somit auch eine neue Weltanschauung, die sich an den Interessen, den Werten und der Würde des einzelnen Menschen orientierte. Prinzipien dieser neuen Sichtweise waren Toleranz, Gewaltfreiheit und Gewissensfreiheit. Da der Mensch stets im Mittelpunkt stand, sprechen wir vom Humanismus.
Auch in der Kunst veränderte sich vieles. Wichtig wurde hier die genaue Darstellung des Menschen. Bildhauer wollten ihn möglichst naturgetreu und vollkommen zeigen.

Q1 Über die Rolle des „neuen Menschen" schrieb der italienische Gelehrte Gianozzo Manetti (1396–1459):

... Die Welt ist wohl von Gott geschaffen, aber der Mensch hat sie verwandelt und verbessert. Denn alles, was uns umgibt, ist unser eigenes Werk, das Werk des Menschen, alle Wohnstätten, alle Schlösser, alle Gebäude aus der ganzen Welt ... Von uns sind die Gemälde, die Skulpturen; von uns kommen der Handel, die Wissenschaften und philosophischen Systeme. Von uns kommen alle Erfindungen und alle Arten von Sprachen und Literaturen ...

VIP

Name: Georgius Agricola, lateinisch für Georg Bauer

Lebensdaten: 24. März 1494–21. November 1555

Familie: Sein Vater war Tuchmacher und Färber in Glauchau.

Jugend/Schule/Ausbildung:
- Ab 1506 besuchte er die Lateinschule in Chemnitz.
- Im Zusammenhang mit seinem Studium alter Sprachen lebte er von 1514 bis 1518 in Leipzig.
- Vier Jahre später, ab 1522 bis 1526, nahm er dort erneut ein Studium auf und widmete sich der Medizin.

Werdegang:
- 1518 wurde er Rektor an der Ratsschule in Zwickau. Hier führte er neue Fächer wie Ackerbau, Weinbau und Arzneimittelkunde ein und entwickelte damit einen neuen Schultyp.
- Nach mehreren Italienreisen kehrte er 1526 nach Chemnitz zurück, wo er sich mit vielen verschiedenen Wissensgebieten beschäftigte: Medizin, Alchemie, Pädagogik, Politik, Erdkunde und Bergbau. Dies brachte ihm den Ruf als Universalgelehrter ein.
- 1530 erschien sein erstes Buch über Bergbau, 1546 das Handbuch der Mineralogie.
- 1531 wurde er Stadtarzt in Chemnitz und übernahm zwischen 1546 und 1553 viermal das Bürgermeisteramt.

Besonderheit:
- Er wurde eigentlich als Georg Pawer (= Bauer) geboren. Auf Anraten seines Professors „latinisierte“ er seinen Namen und hieß fortan Agricola (lat. für Bauer).

Was bleibt:
Agricola wird als Vater der Mineralogie (Wissenschaft von Mineralen) angesehen und gilt als Begründer der modernen Geologie und Bergbaukunde.

3 – Denkmal für Georgius Agricola in Glauchau. Foto, 2007.

1. Beschreibe mit eigenen Worten, wie sich das Lebensgefühl der Menschen um 1500 veränderte.
2. Der Begriff Humanismus leitet sich vom lateinischen Begriff humus (= irdisch) ab. Erkläre den Zusammenhang zwischen beiden Wörtern.
3. Die David-Skulptur von Michelangelo (Bild 2) ist die wohl bekannteste der Kunstgeschichte. Die biblische Figur des Davids wird vor dem Kampf mit dem Riesen Goliath gezeigt. Beschreibe, wie die Statue auf dich wirkt, und erkläre diese Wirkung.
4. Recherchiere zu den im Text (S. 16) erwähnten Personen und fertige zu einer von ihnen einen Steckbrief nach Vorlage der VIP-Seite an.
5. Beschreibe das Gemälde 1 und erläutere, inwiefern es ein typisches Werk der Renaissance ist. Recherchiere, warum das Gemälde seinerzeit auch viel Kritik erntete.
6. Erstelle eine Mindmap zum Thema Renaissance.
   ▶ *Berücksichtige hierbei Künstler, Bedeutung des Wortes, Ziele und Sichtweisen.*

Webcode: EV658282-017

Wie konnten sich Ideen schnell verbreiten?

1 In eine *Matrize goss Gutenberg flüssiges Blei.
2 Daraus entstand eine Bleiletter.
3 Die Lettern setzte er zu einer Druckform zusammen, die er schwarz färbte.
4 Darauf legte er einen Bogen Papier.
5 Er presste Papier und Druckform zusammen.
6 Nun war der Bogen bedruckt.
7 Die Bögen wurden zu einem Buch zusammengetragen.
8 Der Buchblock erhielt einen Einband.

1 – So stellte Johannes Gutenberg ein Buch her. Schaubild.

*Matrize
Musterletter (enthielt am oberen Ende das hervorstehende, spiegelverkehrte Bild eines Schriftzeichens) aus einem harten Metall, das in ein Klötzchen aus weichem Kupfer geschlagen wurde.

*Gutenberg
Der Name ist abgeleitet vom Hof zum Gutenberg, in dem Johann Gensfleisch, geboren wurde.

*Flugschriften
Diese Einblattdrucke wurden beim Kirchgang oder auf öffentlichen Plätzen von umherziehenden Händlern billig verkauft und informierten und unterhielten so eine breite Leserschaft.

*Revolution
So bezeichnet man einen grundlegenden Wandel, der in kurzer Zeit erfolgt und einen Bereich stark verändert.

*Digitalisierung
Unter Digitalisierung wird allgemein die Aufbereitung von Informationen zur Verarbeitung oder Speicherung in einem digitaltechnischen System, wie z. B. einem Computer, verstanden.

Die Erfindung des Buchdrucks

„Mehr als das Gold hat das Blei die Welt verändert. Und mehr als das Blei in der Flinte, das Blei im Setzkasten.“ Dies schrieb ca. 200 Jahre nach der Erfindung des Buchdrucks der Schriftsteller und Physiker Georg Christoph Lichtenberg.
Bücher wurden im Mittelalter zumeist von Mönchen in den Klöstern abgeschrieben. Die Anfertigung einer ganzen Bibelabschrift dauerte knapp drei Jahre. Das Kopieren der Bücher war damit sehr teuer. Eine Bibel kostete etwa 500 Gulden – für diese Summe konnte man damals ein kleines Bauerngut erwerben oder ca. 30 Ochsen. Also konnten sich Bücher und das Wissen darin nur sehr wohlhabende Personen und Klöster leisten. Aber davon abgesehen, konnte um 1500 nur jeder fünfte Mensch lesen und schreiben.
Das alles änderte sich schlagartig, als 1450 der Goldschmiedemeister Johann Gensfleisch, genannt *Gutenberg, in Mainz seine Erfindung vorstellte – den Buchdruck mit beweglichen Lettern. Zwischen 1452 und 1454 wurden 180 Exemplare einer 1282-seitigen Bibel mit dem neuen Verfahren gedruckt: Daran waren sechs Schriftsetzer, zwölf Drucker sowie weitere Hilfsarbeiter beteiligt. Von dieser ersten Auflage sind heute noch 48 Exemplare erhalten. Die Erfindung war so erfolgreich, dass es schon um 1500 in Europa über 1100 Druckereien gab, die bereits über 40 000 verschiedene Werke gedruckt hatten. Neben Bibeln wurden zunächst viele andere religiöse Schriften gedruckt, aber auch immer mehr wissenschaftliche Bücher und politische *Flugschriften.
In vielen Städten wurden Schulen gegründet. Die ersten Zeitungen und Reiseberichte erschienen. Druckerzeugnisse waren nun bei Weitem billiger als Handschriften. Mehr Informationen konnten jetzt schneller an viel mehr Leser herangetragen werden. Die der Erfindung des Buchdrucks mit beweglichen Lettern folgenden historischen Ereignisse wären ohne ihn anders oder gar nicht passiert. Deshalb sprechen wir bei dieser Erfindung von einer Medien-„*Revolution“.
Sie war außerdem der Beginn der modernen Massenmedien. Ohne den Buchdruck wäre das 500 Jahre später erfundene Internet gar nicht denkbar gewesen. Das World Wide Web bildet zusammen mit Computern und Smartphones sowie der *Digitalisierung von Daten eine neue Stufe der Massenmedien, die ebenso wie Gutenbergs Erfindung seither starke Auswirkungen auf das Leben der Menschen haben. Zu Beginn des 21. Jahrhunderts sprechen wir deshalb von einer digitalen Revolution.

2 – Innensicht einer Druckerei, Holzschnitt von Abraham van Weerdt, um 1650. Spätere Kolorierung.

Johannes Gensfleisch, genannt Gutenberg (ca. 1398–1468), Erfinder des Buchdrucks. Kupferstich 1584.

Q1 Der islamische Gelehrte Mirza Muhammad (etwa 1499–1551) schrieb:
... Durch dich, o Gutenberg, Bürger von Mainz, blühen die Wissenschaften. Durch deine Erfindung entzündete sich das Wissen, breitete sich überall aus und durchdringt jetzt alles, von der niedrigsten Hütte bis zum Goldpalast. Auch Asien ... schreibt deinen Namen mit Goldbuchstaben.

M1 In der JIM-Studie 2019 wurde der Medienumgang der 12–19-Jährigen in Deutschland untersucht.

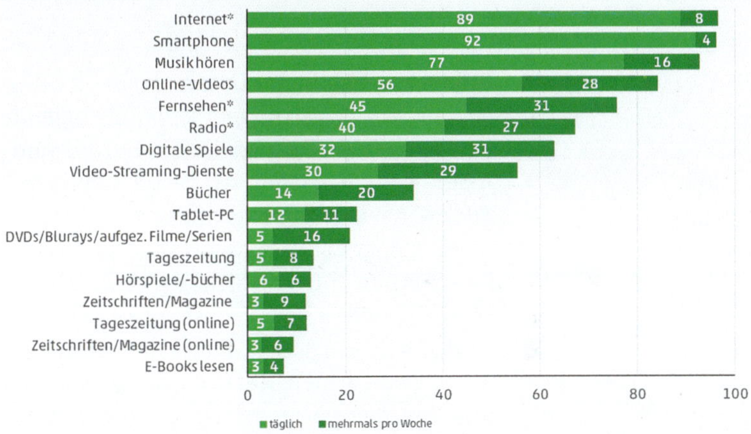

Quelle: JIM 2019, Angaben in Prozent; *egal über welchen Verbreitungsweg, Basis: alle Befragten, n=1.200

1 Beschreibe mithilfe der Bildfolge 1 die Entstehung eines Buches nach dem Gutenbergverfahren.

2 Zähle mithilfe des Textes und Q1 die Vorteile für die Gesellschaft auf, die der Buchdruck mit sich brachte.

3 Ein Mönch besucht um 1460 die Druckerei in Bild 2. In einem Brief an sein Kloster berichtet er von seinen Eindrücken.

▶ *Ich betrat voll Neugier die Druckerstube. Zuerst fiel mir auf ...*

4 Vervollständige die Tabelle mit Vor- und Nachteilen der digitalen Medien sowie eigenen Beispielen.

Vorteil	Beispiel	Nachteil	Beispiel
Informationen sind schnell zugänglich	*Internet*	...	...
Mehr Waren sind schneller verfügbar	*Onlineshop*	...	...
Breitere Vernetzung und Austausch mit mehr Menschen	*Soziale Netzwerke*	*Mobbing*	...

5 Beurteile anhand von M1, welche Rolle digitale Medien im Alltagsleben von Jugendlichen in Deutschland spielen. Ordne deine Ansicht in der Statistik ein.

6 Johannes Gutenberg wurde zum „Mann des Jahrtausends" gewählt. Beziehe Stellung, ob du die Entscheidung teilst, und begründe deine Meinung.

Wer waren die Osmanen?

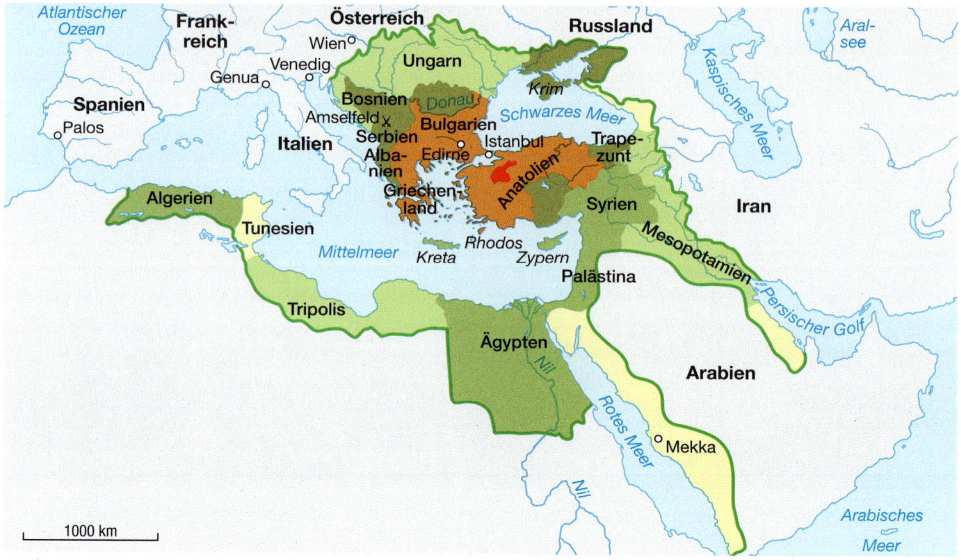

Osmanen 1300
Osmanisches Reich 1451
Gebietserweiterungen:
1451–1481 unter Mehmet II.
1512–1520 unter Selim I.
1520–1566 unter Süleyman I.
1566–1683
Grenze des Osmanischen Reiches in seiner größten Ausdehnung (1683–1699)

1 – Das Osmanische Reich vom 14. Jahrhundert bis in die Zeit seiner größten Ausdehnung 1683.

Osman I., Begründer des Osmanischen Reiches. Türkische Miniatur, 1584.

* Karawane
Durch unbewohnte Gebiete Asiens und Afrikas ziehende Gruppe von zumeist Reisenden und Kaufleuten, die Kamele als Lasttiere nutzen.

* Heiliges Römisches Reich Deutscher Nation
Der Name wurde 1157 erstmals urkundlich erwähnt. Mit dem Namen sollte die Tradition des Römischen Reiches fortsetzt werden, indem die Herrschaft dem heiligen Willen Gottes entsprach.

* Janitscharen
Sie waren die Elitetruppe der osmanischen Armee und stellten die Leibwache des Sultans. Ihnen war es auch möglich, in hohe Staatsämter gelangen.

Eine neue Macht im Osten

Seit der Antike gab es sehr gewinnbringende Handelsbeziehungen zwischen Europa und Asien. Wertvolle Güter wie Seide, Gewürze, Edelsteine, Parfüm, Farbe oder Porzellan wurden über den Landweg – die Seidenstraße – aus den entferntesten Regionen des Morgenlandes (Orient = Osten) ins Abendland (Okzident) geholt. Kaufleute investierten in *Karawanen, die nach vielen Monaten und mitunter Jahren wieder zurückkehrten und hohe Gewinne einbrachten. Selbst die Kreuzzüge konnten den Handelsbeziehungen nichts anhaben. Im 13. Jahrhundert änderte sich aber die Situation, weil das Reitervolk der Mongolen unter ihrem Anführer Dschingis Khan und seinen Nachfolgern aus den Steppen Zentralasiens plündernd bis nach Europa vordrang. Vor den Mongolen flohen türkisch sprechende Völker Zentralasiens nach Anatolien in der heutigen Türkei. Dort gründete eines von ihnen unter seinem Anführer Osman I. das Osmanische Reich. Durch den arabischen Einfluss wurde der Islam zur vorherrschenden Religion. Die Osmanen sahen ihre wichtigste Aufgabe in der Bekämpfung des christlichen Einflusses in ihrer Region. So eroberten sie schnell weite Teile des Oströmischen Reiches, das schlussendlich mit der Eroberung Konstantinopels (heute Istanbul) 1453 vernichtet wurde.

Wahrnehmung der Osmanen

In West- und Mitteleuropa nahmen die Menschen den osmanischen Nachbarn als fremd und anders wahr. Es gab keine Könige, die, wie im *Heiligen Römischen Reich Deutscher Nation üblich, immer wieder in Erscheinung traten, sondern einen Sultan, der nicht einmal für ausländische Gesandte zu sprechen war. Diese wurden am hohen Eingangstor zwar empfangen, das Innere blieb ihnen aber verwehrt. Man sprach daher immer von „der Hohen Pforte", wenn man den Sultan in Konstantinopel meinte. Die Staatsgeschäfte des Osmanischen Reiches wurden von den Beamten, Wesiren und einem Großwesir geführt. Christen und Juden genossen besonderen Schutz und das Recht, ihre Angelegenheiten selbst zu verwalten. Unterworfene christliche Dörfer mussten jedoch eine ungewöhnliche Abgabe leisten: Jedes fünfte Jahr wurde aus jeweils 40 Familien eines Dorfes ein Junge ausgewählt, der seinen Eltern weggenommen und in einer muslimischen Familie aufgezogen wurde. Je nach

Begabung wurden diese Kinder auf eine Militär- oder Verwaltungslaufbahn vorbereitet. Rechtlich waren sie Sklaven, konnten aber zu den höchsten Ämtern im Staat aufsteigen und zu *Janitscharen ausgebildet werden. Der Fernhandel mit Westeuropa, Indien und Ostasien brachte sehr viel Geld in die Staatskasse. Zum einen, weil sich die osmanischen Lieferanten nur mit Gold bezahlen ließen, welches stark an Wert zunahm, und zum anderen, weil enorme Zölle auf die Warenlieferungen erhoben wurden. Das verteuerte die Waren in Europa erheblich. Gleichzeitig waren in Europa Adlige und Bürger zu großem Wohlstand gelangt und verlangten nun mehr Luxusgüter. Die europäischen Händler brauchten also eine neue, günstigere Lösung, einen neuen Weg, der nicht durch die Osmanen kontrolliert wurde.

Q1 Ein jüdischer Händler berichtete 1499 über den Gewürzhandel mit Indien:
Von diesem Lande Calicut, das man Indien nennt, kommen die Gewürze her, die im Osten und Westen ... und in allen anderen Ländern der Welt verzehrt werden ...: viel Ingwer, Pfeffer und Zimt ... [In Calicut] nehmen die Schiffe aus Mekka die Gewürze an Bord und bringen sie bis zu einer Stadt, die in der Nähe von Mekka liegt und Djiddah heißt. [B]is dorthin brauchen sie fünfzig Tage ... . Dort angekommen löschen sie die Ladung und zahlen dem großen Sultan ihren Zoll ... Dort laden die Kaufleute die Gewürze auf Kamele um und bringen sie in zehn Tagen nach Kairo ... Auf diesem Weg nach Kairo werden sie oft von Räubern überfallen ... [In Kairo] laden sie die Gewürze von neuem in Schiffe um, die auf einem Fluss fahren, der Nil heißt ... Auf diesem Fluss fahren sie zwei Tage, bis sie [zu dem Ort] Rosette ... kommen, hier zahlen sie wieder Zoll. Nun [geht es] in einer Tagesreise in eine Stadt, die Alexandria heißt und eine Seestadt ist. Dorthin kommen die venezianischen und genuesischen Galeeren, um diese Gewürze zu kaufen ...

2 – Knabenlese (Devsirme): Zwangsrekrutierung von Knaben der unterworfenen christlichen Völker für die Ausbildung zu Janitscharen. Türkische Miniatur, 1558.

1 Beschreibe mithilfe der Karte und des Textes die Entwicklung des Osmanischen Reiches.

2 Erläutere mithilfe des Textes, wie das Osmanische Reich regiert wurde.

3 Erstelle ein Pfeildiagramm mithilfe des Berichtes des jüdischen Händlers (Q1) und zeige den Weg der Waren an einer Weltkarte.

▶ *Mekka —Schiff→ Calicut*

4 An jeder der erwähnten Zollstellen von Q1 musste die Hälfte des Warenwerts an Zoll bezahlt werden. Erkläre, was dies für eine Warenladung im Wert von umgerechnet 10 000 Euro, die in Calicut gekauft wurde, bedeutete. Nicht mit eingerechnet sind die reinen Transportkosten, die auch zu begleichen waren.

5 Versetze dich in eine Mutter, deren Sohn für die Ausbildung zum Janitscharen ausgewählt wurde (Bild 2). Verfasse einen Tagebucheintrag.

▶ *Gehe in deinen Ausführungen auch auf die Zukunftsaussichten des Jungen ein.*

Webcode: EV658282-021

Wodurch wurden Entdeckungsfahrten ermöglicht?

1 – Globus des Martin Behaim von 1492.
Behaim war Kaufmann in Nürnberg.

2 – Kompass, um 1550.

3 – Federzuguhr des Peter Henlein.
Die erste Taschenuhr, um 1510 von dem Nürnberger Schlosser und Feinmechaniker Peter Henlein entwickelt.

Gefährliche Schifffahrt

Im Fernhandel konnten die Kaufleute viel Geld verdienen, doch eine Seefahrt über das offene Meer galt als gefährlich. Die Furcht vor Ungeheuern und Unwettern war groß. Da es kaum eine Möglichkeit gab, sich über die eigene Position sicher zu orientieren, fuhren die Schiffe immer dicht an den Küsten entlang.

Neue Möglichkeiten eröffneten sich für die Seefahrer mit ganz neuen Karten, die nach Norden ausgerichtet waren und genauere Angaben zu Küsten, Häfen und Entfernungen enthielten. Der Globus von Martin Behaim zeigte außerdem deutlich die Kugelgestalt der Erde und Möglichkeiten für eventuelle neue Seewege (Bild 1).

Neue Messgeräte und Schifftypen

Mithilfe des Kompasses (Bild 2), einer chinesischen Erfindung, konnte auch bei rauer See die Richtung bestimmt werden. Außerdem gab es jetzt Tabellen, die den täglichen Stand der Sterne angaben. War bekannt, wie hoch ein Stern zu einer bestimmten Zeit am Horizont stand (Bilder 4 und 5), konnte mithilfe dieser Tabellen die genaue Position (Breitengrad) bestimmt werden.

Ein wichtiges Instrument für die Zeitmessung und Navigation bei der Seefahrt war auch die Sanduhr. Mit ihr wurde gemessen, wie viele Knoten auf der Leine sich in einer halben Minute abwickelten. Bis heute ist die Bezeichnung Schiffsknoten das Maß zur Feststellung der Geschwindigkeit eines Schiffes.

Darüber hinaus wurden neue seetüchtige Schiffe gebaut, die Karavellen. Sie hatten einen Hauptmast mit einem großen Vierecksegel, das bei Rückenwind für eine hohe Geschwindigkeit sorgte. Am vorderen und hinteren Mast erlaubten die kleineren Dreieckssegel auch ein Segeln fast gegen den Wind. Mit all diesen Erfindungen war die Voraussetzung für weitere Seefahrten geschaffen.

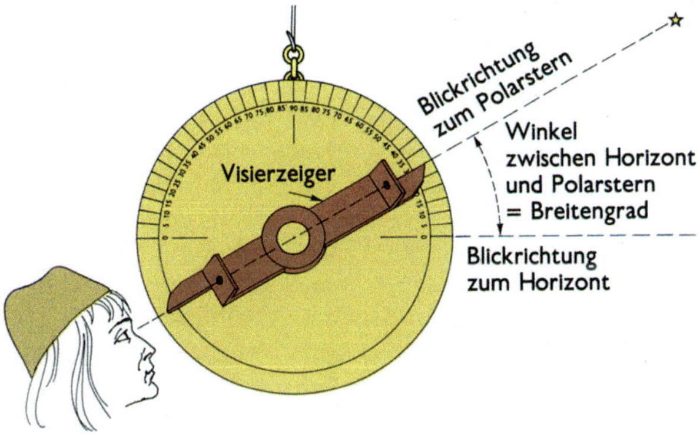

4 – Astrolabium, lateinisch für „Sternnehmer“. Das Astrolabium misst die Höhe eines Sterns über dem Horizont. Zeichnung.

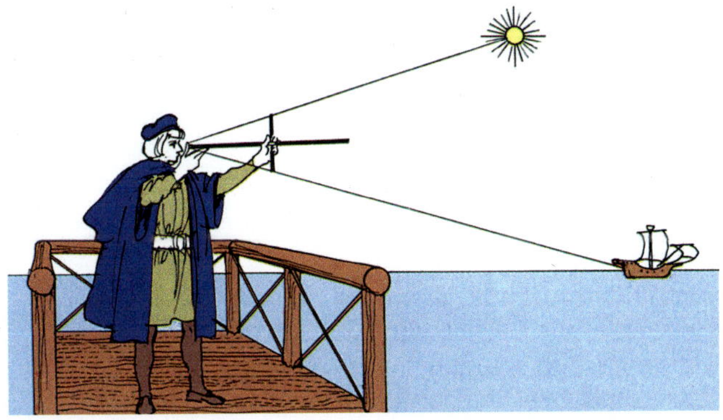

5 – Jakobsstab. Mit dem Jakobsstab misst man die Höhe des Sterns über dem Horizont (= Breitengrad). Zeichnung.

6 – Das Log (engl. log = Holzscheit). Obere Abbildung: Die Geschwindigkeit eines Schiffes wurde gemessen, indem man ein Schwimmholz ins Wasser warf und die Zeit feststellte, die beim Passieren der Messstrecke verging. Untere Abbildung: Auch das Knoten-Log wurde ins Wasser geworfen. Dabei wurde die Zeit ermittelt, die beim Abwickeln des Seils verging, an dem festgelegte Strecken mit Knoten markiert waren. Zeichnung.

7 – Lot. Es diente zum Messen der Wassertiefe. So konnte man feststellen, ob eine Gefahr für das Schiff bestand. Zeichnung.

1 Überprüfe mithilfe eines Globus folgende Behauptung: Wenn man von Europa immer nach Westen oder nach Osten fährt, kommt man schließlich wieder am Ausgangspunkt an.

2 Sieh dir auf den Bildern 2 und 4–7 die Instrumente an und ordne sie den folgenden Funktionen zu:
- Positionsbestimmung,
- Geschwindigkeitsmessung,
- Tiefenmessung.

3 Beschreibe zusammenfassend, warum diese Funktionen für die Seefahrt auf dem offenen Meer wichtig waren.

▶ *Die Geräte zur Navigation ermöglichten es den Seefahrern, …*

4 Erkläre, warum ein Kapitän die genaue Zeit wissen musste.

5 Erläutere folgende Aussage: Die Entdeckungsfahrten wurden erst möglich durch die „Wissensexplosion“ in der Frühen Neuzeit.

▶ *Erst als der Mensch einsah, dass nicht alles durch die Bibel erklärt werden kann, begann er …*

Entdeckte Kolumbus Indien?

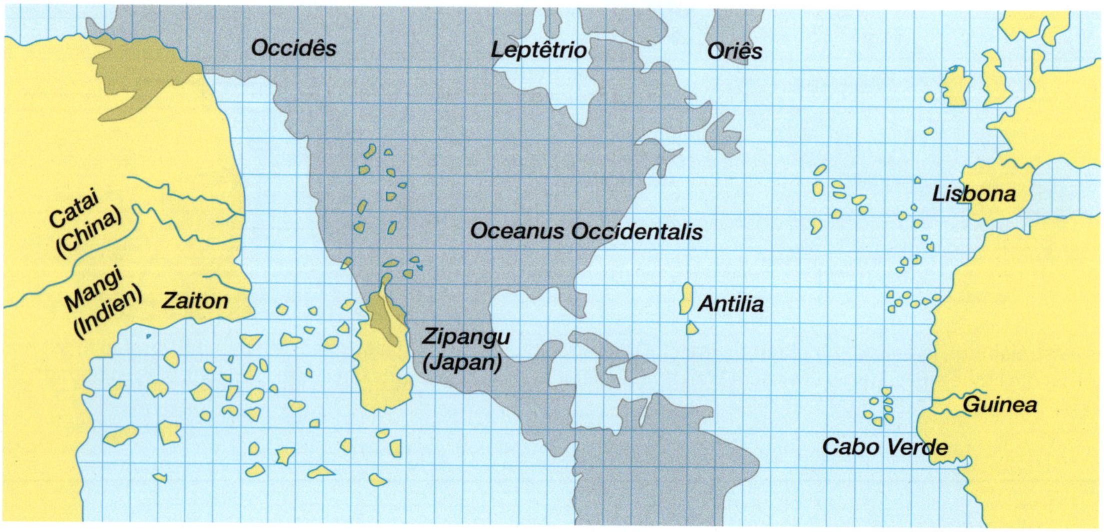

1 – Rekonstruktionszeichnung der Weltkarte des Paolo Toscanelli (1397–1482) um 1470. Die Umrisse Amerikas (grau) wurden nachträglich eingezeichnet.

Christoph Kolumbus. Zeitgenössisches Porträt.

* Stadtrepublik
Ein Staat, dessen Gebiet sich auf die Fläche einer Stadt und ihr Umland beschränkt. Venedig und Genua wurden von ihren Patriziern geführt. Aus ihren Reihen wurde ein Doge (Anführer) gewählt, der das Oberhaupt der Stadt war.

Auf dem Seeweg nach Indien?

Mit der Eroberung Konstantinopels 1453 kontrollierten die Osmanen einen Knotenpunkt für den Handel über den Landweg zwischen Asien und Europa. Besonders für die Händler der italienischen *Stadtrepubliken Genua und Venedig bedeutete das eine große Bedrohung ihrer Wirtschaftsmacht. Daher wurde überlegt, welche Möglichkeiten es gäbe, nach Indien zu gelangen. Der erfahrene Seemann Christoph Kolumbus hatte die Idee, dass Indien erreichbar wäre, wenn nicht in östlicher Richtung, sondern immer nach Westen gesegelt wird.
Kolumbus kannte die Karten des Florentiners Paolo Toscanelli (Karte 1), der 1474 einen westlichen Seeweg nach Indien mit 4445 Kilometern berechnet hatte, und griff diese Idee auf. Was er nicht wusste: Tatsächlich beträgt die Strecke allerdings 19631 Kilometer.

Aufbruch in ferne Länder

Hartnäckig suchte Kolumbus nach Förderern für seine Unternehmung. Er bat 1485 das spanische Königspaar um eine kleine Flotte, doch der König zeigte keinerlei Interesse. Er war zu sehr mit dem Kampf gegen die muslimischen Araber in seinem Land beschäftigt. Erst als 1492 die letzten muslimischen Heere besiegt waren, erhielt Kolumbus die Zusage vom spanischen Königspaar Ferdinand und Isabella. Am 3. August 1492 verließ er mit den Schiffen „Santa Maria“, „Pinta“ und „Niña“ sowie 100 Mann Besatzung den spanischen Hafen Palos. Kolumbus rechnete mit drei Wochen Fahrzeit, doch daraus wurden zwei Monate. Während die Vorräte an Bord immer knapper wurden, versuchte die Schiffsbesatzung mehrfach, ihren Kapitän zum Umdrehen zu bewegen. Doch Kolumbus hielt an seinem Kurs fest. Nach vielen Schwierigkeiten kam am Morgen des 12. Oktober 1492 endlich Land in Sicht. Kolumbus war sich sicher, eine Indien vorgelagerte Insel erreicht zu haben. Tatsächlich war er auf einer Insel der mittelamerikanischen Bahamas gelandet. Im Namen des spanischen Königs ergriff Kolumbus Besitz von der Insel Guanahani und nannte sie, aus Dankbarkeit für die gelungene Überfahrt, San Salvador (= Heiliger Erlöser). Die Inselbewohner nannte er, aufgrund seines Irrtums, Indianer.

2 – Kolumbus wird, als er zum ersten Mal in „Indien“ ankommt, von den Einwohnern mit großen Geschenken verehret und begabet (begeistert) aufgenommen (Originalbildunterschrift). Kupferstich von Theodor de Bry, 1594. In vielen seiner Illustrationen stellte der Protestant die katholischen Kolonisten aus Spanien als brutal, menschenverachtend und grausam dar.

Q1 Der Arzt und Astronom Paolo Toscanelli schrieb in einem Brief an Kolumbus (ca. 1480):

... Ich habe Kenntnis genommen von deinem hochherzigen und großartigen Plan, auf dem Weg nach Westen, den dir meine Karte zeigt, zu den Ländern des Ostens zu segeln. Besser hätte er sich mithilfe einer runden Kugel klarmachen lassen. Es freut mich, dass du mich richtig verstanden hast. Der genannte Weg ist nicht nur möglich, sondern wahr und sicher ...

Q2 Kolumbus schrieb am 12. Oktober 1492 in sein Bordtagebuch:

... Um zwei Uhr morgens kam das Land in Sicht, von dem wir etwa acht Seemeilen entfernt waren ... Dann legten wir bei und warteten bis zum Anbruch des Tages, der ein Freitag war, an welchem wir zu einer Insel gelangten ... Dort erblickten wir alsogleich nackte Eingeborene. Ich begab mich ... an Bord eines mit Waffen versehenen Bootes an Land. Dort entfaltete ich die königliche Flagge ... Ich rief die beiden Kapitäne und auch all die anderen, die an Land gegangen waren, ... zu mir und sagte ihnen, durch ihre persönliche Gegenwart als Augenzeugen davon Kenntnis zu nehmen, dass ich im Namen des Königs und der Königin, meiner Herren, von der genannten Insel Besitz ergreife ... Sofort sammelten sich an jener Stelle zahlreiche Eingeborene der Insel an. In der Erkenntnis, dass es sich um Leute handle, die man weit besser durch Liebe als mit dem Schwert retten und zu unserem Heiligen Glauben bekehren könne, gedachte ich, sie mir zu Freunden zu machen, und schenkte also einigen unter ihnen rote Halsketten aus Glas und noch andere Kleinigkeiten von geringem Werte, worüber sie sich ungemein erfreut zeigten ...

1. Nenne mithilfe des Textes und Q1 Motive, die Christoph Kolumbus dazu bewegten, den Seeweg nach Indien zu suchen.
2. Beschreibe mithilfe des Textes die Reisebedingungen für die Mannschaften.
3. Untersuche mithilfe eines Atlasses die geographische Lage Konstantinopels (Istanbul) auf einer Karte. Stelle Vermutungen an, welche Bedeutung diese Lage für den Handel gehabt haben könnte.
4. Vergleiche Toscanellis Karte mit einer modernen Karte. Erkläre Toscanellis Hinweis an Kolumbus (Q1), dass der Weg nach Indien sicher sei, und beende Toscanellis Brief mithilfe deiner Ergänzungen.
5. Lies die Bildunterschrift de Brys (Bild 2) und erläutere, was der Künstler dem Betrachter vermitteln wollte.
   ▶ *Gehe dabei auch auf die Entstehungszeit des Bildes ein.*
6. Gib die Einschätzung von Christoph Kolumbus über die Bevölkerung von Guanahani (Q2) mit eigenen Worten wieder.
7. Vergleiche die erste Begegnung zwischen den Europäern und Einheimischen, wie sie auf dem Bild dargestellt und in Q2 beschrieben wird.

Methode

Ein Referat halten

Auch im Geschichtsunterricht haltet ihr immer wieder Referate. Du lernst dabei anhand von Recherchen einen Sachverhalt genauer kennen und kannst diesen dann anderen zusammenfassend vermitteln.

Diese Methode ist nicht nur für den Geschichtsunterricht wichtig. Auch in anderen Fächern, höheren Klassen oder im Berufsleben wirst du immer wieder Referate halten.

Die folgenden Schritte helfen dir, ein Referat oder einen Kurzvortrag vorzubereiten:

Schritt 1
Klärung des Themas und Eingrenzung

- Wie lautet das genaue Thema deines Vortrags? Bei eigener Themenwahl achte darauf, dass es nicht zu allgemein oder zu umfassend ist.
- Welchen Umfang soll das Referat haben (Redezeit)?
- Wie viel Zeit hast du zur Erarbeitung?

Schritt 2
Recherche durchführen und Material sammeln

- Wie kannst du Expertin/Experte auf deinem Themengebiet werden?
- Wo findest du Material zu dem Thema (Bücher, Fachzeitschriften, Internet)? Frag auch deine Lehrerin/deinen Lehrer, ob sie/er dir Literatur empfehlen kann.
- Notiere dir Wichtiges oder kopiere geeignete Übersichten oder Informationen. Nutze für Internetseiten und Bücher Lesezeichen und notiere dir deine Quellen, um sie am Ende deines Referats zur Verfügung stellen zu können.
- Sammle Skizzen, Bilder oder Übersichten zur Verdeutlichung und Anschaulichkeit. Vergiss nicht, für alle Materialien die Quellen anzugeben!

Schritt 3
Gliederung anfertigen

- Erstelle eine Gliederung mit Unterpunkten. Eine Mindmap kann dir helfen, die vielen Informationen zu sortieren.
- Formuliere Leitfragen und achte auf einen „roten Faden“, der sich durch dein Referat zieht.
- Gibt es etwas besonders Spannendes oder Kurioses innerhalb deines Themas? Nutze das für die Einleitung.
- Fasse im Schlussteil Wesentliches zusammen.

Schritt 4
Redekarten erstellen und Referat üben

- Erstelle zu jedem Gliederungspunkt eine Redekarte. Notiere darauf nur kurze Stichpunkte oder Stichworte, damit du während des Vortrages freier, mit Blick zur Klasse sprichst.
- Vermerke auf den Redekarten auch, wann du Bilder oder Übersichten zeigst.
- Übe dein Referat mehrmals. Nutze hierfür nur die Redekarten.
- Bereite dich auf Nachfragen zu Fremdwörtern oder Zusammenhängen vor.

1 Bereitet mithilfe der vier Schritte ein Referat vor. Mögliche Themen:
- Christoph Kolumbus (Beispiel S. 24, 27)
- Die Azteken – eine Hochkultur (S. 32/33)
- Die Folgen der europäischen Eroberung in Übersee (S. 34–39)

1 – Eine Schülerin hält ein Referat. Foto, 2019.

M1 Beispiel für Beleg einer Textstelle:
WAS IST WAS, Band 5: Große Entdecker. Ihre Reisen und Abenteuer, Nürnberg 2015

M2 Beispielgliederung

A Einleitung:
1 Um was geht es: Christoph Kolumbus – sein Leben

B Hauptteil
1 Lebensdaten im Überblick
2 Motive für die Reisen
3 Die erste Reise
4 Umgang mit der einheimischen Bevölkerung
5 Folgen der „Entdeckung“ für die einheimische Bevölkerung

C Schluss
1 Zusammenfassung
2 Kolumbus – heute noch umstritten?

Tipps für das Referat:
- Stell dich während des Referats hin.
- Beginne erst, wenn alle ruhig sind.
- Schau dein Publikum freundlich an.
- Sprich klar, deutlich und nicht zu schnell.
- Mach nach jedem Gliederungspunkt eine kurze Pause.
- Beziehe deine Anschauungsmaterialien ein, indem du auf sie zeigst.

Lösungshinweise zum Beispiel:

Lena interessiert sich sehr für Christoph Kolumbus und seine Entdeckungsreisen. Sie hat schon viel darüber gelesen und ihre Geschichtslehrerin gefragt, ob sie ein Referat zu diesem Seefahrer halten darf. Sie erhält zwei Wochen Zeit, um sich auf das Referat vorzubereiten.

Zu Schritt 1:
Thema: Das Leben von Kolumbus, 15 Minuten Redezeit

Zu Schritt 2:
Abbildungen verschiedener Bücher (M1) und Kinderzeitmaschine

Zu Schritt 3:
Siehe M2.

Zu Schritt 4:
Siehe M3.

M3 Redekarten

Einleitung

1 Thema nennen, Gliederung grob umreißen
→ Folie mit Gliederung einblenden
– ...

Motive

– Suche eines westlichen Seewegs von Europa nach Indien
– ...

Hauptteil

Daten: → hier Folie mit Bild einblenden
Christoph Kolumbus, geb. um 1451 in Genua,
1. Reise nach „Indien“ 1492, Rückkehr März 1493,
gestorben 1506
– ...

Aufbruch ins Unbekannte

Schauplatz Geschichte

Am 3. August 1492 startete Kolumbus mit den Schiffen „Santa Maria“, „Pinta“ und „Niña“ vom spanischen Hafen Palos de la Frontera seine große Entdeckungsreise. Wie man sich die Vorbereitung des Schiffes vorstellen muss, seht ihr auf diesem Bild.
Bildet Gruppen und bearbeitet eine der Aufgaben 1–3. Stellt eure Ergebnisse anschließend den anderen Gruppen vor.

1. An Bord seht ihr den Ersten Offizier, der genau beobachtet, welche Waren für die weite Reise gebraucht werden. Erstellt eine Ladeliste für ihn mit wichtigen Dingen, die man zum Überleben auf einer langen Seereise benötigt.
2. Am Hafen herrscht ein reges Treiben von vielen unterschiedlichen Personen. Entwerft Sprechblasentexte mit den Gedanken der folgenden Personen (von rechts):
   - die reiche Frau am Kai;
   - der Mönch;
   - der Matrose an der Kanone;
   - der Hilfsarbeiter mit dem schweren Sack;
   - der Schiffsjunge auf dem Fass;
   - der Handwerker mit dem Balken.
3. Auch Kapitän Kolumbus ist auf dem Schiff zu sehen. Ihm gehen viele Fragen durch den Kopf. Formuliert fünf mögliche Fragen und versucht sie anschließend zu beantworten.
   ▶ *Woher weiß ich, dass wir wirklich nach Indien kommen, wenn wir immer nur Richtung Westen fahren?*

Gruppenpuzzle – Europäische Entdecker

Heinrich der Seefahrer (1394–1460)

Heinrich der Seefahrer

Heinrich der Seefahrer war der vierte Sohn König Johans I. von Portugal. Als Prinz (Infant) von Portugal wurde er 1394 geboren und fühlte sich schon früh von der Seefahrt angezogen. 1415 eroberte eine von ihm geführte Flotte das nordafrikanische Ceuta. Von diesem Zeitpunkt an begann die Zeit der portugiesischen Entdeckungen und Eroberungen. Unter seiner Führung stieg Portugal zur größten Seemacht der damaligen Zeit auf. Seine Flotten entdeckten und besiedelten die Inselgruppe der Azoren. Heinrich war zwar nie an einer Entdeckungsreise beteiligt, er plante, finanzierte und unterstützte aber die portugiesische Entdeckungs- und Handelspolitik mit allen nötigen Mitteln. Außerdem ließ er den Schiffstyp der Karavelle (siehe S. 22) entwickeln. Entlang der afrikanischen Westküste entstanden eine Reihe von Handelsposten. 1445 stieg Portugal in den Handel mit Sklaven aus Afrika ein. Bis zu Heinrichs Tod im Jahr 1460 gelang es den Portugiesen, weiter vorzudringen als alle bisherigen Seefahrer. Über 2000 Seemeilen (mehr als 3700 km) wurden dabei an der westafrikanischen Küste zurückgelegt und dabei sehr genaue Karten von diesen Regionen angefertigt. Heinrich der Seefahrer legte damit die Grundlagen für die kommende Zeit der Entdeckungsfahrten.

Vasco da Gama (1469–1524)

Vasco da Gama

Ein Weg über das Meer nach Indien sollte dafür sorgen, dass teure Gewürze und Waren wesentlich schneller und preisgünstiger nach Europa gelangten als über Land. Deshalb suchte der 1469 geborene Portugiese Vasco da Gama im Auftrag König Manuels I. von Portugal den direkten Seeweg nach Indien. Bereits 1495 hatte Bartolomeu Diaz im Auftrag Portugals erfolgreich das Kap der Guten Hoffnung (die Südspitze Afrikas) umsegelt. Da Gama wollte ihm folgen und brach am 8. Juli 1497 mit einer Flotte von vier Schiffen von Lissabon aus nach Süden auf – immer an der afrikanischen Westküste entlang – zu den Kanarischen Inseln und zu den Kapverdischen Inseln. Von dort aus ging es weiter um das Kap der Guten Hoffnung herum. Zwischen der Insel Madagaskar und der Ostküste Afrikas hindurch segelten die Schiffe bis Sansibar. Nach neun Monaten Fahrt erreichte da Gama schließlich Mombasa und nahm von dort den direkten Kurs nach Osten durch den Indischen Ozean. Am 20. Mai 1498 erreichte die Flotte endlich ihr Ziel und landete in der indischen Stadt Calicut. Noch zweimal reiste da Gama nach Indien. Vor seiner dritten Reise war er zum *Vizekönig von Indien ernannt worden. Er starb in Indien nach schwerer Krankheit am 24. Dezember 1524.

Amerigo Vespucci (1454–1512)

Amerigo Vespucci

Als Sohn eines Kaufmanns 1454 in Florenz geboren stand er in den Diensten der reichen Bankiersfamilie Medici. 1492 arbeitete er in einer ihrer Filialen im spanischen Sevilla. Dort finanzierte er beispielsweise die Flotte des Christoph Kolumbus. Nach seinem Dienst bei den Medici soll er insgesamt vier Seereisen unternommen haben. Dabei führte ihn immer wieder der Weg an die Küsten Amerikas. Er erkannte als Erster, dass Kolumbus nicht „ein paar vorgelagerte Inseln" von Asien entdeckt hatte, sondern einen großen, noch unbekannten Kontinent. Orte und Länder bekamen von ihm ihre Namen, wie z. B.: Venezuela („Klein-Venedig" – weil die Bevölkerung an der Küste Häuser auf Pfählen errichtet hatte, wie in Venedig) und Rio de Janeiro (Januar-Fluss). Außerdem beschrieb Vespucci als Erster Pflanzen und Tiere (Flora und Fauna) der „Neuen Welt" und erstellte erste Karten von dem Kontinent, der nach ihm benannt wurde– Amerika. Die Entscheidung darüber traf der deutsche Kartograph Martin Waldseemüller, der den Namen von der lateinischen Form ableitete „Americus Vesputius". Vespucci starb mit höchsten Ehren in Sevilla 1512.

Ferdinand Magellan (1480–1521)

Ferdinand Magellan

Die tragische Geschichte des 1480 geborenen Portugiesen Ferdinand Magellan begann am 10. August 1519 in Sevilla mit fünf vom spanischen König ausgerüsteten Schiffen und einer Besatzung von 250 Seeleuten. Sein Ziel waren die Gewürzinseln (Molukken/Indonesien), die er, wie vor ihm Kolumbus, auf dem westlichen Seeweg finden wollte. Um Proviant aufzunehmen, wurden zuerst die Kanarischen Inseln angesteuert. Von dort aus ging die Flotte auf Südost-Kurs und erreichte am 6. Dezember 1519 Südamerika in der Nähe der Bucht von Rio de Janeiro. Danach ging es südwärts vorbei am Rio de la Plata. Nach langer Suche, unterbrochen durch eine siebenmonatige Winterpause und nach einer Meuterei auf zwei Schiffen, die zurück nach Spanien gesegelt waren, fanden die Seefahrer die Meerenge zwischen Südamerika und der Antarktis. Sie heißt heute nach ihrem Entdecker Magellanstraße. Während der fast viermonatigen Pazifik-Überfahrt starben 19 Seeleute an *Skorbut. Am 6. März 1521 erreichte die Flotte endlich die Marianen-Inseln und 10 Tage später die Philippinen. Dort wurde Magellan bei einem Kampf mit der einheimischen Bevölkerung getötet. Die verbliebenen Seeleute kamen am 6. November 1521 auf den indonesischen Gewürzinseln an und konnten kostbare Gewürze durch Handel erwerben. Die Heimreise führte um das Kap der Guten Hoffnung herum. Am 9. Juli 1522 passierte das verbliebene letzte Schiff die Kapverdischen Inseln und erreichte am 6. September 1522 mit nur 18 überlebenden Seeleuten Spanien – Magellan erlebte also nicht mehr den Triumph, die erste Weltumsegelung vollendet zu haben.

1. Lest euch die vier Karteikarten durch.
2. Bildet in der Klasse Fünfer-Gruppen (Stammgruppen). Jeder in der Gruppe sucht sich jeweils einen der Seefahrer aus: Heinrich der Seefahrer, Christoph Kolumbus (S. 24 und 27), Vasco da Gama, Ferdinand Magellan, Amerigo Vespucci.
3. Alle Schülerinnen und Schüler mit dem gleichen Seefahrer finden sich in einer Expertengruppe zusammen und erstellen einen Steckbrief mithilfe der Lehrbuchtexte und eines Atlasses.

Name	
Lebensdaten	
Was wurde durch ihn entdeckt?	
Welcher Weg wurde genommen?	
Bedeutung	

4. Wenn alle Expertengruppen ihre Steckbriefe erstellt haben, gehen die Expertinnen und Experten zurück in ihre Stammgruppen und stellen ihren Seefahrer vor. Die Gruppe erstellt nun mithilfe der Steckbriefe eine Übersicht über die Leistungen der fünf und präsentiert anschließend ihr Ergebnis in Form eines Galeriegangs der Klasse.
5. Die Klasse bewertet schließlich die Präsentationen und berichtigt falls nötig.

*Vizekönig/Vizekönigin
Vertreter/Vertreterin des eigentlichen Königs. Diese Konstellation war häufig bei den Überseereichen anzutreffen, bei denen das neu eroberte Territorium nicht direkt regiert werden konnte.

*Skorbut
Der Skorbut tritt aufgrund dauerhaften Vitamin C-Mangels nach etwa drei Monaten auf. Es kommt dann zu Fieber, Durchfall, Zahnfleischbluten und Ausfall von Zähnen, Gelenkentzündungen und anderen Symptomen. Am Ende kann Skorbut zum Tod durch Herzschwäche führen.

Wie lebten die Azteken?

1 – Tenochtitlán, die Hauptstadt der Azteken, wurde um 1345 gegründet. Ausschnitt aus einer Rekonstruktion von Luis Covarrubias,1963.

Wappen Mexikos

* Hochkultur
Merkmale einer Hochkultur waren: Staat mit zentraler Verwaltung und Regierung, Arbeitsteilung, ein Abgaben- oder Steuersystem, Recht, Schrift, Zeitrechnung, Kunst, Architektur, Anfänge von Wissenschaft und Technik.

* Obsidian
Gesteinsglas, das vulkanischen Ursprungs ist. Es entsteht, wenn Lava so schnell abkühlt, dass keine Kristalle gebildet werden.

Alte Kulturen in der „Neuen Welt"

Die entdeckten Gebiete wurden auf den Karten des 16. Jahrhunderts als „Neue Welt" bezeichnet. Neu war der amerikanische Kontinent aber nur für die ankommenden Europäer. Denn auf diesem Erdteil lebten schon lange zahlreiche Völker mit *Hochkulturen, z. B. die Maya, die Inka und die Azteken.

Tenochtitlán: Hauptstadt der Azteken

Das Volk der Azteken nannte sich selbst die Mexi'ka (sprich: Meschika). Damit sind sie die Namensgeber des heutigen Mexikos in Mittelamerika. Der Legende nach bauten sie ihre Hauptstadt Tenochtitlán auf einer Insel in einem Salzsee. Diesen Ort zeigte ihnen ein in einem Feigenkaktus sitzender Adler, der eine Schlange fraß. Die Azteken hielten ihn für ein Zeichen des Sonnengottes. Das mexikanische Staatswappen zeigt heute noch ebendiesen Adler. Auf den Grundmauern Tenochtitláns steht nun die Hauptstadt des Landes: Mexiko-Stadt. Tenochtitlán war der Mittelpunkt des Reiches und beherbergte über 300 000 Einwohner – ca. 100 000 mehr als Europas damals größte Stadt: Paris. Durch Dämme war es mit dem Festland verbunden.

Leben im Aztekenreich

Die Azteken fertigten Waffen aus Stein und *Obsidian. Ihre Handwerker und Händler in den Städten waren ähnlich wie die europäischen Zünfte und Gilden organisiert. Es gab ein weites Handelsnetz mit den anderen Völkern vor allem in Mittel- und Südamerika, obwohl die Azteken keine Räderfuhrwerke oder Lasttiere wie Pferde kannten.
Das Reich der Azteken wurde von einem König angeführt. Als die Europäer erstmals auf die Azteken trafen, hieß dieser Moctezuma II. Er war zugleich Oberbefehlshaber der Armee und oberster Priester. Ihm standen die Adligen zur Seite. Sie waren als königliche Ratgeber, Richter, Offiziere und höhere Priester tätig. Das Amt eines einfachen Priesters konnte jeder Junge übernehmen. Mädchen und Jungen besuchten nach Geschlechtern getrennte Schulen, über die Bildung der Mädchen ist aber nur wenig überliefert. Die Mehrheit der Bevölkerung bestand aus Handwerkern, Bauern, Fischern und Sklaven. Letztere waren Kriegsgefangene oder Azteken, die Verbrechen wie Diebstähle begangen hatten.
Die Azteken waren ein kriegerisches Volk. Immer, wenn sie ein weiteres Volk besiegt

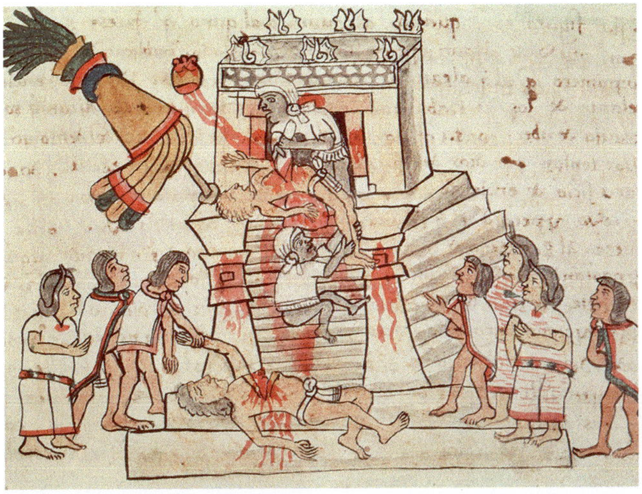

2 – Menschenopfer. Illustration aus einer aztekischen Handschrift, Mitte 16. Jh.

3 – Belebtes Treiben auf einem Marktplatz in Tenochtitlán, im Hintergrund der große Tempel im Zentrum der Stadt, auf dem die Menschenopfer stattfanden. Rekonstruktionszeichnung von H. Tom Hall, 1987.

hatten, „adoptierten" sie dessen Götter, sodass im Aztekenreich an über 1600 Götter geglaubt wurde. Der wichtigste Gott war der Sonnengott Huitzilopochtli. Dieser Sonnengott verbrauchte in der Vorstellung der Azteken für seinen Tagesablauf seine ganze Energie. Deshalb benötigte er, um jeden Tag wieder neu aufzustehen, Nahrung in Form von Menschenblut und -herzen. Ohne ständige neue Menschenopfer käme, dieser Vorstellung nach, die Sonne zum Stillstand und die Welt müsste sterben. Deshalb wurden jährlich vermutlich Tausende Menschen geopfert.

Q1 Über Tenochtitlán schrieb Hernando Cortéz 1520 an den spanischen König:
... Die Hauptstadt Tenochtitlán liegt in einem salzigen See. Sie hat vier Zugänge, alle über Steindämme führend, die von Menschenhand erbaut sind. Sie sind etwa zwei Lanzen breit ... An einem der Dämme laufen zwei Röhren aus Mörtelwerk entlang, jede etwa zwei Schritte breit und eine Mannslänge hoch. Durch eine Röhre kommt ein Strom süßen Wassers bis in die Mitte der Stadt. Alle Menschen nehmen davon und trinken es. Die andere Röhre wird benutzt, wenn die erste gereinigt wird ... Die Stadt hat viele öffentliche Plätze, auf denen ständig Markt gehalten wird. Dann hat sie noch einen anderen Platz ..., wo sich täglich mehr als 60 000 Einwohner treffen: Käufer und Verkäufer von Lebensmitteln, *Kleinodien aus Gold, Silber, Messing, Muscheln, Hummerschalen und Federn. Außerdem verkauft man Steine, Bauholz, Kalk und Ziegelsteine ... Es gibt Apotheken ..., es gibt Häuser, wo man für Geld trinken und essen kann. Es gibt Leute zum Lasttragen ... Es gibt in dieser Stadt viele sehr gute und große Häuser, weil alle großen Herren des Landes ... ihre Häuser in der Stadt haben. Sie wohnen dort eine gewisse Zeit des Jahres. Aber auch sonst gibt es viele reiche Bürger ...

* **Kleinodien**
Es handelt sich um kostbare Gegenstände, häufig Schmuck.

1 Beschreibe Bild 1 mithilfe von Q1.
2 Cortéz schildert in Q1 eigentlich nichts Ungewöhnliches und dennoch scheint er sehr erstaunt gewesen zu sein. Erkläre anhand der Quelle, den Bildern 1–3 und dem Text auf S. 32, woran dies vermutlich gelegen hat.
3 Vergleiche mithilfe von Q1 Tenochtitlán mit europäischen Städten des Mittelalters.
4 Entwirf mithilfe des Textes auf S. 32 ein Schaubild, das die Rangordnung im Aztekenreich darstellt.
5 Überprüfe und belege anhand der Informationen auf dieser Doppelseite, dass es sich bei den Azteken um eine Hochkultur handelte.
▶ *Nutze auch die Worterklärung in der Randspalte.*

Wie eroberten die Spanier das Aztekenreich?

1 – Cortéz erhält bei seiner Ankunft Geschenke von aztekischen Boten. Gemäß einer mexikanischen Handschrift aus dem 16. Jahrhundert.

2 – Die Spanier richten bei einer religiösen Feier ein Blutbad an, um aufkommende Aufstände bei den Azteken zu unterdrücken. Spanische Handschrift, um 1520.

* Quetzalcoatl
Dieser Gott wurde von verschiedenen amerikanischen Völkern (z. B. den Mayas) verehrt. Er wird meist als große gefiederte Schlange dargestellt.

Die Ankunft der „Götter"

Es gab bei den Azteken eine Sage über den Gott *Quetzalcoatl. Dieser Gott lebte als König der Azteken, bis er vertrieben wurde. „Am Tage der Wiederkehr meiner Geburt werde ich wiederkommen", soll er gesagt haben. Das konnte nach dem Kalender der Azteken nur das Jahr 1363, 1467 oder 1519 sein. Dann würden weißhäutige Boten seine Ankunft melden. Nach einer Legende kam 1519 ein Bote zu Moctezuma, dem König der Azteken (1465–1520), und meldete: „Weiße Männer sind an der Küste gelandet." Moctezuma erschrak und dachte: „Sind das die Boten Gottes?" In Wirklichkeit war es der spanische Adlige Hernando Cortéz (1485–1547) mit 550 Soldaten. Er wollte die Goldschätze erbeuten, von denen er gehört hatte.
Moctezuma schickte den Spaniern Gesandte, die sie durch Bitten und reiche Geschenke zur Umkehr drängen sollten. Doch Cortéz ließ sich nicht aufhalten. Mit seinen Männern erreichte er wenige Tage später Tenochtitlán. Moctezuma hatte von seinen zurückgekehrten Gesandten gehört, dass die Spanier sich ganz in Eisen kleideten und von Hirschen auf dem Rücken getragen würden (Pferde waren in Südamerika unbekannt). Nur ihre Gesichter seien nicht bedeckt und die Haut weiß wie Kalk, weiß wie das Gesicht Quetzalcoatls. Der Herrscher der Azteken empfing und begrüßte die Fremden. Diese aber nahmen in den kommenden Tagen und Wochen Moctezuma gefangen, ließen sich die Schatzhäuser zeigen und begannen, alles Gold zu Barren einzuschmelzen.

„Noche Triste"- die traurige Nacht

Die Spanier raubten nicht nur sämtliches Gold, sie begannen auch, Tempel zu plündern, Götterstatuen zu zerstören und – unter dem Vorwand, dass die Religion der Azteken Teufelszeug sei – auch fast alle aztekischen Schriften zu verbrennen. Deshalb existieren heute kaum Quellen zu den damaligen Ereignissen aus Sicht der Azteken.
Als die Spanier die Heiligtümer der Azteken zerstörten und die Opferung an den Sonnengott untersagten, kam es noch im Jahr 1520 zum Aufstand. Während der Kämpfe starb Moctezuma. Cortéz musste mit seinen Soldaten fliehen, kam aber 1521 zurück und schloss Tenochtitlán mithilfe von anderen, inzwischen verbündeten mittelamerikanischen Völkern ein. Diese hatten sich den Spaniern angeschlossen, um sich von der Herrschaft Moctezumas zu befreien, der zuvor Feldzüge gegen sie geführt hatte. Die Belagerung der Stadt dauerte über drei Monate, dann wurde Tenochtitlán erstürmt und niedergebrannt. Mit den Trümmern wurden die alten Kanäle zugeschüttet und auf dem ehemaligen Tempelberg eine Kirche errichtet.
Es wird geschätzt, dass im Kampf zwischen 100 000 und 240 000 Azteken starben.

3 – Die Eroberung Tenochtitláns durch die Spanier und verbündete mittelamerikanische Völker im Jahre 1521. Gemälde aus der zweiten Hälfte des 17. Jahrhunderts.

Q1 Nach den Aufzeichnungen von Bernardino de Sahagún um 1550 berichtete ein aztekischer Augenzeuge:

... Die Azteken schenkten den Göttern [den Spaniern] goldene Fahnen und goldene Halsketten. Als sie das Gold in ihren Händen hatten, brach Lachen aus den Gesichtern der Spanier hervor, ihre Augen funkelten vor Vergnügen. Wie Affen griffen sie nach dem Gold ... Sie schwollen an vor Gier und Verlangen nach Gold.

... Als die Spanier sich im Palast eingerichtet hatten, fragten sie Moctezuma nach dem Staatsschatz aus. Als sie am Schatzhaus waren, zeigte man ihnen die Reichtümer. Vor Vergnügen fletschten die Spanier die Zähne wie die Tiere und beklopften einander vor Freude. Sie glaubten, in ihrem Paradies zu sein, durchsuchten alles, als ob es ihr Eigentum wäre und kein Raub ...

Q2 In einem weiteren Bericht von Bernal Diaz del Castillo heißt es:

... In den Häusern, im See und auf dem Land, in den Kanälen und auf den vielen Plätzen lagen überall Leichen und Totenköpfe, Cortéz selbst war übel geworden ... Die Luft war so verpestet, dass die Azteken darum baten, den Abzug sämtlicher Einwohner zu gestatten. Drei Tage und drei Nächte waren die Ausfallstraßen und die Dämme mit langen Zügen von erbärmlichen Gestalten bedeckt. Männer, Frauen und Kinder schleppten ihre entkräfteten Körper aus der Stadt, ein jammervoller Leichenzug ... Es hat wohl kaum ein Volk gegeben, das so viel Hunger, Durst und Kriegsnot ausstehen musste ...

1. Nenne jeweils das Ziel von Cortéz und Moctezuma und vergleiche diese.
2. Beschreibe das Verhalten der Spanier aus der Sicht der Azteken und das Verhalten der Azteken aus Sicht der Spanier. Nutze hierzu die Informationen aus dem Text, Bild 1, Bild 2 und Q1.
3. Untersuche Bild 1.
   ▶ *Nimm hierzu die Methode „Bildquellen analysieren“ auf S. 36/37 zu Hilfe.*
4. Beziehe mithilfe des Textes sowie Q1 und Q2 Stellung zum Verhalten der Spanier.

Webcode: EV658282-035

Methode

Bildquellen analysieren

Du hast in Klasse 5 schon gelernt, wie Bilder untersucht und Symbole entschlüsselt werden. Nun soll noch eine Analyse und kritische Auseinandersetzung hinzukommen. Bei einer Analyse löst man das Gesamtbild in seine Einzelbestandteile und betrachtet diese. Besonders wichtig ist dabei die Wechselwirkung zwischen den Bestandteilen. Dabei ist wichtig, sich sowohl ein Sach- als auch ein Werturteil zu bilden. So kann ermittelt werden, was das Bild aussagen soll bzw. welche Absicht der Künstler verfolgte.

Die folgenden Schritte helfen dir, ein Bild zu analysieren:

Schritt 1 **Gegenstand des Bildes erschließen**	▪ Wann entstand die Bildquelle? Welchen Titel trägt sie? ▪ Um welche Art von Bildquelle handelt es sich (Kupferstich, Holzschnitt, Gemälde, Zeichnung, Foto, ...)? ▪ Wer hat das Bild geschaffen?
Schritt 2 **Beschreibung des Bildes**	▪ Wie ist dein erster Eindruck vom Bild (Stimmung, Farbgebung)? Was fällt dir besonders auf? ▪ Was wird auf dem Bild dargestellt? ▪ Sind Personen abgebildet? Wie werden sie dargestellt (Kleidung, Gestik, Mimik)? Was tun sie und wo sind sie platziert (Vordergrund, am Rand)? ▪ Welche Gegenstände, Gebäude oder Landschaften sind sichtbar?
Schritt 3 **Deutung des Bildes**	▪ Was bedeuten die einzelnen Gestaltungsmittel? ▪ In welchen historischen Zusammenhang lässt sich das Bild einordnen (Epoche, besonderes Ereignis, Krieg)? ▪ Welches Problem wird dargestellt bzw. worauf bezieht sich das Bild? ▪ Wer ist Adressat des Bildes?
Schritt 4 **Beurteilung**	▪ Stellt der Künstler ein reales Geschehen dar (Vergleich Entstehungszeit mit Zeit des Dargestellten)? ▪ Welches zusammenfassende Sachurteil lässt sich formulieren? ▪ Gibt es weitere Quellen, die die Bildaussage bestätigen/widerlegen?
Schritt 5 **Kritische Auseinandersetzung**	▪ Welche Meinung vertritt der Künstler durch seine Darstellung? ▪ Welche Absichten verfolgt er bzw. sein Auftraggeber? ▪ Wie deute ich das Bild aus heutiger Sicht und mit meinen Wertvorstellungen (Werturteil)?

1 Lies die Lösung zu Bild 1 und vervollständige sie anhand der Schritte.

2 Beschreibe und erläutere mithilfe der Schritte 1–3 Bild 2.

3 Analysiere mithilfe der Methodenschritte Bild 2, S. 25.

1 – „Kolonisation der großen Stadt Tenochtitlán", um 1521. Ausschnitt aus einem Bilderzyklus zur mexikanischen Geschichte des Künstlers Diego Rivera. Der gesamte Bilderzyklus befindet sich auf den Innenwänden des Palacio Nacional in Mexiko-Stadt. Dieser Teil des Gemäldes entstand 1951.

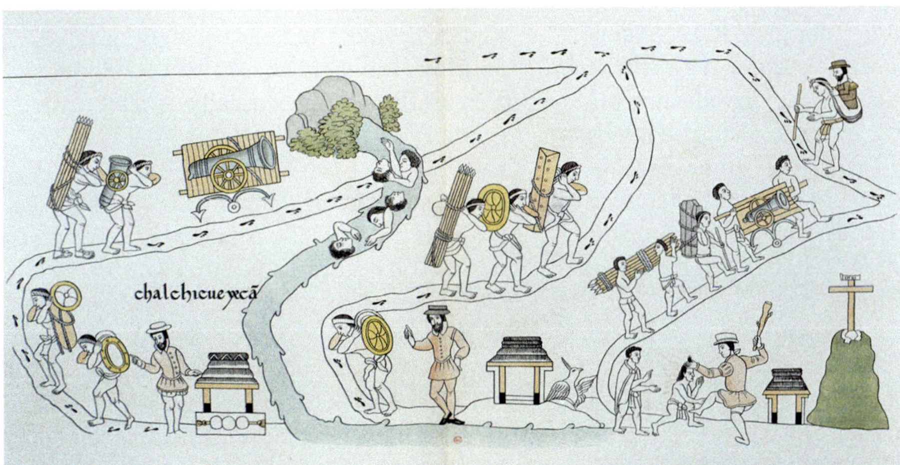

2 – Eroberung Mexikos durch Hernando Cortéz 1519–21. Farblithografie, nach der mexikanischen Bilderhandschrift „Lienzo de Tlaxcala", entstanden Mitte des 15. Jahrhunderts.

Lösungsbeispiel:

Zum Schritt 1:
Das Bild wurde 1951 von dem mexikanischen Künstler ... gemalt. Es ist Teil eines Bilderzyklus zur ... und befindet sich ...

Zum Schritt 2:
Das Bild wirkt auf den ersten Blick verwirrend, weil sehr viele Personen und Tiere in verschiedenen Szenen parallel abgebildet sind. Unten links ist ein spanischer Soldat zu sehen, der die versklavte Bevölkerung zu brandmarken scheint. Unten in der Mitte sind drei Personen erkennbar ...

Zum Schritt 3:
Das Bild stellt das Vorgehen der spanischen Konquistadoren in Tenochtitlán, nach der Eroberung der Stadt, dar. Dabei liegt der Schwerpunkt auf dem Umgang mit der *indigenen Bevölkerung ...

Zum Schritt 4:
Das Gemälde zeigt Geschehnisse aus den Jahren um 1521, entstand jedoch erst 1951. Damit wird deutlich, dass Diego Rivera fiktive Bildelemente miteinander verbunden hat, die in ähnlicher Weise durchaus stattgefunden haben könnten, wie zeitgenössische Bild- und Textquellen vermuten lassen. Die Eroberer werden als überlegen dargestellt ... Die indigene Bevölkerung ist demgegenüber fast nackt. Sie wird von den Eroberern versklavt, ausgebeutet, gehängt. ...

Zum Schritt 5:
Diego Rivera möchte verdeutlichen, dass ...

* indigene Bevölkerung
Hiermit ist die ursprüngliche Bevölkerung eines Landes gemeint.

Was bedeutet *Kolonialherrschaft?

1 – Die spanischen Kolonialherren misshandeln die unterworfenen Völker. Kolorierter Kupferstich von Theodor de Bry, 1596.

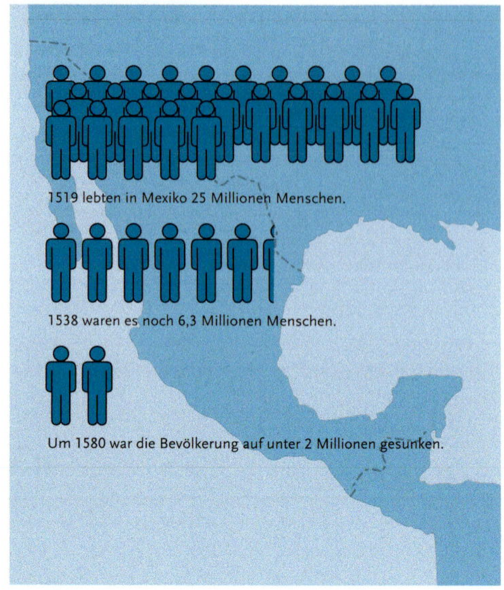

2 – Bevölkerungsentwicklung Mexikos 1519–1580. Schaubild.

* Kolonialherrschaft
Die Eroberung zumeist überseeischer Gebiete durch militärisch überlegene Staaten (vor allem Europas) seit dem Ende des 15. Jahrhunderts wird als Kolonialismus bezeichnet. Die Kolonialmächte errichteten in den unterworfenen Ländern Handelsstützpunkte und Siedlungskolonien. Sie verfolgten vor allem wirtschaftliche und militärische Ziele.

* Dreieckshandel
Dies bezeichnet den Handel zwischen Afrika, Amerika und Europa. Die Europäer kauften oder raubten Sklaven in Afrika, die nach Amerika transportiert wurden. Von dort brachte man Gold, Silber, Zucker und Baumwolle nach Europa. Weil dieser Handel sich auf der Karte ähnlich wie ein Dreieck darstellt, wird er auch „Dreieckshandel“ genannt.

Eroberungen im Namen Gottes?

Mit den spanischen Eroberern kamen auch Mönche. Sie wollten den christlichen Glauben unter der indigenen Bevölkerung verbreiten. Vielfach geschah dies, indem diese gewaltsam getauft wurde. So berichtete ein Mönch im Jahre 1529, dass allein von ihm und einem Mitbruder über 200 000 Menschen getauft worden seien. Die spanischen Beamten förderten diese gewaltsame Missionierung. Durch den christlichen Glauben – so hofften sie – würde die einheimische Bevölkerung zu gehorsamen Untertanen erzogen werden. Noch heute gehören circa 90 Prozent der Mexikaner dem römisch-katholischen Glauben an.

Herren und Sklaven

Nach der Eroberung begannen die Spanier bald, das eroberte Land als ihre Kolonie einzurichten und zu verwalten, mit dem Ziel, einen maximalen wirtschaftlichen Gewinn zu erreichen. Für sie war es selbstverständlich, dass sie über die eroberten Gebiete verfügten, wie sie es wollten. So errichteten sie große landwirtschaftliche Güter. Auf ihnen wurde vor allem angebaut, was in Europa benötigt wurde, z. B. Tabak, Baumwolle oder Mais. Die Plantagenbesitzer beschränkten sich dabei auf den Anbau nur einer Pflanzensorte. Bis heute sind diese sogenannten Monokulturen charakteristisch für die Landwirtschaft Südamerikas.
Die indigene Bevölkerung musste auf diesen Ländereien Sklavenarbeit leisten. Die europäischen Eroberer erwirtschafteten auch reichen Gewinn durch die Ausbeutung der Bodenschätze. Überall wurden Bergwerke angelegt, um diese abzubauen. So konnten z. B. große Mengen von Silber nach Spanien geliefert werden. Die jährlichen Silberlieferungen nach Spanien stiegen von 175 000 kg (1550) auf 270 000 kg im Jahr 1600. Möglich war dies nur, weil die Arbeitskraft der indigenen Bevölkerung ausgebeutet wurde. Viele Menschen starben. Hierbei spielten auch Krankheiten eine Rolle, die die europäischen Eroberer einschleppten und gegen die die indigene Bevölkerung nicht immun war. Hunderttausende starben an einfachen Infektionen, aber auch an Epidemien wie den Pocken und der Pest.

Sklaven aus Afrika

Der Dominikanermönch und erste Bischof von Chiapas im heutigen Mexiko, Bartolomé de Las Casas, stimmte einem Vorschlag spanischer Siedler zu, afrikanische Sklaven zu beschäftigen, um die Situation der indigenen Bevölkerung zu erleichtern. Sie waren angeblich kräftiger und daher für die schweren Arbeiten auf den Landgütern und in den Bergwerken besser geeignet. So begann in Afrika die Verschleppung von Menschen als Sklaven. Zwischen 1550 und 1800 waren dies mehr als zehn Millionen.

„Entdecker" oder „Eroberer"?

In fast allen ehemaligen Kolonien Mittel- und Südamerikas leben heute die Nachfahren jener Völker, die einst Hochkulturen geschaffen hatten, zu einem großen Teil am Rande der Gesellschaft.
400 Jahre nach der Landung des Kolumbus wurde das Ereignis 1892 durch US-Präsident Harrison zu einem offiziellen Feiertag erklärt – den „Columbus Day". Auch Spanien begeht den 12. Oktober seit 1987 als Nationalfeiertag – den „Tag der Zusammengehörigkeit aller spanischsprechenden Völker". Von den Nachfahren der damaligen Hochkulturen und zunehmend auch großen Teilen der übrigen Bevölkerung wird diese Verherrlichung seit jeher stark kritisiert. Ihrer Meinung nach sollte man nicht von „Entdeckung", von „kultureller Begegnung" oder vom „Austausch zwischen zwei Welten" sprechen, sondern von „Eroberung" und „Völkermord". In einigen US-Bundesstaaten wurde die Bezeichnung „Columbus Day" bereits abgeschafft.

Q1 Der Dominikanermönch Bartolomé de Las Casas (1484–1566) schrieb an den spanischen König:
... Ein königlicher Beamter erhielt 300 Indios als Arbeitskräfte zugeteilt. Nach drei Monaten hatte er durch die Arbeiten in den Gruben 270 davon zu Tode gebracht, sodass ihm nur der zehnte Teil blieb. Danach gab man ihm wiederum dieselbe Zahl und noch mehr, doch er brachte sie wieder um, und je mehr man ihm gab, desto mehr mordete er ...
In drei oder vier Monaten starben in meinem Beisein mehr als 7000 Kinder, weil ihre Väter und Mütter in die Gruben geschickt wurden ...
Als ziemlich sicheres Ergebnis kann man annehmen, dass in den genannten 40 Jahren durch die tyrannischen und teuflischen Taten der Christen mehr als 12 Millionen Männer, Frauen und Kinder getötet worden sind. ...

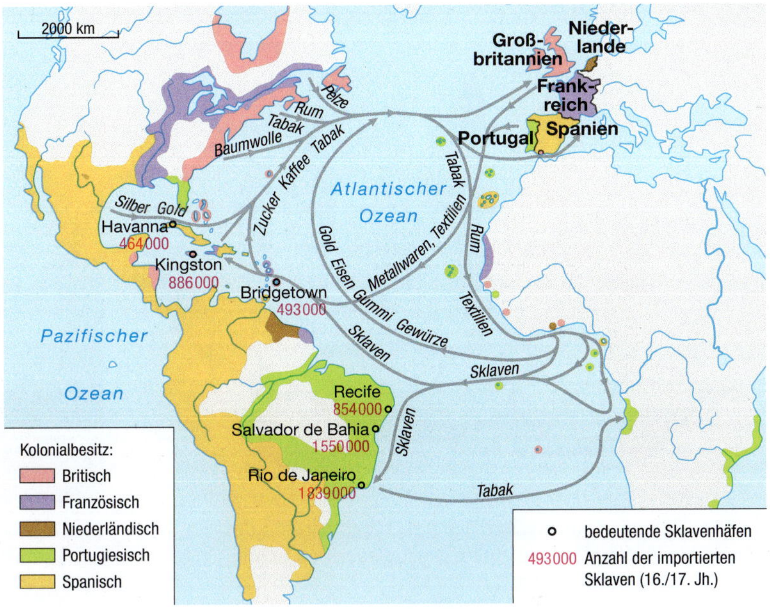

3 – Der *Dreieckshandel zwischen Europa, Afrika und Amerika im 17. Jahrhundert.

1 Stelle die Motive der Europäer heraus, Amerika zu kolonialisieren. Nutze hierfür Q1 und den Text.
2 Betrachte den Kupferstich von Theodor de Bry (Bild 1) und entnimm ihm Einzelheiten über die Behandlung von Sklaven.
3 Las Casas (Q1) spricht davon, dass der königliche Beamte „mordet". Erkläre, was er damit zum Ausdruck bringen wollte.
4 Erläutere das Schaubild 2 mithilfe des Textes und Q1.
5 Erkläre anhand der Karte, wie sich der Handel zwischen Europa, Afrika und Amerika gestaltete.
6 Bewerte die Erkenntnisse, die du aus dem Schaubild 2 gewonnen hast.
7 Beziehe Stellung: Sollte es einen „Columbus Day" geben?
8 Erarbeite mithilfe der S. 34/35 und 38/39 die Ausgangsfrage „Was bedeutet Kolonialherrschaft?"
  a) für die Spanier und
  b) für die indigene Bevölkerung.
  ▶ *Lege dazu eine Tabelle an unter der Überschrift:*

Die zeitgenössischen Folgen der Kolonialherrschaft für die	
Spanier	*indigene Bevölkerung*

9 Informiere dich über Bartolomé de Las Casas und bereite ein Kurzreferat vor.
  ▶ *Nutze hierzu die Methode „Ein Referat halten", S. 26.*

Der größte Seefahrer – ein Chinese?

1 – Modell eines chinesischen Schatzschiffes zur Zeit des Zheng He im Vergleich zu einem portugiesischen Schiff. Rekonstruktionszeichnung.

2 – Admiral Zheng He und seine Flotte von Handelsschiffen. Lithografie.

Zheng He brachte seinem Kaiser als Geschenk aus Afrika eine Giraffe mit.

* Eunuch
Bei Eunuchen handelte es sich um kastrierte Diener. Dies bedeutet, dass den Betreffenden die Hoden und häufig auch der Penis entfernt wurden, womit sie keine männliche Konkurrenz zum Kaiser darstellten.

Der „chinesische Kolumbus" – Zheng He
Zheng He wurde als Kind gefangen genommen und kam an den chinesischen Kaiserhof, wo er als *Eunuch das Vertrauen seines Kaisers Zhu Di erwarb und von ihm zu einem der höchsten Beamten gemacht und schließlich zum Admiral der kaiserlichen Flotte ernannt wurde. Sein ehrgeiziger Plan war die Erkundung der Meere und neuer Handelswege sowie die Beseitigung des Piratenproblems. Mit seiner Flotte konnte er beide Ziele erreichen. Seine Flotte war so groß wie eine Stadt auf See, mit fast 28 000 Mann Besatzung auf 300 Schiffen, mit hunderten Kanonen, roten Segeln und aus kunstvoll geschnitztem und bemaltem Holz gebaut. Die vier größten von ihnen waren sogenannte Schatzschiffe. Sie maßen 50 m in der Breite und 120 m in der Länge. Über 60 große Dschunken (chinesische Segelschiffe) wurden von über 200 Versorgungsschiffen begleitet, auf denen Tiere gehalten, Trinkwasser gelagert, Sojabohnen und anderes Gemüse angebaut wurden. Die erste von insgesamt sieben Reisen begann 1405. Zunächst begab sich Zheng He mit der Flotte zu Chinas ältestem Handelspartner Indien, um auf dem Rückweg die Piraten zu bekämpfen. Während der folgenden sechs Expeditionsreisen drangen die Chinesen im Jahre 1417 bis nach Mogadischu (Somalia) und 1420 nach Mosambik in Afrika vor. Auf allen Reisen wurden politische Beziehungen mit den Handelspartnern geknüpft oder erneuert. Die Flotte kam stets reich beladen mit Kostbarkeiten wie Elfenbein, Edelsteinen und Gewürzen wieder. Diese hatten sie gegen chinesische Seide, Tee und Porzellan eingetauscht. Erst 1498 betraten die Portugiesen unter Vasco da Gama die afrikanische Ostküste und Indien. Aber warum fanden sie hier keine chinesischen Handelsniederlassungen?

Das Ende der chinesischen Seefahrt
Nachdem Kaiser Zhu Di gestorben war, interessierten sich seine Nachfolger nicht mehr für Handel und Expeditionen. Zheng He begab sich 1431 nochmals auf große Fahrt, starb jedoch 1433 oder 1435 auf hoher See. China gab damit die Herrschaft auf den Weltmeeren an die Europäer ab.

1 Vergleiche die Expeditionen des Zheng He mit denen der Europäer.
▶ *Berücksichtige z. B. Ausrüstung und Zielstellungen.*

2 Stell dir vor, du seiest 1417 der Hafenmeister von Mogadischu. Informiere deinen Herrn über die Ankunft der Neuankömmlinge aus China in Form eines Briefes.

Das kann ich …

Neue Horizonte – neue Welten

Wichtige Begriffe

- Dreieckshandel
- Heliozentrisches Weltbild
- Humanismus
- Karavelle
- Kolonialismus
- Neuzeit
- Renaissance
- San Salvador

Wissen und erklären

1 Wählt einen Begriff aus und erklärt ihn euch gegenseitig, ohne ihn dabei zu nennen. Wenn ihr unsicher seid, lest noch einmal auf den entsprechenden Lehrbuchseiten nach.

2 Ordne die Aussagen (M1) nach Ursachen und Folgen der Entdeckungen in der Tabelle. Schreibe diese in deinen Hefter und ergänze in jeder Spalte zwei weitere.

Anwenden

3 Erarbeite mithilfe der Methodenschritte S. 26 ein Referat zum Thema „Erfindungen der Frühen Neuzeit“ und setze dich mit einer Erfindung und seinem Erfinder auseinander.

▶ *Mögliche Themen wären: das erste Mikroskop, erste Feuerwaffen, die erste Luftpumpe, etc.*

4 Analysiere Bild 1 anhand der Methodenschritte auf S. 36.

Beurteilen und handeln

5 Bewerte die Entdeckungen und die kolonialen Eroberungen aus der Sicht der indigenen Bevölkerung und aus der Sicht der Europäer. Stelle beides in einer Tabelle gegenüber.

6 Bildet Gruppen und erstellt zu der in Bild 1 dargestellten Szene ein Rollenspiel.

7 Beschreibe Bild 2 und beziehe Stellung zur Frage: Christoph Kolumbus – Verbrecher statt Held?

1 – Christoph Kolumbus im März 1493 vor König Ferdinand und Königin Isabella nach seiner Rückkehr. Gemälde von Eugène Delacroix aus dem Jahre 1839.

M1 Ursachen und Folgen der Entdeckungen

1. Suche nach Gewürzen
2. Nutzung des Kompasses zur Orientierung
3. Einfuhr von Mais in Europa
4. Wunsch, das Christentum zu verbreiten
5. Bau der Karavelle als neuer Schiffstyp
6. Bildung von Kolonien in Afrika
7. Nachweis, dass die Erde eine Kugel ist
8. Verlangen nach Gold
9. Zollschranken durch die Errichtung des Osmanischen Reiches
10. hohe Sterblichkeit der indigenen Bevölkerung

Ursachen für die Entdeckungen	*Folgen der Entdeckungen*
…	…

2 – Aktivisten bilden einen Kreis um eine Skulptur von Christoph Kolumbus, nachdem diese vor dem Minnesota State Capitol in St. Paul gestürzt worden ist. Die Situation steht im Zusammenhang mit dem gewaltsamen Tod des Afroamerikaners George Floyd durch einen weißen Polizisten. Dieser hatte zu starken Unruhen in den USA geführt. Foto, 10. 6. 2020.

Hier spielt die Geschichte …

Neuzeit-Bingo

Einführung

In diesem Kapitel habt ihr viele Persönlichkeiten der Frühen Neuzeit kennengelernt. Um diese noch einmal zu wiederholen und euer Wissen zu festigen, könnt ihr in der Klasse *Bingo spielen.

*Bingo
Das ist ein spannendes und unterhaltsames Spiel, das seit fast 100 Jahren in unterschiedlichen Varianten gespielt wird.

Vorbereitung des Bingo-Spiels

Ihr benötigt für jeden Schüler ein kariertes A4-Blatt. Auf diesem Blatt zeichnet ihr ein großes Rechteck, das in 25 Teile gegliedert wird. Beachtet bei der Größe, dass in die entstehenden Kästchen mindestens zwei Begriffe eingetragen werden müssen. Der Spielleiter, am besten euer Geschichtslehrer, braucht 25 Notizzettel.

Der Spielleiter nennt nun laut die Namen der folgenden 25 Persönlichkeiten:

Johannes Gutenberg, Dante Aligheri, Niccolò Machiavelli, Georgius Agricola, Francis Drake, Hernando Cortéz, Francisco Pizarro, Peter Henlein, Zheng He, Lorenzo de Medici, Moctezuma, Atahualpa, Isabella von Spanien, Amerigo Vespucci, Albrecht Dürer, Nikolaus Kopernikus, Michelangelo Buonarroti, Heinrich der Seefahrer, Vasco da Gama, Galileo Galilei, Martin Behaim, Leonardo da Vinci, Osman I., Ferdinand Magellan, Christoph Kolumbus

Jetzt erstellt jede Schülerin und jeder Schüler seinen eigenen Bingo-Schein. Dazu schreibt sie/er die laut genannten Namen in eines der Kästchen und ergänzt, welchen Beruf die Person hatte, was derjenige erfunden hat oder welche Entdeckung man mit dieser Persönlichkeit verbindet. Wichtig dabei ist, dass die Anordnung der Personen bei jedem unterschiedlich ist, also jeder seinen individuellen Bingo-Schein hat. Gleichzeitig notiert die Spielleiterin/der Spielleiter jeweils eine Person auf einem Notizzettel. Wenn alle Persönlichkeiten genannt und auf den Schein notiert wurden, kann das eigentliche Spiel losgehen!

Ablauf

Der Spielleiter dreht den Stapel mit den Notizblättern um, durchmischt ihn gut und zieht verdeckt einen Zettel. Der Name auf dem Papier wird laut verkündet. Die Spielerinnen und Spieler ergänzen nun, für was die Persönlichkeit berühmt ist. Weiterhin suchen sie den Namen auf ihrem Bingo-Schein und streichen ihn mit einem Kreuz farbig durch.
Jetzt wird die nächste Berühmtheit vom Spielleiter gezogen und laut verlesen. Anschließend wird in der Klasse geklärt, was die Person geleistet hat und alle streichen den Namen auf ihrem Bingo-Schein durch. So geht es immer weiter.

Ende des Spiels:

Wer auf seinem Bingo-Schein als Erstes eine horizontale, vertikale oder diagonale Linie mit fünf abgestrichenen Persönlichkeiten hat, ruft laut BINGO! Diejenige oder derjenige hat das Spiel gewonnen und darf die nächste Spielleiterin bzw. der nächste Spielleiter sein.

Tipp:

Bingo könnt ihr auch gut für andere Fächer abwandeln und zur Wiederholung spielen, zum Beispiel mit Englischvokabeln, grammatischen Begriffen in Deutsch oder Lernwörtern aus der Biologie.

Martin Behaim Globus	Zheng He ...			

Viel Spaß beim Spielen!

EVAN GELIC
PISC TORE
ANNO 1614
FIDES
SPES

2 Die Reformationszeit – Kirchenspaltung und Glaubenskonflikt

Das Bild „Die Seelenfischerei" malte der niederländische Künstler Adriaen P. van de Venne im Jahre 1614. Es zeigt die Christen, die durch einen breiten Fluss gespalten sind – in Protestanten auf der linken und Katholiken auf der rechten Seite. Auf dem Bild versuchen katholische und protestantische Geistliche, möglichst viele Menschen in ihre Boote zu ziehen. Letztere haben Bibeln in ihren Booten und auf ihren Netzen die Worte Fides (Glaube), Spes (Hoffnung) und Caritas (Liebe) befestigt – die drei christlichen Tugenden. Der Regenbogen, der für den gemeinsamen christlichen Glauben steht, wird von den „Fischern" gar nicht mehr beachtet. Wie konnte es zu dieser Entwicklung kommen?

Die Reformationszeit – Kirchenspaltung und Glaubenskonflikt

1 – Konfessionen in Deutschland, 1555.

Die Frühe Neuzeit war geprägt von Krisen und Umbruchbewegungen. Einerseits hielt neues Denken Einzug in den Alltag, andererseits dominierten weiterhin mittelalterliche Ansichten die Gesellschaft. Der Adel lebte von der Arbeit seiner Untertanen. Er kämpfte in zahlreichen Kriegen um Macht und Einfluss im Reich und in Europa. Die vorrangig ländliche Bevölkerung litt unter den schweren Frondiensten und den hohen Abgaben. In den Städten herrschte Überbevölkerung. Diese begünstigte den Ausbruch und die Verbreitung von Infektionskrankheiten. Im 15. und 16. Jahrhundert begannen die Menschen nun, ihre Lebenssituation zu hinterfragen. Scharfe Kritik wurde dabei auch gegenüber der Kirche geäußert, da sie auf alle Lebensbereiche tiefgreifenden Einfluss hatte. In Worte fasste diese Kritik der Universitätsprofessor und Mönch Martin Luther. Er veröffentlichte am 31. 10. 1517 seine 95 Sätze (Thesen) gegen die Missstände in der Kirche. Eigentlich wollte er nur eine Erneuerung der Kirche herbeiführen. Doch er löste damit eine grundlegende politische und gesellschaftliche Umwälzung im Herzen Europas aus.

Am Ende des Kapitels kannst du folgende Fragen beantworten:

- Was kritisierten die Menschen um 1500 an der Kirche?
- Wer war Martin Luther und welche Ziele verfolgte er?
- Wie veränderte sich das Verhältnis zu Politik und Religion durch die Verbreitung der neuen Lehre Luthers?
- Wie kam es zur Bildung neuer Glaubensrichtungen?
- Welche Ereignisse führten zum Bauernkrieg und welchen Ausgang fand dieser?
- Warum führten Christen mit unterschiedlichen Bekenntnissen fast 30 Jahre lang Krieg gegeneinander?
- Wie können zeitgenössische Spottbilder gedeutet werden?

1517	1521	1524–1526	1555	1618–1648
Beginn der Reformation, 95 Thesen	Reichstag in Worms	Deutscher Bauernkrieg	Augsburger Religionsfriede	Dreißigjähriger Krieg

Opa, sag mal …

Stella: Na, du hast dich ganz schön erschreckt vor mir, oder?

Opa: Du siehst wirklich zum Fürchten aus, mein kleiner Vampir. Aber ich dachte, du bist aus dem Faschingsalter raus?!

Stella: Ach Opa, Fasching war gestern, heute ist Halloween! Wir haben gerade in der Schule ein Projekt zum Thema Halloween und heute, am letzten Tag, durften wir alle verkleidet in den Unterricht kommen.

Opa: Das sind so neumodische Sachen, mit denen ich gar nichts anfangen kann. Weißt du denn, warum man sich zu Halloween so gruselig verkleidet?

Stella: Logisch, das haben wir doch in der Projektwoche behandelt. So neumodisch ist das gar nicht. Es ist ein alter keltischer Brauch, den es wohl schon vor mehr als 1000 Jahren gab. Er wird noch heute in England, Irland und Schottland, v. a. aber in den USA am Vorabend des 1. Novembers gefeiert. Ursprünglich war der 31. Oktober der letzte Tag des keltischen Kalenders und man glaubte, dass an diesem Tag die Lebenden mit den Toten zusammentreffen könnten. Anfangs wurde den Toten mit Lichtern vor den Häusern der Weg auf die Erde gewiesen. Später hatte man eher Angst vor möglichen bösen Geistern und bastelte Masken, um sich zu schützen.

Opa: Klingt spannend! Siehst du, ich kenne nur Allerheiligen. Das ist ein alter christlicher Feiertag, der am 1. November begangen wird.

Stella: Den Zusammenhang kann ich dir erklären, Opa. Halloween ist nämlich die irische Bezeichnung für das altenglische „All Hallows Eve", also der Abend vor Allerheiligen. Die irischen und englischen Auswanderer haben diesen Brauch dann vor über 200 Jahren mit in die USA gebracht.

Opa: Was ich alles von dir lernen kann! Aber weißt du auch, warum in Sachsen der Tag vor Allerheiligen ein Feiertag ist?

Stella: Klar, damit wir genügend Zeit haben, uns für die Halloweenparty zu verkleiden!

Opa: Nicht ganz! Wir erinnern uns an diesem Tag an Martin Luther und die Veröffentlichung seiner 95 Thesen. Diese soll er auch – so die Legende – an die Tür der Schlosskirche in Wittenberg geschlagen haben.

Stella: Martin Luther? Ist das nicht der Mönch, der die Bibel ins Deutsche übersetzt hat und wegen seiner Ideen Ärger mit dem Papst hatte?

Opa: Genau richtig! Und weil Martin Luther mit seinen 95 Thesen die damalige Kirche erneuern, also reformieren wollte, spricht man heute am 31. Oktober vom Reformationstag. Aber darüber sprecht ihr sicherlich noch im Unterricht. Das war nämlich eine ziemlich schwierige Zeit, die viele Veränderungen im Zusammenleben der Menschen mit sich brachte.

Stella: Bestimmt! Aber Opa, ich finde es trotzdem toll, dass du immer über solche Sachen Bescheid weißt und mir so viele Dinge erklären kannst!

Opa: Und du ergänzt mich perfekt mit den neumodischen Dingen. Wir sind eben ein super Team!

1 Lest das Gespräch zwischen Stella und ihrem Opa in verteilten Rollen.

2 Finde heraus, was man unter dem Begriff „Konfession" versteht.

3 Berichte, was du über die Ereignisse in der Zeitleiste, z. B. im Religionsunterricht, bereits gehört hast.

4 Erkläre die Bedeutung des 31. Oktober.

▶ *Verwende Begriffe wie Halloween, Kelten, Allerheiligen, Tote, Reformation, Luther.*

5 Stelle mithilfe der Karte fest, wie die Konfessionen 1555 auf deutschem Gebiet verteilt waren.

Am Vorabend der Reformation

Unter welchen Ängsten litten die Menschen um 1500?

1 – „Das Jüngste Gericht", dreiteiliges Altargemälde von Hans Memling, 1467–71. Mitteltteil: Jesus als Weltenrichter sitzend auf einem Regenbogen. Links von ihm Maria, rechts Johannes der Täufer, im Halbkreis sind die Apostel angeordnet. Unter Jesus der Erzengel Michael bei der Wägung der Menschen. Linker Flügel: Aufnahme der Glückseligen in das Paradies durch Petrus. Rechter Flügel: Das *Fegefeuer erwartet die verdammten Seelen.

*das Jüngste Gericht
Das Jüngste Gericht ist ein Begriff aus der Bibel für das Gericht Gottes, wenn das Ende der Welt gekommen ist. Nach dem Tod werden die guten und bösen Taten der Menschen überprüft, um einen Platz im Himmelreich zu erlangen.

*Fegefeuer
(von mhd. „vegen" für reinigen, putzen)
Die Katholiken glauben, dass nach dem Tod die Seele zunächst in ein reinigendes Feuer kommt, wo alle kleinen Sünden des Lebens aus dem Diesseits „verbrannt" werden. Die so gereinigte Seele kann am Tag des Jüngsten Gerichts auf das Himmelreich hoffen. Schwere Sünden hingegen kann selbst das Fegefeuer nicht heilen.

Himmel oder Hölle

Die Menschen zu Beginn der Neuzeit waren immer noch fest davon überzeugt, dass der Tod den Übergang vom Diesseits ins Jenseits darstellte. Doch führte der Weg dann in den Himmel oder in die Hölle? Altarbilder, wie das obige, zeigten den Menschen eindrücklich, dass am Tag des *Jüngsten Gerichts über diese Frage entschieden wird. Die Frage, ob man in den Himmel oder die Hölle kommt, sollte das Leben im Diesseits bestimmen. Die Geistlichen predigten den Gläubigen jeden Sonntag in der Kirche, dass Gott ein sündiges Leben bestrafen werde. Man glaubte, dass selbst Missernten, Seuchen wie die Pest oder Kriege göttliche Strafen wären.

Höllenangst und Todesfurcht

Die Menschen pilgerten zu christlichen Wallfahrtsorten oder spendeten der Kirche zur Vergebung ihrer Sünden Gaben verschiedenster Art. Im Gegenzug sollten Geistliche für ihr Seelenheil beten. In ihrer Not erwarteten die Menschen Trost, Orientierung und Hilfe durch die Kirche. Doch wurden sie immer öfter enttäuscht. Einige Bischöfe und Priester vernachlässigten zu dieser Zeit ihre Pflichten, hielten den *Zölibat nicht ein und führten lieber ein ausschweifendes Leben auf Kosten der Gläubigen. Die Kirchenherren benahmen sich wie Adlige: Verschwendung und moralischer Verfall griffen auch unter den Geistlichen um sich. Die Menschen fragten sich immer öfter, ob solche Priester überhaupt für ihr Seelenheil sorgen könnten. Doch auch viele Geistliche selbst übten jetzt Kritik am Zustand ihrer Kirche. Wie sollte man die zweifelnden Gläubigen noch überzeugen, wenn die Kirche nicht das vorlebte, was sie von ihren Gläubigen verlangte? Der Ruf nach einer Reform, also einer Erneuerung der Kirche, wurde immer lauter.

2 – Nonnen und ein Abt überqueren auf dem Heimweg von einem Trinkgelage einen zugefrorenen See.
Holzschnitt, um 1450.

Auf den Spruchbändern ist im Uhrzeigersinn zu lesen:

1. Er will uns werden zu schwer. Die Flasch ist uns worden leer.
2. Fahrt mich mit gutem Fleiß, dass mir nicht zerbrech das Eis.
3. Wir wollen dich fahren wohl, denn du bist geschwollen und voll.
4. Liebe Schwestern gebt uns zu trinken. In dem Eis wollen wir versinken.

Q1 In einem Schreiben der Herzöge von Bayern, Wilhelm IV. und Ludwig X., heißt es 1523:

... Vor allem die Bauern auf dem Lande drohen in aller Öffentlichkeit, sie wollten alle *Pfaffen totschlagen. Sie sagen, dass die Priester so unpriesterlich und unordentlich leben, dass es wider den christlichen Glauben wäre, sie länger zu ertragen. Die Priester – so heißt es – liegen Tag und Nacht in den öffentlichen Wirtshäusern, trinken ... und lassen sich volllaufen. ... Oftmals gehen sie nach solchem Trinken und Lärmen ... zum Altar, um die Messe zu lesen. ...

M1 Der Theologe Hans Kühner schrieb 1973 über Papst Leo X. (1513–1521):

... Leos Hofstaat bestand aus 683 Menschen, vom Erzbischof bis zum Elefantenwärter, vom Hoforchester bis zum Hofpoeten und zum Hofnarren, verschlang es Unsummen. Oft war Leo wochenlang auf Jagden, an denen bis zu 2000 Reiter teilnahmen, darunter Kardinäle, Spaßmacher und Hofschauspieler. ... Und im Karneval von 1521 wurden alle Regierungsgeschäfte überhaupt eingestellt, weil die Aufführung eines Balletts wichtiger war. ...

* **Zölibat**
Religiös begründete Pflicht, dass Geistliche der katholischen Kirche nicht heiraten dürfen und enthaltsam leben müssen.

* **Pfaffen**
Das ist ein abwertender Ausdruck für Priester.

1. Beschreibe mithilfe des Textes und des Altarbildes, welche Glaubensvorstellung die Menschen im ausgehenden Mittelalter hatten.
▶ *Anhand des Altarbildes von ... wird deutlich, dass die Menschen Ende des 15. Jahrhunderts ...*
2. Stelle dir vor, du wärst ein Kirchenbesucher um 1500 und blickst während des Gottesdienstes lange auf das Altarbild. Beschreibe Ängste und Gefühle, die es bei dir erzeugt.
3. Erstelle mithilfe von Q1, M1 und Bild 2 eine Beschwerdeliste gegen die Geistlichen.
4. Überlege, was du auf ein Bild malen würdest, das die Ängste der heutigen Menschen darstellt. Besprich deine Gedanken mit einer Partnerin/einem Partner und notiert euch gemeinsam Bildelemente. Fertigt im Anschluss eine Skizze an.

Welche Missstände herrschten in der Kirche?

1 – Ein im Jahr 2016 erschienenes Comic stellt das Leben und Wirken Martin Luthers in Bildern dar. Bruder Martin (links) unterhält sich hier mit anderen Gelehrten. Auszug aus dem Comic „Martin Luther. Ein Mönch verändert die Welt", 2016.

*Theologie
(altgriech.: theos = Gott und logos = Lehre) Hierbei handelt es sich um die Lehre von Gott.

*Ablassbrief
So wird ein Schriftstück genannt, das den Käufer von den Strafen für begangene Sünden befreite.

*Philosophie
(altgriech.: philosophia = Liebe zur Weisheit) Die Philosophie setzt sich mit allen Fragen auseinander, die den Menschen, das Leben und die Welt betreffen.

*geißeln
Bezeichnet das Zufügen starker körperlicher Schmerzen mithilfe einer Peitsche, in deren Lederriemen z. T. kleine Kugeln aus Eisen oder Blei eingeflochten sind. Die Handlung soll an das Leiden Christi erinnern, der vor seiner Kreuzigung gegeißelt worden sein soll, und der Buße bzw. der Selbstbestrafung für Sünden dienen.

Befreit Geld von allen Sünden?

Christen, die durch eine Beichte Reue zeigten und Buße taten, wurden ursprünglich von ihren Sünden freigesprochen. Seit dem 11./12. Jahrhundert hatte sich allerdings durchgesetzt, dass jeder, statt Buße und Reue zu tun, einfach eine Geldsumme zur Wiedergutmachung an die Kirche zahlen konnte und dafür einen sogenannten *Ablassbrief erhielt. Ein solcher konnte auch für Verstorbene erworben werden, die gar nicht mehr bereuen konnten.

Der Papst braucht Geld

Im Jahr 1506 hatte Papst Julius II. mit einem der ehrgeizigsten Bauprojekte der Renaissance begonnen – dem Petersdom in Rom. Dieser sollte an Reichtum und Größe alle Gebäude der Kirche übertreffen. Doch um diesen Bau zu finanzieren, brauchte er riesige Geldsummen. Deshalb schrieb der Papst den sogenannten Ablass aus und schickte Mönche durchs Land, die für ihn Ablassbriefe verkauften. Einer der bekanntesten Ablasshändler war der aus Pirna oder Leipzig stammende Dominikanermönch Johann Tetzel. Er prägte den Ausspruch: „Sobald das Geld im Kasten klingt, die Seele aus dem Fegefeuer springt."

Ein Mönch namens Luther

Nicht alle Geistlichen waren mit den Reden Tetzels und dem Handeln der päpstlichen Kirche einverstanden. Auch der Mönch und *Theologieprofessor Martin Luther (1483–1546) gehörte zu den Kritikern. Dieser war mit 21 Jahren in das Kloster der Augustinermönche in Erfurt eingetreten. Nur als Mönch, so glaubte er, könnte er ein Leben führen, das Gott gefiel. Immer wieder stellte er sich die Frage: Wird Gott mir Sünder gnädig sein? Luther begann das Studium der Theologie. 1507 wurde er in Erfurt zum Priester geweiht und studierte anschließend *Philosophie in Wittenberg. Ab 1512 war er auch Prediger an der Wittenberger Stiftskirche.

Q1 Luther berichtete 1506 über sein Leben im Kloster:

... Jedes Mal beim Verlassen unserer Klosterkirche blickte ich auf ein Bild, das Gott als den Richter über die Menschen zeigte. Einmal dachte ich voll Schrecken daran, dass ich heimlich über Bruder Albertus gelacht hatte, der wieder während des Morgengebetes eingenickt war. In meiner Zelle kniete ich daraufhin nieder und bat Gott wegen dieser Sünde um Vergebung. Häufig *geißelte ich mich, bis ich blutete, um Gott zu zeigen, wie ernst ich es meinte. ...

2 – Spottbild gegen Johannes Tetzel, Holzschnitt 1546. Der Text lautet: Oh ihr Deutschen merket mich recht/Des heiligen Vaters Papstes Knecht/bin ich und bring euch itzt [jetzt] allein/Zehntausendundneunhundert carein [Kehr ein (in den Himmel)]/Gnad und Ablass von einer Sünd/Vor Euch/Eure Eltern/Weib und Kind/Soll ein jeder gewehret sein/so viel ihr legt ins Kästelein/Sobald der Gulden im Becken klingt/im huy die Seel im Himmel springt.

3 – Der Augustinermönch Martin Luther. Gemälde von Lucas Cranach dem Älteren, 1522/1524.

Q2 Der Mönch Myconius, der sich Luther anschloss, schrieb 1527:

... 1517 kamen etliche mit den gekauften Ablassbriefen zu Martin ... und beichteten. Als sie dabei aber sagten, dass sie weder von Ehebruch, Wucher noch unrechtem Gut und dergleichen Sünde und Bosheit ablassen wollten, da sprach sie Martin Luther nicht frei von ihren Sünden. ... Da beriefen sie sich auf die Ablassbriefe. Diese wollte Luther nicht anerkennen. Er berief sich auf die Aussagen der Bibel: Wenn ihr eure Sünden nicht bereut und Buße tut, werdet ihr alle umkommen. ...

M1 Luthers Glaubensgrundsätze lassen sich folgendermaßen zusammenfassen:

Nicht durch gute Worte, sondern allein durch den Glauben (sola fide) wird der Mensch vor Gott gerecht. Gott rechtfertigt den Menschen allein aus Gnade (sola gratia) und maßgebend für den Glauben ist allein die Schrift, also die Bibel (sola scriptura).

1. Zähle die Vorwürfe gegenüber der Kirche auf, die im Comic (Bild 1) geäußert werden. Ergänze diese unter der Überschrift „Missstände der Kirche“ mit weiteren Kritikpunkten, die im Text genannt werden.
2. Erkläre mithilfe von Q1, wie Luther versuchte, Gott gnädig zu stimmen. Warum flößte die Allmacht Gottes ihm Angst ein?
3. Lies M1. Gib mit deinen eigenen Worten Luthers Rechtfertigungslehre wieder.
   ▶ *Unter der Rechtfertigungslehre von Luther ist zu verstehen, dass Gläubige ...*
4. Recherchiere im Internet zum Leben Martin Luthers. Erstelle einen Steckbrief zu Martin Luther. Orientiere dich dabei an den VIP-Seiten.
5. Analysiere Bild 2. Nutze hierfür die Methodenseite „Flugblätter entschlüsseln“ (S. 56).
6. Vor allem die bäuerliche Bevölkerung sah eine Erlösung von Sünden im Ablasshandel. Verfasse mithilfe des Textes und Q2 den Brief eines Bauern, in dem er beschreibt, was er sich von dem Kauf eines Ablassbriefes erhofft.
   ▶ *Über ein Jahr musste ich sparen, bis ich das Geld für den Ablassbrief zusammen hatte. Aber der Aufwand hat sich gelohnt. ...*
7. Erkundige dich bei deinem Ethik- oder Religionslehrer, ob es auch heute noch Kritik an der Kirche gibt. Diskutiert eure Ergebnisse in der Klasse.

Webcode: EV658282-051

Wie begann die Reformation?

1 – „Luther läßt 95 Sätze gegen den Ablass an die Schlosskirche zu Wittenberg anschlagen (am 31. Oktober 1517)". Die Schlosskirche diente seit 1507 als Universitätskirche. Lithografie von Adolf Menzel, 1835.

* Autorität
Die Autorität des Papstes bedeutet, dass der Papst in Glaubensfragen das letzte Wort hatte und seine Entscheidungen nicht angezweifelt werden durften.

* Kirchenbann
Der Kirchenbann war die schwerste Strafe, die die katholische Kirche gegen ihre Angehörigen verhängen konnte. Fortan war der Gebannte kein Mitglied der Kirche mehr und sollte von den Gläubigen gemieden werden.

* Reichsacht
Die Reichsacht war die höchste weltliche Strafe im Alten Reich. Der Verurteilte wurde damit aus der Gemeinschaft ausgestoßen. Jeder hatte nun das Recht, den Geächteten zu töten.

Luther und sein Glaube an Gott

Martin Luther hatte sich immer wieder gefragt, wie die Menschen leben sollten, um nach ihrem Tod in Gottes Himmelreich zu gelangen. Dabei kam er zu der Auffassung, dass nur Gott selbst darüber urteilen dürfe, wer in das Himmelreich aufgenommen werde – nicht der Papst.
Aus diesem Gedanken heraus erstellte Luther eine Liste mit 95 Thesen gegen die Willkür der Kirche und gegen den Ablasshandel, die er am 31. 10. 1517 an den Erzbischof Albrecht von Brandenburg sandte. Der Legende nach soll er sie am gleichen Tag auch an die Tür der Wittenberger Schlosskirche geschlagen haben (Thesenanschlag), wo die Kirchgänger die Liste am nächsten Tag lesen sollten.
Luther wollte mit seinen 95 Thesen keine neue Glaubenslehre begründen, sondern die Missstände in der Kirche aufdecken und abstellen. Erst in den folgenden Streitgesprächen mit anderen Theologen zeigte sich, dass Luther nicht nur den Ablasshandel verurteilte. Als man ihn aufforderte, die *Autorität des Papstes in Glaubensfragen anzuerkennen, lehnte er dies ab. Er sagte, dass Päpste sich schon geirrt hätten. Deshalb sei für einen Gläubigen nur verpflichtend, was in der Bibel steht. Folglich könne der Papst keine endgültigen Entscheidungen in Glaubensfragen treffen.

Der Papst verhängt den *Kirchenbann

Dank des Buchdrucks war es möglich, dass sich Luthers Aussagen innerhalb kürzester Zeit weit verbreiteten. Papst Leo X. (1475–1521) verurteilte die Lehre Luthers und forderte ihn auf, seine Kritik an der Kirche zu widerrufen. Dieser weigerte sich aber. Deshalb schloss der Papst ihn aus der Kirche aus, indem er am 3. Januar 1521 den Kirchenbann über Luther verhängte.

Der Kaiser verhängt die *Reichsacht

Eigentlich war Kaiser Karl V. (1520–1556) verpflichtet, nach dem Kirchenbann durch den Papst sofort auch die Reichsacht über Martin Luther zu verhängen. Aber er hatte bei seiner Wahl auch versprochen, wichtige Entscheidungen nicht ohne die Fürsten zu treffen. Doch waren gerade einige seiner treuesten Fürsten in der Zwischenzeit Luthers Anhänger geworden.
Deshalb zwangen sie den Kaiser, Luther die Gelegenheit zu geben, seine Schriften zu verteidigen. Luther wurde daraufhin zum Reichstag nach Worms eingeladen. Auf der

2 – Luther wird in Worms auf dem Reichstag von Kaiser Karl V. verhört. Der Künstler fügte den Text ein:
① „Die Bücher sollen mit ihren Titeln genannt werden."
② „Hier stehe ich, ich kann nicht anders, Gott helfe mir. Amen." Holzschnitt, 1557.

Reise nach Worms erhielt Luther viel öffentlichen Zuspruch. Am 18. April 1521 stand er dann schließlich vor den Landesherren des Reiches, die ihn aufforderten seine Schriften zu widerrufen.
Nach einem Tag Bedenkzeit trat er abermals vor Kaiser und Fürsten und antwortete: „Daher kann und will ich nichts widerrufen, weil wider das Gewissen etwas zu tun, weder sicher noch heilsam ist. Gott helfe mir. Amen." Daraufhin verhängte Karl V. am 8. Mai 1521 die Reichsacht über Martin Luther und verbot seine Schriften. Mit diesem Wormser Edikt (Erlass) schwor der Kaiser, die Einheit der Kirche zu erhalten und verbot die Lehre Luthers als *Häresie.

Q1 Am 31. Oktober 1517 veröffentlichte Luther in Wittenberg eine Schrift über den Ablasshandel:
... 21. Es irren die Ablassprediger, die da sagen, dass durch des Papstes Ablässe der Mensch von aller Sündenstrafe losgesprochen und erlöst werde ...
27. Eine falsche Lehre predigt man, wenn man sagt: Sobald das Geld im Kasten klingt, die Seele aus dem Fegfeuer springt ...
32. Wer glaubt, durch Ablassbriefe das ewige Heil erlangen zu können, wird auf ewig verdammt werden samt seinen Lehrmeistern ...
36. Jeder Christ, der wahrhaft Reue empfindet, hat einen Anspruch auf vollkommenen Erlass der Schuld auch ohne Ablassbrief ...
43. Man soll die Christen lehren, dass, wer den Armen gibt und dem Bedürftigen leiht, besser tut, als wer Ablassbriefe kauft ...

*** Häresie, Häretiker**
Als Häretiker wurden im Mittelalter diejenigen bezeichnet, die von der Glaubensmeinung der Kirche abwichen und ihr eine eigene Lehre entgegenstellten. Die abweichende Meinung nannte man auch Häresie. Dieselbe Bedeutung haben die Begriffe „Ketzer" und „Ketzerei".

1 Lege eine Tabelle an und werte darin Luthers Aussagen aus (Q1).
▶

Luther verurteilt	*Luther fordert*
Ablassprediger	...

2 Betrachte Bild 2 und ordne folgende Personen und Personengruppen zu: Kaiser Karl V., Luther, geistliche Fürsten, weltliche Fürsten. Deute anhand der Darstellung ihre Einstellung zu Luther.

3 Erläutere mithilfe des Textes und Q1 die neue Glaubenslehre Martin Luthers.

4 Schlüpft in die Rollen verschiedener Personen in Bild 1, die Luthers Thesen gerade gelesen haben. Schreibt in Sprechblasen, was sie gerade denken könnten. Führt anschließend ein Streitgespräch zwischen ihnen.
▶ *Ältere Frau (links im Bild): Muss dieser Querdenker Luther unsere Kirchenwelt so durcheinanderbringen? ...*
Junge Frau mit Kind: ...

Wie verbreitete sich die neue Lehre?

1 – Das „Luther-Triptychon“. Es zeigt Martin Luther als Augustinermönch, Universitätslehrer und Junker Jörg und befindet sich heute in der Herder-Kirche in Weimar. Gemälde von Veit Thim, nach Luther-Bildnissen von Lucas Cranach d. Ä., 1572.

*vogelfrei
Dies ist ein Begriff der alten deutschen Rechtslehre. Wer für vogelfrei erklärt wurde, durfte von jedermann straflos getötet werden.

*Junker
Der Begriff meint im eigentlichen Sinne Jungherrn oder Rittergutsbesitzer und wurde für Luther nur als Tarnung verwendet.

*evangelisch
So wurden Luthers Anhänger genannt, da sie allein dem Wort Christi in der Heiligen Schrift, dem Evangelium, verpflichtet waren.

Luther auf der Wartburg

Auf dem Reichstag von Worms sicherte der Kaiser Luther noch 21 Tage lang freies Geleit für seine Rückkehr zu, danach galt er als *„vogelfrei“. Auf seiner Rückreise nach Wittenberg wurde er auf Anweisung des sächsischen Kurfürsten Friedrich des Weisen zum Schein entführt und auf die einsam gelegene Wartburg bei Eisenach (Thüringen) in Sicherheit gebracht. Der Kurfürst wollte dadurch das Leben Luthers vor dem Papst und dem Kaiser schützen.

Luther lebte nun mehrere Monate unerkannt auf der Wartburg und wurde *Junker Jörg genannt. Seinen Aufenthalt hier nutzte er, um in nur 11 Wochen das Neue Testament aus dem Hebräischen und Altgriechischen zu übersetzen. Eine deutsche Standardsprache gab es damals noch nicht. In jeder Region sprach man eine eigene Mundart. „Deutschland hat mancherley Dialectos, Art zu reden, also, das die Leute in 30 Meilen Weges einander nicht vol können verstehen“ klagte Luther. Darum entwickelte er eine allgemein verständliche Sprache. Als Grundlage dafür nutzte er das sogenannte Meißner Kanzlei-Deutsch, eine Art geregeltes Sächsisch. Daraus entwickelte sich das heute gesprochene Standarddeutsch. Die Bibelübersetzung und die von Luther neu gedichteten deutschen Kirchenlieder sollten den *evangelischen Glauben für jedermann zugänglich machen. Mithilfe des Buchdrucks wurde die Luther-Bibel zum meistgelesenen Buch Deutschlands.

Die Ausbreitung der Reformation

Die neuen Lehren fanden rasch Zuspruch in der Bevölkerung und auch viele Fürsten wurden zu eifrigen Befürwortern.

Der noch junge römisch-deutsche Kaiser Karl V. wollte als katholisches Oberhaupt des Reiches die Einheit der Papst-Kirche jedoch unbedingt beibehalten. Gleichzeitig war er aber auch König von Spanien und hatte nach den Entdeckungen und Eroberungen in der „Neuen Welt“ ein riesiges Reich zu regieren. All das führte dazu, dass er oft in Kriege verwickelt war. Diese vielseitigen Verpflichtungen und Auseinandersetzungen führten dazu, dass er nur noch selten im Lande war. Viele Fürsten wiederum nutzten diese Situation aus und bauten während der Abwesenheit Karls V. ihre eigene Macht aus. Ihnen kam die Reformbewegung Luthers, die die katholische Kirche in Frage stellte, somit gelegen, um ihren Widerstand gegen die kaiserliche Macht zu erneuern.

Nun musste der Kaiser reagieren. Das Wormser Edikt von 1521 hatte die Reformation nicht aufhalten können. Bücher und Flugblätter (siehe S. 56) verbreiteten Luthers Lehre. Menschen, die von seinen Ansichten überzeugt waren und andere dafür begeistern wollten, zogen durchs Land und verkündeten das Wort Gottes in deutscher Sprache (Laienprediger). Oft kam es zu handgreiflichen Auseinandersetzungen, wenn ein Priester den Gottesdienst in lateinischer Sprache abhielt und die Anhänger Luthers dagegen laut deutsche Kirchenlieder sangen.

Entstehung von Landeskirchen

In dieser Situation traten zahlreiche Landesherren als Schutzherren für die neu entstehende evangelische Kirche in Erscheinung. Sie übernahmen mit der Einwilligung Luthers die Aufsicht über die Kirchen anstelle der früheren katholischen Bischöfe und eigneten sich die Kirchengüter und das Vermögen der ehemaligen katholischen Bistümer und Klöster an. Die Landesherren waren nun auch *Landesbischöfe. Die evangelischen Landesherren kümmerten sich um die Neugestaltung des Gottesdienstes, die Versorgung der Pfarreien mit gut ausgebildeten Pfarrern und um die Erneuerung des Schulwesens. Um ihre Reformen bezahlen zu können, beschlagnahmten sie alle Klöster mit ihrem Grundbesitz, die von Nonnen und Mönchen verlassen worden waren.

Q1 An seinen Landesherrn, Kurfürst Friedrich den Weisen, schrieb Luther 1525:

... Die Pfarreien liegen überall elend; da gibt niemand, da bezahlt niemand. So achtet der gemeine Mann weder Predigt noch Pfarrer. Wenn hier nicht eine tapfere Ordnung und staatliche Erhaltung der Pfarrer und Predigtstühle vorgenommen wird, gibt es in kurzer Zeit weder Pfarrhöfe noch Schulen und das Wort Gottes wird zu Grunde gehen. ...

2 – Kaiser Karl V. (1500–1558) ließ sich auf diesem Gemälde von Peter Paul Rubens als Weltenherrscher darstellen, um 1604.

* **Landesbischöfe**
Dies ist der Titel des kirchlichen Leiters der evangelischen Landeskirche.

1. Beschreibe mit eigenen Worten die Situation im Reich zu Beginn der Reformation.
2. Erzähle mithilfe von Bild 1, wie es mit Luther nach dem Reichstag weiterging.
3. Erläutere, wie es den neuen evangelischen Landesherren gelang, ihren Machtanspruch gegenüber dem Kaiser auszubauen.
4. Erkläre anhand von Bild 2 und des Darstellungstextes, welche Stellung Karl V. im Reich und der Kirche haben wollte.
   ▶ *Beschreibe das Gemälde zunächst und gehe auf die Bedeutung einzelner Symbole ein.*
5. Verfasse mit den Informationen auf dieser und den vorangehenden Seiten einen Lexikonartikel, der den Begriff „Reformation" verständlich erklärt.
   ▶ *Ein Lexikonartikel beginnt mit dem zu erklärenden Begriff – hier: Reformation – und erläutert diesen dann in kurzer, sachlicher Form.*
6. Recherchiere zu Friedrich dem Weisen. Zeige seine besondere Bedeutung für den Verlauf der Reformation in Sachsen auf.

Webcode: EV658282-055

Methode

Flugblätter entschlüsseln

Schulen, Restaurants und Unternehmen setzen Flyer ein, um für ihre Dienstleistungen oder Produkte zu werben. Die Idee hierfür entstand bereits kurz vor der Reformation. Mit der Erfindung des Buchdrucks wurde es deutlich leichter, Informationen zu verbreiten. Ein neues Medium entstand – das Flugblatt. Es bestand meist aus nur einer Seite, einem kurzen Text, einem großformatigen Bild oder beidem. Im Laufe der Reformation entstand eine wahre Flut von Flugblättern, mit denen für den eigenen Glauben geworben oder die gegnerische Seite verspottet wurde. Die Bilder waren für jeden verständlich und erforderten nicht unbedingt die Fähigkeit, lesen zu können.

Allerdings gibt es auch Symbole oder Darstellungsarten, die für uns heute schwer zu entschlüsseln sind. Gerade in der Reformationszeit waren Teufelsfiguren oder Ungeheuer sehr beliebt. Der Esel stand für Dummheit, das Schaf für Folgsamkeit, der Wolf für Gefräßigkeit und Gier, der Fuchs für Hinterlist, der Hund für Folgsamkeit, der Ziegenbock für Sturheit, der Löwe für Macht, das Schwein für Einfältigkeit, die schwarze Katze für das Böse und der Hahn hatte teuflische Eigenschaften. Der Papst wurde oft mit der Tiara – der dreifachen Bischofsmütze – oder einem Bischofsstab dargestellt.
Entschlüsselte Flugblätter liefern viele Informationen über ihre Entstehungszeit, vorherrschende Konflikte, Ereignisse und handelnde Personen.

Folgende Hinweise helfen dir beim Entschlüsseln von Flugblättern:

Schritt 1 **Klärung des Themas**	■ Wann entstand das Flugblatt (Bildlegende beachten)? ■ Wer war der Künstler des Bildes/der Bilder auf dem Flugblatt? ■ Wer war der Auftraggeber des Flugblatts? ■ Welche Personen, Gegenstände, Ereignisse oder Orte sind dargestellt?
Schritt 2 **Gestaltung genauer untersuchen**	■ Was steht im Vordergrund, was tritt in den Hintergrund? ■ Welche Symbole werden verwendet (Tiere mit menschlichen Eigenschaften, Stärken und Schwächen, Gegenstände, Farben)? ■ Welche Funktionen haben diese Symbole? ■ Gibt es Texte auf dem Flugblatt?
Schritt 3 **Einordnung in den historischen Zusammenhang**	■ In welchen historischen Zusammenhang (Ereignis, Epoche, Prozess/Konflikt, ...) lässt sich das Flugblatt einordnen? ■ Recherchiere nach zusätzlichen Informationen, z. B. zu abgebildeten, dir unbekannten Personen. ■ Wie geht der Verfasser des Flugblatts mit dem Thema um (sachgerecht, mit Spott und Hohn, stellt er jemanden oder Missstände bloß)?
Schritt 4 **Intention erkennen**	■ Was ist die Botschaft oder Wirkung des Flugblatts? ■ An wen richtet sich das Flugblatt? ■ Wie wirkt das Flugblatt auf dich? ■ Welche Schlüsse ziehst du aus der Darstellung?

1 Betrachte Bild 1. Was fällt dir auf?

2 Überprüfe deinen ersten Eindruck mithilfe der Musterlösung und ergänze diese.

▶ *Mir fällt noch auf, dass der Hund eine Art Dolch in der Hand trägt. Vielleicht soll das darauf hindeuten ...*

3 Interpretiere das Flugblatt 2 auf S. 57 mithilfe der vier Methodenschritte.

1 – Flugblatt über katholische Theologen. Über den Personen sind die Namen vermerkt (von links nach rechts): Thomas Murner, Hieronymus Emser, Papst Leo X., Johannes Eck, Jakob Lemp. Der Papst übergibt Johannes Eck eine Münze. Aus der Bildunterschrift geht hervor, dass Leo X. Johannes Eck einen Kardinalshut und Geld verspricht, im Gegenzug sollte Eck Luther niederzwingen. Anonymer Künstler, um 1521.

2 – **Luther: des Teufels Dudelsack.** Holzschnitt von Erhard Schoen, um 1530.

Lösungsbeispiel zum Bild 1:

Zum Schritt 1:
Das Flugblatt entstand um 1521, also zur Zeit der Reformation. Der Künstler des Bildes ist unbekannt. Abgebildet sind fünf Personen mit Tierköpfen.

Zum Schritt 2:
Wer die Personen sind, verraten die darüberstehenden Bezeichnungen. Links im Bild zu sehen, ist „Doktor Murner" mit schwarzem Katzenkopf (teuflisch), daneben „Doktor Bock Emser" (stur und dumm), in der Mitte Papst Leo X., der mit einem Löwenkopf versehen ist und in der Überschrift als Antichrist bezeichnet wird. Rechts neben ihm stehen Doktor Eck(ius) mit einem Schweinekopf (einfältig) und Doktor Lemp mit einem Hundekopf (folgsam). Alle zeichnen sich durch ihre Doktorenhüte als Gelehrte aus, tragen jedoch unterschiedliche Gewänder und Gegenstände. Murner als Franziskaner eine Mönchskutte und ein Buch (Bibel), Emser sowie Eck einen Talar, der Papst die Papstkrone und einen aufwendig bestickten Mantel sowie den Papststab und Lemp einen pelzbesetzten Mantel (Adel).

Zum Schritt 3:
Das Flugblatt ist im Zusammenhang mit dem Ketzerprozess gegen Luther zu sehen, da hier Kritiker Luthers, aber auch der Papst mithilfe der Tierzuschreibungen verspottet werden. ...

Zum Schritt 4:
Das Flugblatt richtet sich an die Gläubigen und will sie aufklären über den Charakter des Papstes. Ich deute die Abbildung als antikatholisch, denn es werden die Gegner der Reformation, allen voran Papst Leo X., als vermenschlichte Tiere dargestellt und verspottet. ...

Geschichte vor Ort

Torgau – „Amme der Reformation"?

1 – Blick, von der Elbe her, auf Schloss Hartenfels in Torgau. Foto, 2016.

✲ Leonhard Köppe (1464–1552)
Er war ein Torgauer Kaufmann und Ratsherr, der bereits der späteren Ehefrau Martin Luthers, Katharina von Bora, bei der Flucht aus dem Kloster Nimbschen geholfen hatte.

✲ frevlerisch
schlecht, gotteslästerlich

Zwei sächsische Städte schreiben europäische Geschichte

Wittenberg gilt als Ausgangspunkt und Zentrum der Reformation, da es Lebens- und Wirkungsort Martin Luthers war. In der Geschichtsschreibung wird die Stadt deshalb auch als „Mutter der Reformation" umschrieben. Aber noch eine weitere sächsische Stadt spielte eine besondere Rolle bei der Verbreitung der reformatorischen Ideen. Gemeint ist Torgau, das in Anlehnung an Wittenberg dabei oft als „Amme der Reformation", also als Geburtshelferin, bezeichnet wird.

Die sächsische Residenzstadt Torgau

Schon aufgrund ihrer damaligen politischen Rolle kam der Stadt Torgau eine große Bedeutung zu. Strategisch und verkehrsmäßig günstig an der Elbe gelegen, war Torgau zwischen 1485 und 1547 Sitz der regierenden sächsischen Kurfürsten. Bereits seit dem Erwerb der Kurwürde 1423 hielten sich die wettinischen Landesherren hier gerne und häufig auf. Mit der Fertigstellung des Schlosses Hartenfels (Bild 1) 1485 wurde Torgau ständige Residenz – sozusagen die Hauptstadt Sachsens.
Bis 1550 verdoppelte sich die Einwohnerzahl, die Stadt dehnte sich enorm aus und viele Kirchen und andere Gebäude entstanden. Als Mittelpunkt des höfischen und kulturellen Lebens in Sachsen fanden im Torgauer Schloss zahlreiche Feste, Turniere, Hochzeiten und politische Treffen statt. Die Stadt wurde so zu einem Anziehungspunkt für viele Menschen, die hier Arbeit fanden. Die aufblühende Wirtschaft und die Nachfrage nach fähigen Beamten, Handwerkern und Musikern für den Fürstenhof bewirkten vor allem auch die Ansiedlung einer gebildeten Bürgerschaft.
Die zum Teil radikalen Vorstellungen Luthers fanden dementsprechend gerade in Torgau sofort eine große Anhängerschaft. Sie entsprachen den Erwartungen der Torgauer Bürger in Hinblick auf dringend notwendige gesellschaftliche Veränderungen. Die bedrückende Einflussnahme der Kirche, vor allem auf das alltägliche Leben, sorgte schon viel zu lange für Unmut. Dieser entlud sich nun in Kirchen- und Klosterplünderungen, die auch in Torgau stattfanden.

Religionspolitik zur Durchsetzung eigener Interessen

Der Kurfürst von Sachsen, Friedrich der Weise (1463–1525), erkannte schnell die Vorteile, die sich aus der Kirchenreformation für seine eigenen Ziele ergaben und eignete sich umfangreiche Klosterbesitzungen an. Von seinem Herrschaftssitz in Torgau aus unternahm er alles, um Luther und damit dessen Ideen vor allen Angriffen der Kirche zu schützen. Seine geschickte Verhandlungstaktik, die darauf beruhte, sämtliche Vorgänge möglichst lange zu verschleppen, verschaffte der Reformation die nötige Zeit für ihre reichsweite Verbreitung. Auch die Stadt Torgau selbst nutzte die Situation und nahm bereits 1523 das in der Stadt befindliche Franziskanerkloster in Besitz.
Mit der Ausbreitung der Reformation im Deutschen Reich kam es zu immer stärkeren Auseinandersetzungen zwischen den Landesfürsten. Als Gegengewicht zum ersten katholischen Fürstenbündnis (siehe S. 62) initiierte Kurfürst Johann der Beständige, der Nachfolger Friedrichs des Weisen, von Torgau aus ein erstes Bündnis der Anhänger

Luthers. Dieses Abkommen zwischen Sachsen und Hessen wurde am 5. Mai 1526 unterzeichnet.

Torgau als Mittelpunkt der kursächsischen und reichsweiten Reformation
Kursachsen entwickelte sich zum wichtigsten politischen Unterstützer und Wegbereiter – als „Amme" – der Reformation. Von nun an wurde Torgau, als Residenz der sächsischen Kurfürsten, einer der bedeutendsten Verhandlungsorte zu den zentralen Fragen der Zeit. Bedeutende Entscheidungen zum weiteren Verlauf der Reformation wurden in Torgau gefällt. 1530 formulierten hier die Wittenberger Theologen die Torgauer Artikel, die als Grundlage der reichsweit geltenden protestantischen Bekenntnisschrift dienten, der Augsburgischen Konfession (*Confessio Augustana). Die Stadt selbst wurde in Hinblick auf militärische Auseinandersetzungen zwischen den Anhängern Luthers und papst- und kaisertreuen Fürsten ab 1531 zum befestigten Stützpunkt ausgebaut.
Kurfürst Friedrich der Großmütige erließ 1534 von Torgau aus die Genehmigung für den Druck der deutschsprachigen Bibel in Wittenberg. Unter seiner Herrschaft wurde außerdem die reichsweit erste evangelische Kirche gebaut – von Luther selbst entworfen und eingeweiht. Die häufige Anwesenheit Luthers und seiner Mitstreiter in Torgau unterstreicht die enorme Bedeutung der Stadt: Luther besuchte Torgau etwa 60-mal und war dabei stets an allen wichtigen Entscheidungen in Glaubensfragen beteiligt.

Q1 In der Nacht vom 21. zum 22. Mai 1523 flohen fünf Nonnen aus dem Kloster Sitzenroda mit Unterstützung des Torgauer Bürgers *Leonhard Köppe. Die Äbtissin des Klosters Sitzenroda, Anna von Miltitz, schrieb am 22. Mai:
... Ich arme Elende möchte Eurer fürstlichen Gnaden [gemeint ist Kurfürst Friedrich der Weise] meine Beschwerde über Leonhard Köppe, Bürger zu Torgau, und seinen Komplizen übermitteln ..., der mit *frevlerischer Gewalt am [21. Mai] zur Nacht hinter unserem Kloster mit Wagen und Pferd gehalten und fünf frevelige Nonnen über die Mauer genommen hat, ... und demütig darum bitten, dafür zu sorgen, dass Leonhard Köppe sich zukünftig solcher Gewalt und Vorhaben enthalten möchte ...

2 – Johann Friedrich der Großmütige im Kreis der Wittenberger Reformatoren (links: Luther, rechts: Melanchthon). Gemälde von Lucas Cranach d. J., um 1543.

* **Confessio Augustana**
In der Confessio Augustana wurde festgehalten, was die lutherischen von katholischen Gläubigen unterscheidet. Sie war ein grundlegendes Dokument für das Selbstverständnis des lutherischen Glaubens und später auch der reformierten Kirchen.

1. Beschreibe die Bedeutung Torgaus bis in die 1570er-Jahre.
2. Lege einen Zeitstrahl an, der Ereignisse in Torgau im Zusammenhang mit der Ausbreitung der Reformation aufzeigt.
3. Stelle Vermutungen über mögliche Gründe für das Verhalten der an der Flucht Beteiligten an (Q1). Warum flohen die Frauen aus dem Kloster und warum half ihnen Leonhard Köppe dabei?
4. Recherchiere, mit welchen Strafen Fluchthelfer wie Leonhard Köppe rechnen mussten.
5. Verfasse einen Tagebucheintrag aus der Sicht einer beteiligten Nonne oder Leonhard Köppes über die Nacht zum 22. Mai 1523.
6. Liefere eine Antwort auf die Ausgangsfrage dieser Seite. Kann Torgau als „Amme der Reformation" bezeichnet werden? Begründe deine Meinung.

Warum erhob sich der *gemeine Mann?

1 – Bauern schwören auf die Bundschuhfahne. Auf ihr ist das Kreuz Christi zu sehen, das auf einem Bundschuh steht. Dieser galt als Symbol der Bauern im Gegensatz zu den gespornten Ritterstiefeln. Nachträglich kolorierter Holzschnitt von Pamphilius Gengenbach, 1514.

*gemeiner Mann
Hierbei handelt es sich um eine Bezeichnung für das einfache Volk. Zwar lebten 80 Prozent der Bevölkerung um 1500 auf dem Land und von der Landwirtschaft, aber auch einfache Handwerker und ihre Gesellen sowie verarmte Ritter zählten zum gemeinen Volk.

*Haufen
Dies waren Zusammenschlüsse von Bauern einer Region unter einem Anführer. Häufig standen sie unter der Führung wohlhabender oder niederer Bauern oder niederer Adliger, wie z. B. Rittern.

Thomas Müntzer (1489–1525)

Widerstand gegen die alte Ordnung

Im Alten Reich lebten um 1500 etwa 16 Millionen Menschen, davon 12 Millionen auf dem Land. Viele von ihnen führten ein elendes Leben, das durch harte Arbeit bestimmt war. Abgaben und Frondienste an weltliche und geistliche Herren nahmen ständig zu. Wer nicht gehorchte, wurde hart bestraft. Die Grundherren interessierten sich nur für eine Vergrößerung ihrer Einnahmen.
So konnten sie sich mehr Land und Herrschaftsrechte kaufen. Besonders die Bauern, aber auch verarmte Ritter, Handwerker, die unteren Schichten der Stadtbürger und Bergarbeiter lehnten sich gegen diese Zustände auf. Schon lange vor der Reformation kam es deswegen vor allem im Süden und Südwesten des Reiches zu Aufständen. Sie wurden meistens von den Landesherren blutig niedergeschlagen. Eine der größten Aufstandswellen war die Bundschuh-Bewegung. Die meisten Unruhen waren nicht religiös motiviert, sondern hatten das Ziel, die bestehenden politischen und gesellschaftlichen Verhältnisse für den gemeinen Mann erträglicher zu machen.
Martin Luthers Idee von der „Freiheit des Christenmenschen“ weckte nun neue Hoffnungen auf ein gerechteres Leben. Diese und andere Schriften verbreiteten sich Dank des Buchdrucks wie ein Lauffeuer und führten vom Südwesten des Reiches ausgehend bis nach Sachsen zu Aufständen. Diese sogenannten Bauernhaufen wurden oft von wohlhabenden Bauern, Rittern, ehemaligen Landsknechten oder Geistlichen angeführt.

Aufstand oder Krieg?

Die kleinen, örtlich begrenzten Aufstände entwickelten sich bald zu großen Erhebungen der Bauernschaft. In Sachsen kam es außerdem zu Aufständen der Bergleute gegen ihre Herren. Allerdings fehlte es an gemeinsamen Absprachen zwischen den Haufen. Die Fürsten gewannen durch Verhandlungen Zeit und formierten ihre Gegenwehr.
So sollten die Bauern ihre Forderungen schriftlich einreichen. Nachdem die Bauern 300 Klageschriften vorgelegt hatten, merkten sie jedoch schnell, dass sie nur hingehalten wurden. Bewaffnet mit Schwertern, Sicheln und Mistgabeln plünderten sie Schlösser, Klöster und Kirchen. Luther, der anfänglich auf Seiten der Bauern gestanden hatte, war geschockt angesichts der Zerstörungen und stellte sich auf die Seite der Fürsten. Er begründete seine Haltung mit der Bibel: Wer das Schwert nimmt, soll durch das Schwert umkommen. Etwa 100 000 starben in den Kämpfen und bei Vergeltungsaktionen der Landesherren; ihre Anführer wurden hingerichtet. Einer von ihnen führte die größte Erhebung in Sachsen und Thüringen an – Thomas Müntzer. Freiheit hieß für ihn vor allem, dass auch die Bauern gegenüber ihren Herren frei waren und sich gegen die bestehende Ordnung wehren sollten. Schnell fand Müntzer viele Anhänger in der Bauernschaft. In der Schlacht bei Bad Frankenhausen wurden seine Anhänger am 15. Mai 1525 vernichtend geschlagen. Müntzer selbst wurde 13 Tage später im nahen Mühlhausen gefangen genommen und mit 49 weiteren Aufständischen hingerichtet.
Die überlebenden Bauern mussten für die entstandenen Schäden bezahlen. Kaum eine ihrer Forderungen wurde erfüllt.

2 – Ausschnitt aus dem Monumentalgemälde „Frühbürgerliche Revolution in Deutschland“ von Werner Tübke, 1976–1987. Zu sehen sind: Thomas Müntzer mit Bundschuhfahne inmitten der Kämpfenden und bedeutende Personen der Zeit, wie Martin Luther und Albrecht Dürer, um den Brunnen gruppiert.

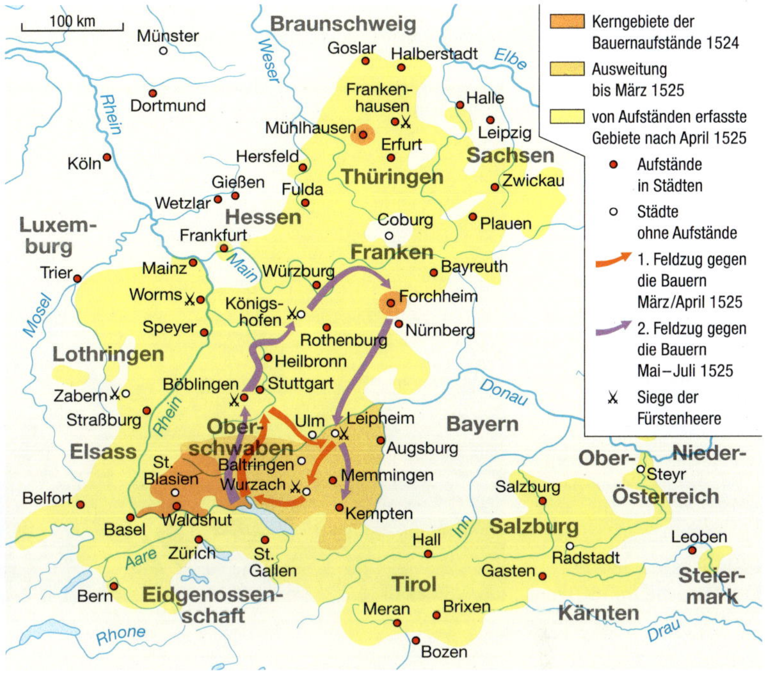

3 – Kerngebiet und Ausbreitung der Bauernaufstände.

Q1 Die „Zwölf Artikel“ der Bauernschaft wurden per Flugblatt bekannt und zum Programm der Aufständischen:

1. Zum Ersten ist unser demütig Bitte und Begehr, dass in Zukunft jede Gemeinde ihren Pfarrer selbst wählen und auch wieder absetzen kann …
2. Den *Kornzehnten wollen wir gern geben … Da man ihn Gott und den Seinen geben soll, gebührt er einem Pfarrer, so er das Wort Gottes klar verkündet … Den kleinen Zehnt (Viehzehnt) wollen wir nicht geben, denn Gott der Herr hat das Vieh frei dem Menschen geschaffen.
3. Zum Dritten ist es bisher Brauch gewesen, uns als Leibeigene zu halten, was zum Erbarmen ist … Es ergibt sich aus der Heiligen Schrift, dass wir frei sind, und wir wollen es sein. Nicht, dass wir völlig frei sein und keine Obrigkeit haben wollen; das lehrt uns Gott nicht …
6. Die Frondienste sollen verringert werden …

Q2 Luthers Reaktion auf die Bauernaufstände 1525 lautete:

Erstens haben sie ihrer Obrigkeit Treue und Ergebenheit geschworen, untertänig und gehorsam zu sein, wie das Gott gebietet. Da sie aber diesen Gehorsam mutwillig brechen und sich dazu gegen ihre Herren stellen, haben sie dadurch Leib und Seele verwirkt. … Zweitens machen sie Aufruhr, berauben und plündern unter Gewalttaten Klöster und Schlösser, womit sie schon allein als öffentliche Straßenräuber und Mörder wohl zweifachen Tod an Leib und Seele verdient haben. … Drittens decken sie diese schreckliche, grauenhafte Sünde mit dem Evangelium, nennen sich christliche Brüder …, wodurch sie die allergrößten Gotteslästerer … werden …

* Kornzehnt
Regelmäßige Abgabe an die Kirche, die ein Zehntel der Getreideernte betraf.

1 Beschreibe die Probleme der Bauern im Alten Reich um 1500.

2 Erkläre mithilfe der Karte, wie sich die Aufstände ausbreiteten und welche heutigen Bundesländer in Deutschland betroffen waren.

3 Untersuche die Forderungen der Bauern in Q1.

▶ *Nimm hierzu die Methode „Textquellen untersuchen“, S. 205, zu Hilfe.*

4 Fasse Luthers Meinung zu den Bauernaufständen anhand des Verfassertextes und Q2 zusammen und beziehe Stellung.

5 Spielt ein Streitgespräch zwischen einem Bauern und einem Adligen. Der Bauer fängt an und sagt: Als Adam grub und Eva spann, wo war denn da der Edelmann? …

Wie reagierte die Obrigkeit auf Luthers Handeln?

1 – Der Reichstag von Augsburg 1530. Dargestellt sind die Übergabe der Bekenntnisschriften an Kaiser Karl V. (links), in der Mitte eine Taufhandlung, rechts zeigt der Teufel eine Tafel mit den Namen von Ketzern. Im Hintergrund werden Andersgläubige aus der Kirche gejagt. Konfessionsgemälde von Bad Windsheim, 1601.

Philipp Melanchton (1497–1560).

Kompromisse auf dem Augsburger Reichstag

Karl V. hatte zu spät reagiert und konnte die Spaltung der Kirche nicht mehr aufhalten. Die Reichsfürsten bildeten zwei Lager: das kaiserlich-katholische und das landesherrlich-evangelische. Diese beiden Gruppen sollten nun für die nächsten 100 Jahre die Politik im Alten Reich bestimmen. Zunächst wurde alles darangesetzt, die Anhänger Luthers zu zwingen, sich wieder der Papstkirche anzuschließen.

Dagegen protestierten 1529 fünf evangelische Fürsten und 14 Reichsstädte auf dem Reichstag von Speyer und verließen diesen. Diese „Protestation zu Speyer" wurde namensgebend für die Mitglieder der evangelischen Landeskirchen, die sich nun *Protestanten nannten. Um den Frieden im Reich zu wahren und eine Verständigung in Glaubensfragen zu erreichen, lud Kaiser Karl V. zum Reichstag in Augsburg ein. Dort forderte er von ihnen die Rückkehr zum katholischen Glauben. Philipp Melanchthon, ein enger Vertrauter Luthers, verfasste mit der „Augsburger Konfession" eine Bekenntnisschrift der Protestanten. In dieser versuchten die Reformatoren zu beweisen, dass ihr Glaube und ihre Lehre im Einklang mit der biblischen Schrift und deren Traditionen seien. Kaiser und Kirche lehnten jedoch diese Sichtweise ab. Eine Einigung im Glaubensstreit rückte in weite Ferne.

Das *Konzil von Trient

Der Kaiser setzte nun alle Hoffnungen auf ein kirchliches Konzil. Zu diesem berief Papst Paul III. 1545 Theologen aus allen katholischen Ländern Europas nach Trient. Aufgabe des Konzils sollte es sein, die kirchlichen Sitten zu verbessern und die weitere Ausbreitung der reformatorischen Lehren zu verhindern. Die Kirchenversammlung beschloss das Verbot des Ämterkaufs und des Ablasshandels mit Geld, um den Forderungen der Protestanten entgegenzukommen. An allen weiteren Glaubensgrundsätzen hielten sie aber fest, sodass wieder keine Einigung zustandekam.

Doch diese Beschlüsse fanden bei den Protestanten nur geringe Beachtung. Enttäuscht von dieser Reaktion, beschloss der Papst nun, die Reformation rückgängig zu machen (*Gegenreformation). Unterstützt wurde er dabei vom *Jesuiten-Orden, dessen Mitglieder sich als „Soldaten Christi" verstanden. Sie gelobten dem Papst und der katholischen Kirche bedingungslosen Gehorsam und verfolgten das Ziel, jene Christen zurückzugewinnen, die vom katholischen Glauben abgefallen waren.

*** Protestanten**
Seit dem Reichstag zu Speyer im Jahr 1529 wurden die Anhänger Luthers auch als Protestanten bezeichnet. Dort war beschlossen worden, gegen die Reformation energisch vorzugehen. Dagegen hatten fünf Landesherren und 14 Reichsstädte protestiert.

*** Konzil**
Der Begriff bezeichnet eine Versammlung hochrangiger Kirchenvertreter, wie Bischöfe und Kardinäle.

*** Gegenreformation**
Dies ist eine Bezeichnung für die Maßnahmen der katholischen Kirche, die zur Zurückdrängung der Reformation dienen sollten.

2 – Vision des Heiligen Ignatius von Loyola. Ignatius von Loyola kniet vor Jesus, der mit der ausgestreckten Hand auf das zerstörte Rom zeigt. Gemälde von Pierre Subleyras, 17. Jahrhundert.

Der Augsburger Religionsfrieden

Diese Maßnahmen führten nicht zum Ende der protestantischen Bewegung, schwächten aber deren Fürsten. Sie mussten fürchten, vom Kaiser angegriffen zu werden, und hatten deshalb bereits 1531 zur Verteidigung ihres Glaubens und ihrer Fürstenrechte den Schmalkaldischen Bund gegründet. Dieser unterlag im sogenannten Schmalkaldischen Krieg 1546/47 dem Kaiser und seinen Truppen. Abermals schien eine religiöse Ruhe in weiter Ferne. Erst auf dem Reichstag von Augsburg 1555 kam es zu einem Friedensschluss – dem Augsburger Religionsfrieden. Sein Grundsatz „Cuius regio, eius religio" – „Wessen Regierung, dessen Religion" – regelte das künftige Nebeneinander beider nun gleichgestellter Glaubensbekenntnisse. Kaiser Karl V. hatte nun den Frieden im Reich wiederhergestellt, aber die Spaltung der Kirche konnte nicht mehr rückgängig gemacht werden.

Q1 Ignatius von Loyola (1491–1556), Gründer des Jesuitenordens, gab Ratschläge zum Umgang mit Protestanten:

... Die Protestanten verstehen es, ihre falsche Lehre mundgerecht zu machen, indem sie ihre Lehren in den Schulen verkünden und kleine Heftchen unter das Volk bringen, die leicht zu verstehen sind. Somit wäre die Errichtung von Schulen ... das beste Mittel, um der katholischen Kirche zu Hilfe zu kommen.

Wir müssen außerdem jegliche Habsucht unterlassen. Dann können wir den stärksten Angriffsgrund der Reformatoren entkräften, nämlich ihren Hinweis auf das unfromme Leben der Geistlichen. ...

Q2 Auszüge aus dem Augsburger Religionsfrieden von 1555:

§ 15 Friedensformel

... Religionsstreitigkeiten sollen bei Androhung kaiserlicher Bestrafung nicht anders als durch friedliche Mittel beigelegt werden ...

§ 17 Ausschluss Andersgläubiger

... Alle anderen Glaubensgemeinschaften, die nicht den beiden Religionen angehören, sollen von diesem Frieden ausgeschlossen sein.

§ 24 Auswanderungsrecht

Wo aber unsere ... Untertanen wegen ihrer Religion wegziehen und an anderen Orten sich niederlassen wollen, soll ihnen dies und auch der Verkauf ihres Hab und Gutes bewilligt werden ...

Jesuiten
Als Jesuiten werden die Mitglieder der katholischen Ordensgemeinschaft „Gesellschaft Jesu" bezeichnet, die von Ignatius von Loyola 1534 gegründet wurde.

1. Erkläre mit eigenen Worten den Begriff Protestant und seine Entstehungsgeschichte.
2. Fasse zusammen, welche Hoffnungen Kaiser Karl V. in den Augsburger Reichstag setzte.
3. Stelle Vermutungen an, warum die evangelischen Fürsten die Ergebnisse von Trient ablehnten. Begründe deine Meinung.
4. Erkläre mithilfe von Q1, durch welche Maßnahmen die Jesuiten die Reformation zurückdrängen wollten.
5. Bewerte die Regelungen in Q2. Welche Einwände kannst du – aus damaliger und heutiger Sicht – gegen die Bestimmungen des Augsburger Religionsfriedens erheben?
6. Nimm Stellung zu der Frage: Warum konnte die Spaltung der christlichen Kirche nicht verhindert werden?
7. Beschreibe die Darstellung in Bild 2 mithilfe der Methode „Bildquellen analysieren" auf S. 36. Untersuche, welche Botschaft mit dem Bild vermittelt werden sollte und wer der Adressat gewesen sein könnte.

Auswirkungen der Reformation

Wie veränderte die Reformation den Alltag?

1 – Unterricht in einer Schule im 16. Jahrhundert. Holzschnitt, 1592.

2 – Krankenpflege. Holzschnitt aus dem Buch J. Dryanders, 1542.

Veränderung der Gesellschaft

Die Reformation veränderte nicht nur die Kirche, sondern bewirkte auch tiefgreifende Veränderungen in allen Bevölkerungsschichten. Die Menschen wurden durch Luthers Vorbild, sich auf das eigene Gewissen zu verlassen, selbstbewusster gegenüber der Kirche und dem Staat. Hinzu kam die einfache, verständliche Sprache und die Bildsprache der Flugblätter, die selbst die untersten Schichten verstanden. Dadurch verloren Kirche und Landesherren an Einfluss auf ihre Untertanen.

Neues Schulwesen

Das Gotteswort stand jetzt jedem offen, der lesen konnte. Darum betonte Luther in seinen Schriften, wie wichtig die „gelehrte Bildung aller Kinder“ sei, einschließlich der Mädchen und Frauen. Bildung sollte nicht mehr an Kirchenzwecke gebunden sein, wie zur Ausbildung von Priesternachwuchs, sondern allen Bürgern zugänglich gemacht werden. Die Oberhoheit hierfür übernahmen Kirche und Staat. In den evangelischen Gebieten mussten deshalb die neu entstandenen Landeskirchen viele Bereiche des Alltags neu regeln – so auch das Schulwesen. In der Folge wurde beschlossen, in allen Städten und Dörfern Schulen einzurichten, in denen fortan Jungen und Mädchen getrennt voneinander Unterricht erhalten sollten.

Ein neues System der Sozialfürsorge

Die zentrale Einnahmequelle für Kirchen und Klöster fiel mit der Reformation weg, da den Menschen deutlich gemacht wurde, dass sie auch ohne Geldzahlungen an diese in den Himmel gelangen könnten. Außerdem gingen der Kirche mit dem Ende des Ablasshandels weitere große Einnahmen verloren.
Die soziale Fürsorge, die vorher Sache der Kirche gewesen war, wurde nun eine Angelegenheit der Landesherren und Bürger. Dazu wurden Spenden reicher Bürger für Bedürftige in „gemeinen Kästen“ (Gotteskasten) gesammelt.

Q1 Auf der Synode in Homberg von 1526 wurde Folgendes beschlossen:

... In Städten und Dörfern sollen Schulen sein, in welchen Knaben in den Elementarlehren [Rechnen, Lesen] und im Schreiben ... unterrichtet werden, bis [sie sich] zum Studium in Marburg ... begeben. Und wenn ... ein vollständiger Elementarunterricht unmöglich ist, so sollen wenigstens die Pfarrer ... Unterricht im Lesen und Schreiben erteilen ...
Außerdem sollen ... Mädchenschulen eingerichtet werden, unter der Leitung [älterer] und frommer Frauen, die außer in Religionslehre ... die Mädchen auch im Lesen, Nähen, Sticken hinlänglich unterrichten ...

VIP

Martin Luther über Katharina von Bora: „Nicht um Frankreichs und Venedigs willen würde ich meine Käthe hergeben, denn Gott hat mir eine Frau geschenkt, deren Segnungen so viel größer sind als ihre Schwächen."

Name: Katharina von Bora

Lebensdaten: 29. Januar 1499 – 20. Dezember 1552

Familie: Sie stammte aus einem verarmten sächsischen Adelsgeschlecht.

Jugend/Schule/Ausbildung:
- Ab 1504 kam sie zur Erziehung in das Benediktinerkloster in Brehna bei Halle.
- Sechs Jahre später trat sie in das strenge Zisterzienserinnenkloster in Nimbschen bei Grimma ein und lernte dort lesen, schreiben und ein wenig Latein.
- 1515 legte sie ihr Gelübde als Nonne ab.

Werdegang:
- Beeinflusst durch die lutherische Lehre floh sie Ostern 1523 mit acht weiteren Nonnen auf einem Pferdewagen mit Heringsfässern aus dem Kloster. Luther organisierte diese Flucht.
- In Wittenberg wurde sie Magd bei dem berühmten Maler Lucas Cranach d. Ä. Mit ihm und seiner Frau Barbara verband sie fortan eine lebenslange Freundschaft.
- Nach langer Suche nach einem Ehemann für Katharina, beschlossen Martin Luther und sie zu heiraten. Die Hochzeit fand am 13. Juni 1525 statt. Aus dieser „Vernunftehe" entstand im Laufe der Zeit echte Liebe.
- Katharina bewohnte mit Luther und den sechs gemeinsamen Kindern ein ehemaliges Klosteranwesen in Wittenberg und wurde gleichzeitig Gärtnerin, Bäuerin, Wirtschafterin, Bierbrauerin, Imkerin, Verwalterin, Gastgeberin und Krankenschwester.
- Sie starb 1552 auf der Flucht vor der Pest in Torgau.

Besonderheit:
Weil Katharina ihrem Ehemann an Stärke und Kraft weit überlegen war, nannte er sie „mein Herr Käthe".

Was bleibt:
Katharina von Bora bleibt als starke Ehefrau von Luther in Erinnerung, ohne deren Unterstützung er nicht hätte arbeiten können. Im Gedenken an sie wurden deutschlandweit Kirchen, Straßen, Schulen und andere Einrichtungen nach ihr benannt.

3 – **Gemeiner Kasten der Stadt Wittenberg. Eisentruhe mit drei voneinander unabhängigen Schlössern.** Foto, 1998.

1. Beschreibe anhand des Bildes 1 die Zustände in Schule und Krankenpflege im 16. Jahrhundert.
2. Veranschauliche die Beziehung zwischen Martin und Katharina Luther, indem du Adjektive für deren Umgang miteinander findest.
3. Vergleiche anhand von Bild 1 und des Textes die Schulbildung zur Zeit der Reformation mit unserem heutigen Schulsystem und erstelle eine Tabelle. Nutze für deine Antworten Q1.
   ▶ *Folgende Aspekte solltest du aufnehmen: Unterrichtsinhalte, Unterrichtsform, Ziel des Unterrichts, Schwierigkeiten der Schülerinnen und Schüler, Probleme der Lehrer usw.*
4. Erkläre anhand von Bild 2 die Maßnahmen, die getroffen wurden, um Armen und Kranken zu helfen.

Webcode: EV658282-065

Lehrten auch andere nach Luthers Vorbild?

1 – Innenraum der United Reformed Church (reformierte Kirche) in Saltaire, England. Foto, 2012.

2 – Innenraum einer anglikanischen Kirche in Montreal, Kanada. Foto, 2010.

Heinrich VIII., König von England (1491–1547)

Johannes Calvin (1509–1564)

Huldrych Zwingli (1484–1531)

Die Idee Luthers verbreitet sich

Mit der Reformation auf deutschem Boden war ein Damm gebrochen. Durch den Buchdruck und die zunehmende Lesekundigkeit des Volkes fanden die neuen Ideen viele Anhänger, auch über die Grenzen des Reiches hinaus. Inspiriert von Luthers Reformation wurde die Wittenberger Universität zwischen 1530 und 1620 zur meistbesuchten Universität für angehende evangelische Geistliche. Nicht wenige kamen aus Dänemark, Schweden und Norwegen und brachten die reformatorischen Ideen in ihre Heimatländer, wo sich das Luthertum sehr schnell ausbreitete.

Die Reformation in der Schweiz

Im schweizerischen Zürich verbreitete der ehemalige katholische Priester Huldrych Zwingli die neuen Lehren, weil er ebenfalls die Papstkirche kritisierte und wie Luther nur in der Bibel die zentrale Vermittlerin des Glaubens sah. Er lehnte wie Luther den Zölibat, die Heiligenverehrung und das Fasten ab und sprach sich gegen den Gemeindegesang und das Anbeten von Bildern aus.
In der Folge entfernten oder beschädigten sogenannte Bilderstürmer zahlreiche Gemälde, Skulpturen oder Kirchenfenster in den Gotteshäusern. Ein weiterer Unterschied zur Lehre Luthers war die Auffassung vom *Abendmahl. Während Luther von einer tatsächlichen himmlischen Anwesenheit Jesu während des Abendmahls ausging, erklärte Zwingli, dass dieses nur eine symbolische Handlung im Andenken an den Tod Jesu sei. Eine erste Spaltung der evangelischen Kirche in die lutherische (Lutheraner) und die reformierte Kirche (Zwinglianer) erfolgte.

Die Reformation in Frankreich

Ein weiterer Anhänger Luthers war der aus Nordfrankreich stammende Johannes (Jean) Calvin. Er ging in seiner Lehre aber noch weiter und vertrat die Meinung, dass alle Menschen ein bereits zur Geburt vorbestimmtes Schicksal hätten; also feststünde, wer in den Himmel und wer in die Hölle käme. Der französische König bekämpfte diese neue Lehre. Denn vor allem die Adligen nahmen Calvins Lehren an. So wurde auch hier der Glaubenskonflikt zu einer machtpolitischen Auseinandersetzung.
Die Anhänger Calvins in Frankreich nannten sich *Hugenotten. Um ihre Anerkennung im Land wurden zwischen 1562 und 1598 acht Hugenottenkriege geführt. Dabei wurde die Machtfrage mit der Glaubensfreiheit eng

3 – Innenraum der Lutherischen Kirche im dänischen Roskilde. Foto, 2018.

4 – Innenraum der katholischen Stadtpfarrkirche St. Martin im bayrischen Biberach. Foto, 2011.

verbunden. Viele Hugenotten flohen aus Frankreich und gründeten in anderen Ländern eigene Gemeinden. So ging auch Calvin nach Genf in die Schweiz und baute hier eine eigene Gemeinde nach seinen Vorstellungen auf.
Er entwarf eine strenge Gemeindeordnung, in der ein Sittengericht die Gemeindemitglieder streng überwachte und harte Strafen für Regelverstöße wie Glücksspiel, Wirtshausbesuche und Tanz, Tragen von Schmuck, gekräuselte Frisuren und aufreizende Kleidung bei Frauen vorsah.
Von Frankreich gelangte der Calvinismus in die Niederlande, nach Schottland und England. Hier nannten sich seine Anhänger Puritaner. Doch in England erfolgten die religiösen Umwälzungen auf Betreiben König Heinrichs VIII., der kurz zuvor noch vom Papst zum Verteidiger des Glaubens ernannt worden war. Er überwarf sich mit der katholischen Kirche wegen eines Ehescheidungsverbotes.

Die anglikanische Kirche entsteht

Dies lag darin begründet, dass Heinrichs erste Ehe mit Katharina von Aragon kinderlos geblieben war. Seine Geliebte Anne Boleyn nahm schon länger die Rolle der Königin ein. So sagte sich der König 1533 endgültig von Rom los und heiratete Anne. Beide wurden vom Papst aus der Kirche ausgeschlossen, zusammen mit allen, die die Scheidung unterstützten. Heinrich VIII. ernannte sich daraufhin eigenmächtig zum Oberhaupt der neuen anglikanischen Kirche. In der Folgezeit kam es immer wieder zu Aufständen durch die Katholiken gegen ihn. 1538 erließ König Heinrich „The Six Bloody Articles“ (das „Blutige Statut“), das die katholische Kirche in England verbot. Jeder Verstoß wurde als Hochverrat mit dem Tod bestraft. Dieses Verbot wurde erst 1829 wieder aufgehoben.

Abendmahl
Der Begriff beschreibt einen Teil des Gottesdienstes, bei dem die Gläubigen sich an das Sterben Jesu erinnern und sich dieses vergegenwärtigen sollen.

Hugenotte
Der Begriff geht wahrscheinlich auf das schweizerische Wort für Eidgenosse zurück und war zunächst ein Schimpfwort für die französischen Protestanten, bis sie selbst den Begriff verwendeten.

Puritaner
(lat.: purificatio – Reinigung)
Der Begriff meint in diesem Zusammenhang die Reinigung der Kirche von allen römischen Einflüssen.

1. Nenne die größten protestantischen Glaubensbekenntnisse in Europa. Stelle sie in einer Tabelle gegenüber.
2. Betrachte die Bilder der Kircheninnenräume. Nenne Unterschiede und stelle Vermutungen an, warum es diese gibt.
3. Recherchiere im Internet zu Calvin, Zwingli und Heinrich VIII. und erstelle jeweils einen Steckbrief.
   ▶ *Orientiere dich hierfür an der Gestaltung der VIP-Seiten.*
4. Beziehe Stellung, ob Zwingli oder Calvin ohne Luthers Reformation mit ihrer Bewegung Erfolg gehabt hätten. Begründe deine Meinung.

Der Dreißigjährige Krieg – ein Glaubenskrieg?

1 – Schlacht am Weißen Berg am 8. November 1620. Zeitgenössisches Gemälde von Gemälde von Pieter Snayers.

*Kurfürsten
Bezeichnung für die vier weltlichen und drei geistlichen Fürsten, die den König des Heiligen Römischen Reiches Deutscher Nation wählten.
Dies waren seit jeher die drei Erzbischöfe von Köln, Trier und Mainz, der König von Böhmen und die nach der Reformation protestantisch gewordenen Kurfürsten von Sachsen, Brandenburg und der Pfalzgraf bei Rhein.

*Johann von Tilly (1559–1632)
Er war ein Feldherr der katholischen Liga und ab 1630 der kaiserlichen Truppen. Tilly starb 1632 nach der Schlacht bei Rain am Lech in Ingolstadt.

Kriegsausbruch in Prag

Seit 1356 war durch die Goldene Bulle Kaiser Karls IV. festgelegt, dass sieben *Kurfürsten (drei geistliche und vier weltliche) den Kaiser wählen sollten. Der böhmische König wurde aber stets von den Ständen gewählt. Die protestantischen Stände waren zunehmend mit der Politik König Ferdinands II. nicht einverstanden, denn er setzte die kaiserlichen Bemühungen, verlorene Gebiete für die katholische Kirche zurückzugewinnen, gewaltsam durch. Als es wieder zu Übergriffen im Namen des Kaisers gegen böhmische Protestanten kam, stürmten Vertreter der böhmischen Ständeversammlung am 23. Mai 1618 in die Prager Burg und warfen zwei kaiserliche Gesandte und deren Sekretär aus dem Fenster. Dieser „Prager Fenstersturz" endete für die drei glimpflich in einem Misthaufen unter dem Fenster, markierte aber zugleich den Beginn des Dreißigjährigen Kriegs, der in vier Phasen verlief.

Böhmisch-Pfälzischer Krieg (1618–1623)

Die böhmischen Stände setzten Ferdinand II. ab und wählten 1619 den Protestanten Friedrich von der Pfalz zu ihrem König. Damit hatten nun die protestantischen Kurfürsten die Mehrheit bei der Kaiserwahl. Das war für die katholischen Kurfürsten und den Kaiser nicht hinnehmbar, denn der Katholik Ferdinand II. sollte neuer Kaiser werden. In der Schlacht am Weißen Berg bei Prag schlugen die katholischen Truppen unter ihrem Feldherrn *Tilly das böhmische Heer und vertrieben Friedrich. Die pfälzische Kurfürstenwürde wurde an den katholischen Herzog von Bayern gegeben. Tillys Armee besetzte Böhmen und verwüstete die Kurpfalz. Nun sollten die protestantischen Fürsten im Norden angegriffen werden.

Dänisch-Niedersächsischer Krieg (1625–1629)

Der Dänenkönig Christian IV. war durch seine Ländereien auf deutschem Gebiet auch deutscher Reichsfürst und stellte sich nun an die Spitze der deutschen Protestanten. Die kaiserlichen Heerführer Tilly und *Wallenstein besiegten auch ihn und eroberten in der Folgezeit den gesamten norddeutschen Raum. Kaiser Ferdinand II. sah sich als Sieger und forderte die Rückgabe der katholischen Kirchengüter und die Wiederherstellung der Verhältnisse von vor 1555.

Schwedischer Krieg (1630–1635)

Es war Gustav II. Adolf, König von Schweden, der sich nun als Beschützer der Protestanten hervortat. Sein eigentliches Hauptziel war jedoch die Vormachtstellung im Ostseeraum. So landete er im Juni 1630 mit seinem Heer an der Ostseeküste und zog, unter-

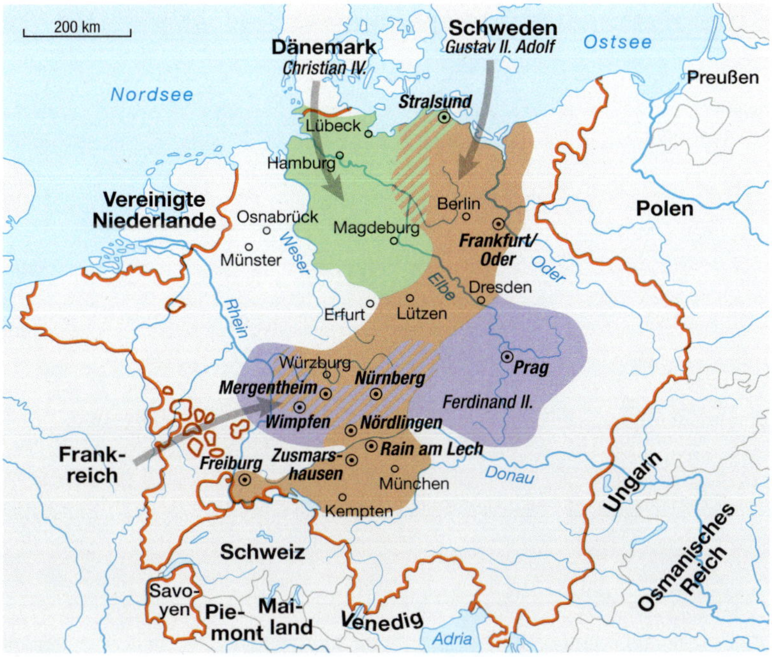

2 – In den vier Abschitten des Dreißigjährigen Krieges zwischen 1618 und 1648 gab es bis zu 80 große Schlachten. Die Karte zeigt eine Auswahl der Kämpfe.

stützt von den evangelischen Fürsten, von Sieg zu Sieg bis weit nach Bayern hinein. In der Schlacht von Lützen (nahe Leipzig) 1632 fiel Gustav II. Adolf. Seine Truppen, nun unter Herzog Bernhard von Sachsen-Weimar, gewannen dennoch die Schlacht. Bis 1635 konnte sich aber keine der beiden Seiten durchsetzen. Erste Friedensgespräche wurden geführt.

Schwedisch-Französischer Krieg (1636–1648)

Das katholische Frankreich unter Kardinal Richelieu unterstützte seit längerer Zeit aus machtpolitischen Gründen die protestantischen Fürsten und Schweden gegen die kaiserlich-katholischen Fürsten. Nun griff es aktiv in den Krieg ein und verlängerte ihn erneut. Frankreich wollte endlich die Vormachtstellung in Europa einnehmen. Dazu musste aber der deutsche Kaiser und damit das Alte Deutsche Reich geschwächt werden. Aber keine Seite konnte die Oberhand gewinnen. Plünderungen, Verwüstungen, Tod, Hunger und Krankheiten ließen den Wunsch nach Frieden wachsen. Schätzungsweise 40 Prozent der deutschen Landbevölkerung sind dem Krieg und seinen Folgen zum Opfer gefallen.

Endlich Frieden

In den westfälischen Städten Münster und Osnabrück kam es nach mehrjährigen Verhandlungen am 25. Oktober 1648 zum Friedensschluss. Dieser „Westfälische Frieden“ bestimmte, dass künftig Katholiken, Lutheraner und Calvinisten gleichberechtigte Religionen im Reich seien und jeder Untertan frei seine Konfession wählen dürfe. Der Kaiser musste gegenüber den Fürsten einen großen Machtverlust hinnehmen.

* **Albrecht von Wallenstein**
Er stammte aus einer protestantischen Adelsfamilie in Böhmen, trat aber 1606 zum katholischen Glauben über. Als kaiserlicher General im Dreißigjährigen Krieg war er sehr erfolgreich und stellte dem Kaiser sowohl Söldnerheere als auch Geld zur Verfügung. Bald hatte er das kaiserliche Heer unter seiner alleinigen Kontrolle. Die militärische Macht nutzte er schließlich auch zu politischen Zwecken. Aus diesem Grund setzte ihn der Kaiser ab und brachte ihn vor Gericht. 1634 wurde er ermordet.

1. Fertige eine Zeitleiste zum Verlauf des Dreißigjährigen Krieges an. Beginne mit dem „Prager Fenstersturz“.
   ▶ *„Prager Fenstersturz“*
2. Beschreibe Bild 1 und ordne es in die Geschehnisse ein.
3. Ermittle mithilfe der Karte 2 die Gebiete im Alten Reich, die die höchsten Bevölkerungsverluste hatten.
4. Recherchiert in Partnerarbeit zu Wallenstein und Gustav II. Adolf und bereitet ein Referat zu beiden vor.
   ▶ *Nimm hierzu die Methode „Ein Referat halten“, S. 26/27, zu Hilfe.*
5. Beziehe Stellung: Handelte es sich beim Dreißigjährigen Krieg um einen Glaubenskrieg?

Webcode: EV658282-069

Die Leiden der Bevölkerung im Dreißigjährigen Krieg

1 – Plünderung eines Dorfes. Gemälde von Sebastiaen Vrancx, ca. 1615–1620.

Schauplatz Geschichte

* **Tross**
Begleitzug der Heere, der in den Bereichen Versorgung und Transport unterstützte.

„Der Krieg ernährt den Krieg." Dieser Ausspruch entstand im Zusammenhang mit dem Dreißigjährigen Krieg. Die verschiedenen Heere waren selten kleiner als 15 000 Mann, meist größer. Zudem gab es zusätzlich noch einen ebenso großen *Tross aus Frauen und Kindern, Händlern, Badern etc., die ebenfalls versorgt werden mussten. So kam es, dass Dörfer und Städte überfallen, geplündert und tagelang gebrandschatzt wurden – alles verbunden mit immenser Gewalt gegen die Bevölkerung. Danach folgten zumeist Hunger und Krankheiten, wie Pest und Typhus.

1 Beschreibt das Bild.
▶ *Nehmt hierzu die Methode „Bildquellen analysieren", S. 36, zu Hilfe.*

Bildet Paare/Gruppen und bearbeitet eine der Aufgaben 2–4. Stellt eure Ergebnisse den anderen Gruppen anschließend vor.

2 Schreibe einen Zeitungsbericht über die Ereignisse in dem Dorf.

3 Ihr seid einer der Söldner Wallensteins. Viele Jahre ziehst du nun schon gegen verschiedene Heere ins Feld. Jeden Abend gehen dir die unterschiedlichsten Gedanken durch den Kopf. Schreibe sie auf.
▶ *Liebes Tagebuch, Jahre, Monate, Tage … ich kann sie kaum noch zählen …*

4 Ein Bauernmädchen/Ein Bauernjunge konnte rechtzeitig aus dem Dorf fliehen und beobachtet das Geschehen aus einem Versteck heraus. Später berichtet sie/er einem Freund, was passiert ist. Verfasse einen Dialog.
▶ *Bertram/Gerda: Grauenvolle Tage liegen hinter mir …*

Über den Tellerrand geschaut

Die Bartholomäusnacht

1 – „Le Massacre de la Saint-Barthélemy". Darstellung der Bartholomäusnacht am 23./24. August 1572. Zeitgenössisches Gemälde von François Dubois.

Kasper von Coligny (1519–1572)

Heinrich von Guise (1550–1588)

Heinrich von Navarra (1553–1610)

Eine Hochzeit mit Folgen

Eigentlich sollte es eine Friedenshochzeit werden zwischen dem hugenottischen König Heinrich von Navarra und der katholischen Königstochter Margarethe. Seit dem Tod ihres Vaters Heinrich II. von Frankreich im Jahre 1559 regierte ihre Mutter Katharina von Medici für ihre minderjährigen Söhne, um deren Thronfolge zu sichern. Nach langen Jahren des Krieges zwischen den verfeindeten Religionen und aneinander begangenen Gräueltaten hoffte die Königinmutter, einen Ausgleich herbeizuführen. Schon 1562 war ein Toleranzedikt erlassen worden, das freie Religionsausübung gestattete. Doch wurde seine Umsetzung durch die katholischen Fürsten unter Führung von Herzog von Guise verhindert, indem diese im selben Jahr einen Gottesdienst der Hugenotten überfallen und die meisten Besucher ermorden ließen. Damit begann der erste Hugenottenkrieg. Die Hugenotten wurden geführt von Admiral von Coligny und König Heinrich von Navarra. Nach zehn Jahren des offenen Konfliktes sollte nun vom 18. bis 21. August 1572 Hochzeit gefeiert werden. Kurz nach den Feierlichkeiten wurde ein Attentat auf Admiral Coligny verübt, bei dem dieser zunächst nur leicht verletzt wurde.

Höchstwahrscheinlich war es wieder Heinrich von Guise, der dann den Mord an den Hugenotten in den frühen Morgenstunden des Bartholomäustages (24. August) 1572 in Auftrag gegeben hatte. Die Gelegenheit war günstig, denn alle bedeutenden Hugenotten befanden sich in Paris. Mit dem Ruf „Der König will es" wurde das Pariser Volk, das einen Vergeltungsangriff der Hugenotten fürchtete, aufgestachelt.
Zunächst wurde Coligny ermordet, dann weitete sich das Massaker aus. An diesem Tag wurden etwa 5000 Hugenotten in Paris, in den Folgetagen ca. 20 000 in ganz Frankreich ermordet. Dabei wurde auch vor Frauen, Kindern und älteren Menschen kein Halt gemacht.

1. Beschreibe Bild 1 und fasse die Ereignisse der Bartholomäusnacht zusammen.
   ▶ *Nimm hierzu die Methode „Bildquellen analysieren", S. 36, zu Hilfe.*
2. Vergleiche die politische Situation in Frankreich mit der im Alten Reich vor dem Dreißigjährigen Krieg.
3. Beziehe Stellung, ob dieser Konflikt rein religiöser Natur war. Begründe deine Antwort.

Das kann ich ...

Die Reformationszeit – Kirchenspaltung und Glaubenskonflikt

Wichtige Begriffe

95 Thesen
Reformation
Ablasshandel
Konfession
Protestanten
gemeiner Mann
Kirchenbann
Reichsacht (Vogelfreiheit)
Bauernkrieg
Augsburger Religionsfriede
Westfälischer Friede

Wissen und erklären

1 Erklärt euch gegenseitig die wichtigen Begriffe und schreibt ihre Bedeutung in euren Hefter.

2 Erläutere mithilfe von Bild 1 den Verlauf der Reformation.

3 Erläutere das Luther-Zitat (Q1).

Anwenden

4 Betrachte das Bild „Die Seelenfischerei" zum Auftakt des Kapitels (S. 44/45) und erläutere das Dargestellte mithilfe des Auftakttextes.

5 Werte die Grafik 3 aus. Erkläre, welche Auswirkungen die Reformation hatte.

▶ *Religionszugehörigkeit vor der Reformation lag bei annähernd 100 % römisch-katholisch.*

6 Analysiere mithilfe der Methodenschritte S. 56 das Flugblatt (Bild 2).

▶ *Ordne hierfür den Buchstaben A–F die entsprechenden Bedeutungen 1–6 zu.*

1. Geistliche der katholischen Kirche (Kardinal, Bischof, Mönch)
2. Papstwappen bestehend aus Petrusschlüssel und Tiara
3. Ablassbrief mit Siegel
4. Kreuz mit Leidenswerkzeugen der Kreuzigung Jesu
5. Ablasstruhe mit Teufel
6. Papst mit Krone (Tiara)

1 – Martin Luther auf dem Reichstag in Worms 1521 vor Kaiser Karl IV. und den Kurfürsten. Wandgemälde von Hermann Wislicenus, 1879/97.

Beurteilen und Handeln

7 Diskutiert, wie ein Christenmensch laut Luther handeln müsste (Q1).

8 Beziehe Stellung zu Luthers Verhalten in den Jahren nach 1517.

Q1 Martin Luther schreibt zu Beginn seiner Abhandlung „Von der Freiheit eines Christenmenschen" Ende Oktober 1520:
Ein Christenmensch ist ein freier Herr über alle Dinge und niemandem untertan. Ein Christenmensch ist ein dienstbarer Knecht aller Dinge und jedermann untertan.

2 – „Das siebenköpfige Papsttier". Flugblatt eines unbekannten Künstlers von 1530, koloriert im 16. Jahrhundert. „Regnum diaboli" heißt es übersetzt „Das Reich des Teufels".

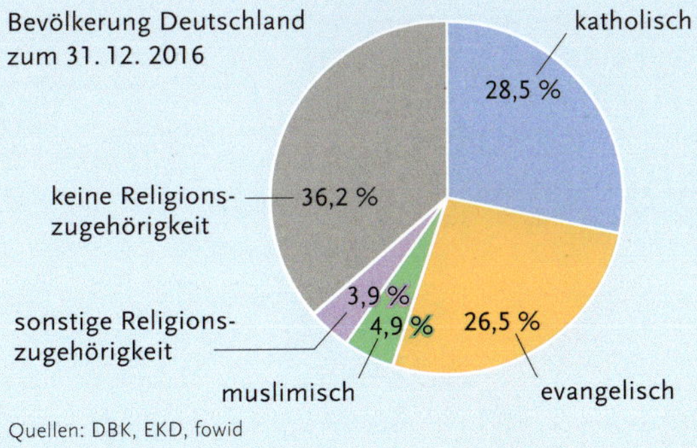

3 – Religionszugehörigkeit in Deutschland 2016.

Webcode: EV658282-073
Selbsteinschätzungsbogen

Hier spielt die Geschichte …

Das Dame(n)-Spiel

Einführung

Ihr habt in diesem Kapitel mit Katharina von Bora bereits eine starke Frau der Frühen Neuzeit kennengelernt. Es gab aber wesentlich mehr Damen, die die Geschicke der Welt gelenkt haben, wenn auch z. T. aus dem Hintergrund. Zehn Beispiele seien hier vorgestellt. Mal sehen, ob ihr die Damen richtig zuordnen könnt. Sicherlich müsst ihr auch recherchieren. Aber es ist durchaus spannend, mehr über die weibliche Seite der Geschichte zu erfahren.

A „Nach mir wurde ein Cocktail mit Tomatensaft benannt, die Bloody Mary. Den Beinamen ‚Die Blutige' erhielt ich, weil während meiner Regierungszeit sehr viele Protestanten ihr Leben lassen mussten. Ich, als erste regierende Königin von England, wollte mein Land wieder zum Katholizismus bringen, mit allen Mitteln – koste es, was es wolle."

B „Ich bin eine indische Kaisergemahlin und starb bei der Geburt meines 14. Kindes. Da mein Gatte mich wegen meiner Schönheit und Güte verehrte, ließ er von über 20 000 Männern ein großes Mausoleum (Grabgebäude) errichten, das heute noch weltberühmt ist: den Taj Mahal."

C „Ich stamme aus der einflussreichen florentinischen Familie der Medici. Meinem geliebten französischen Mann Heinrich II. gebar ich insgesamt zehn Kinder. Drei von ihnen wurden sogar Könige von Frankreich. Da sie noch zu jung waren, um zu regieren, war ich ihre Regentin und lenkte somit die Politik Frankreichs."

1 Margarete von Parma (1522–1586)

2 Elisabeth I. von England (1533–1603)

3 Katharina von Medici (1519–1589)

4 Maria I. von England (1516 – 1558)

D „Mein Vater ist Karl V. und mein Halbbruder Phillip II. von Spanien. Obwohl ich aus einer Affäre mit einer Zofe stamme, habe ich mir als Statthalterin der Niederlande einen Namen gemacht. Sicherlich ahnte mein Vater, dass ich ein solch hohes Amt bekleiden kann, denn er erkannte mich als einziges seiner zahlreichen Kinder als ‚natürliche' Tochter an."

E „Durch die Leidenschaft zum Vater des berühmten Malers Rubens und meine gescheiterte Ehe mit Wilhelm von Oranien wurde ich auf traurige Weise berühmt. Wegen meiner Affäre kam ich für Jahre in Hausarrest in Siegen, in Beilstein, in Zeitz und in Dresden. Schließlich starb ich eingesperrt in zwei Räumen im Residenzschloss zu Dresden."

F „Ich bin die Tochter von Heinrich VIII. und seiner zweiten Ehefrau. In die Geschichte bin ich als „jungfräuliche Königin" eingegangen, weil ich mein Leben lang nur eine Liebe hatte: mein England. Trotzdem machte es mir Spaß, vielen großen Herren Eheversprechen zu geben, damit sie nicht England angreifen."

G „Ich bin eine der wenigen weiblichen Reformatorinnen. Immer hoffte ich, dass auch Frauen in dem neuen Glauben Mitspracherecht hätten, wurde aber leider enttäuscht. Es wurden sogar Spottgedichte über mich geschrieben, weil ich als Frau zwei reformatorische Schriften verfasste. Heute erinnert der Argula-Radweg in Bayern an mich und meine wichtigsten Lebensstationen."

H „Über mich wurde erzählt, ich hätte meinen geliebten Gatten Süleiman I. mit meinen roten Haaren verhext. Obwohl ich als eine polnische Sklavin in den Harem von Sultan Süleiman kam, gelang es mir, durch Intelligenz und Schönheit, zur Freundin, Ratgeberin und Ehefrau von ihm aufzusteigen."

I „Heute bin ich als Schutzpatronin Spaniens bekannt und werde von vielen als Nationalheilige bezeichnet. Zu meinen Lebzeiten lag ich einmal drei Tage lang in einer todesähnlichen Starre. Es wurde sogar schon ein Grab ausgehoben, um mich zu beerdigen. Drei Jahre lang war ich fast vollständig gelähmt. Als es mir besserging, gründete ich das Konvent zum heiligen Josef in Ávila."

5 Maria Stuart (1542–1587)

6 Mumtaz Mahal (1593–1631)

7 Teresa von Ávila (1515–1582)

8 Argula von Stauff (1492–1554)

9 Roxelane (1507–1558)

10 Anna von Sachsen (1544–1577)

J „Ich bin eine tragische Königin. Denn obwohl ich einst mit dem König von Frankreich verheiratet war, musste ich die Hälfte meines Lebens in Gefangenschaft verbringen. Meine Cousine Elisabeth I. ließ mich schließlich wegen Hochverrats zum Tode verurteilen, weil ich sie von ihrem Thron stürzen wollte. Aber mein Sohn James Stuart folgte ihr schließlich auf den englischen Thron."

3 Revolution und Reform im Europa der Neuzeit

Sachsens Kurfürst August der Starke wollte dem Glanz seiner Herrschaft Ausdruck verleihen, indem er mit dem Dresdner Zwinger ein prunkvolles Schloss schuf. Hierfür nahm er sich den nahe Paris gelegenen Palast von Versailles zum Vorbild. Diesen hatte der „Sonnenkönig" Ludwig XIV. von Frankreich zu einem eindrucksvollen Herrschersitz ausbauen lassen. Seine absolutistische Politik und Hofhaltung wurden zum Vorbild für viele europäische Herrscher. Bezahlt wurde die Hofhaltung vor allem mit den Steuern der einfachen Bevölkerung. Diese erhielt allerdings neues Selbstbewusstsein durch die Aufforderung der Aufklärung: Habe den Mut, dich deines eigenen Verstandes zu bedienen.

Welche Auswirkungen hatte dieses neue Denken auf Politik und Gesellschaft in der Frühen Neuzeit?

Revolution und Reform im Europa der Neuzeit

1 – Absolutistische Staaten auf deutschem Gebiet und in Europa um 1750.

Der Dreißigjährige Krieg hatte die Macht in Europa neu verteilt. Deutschland war nun ein Verbund von etwa 300 selbstständigen Einzelstaaten geworden. Der Kaiser stand dem Reich als oberster Verwalter vor. Reichsangelegenheiten, auch Verteidigungskriege, regelte er gemeinsam mit den Reichsfürsten und dem Reichstag. Anders dagegen war die Entwicklung in Frankreich. Hier wurde der König immer mächtiger. Ludwig XIV., der sich selbst als „Sonnenkönig" bezeichnete, errichtete in Frankreich eine absolutistische Herrschaft. Ihm eiferten viele Herrscher im 18. Jahrhundert nach. Doch mit dem Glanz nahm gleichzeitig auch die Kritik an dieser uneingeschränkten Regierungsweise zu: Erst von Philosophen und Gelehrten, später dann auch von Bürgern und Bauern. Diese Entwicklung führte in Frankreich zu einer Revolution, an deren Ende der Beginn des modernen Europas stehen sollte.

Am Ende des Kapitels kannst du folgende Fragen beantworten:

- Was versteht man unter absolutistischer Herrschaft?
- Wie gelang es Ludwig XIV., seine Alleinherrschaft durchzusetzen, und wer stützte seine Macht?
- Inwiefern beeinflusste Ludwig XIV. mit seiner absoluten Herrschaft Frankreich und Europa?
- Was forderten die Philosophen der Aufklärung?
- Wie kam es zur Französischen Revolution und welche Auswirkungen hatte sie?
- Was zeigt uns ein Herrscherbild und wie wird es untersucht?
- Wie wird ein Verfassungsschema gelesen und welche Informationen kann es mir liefern?

ca. 1570–1770	1661–1715	1694–1733	1776	1789–1799
Epoche des Barock	Regierungszeit Ludwigs XIV.	Regierungszeit August des Starken	Amerikanische Unabhängigkeitserklärung	Französische Revolution

Opa, sag mal ...

Stella: Du, Opa, war August der Starke eigentlich ein richtiges Muskelpaket?

Opa: Das kann ich dir gar nicht sagen, meine Kleine. Der Beiname bezog sich nicht nur auf körperliche Stärke, sondern auch auf seinen Einfluss und seine große Macht.

Stella: Opa, wir waren ja letztens mit der Klasse in Dresden. Dort habe ich auf dem Geländer der Brühlschen Terrasse den Daumenabdruck von August dem Starken gesehen. Ich glaube, so etwas kann nur ein richtig starker Mann machen.

Opa: Tatsächlich weiß man heute, dass das Geländer erst 14 Jahre nach dem Tod August des Starken gefertigt wurde, sodass die Delle wohl eine andere Ursache hat. Aber die Geschichte passt einfach sehr gut zu diesem starken und mächtigen Herrscher.

Stella: Ja, diesen Eindruck hatten wir auch, als wir das glänzende Standbild des Goldenen Reiters bestaunten. War er denn zu seiner Zeit auch der einflussreichste Herrscher in Europa?

Opa: Nein, das war ein anderer; er hieß Ludwig XIV. und bezeichnete sich selbst als Sonnenkönig. Er lebte allerdings in Frankreich. Aber das erfahrt ihr bestimmt alles noch im Unterricht.

Stella: Sonnenkönig ... wie kommt denn jemand auf diesen Beinamen? Einen Sonnenkönig stelle ich mir nicht so mächtig vor wie einen König, der groß und stark ist.

Opa: Vorsicht! Auch hier gab es einen deutschen König, der den Beinamen „der Große“ trug: Friedrich II. von Preußen.

Stella: Das wird mir jetzt zu kompliziert! Welchen Beinamen würdest du mir denn geben, Opa?

Opa: Lass mich kurz überlegen ... Stella, die Kluge!

Stella: Und du bist für mich Opa, der Allwissende!

2 – Der goldene Reiter in Dresden. Die Statue zeigt August den Starken in der Rüstung des römischen Caesars, in Richtung Königreich Polen reitend. Foto, 2019.

1. Lest die Geschichte mit verteilten Rollen.
2. Stelle Vermutungen an, auf was sich die Beinamen der genannten Könige beziehen könnten. Überprüfe deine Vermutungen mithilfe des Internets.
3. Überlegt, welche Beinamen ihr euch gegenseitig geben würdet. Stellt sie in der Klasse vor und ratet, wer gemeint sein könnte.
   ▶ *Hinweis: Denkt zunächst über besondere Eigenschaften der anderen nach und nutzt diese.*
4. Erkläre anhand der Karte die Lage in Europa nach dem Dreißigjährigen Krieg. Gehe dabei besonders auf die Situation auf deutschem Gebiet ein.
5. Beschreibe Bild 2. Erkläre, warum August der Starke sich in dieser Art darstellen ließ.

Absolutismus in Frankreich

Was verstand Ludwig XIV. unter absoluter Herrschaft?

1 – Französische Medaille aus dem Jahre 1692. Die Umschrift lautet: NEC PLURIBUS IMPAR (= Den meisten gewachsen). Die andere Seite zeigt ein Profil Ludwigs XIV.

2 – Ludwig XIV. als 10-jähriger König im Krönungsmantel mit Kreuz des Ordre de Saint-Esprit, Zepter des Hugo Capet und Lilienzepter. Gemälde von Justus van Egmont, 1651/54.

* Absolutismus
Der Begriff leitet sich ab von dem Wort „absolut". Es bedeutet losgelöst bzw. nicht mehr gebunden an die Gesetze eines Staates.

* Kardinal
Nach dem Papst das höchste Amt in der katholischen Kirche.

Kardinal Jules Mazarin (1602–1661), häufig „die graue Eminenz" genannt.

Ein König mit neuem Profil

Im Deutschen Reich hatten nach dem Dreißigjährigen Krieg die Fürsten ihre Macht gegenüber dem Kaiser stärken können. Ganz anders war die Entwicklung in Frankreich. Hier wurde 1638 Ludwig XIV. geboren, der schon bald die Geschicke seines Landes ganz allein lenken sollte. Er bestieg den Thron bereits mit 4 Jahren, nachdem sein Vater Ludwig XIII. 1643 gestorben war. Deshalb übernahm *Kardinal Mazarin bis zu Ludwigs 22. Lebensjahr vorerst die Regierung. Unter anderem führte er beim Westfälischen Frieden für Frankreich erfolgreiche Verhandlungen, indem er seinem Land erhebliche Gebietsgewinne verschaffte. Als Mazarin im März 1661 starb, veränderte sich alles.

Ein König, ein Glaube, ein Gesetz – „Un roi, une foi, une loi"

„Es ist an der Zeit, dass ich meine Angelegenheiten selbst in die Hand nehme" soll Ludwig XIV. zu seinen Ministern am Tag nach Mazarins Tod gesagt haben. Er allein wollte in Zukunft die Befehle erteilen – Minister und Beamte dürften diese lediglich ausführen. Damit beanspruchte Ludwig XIV. die absolute, uneingeschränkte Macht, ohne selbst an Gesetze gebunden zu sein. Grundlage für diesen absoluten Herrschaftsanspruch war nach Ludwigs Auffassung, dass er seine Macht direkt von Gott erhalten habe und sich deshalb nur Gott gegenüber verantworten müsse (Gottesgnadentum). Der König verstand sich auch als oberster Vertreter des Glaubens. Darum sollte es in Frankreich nur noch einen Glauben geben – den katholischen.

„Der Staat bin ich!" – „L'état c'est moi!"

Dieser berühmte Ausspruch Ludwigs XIV. ist zwar nicht belegt, beschreibt aber die Einstellung des absolutistischen Herrschers. Ausdruck fand diese Auffassung in dem von ihm gewählten Symbol der Sonne. So wie die Planeten um die Sonne kreisen, sollte sich das gesamte Leben im Staat um den König drehen. Diesen sah er als seinen Besitz an, über den er uneingeschränkt verfügen konnte.

Q1 Im Jahre 1671 schrieb Ludwig XIV. über sich selbst:

... Ich entschloss mich, keinen „Ersten Minister" mehr in meinen Dienst zu nehmen. Denn nichts ist unwürdiger, als wenn man auf der einen Seite alle Funktionen, auf der anderen Seite nur den leeren Titel eines Königs bemerkt.

3 – Ludwig XIV. empfängt den Kurfürsten Friedrich August von Sachsen, den späteren August II., König von Polen, im Jahre 1714. Gemälde von Louis de Silvestre aus dem 18. Jahrhundert

Ich wollte die oberste Heeresleitung ganz allein in meiner Hand zusammenfassen. ... Ich bin über alles unterrichtet, höre auch meine geringsten Untertanen an, weiß jederzeit über Stärke und Ausbildungszustand meiner Truppen und über den Zustand meiner Festungen Bescheid. Ich gebe unverzüglich meine Befehle zu ihrer Versorgung, verhandle mit fremden Gesandten, empfange und lese die Nachrichten und entwerfe teilweise die Antworten, während ich für die übrigen meinen Sekretären das Wesentliche angebe. Ich regle Einnahmen und Ausgaben des Staates und lasse mir von denen, die ich mit wichtigen Ämtern betraue, persönlich Rechenschaft geben ...

Q2 Bischof Jacques Bossuet (1627–1704) schrieb für Ludwig XIV. 1682:
... Die Fürsten handeln als Gottes Diener und *Statthalter auf Erden. Durch sie übt er [Gott] seine Herrschaft aus. ... Deshalb ist ... der königliche Thron nicht der Thron eines Menschen, sondern Gottes selber. ... Aus alledem ergibt sich, dass die Person des Königs geheiligt ist; ... Der König muss über seine Befehle niemandem Rechenschaft geben ...

Q3 Jacques Bossuet schrieb weiterhin über die Stellung des Königs:
... Gott setzt die Könige als seine Minister ein und regiert durch sie die Völker. Sie handeln als seine Diener und Stellvertreter auf Erden ... Nur Gott kann über seine Maßnahmen urteilen ...

* **Bischof Jacques Bossuet**
Er war der Hofprediger und Erzieher von Ludwig XIV. Von ihm stammt auch der Ausspruch: „Die größte aller Schwächen ist, zu befürchten, schwach zu erscheinen."

* **Statthalter**
In diesem Zusammenhang: Vertreter Gottes auf Erden.

1. Sammle Adjektive, die du mit dem Symbol der Sonne verbindest. Schlussfolgere, warum sich Ludwig XIV. mit der Sonne verglich.
   ▶ *Adjektive: strahlend ...*
2. Beschreibe die Medaille (Bild 1). Erläutere, inwiefern sie symbolisch für Ludwig XIV. und seine Herrschaft steht.
3. Erkläre mithilfe von Q1, welche Aufgaben ein absolutistischer Herrscher der Meinung Ludwigs XIV. haben sollte.
4. Erläutere mithilfe von Q2 und Q3, was unter Gottesgnadentum zu verstehen ist.
5. Betrachte Bild 3. Deute die Körperhaltung Augusts III. gegenüber Ludwig XIV. Beziehe auch das Zitat Bossuets ein (siehe Randspalte).
6. Gibt es auch heute noch Herrscher wie Ludwig XIV.? Diskutiert darüber, ob ihr euch einen solchen Herrscher heute vorstellen könntet.

Methode

Ein Herrscherbild untersuchen

Sicherlich habt ihr schon einmal ein Herrscherbild in einem Schloss oder einem Museum gesehen. Das sind oftmals sehr großformatige Malereien, auf denen ein König, Landesfürst oder Befehlshaber zu sehen ist. Mit diesen Herrscherbildern sollten die Künstler im Auftrag des jeweiligen Kaisers, Königs oder Fürsten den Untertanen und der Nachwelt ein bestimmtes Bild von dem Machthaber vermitteln. Daher sind Abbildungen dieser Art für uns wichtige historische Quellen. Sie geben Auskunft über das Selbstbild der Herrscher und über ihre Vorstellungen vom Regieren.

Diese drei Schritte helfen dir, ein Herrscherbild zu untersuchen:

Schritt 1 **Das Bild beschreiben**	■ Welchen spontanen Eindruck ruft das Bild bei dir hervor? ■ Wer ist auf dem Herrscherbild zu sehen? ■ Wie wird die Person dargestellt (Körperhaltung, Gestik, Mimik, Blickrichtung, Kleidung, ...)? ■ Welche Perspektive hat der Maler gewählt (von oben, seitlich, unten, ...)? ■ Wie ist das Bild aufgebaut (Mittelpunkt, Hintergrund, Farbgebung)? ■ Mit welchen künstlerischen Mitteln hat der Maler gearbeitet (Farbgestaltung, Licht, Größe, ...)? ■ Welche Bildelemente bestimmen das Bild?
Schritt 2 **Einzelheiten und Symbole entschlüsseln**	■ Welche Herrschaftszeichen sind auf dem Bild zu finden? ■ Was bedeuten diese Herrschaftszeichen (Symbole)? ■ Welche weiteren Details sind im Vorder- und Hintergrund zu sehen? Was bedeuten sie?
Schritt 3 **Die Aussage des Bildes erschließen**	■ Welchen Eindruck will der Maler oder sein Auftraggeber mit der Darstellung beim Betrachter wecken? ■ Welche Herrscherrolle wird deutlich? ■ Welches Selbstverständnis des Herrschers kommt zum Ausdruck? ■ Was sagt uns das Bild über die damalige Zeit insgesamt?

1 Untersuche Bild 1 (S. 83) mithilfe der drei Methodenschritte.

2 Lies dir die Musterlösung durch. Überprüfe damit deinen Eindruck. Formuliere Ergänzungen.

▶ *Mir fällt noch auf, dass im oberen Hintergrund ein rot-goldener Vorhang drapiert ist. Dieser soll ...*

1 – Ludwig XIV., Gemälde von Hyacinthe Rigaud, 1701. Es ist 2,8 m hoch und 1,9 m breit.

① blauer Farbgrund des Mantels mit den Bourbonen-Lilien des Herrschergeschlechts: Verweis auf den Himmel, Gottesgnadentum

② weiße Farbe des Hermelins der Mantel-Innenseite: absolute Reinheit

③ Schwert Karls des Großen mit Edelsteinen und Krone auf dem Kissen: Zeichen des französischen Königtums

④ Ordenskette vom Heiligen Geist (= bedeutendster Ritterorden Frankreichs; der König war oberster Ritter)

⑤ Zepter der Gerechtigkeit auf dem Pult: höchste richterliche Gewalt

⑥ Kriegszepter: militärische Macht Ludwigs XIV.

⑦ weibliche Gestalt mit Schwert und Waage auf der Marmorsäule im Hintergrund

⑧ Schuhe mit rotem Absatz (durfte nur der König tragen)

⑨ erhöhter Standort

Lösungsbeispiel zum Bild:

Zum Schritt 1: Der erste Eindruck: Es handelt sich um einen mächtigen und selbstbewussten Mann. Dargestellt ist Ludwig XIV.; er steht im Mittelpunkt des Bildes. Weiß, Gold und Blau bestimmen die Farbgebung. Der König steht in aufrechter Pose und schaut den Betrachter direkt an.

Zum Schritt 2: Herrschaftszeichen: zwei Zepter, Krone, Königsmantel, Orden, Schuhe mit rotem Absatz (durfte nur der König tragen), Schwert mit Edelsteinen. Mit seiner rechten Hand stützt er sich auf eines der goldenen Zepter. Sein Königsmantel wirkt sehr vornehm: Blau, als königliche Farbe, und goldene Lilien auf der einen Seite, weißes Fell auf der Innenseite. Die Perspektive des Bildes bewirkt, dass der Betrachter das Gefühl hat, zu Ludwig XIV. aufzuschauen. Der Hintergrund ist sehr dunkel gehalten, damit der König alles überstrahlt. Die Marmorsäule steht für Stärke und Beständigkeit und zeigt eine weibliche Gestalt mit Schwert und Waage als Symbol für die Gerechtigkeit.

Zum Schritt 3: Die prachtvolle Darstellung Ludwigs XIV. mit den zahlreichen Herrschaftszeichen zeigt ihn als einen unantastbaren Herrscher, der seine Machtfülle als von Gott gegeben betrachtet (verdeutlicht durch die Bourbonen-Lilien des Herrschergeschlechts auf dem blauen Mantel). Er allein füllt das Bild.
Die damaligen Betrachter sollten voller Respekt dieses Herrscherbild ansehen. Für uns wird das Selbstbild eines absoluten Herrschers der damaligen Zeit deutlich, der gleichzeitig jedoch den Blickkontakt zum Betrachter aufnimmt.

Wie wurde der königliche Lebensstil finanziert?

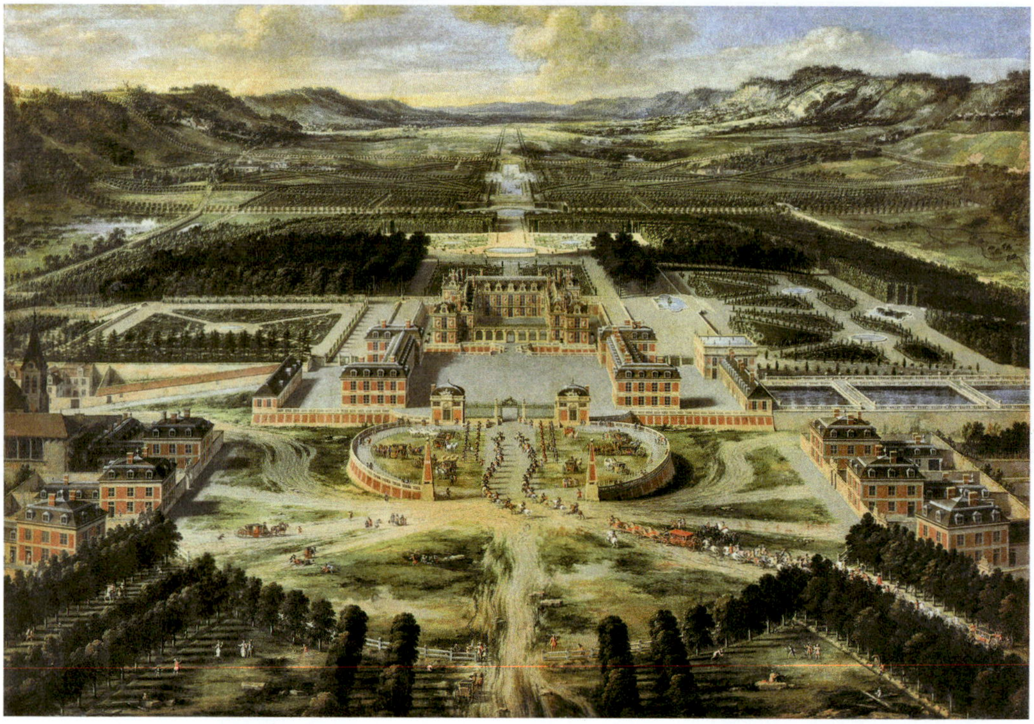

1 – Gesamtansicht der Schlossanlage von Versailles aus der Vogelperspektive. Gemälde von Pierre Patel, 1668.

Jean Baptiste Colbert (1619–1683)

* Residenz
Wohn- und Amtssitz eines weltlichen oder geistlichen Herrschers.

* Page
Junger Adliger im Dienst eines Fürsten.

* stehendes Heer
Ein dauernd unter Waffen stehendes und damit jederzeit einsatzbereites Heer.

* Merkantilismus
Dies ist die gelenkte Wirtschaftsform des Absolutismus, bei der viel exportiert und wenig importiert wurde.

* Manufaktur
So nennt man einen Betrieb, in dem Waren von Handwerkern per Hand und nicht maschinell hergestellt werden.

Ein Schloss der Superlative

Das kleine Dörfchen Versailles liegt etwa 15 km von Paris entfernt und befand sich um 1600 mitten in einer öden sumpfigen Landschaft, „wo Nattern, Kröten und Frösche hausten". Ludwig XIV. ließ ab 1661 das ehemalige Jagdschloss seines Vaters in Versailles zur glanzvollen *Residenz ausbauen. Fast 30 Jahre lang (bis 1689) bauten bis zu 36 000 Arbeiter und Handwerker an der Schlossanlage, die alles bis dahin Gekannte übertraf. Im dazugehörigen Park gab es, neben einem See von 700 m Länge, 1400 Brunnen und Fontänen. Die Gartenfront des Schlosses besaß eine Länge von 580 m und hatte allein 375 Fenster. Es gab im Schloss mehr als 2000 Räume, dazu riesige Säle. Diese gewaltige Schlossanlage war mehr als nur eine prächtige königliche Residenz, sie war der Mittelpunkt des Staates. Hier liefen alle Fäden der Macht in der Hand des Königs zusammen, hier mussten all jene erscheinen, die am Glanz und an der Herrschaft des Königs teilhaben wollten: der Hofadel, die Offiziere, die Staatsbeamten und die ausländischen Gesandten.

Zum Hofstaat gehörte aber nicht nur der Adel. Mehrere tausend Diener, 338 Köche, 125 Sänger, 80 *Pagen, 74 Geistliche, 48 Ärzte und viele andere Berufe – zusammen rund 20 000 Menschen – standen dem König zu Diensten.

Wer soll das bezahlen?

Mit dem Regierungsantritt Ludwigs XIV. stieg die Verschuldung des Staates zusehends. Unmengen flossen in den Schlossbau, in eine aufwendige und pompöse Hofhaltung, in den Aufbau eines riesigen Beamtenapparates und in ein neues *stehendes Heer, das in Kriegs- und Friedenszeiten ausgerüstet und verpflegt werden musste. Einen vorerst rettenden Ausweg aus dieser finanziellen Krise fand Ludwigs Finanzminister Jean Baptiste Colbert. Dieser hatte schon Kardinal Mazarin in Finanzangelegenheiten beraten. Er entwickelte ein neues Wirtschaftssystem, den *Merkantilismus, der mitunter auch als Colbertismus bezeichnet wird.

M1 Die Finanzlage des Königreichs Frankreich:
Der französische Staatshaushalt 1678
Einnahmen: 99,5 Mio. Livres
Ausgaben: 98,0 Mio. Livres für das Heer
29,0 Mio. Livres für den Hof
2,5 Mio. Livres für Sonstiges

Jahr	Einnahmen	Ausgaben	Defizit
1670	70483834	77307798	6823964
1690	106642985	149319381	42676396
1710	36432745	225847281	189414536

Strenge Regeln garantieren Erfolg

Die Idee war die staatliche Lenkung der Staatseinnahmen. Das war zwar nichts Neues, wurde aber von Colbert konsequent umgesetzt: Frankreich kaufte fortan nur billige Rohstoffe aus anderen Ländern ein bzw. bezog sie günstig aus den eigenen Kolonien, verarbeitete diese im Land zu teuren Fertigwaren und verkaufte sie dann wieder gewinnbringend ins Ausland. Zur schnelleren und effektiveren Herstellung der Waren wurden sogenannte *Manufakturen gegründet, in denen viele Arbeiter unter einem Dach arbeiteten und jeder einzelne auf seinen Arbeitsgang spezialisiert war. Ähnlich der späteren Fließbandarbeit gingen so die Arbeiten schnell von Hand zu Hand. Es gab sowohl Manufakturen für Luxusgüter (Porzellan, Wandteppiche, seidene Spitze) als auch für Gebrauchsgegenstände (Waffen oder Werkzeuge).

Gleichzeitig wurden Maße, Gewichte und das Münzwesen in Frankreich vereinheitlicht, um den Handel im eigenen Land zu vereinfachen. In diesem Zusammenhang wurden auch Straßen, Brücken und Kanäle schrittweise ausgebaut. Außerdem riet Colbert dem König, den Geschäftssinn der Bürger zu unterstützen. So erhielten Handwerker, die eine Manufaktur eröffnen wollten, eine großzügige Förderung durch den Staat. Colbert erklärte seine Maßnahmen so: „Die Kunst der Besteuerung besteht ganz einfach darin, die Gans so zu rupfen, dass man möglichst viele Federn bei möglichst wenig Geschrei erhält."

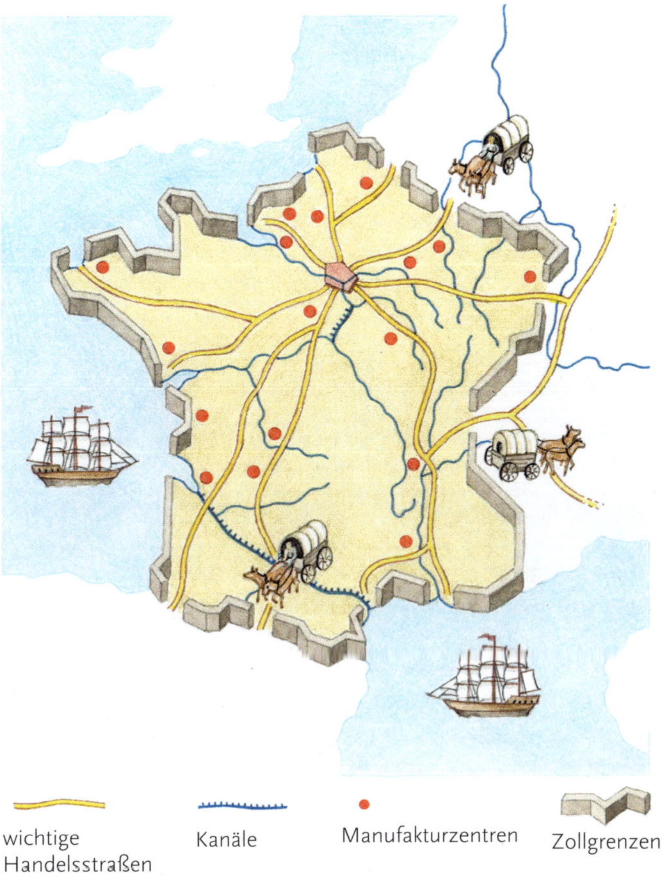

2 – Die Wirtschaftsform des Merkantilismus. Schaubild.

1. Zeichne maßstabsgerecht die Länge der Gartenfront des Schlosses von Versailles in deinen Geschichtshefter (1 cm= 30 m). Trage darin die Länge deiner Schule ein und vergleiche.
2. Stell dir vor, du bist Gast im Schloss Versailles. Schreibe einen Brief nach Hause, in dem du deine Eindrücke vom Schloss und dessen Park schilderst.
   ▶ *Liebe Mutter, heute war ich zu Gast in einem ganz und gar außergewöhnlichen Schloss. Ich bin noch immer geblendet von …*
3. Erläutere anhand des Schaubildes, wie Colberts Merkantilismus funktionierte. Gehe dabei auf die Regeln ein.
4. Bewerte mithilfe von M1, wie erfolgreich die neue Wirtschaftspolitik Colberts war.
5. Beziehe Stellung, ob die Gründung von Manufakturen als moderne Entwicklung der Zeit bezeichnet werden kann. Begründe deine Meinung.
6. Erarbeitet in Partnerarbeit ein Interview zwischen einem Reporter und dem Finanzminister Colbert, bei dem Colbert zum Merkantilismus befragt wird. Bezieht dabei auch das Zitat Colberts ein.
   ▶ *Willkommen in unserer Talkshow WIRTSCHAFT HEUTE …*

Wie festigte Ludwig XIV. seine Macht?

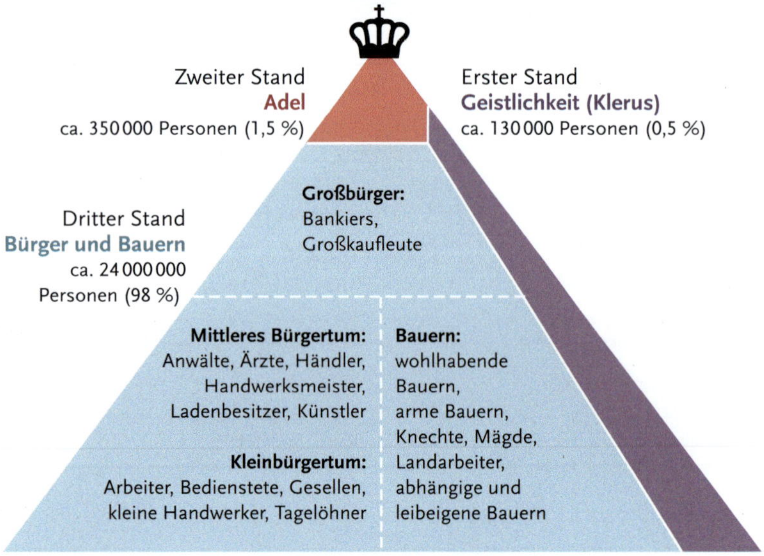

1 – Ständegesellschaft in Frankreich* vor 1789. Schaubild.

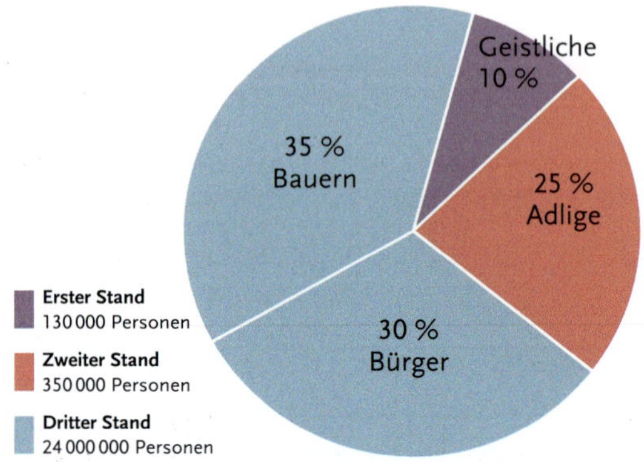

2 – Grundbesitz der Stände vor 1789. Diagramm.

* heutige Einwohnerzahl Frankreichs: ca. 67 Mio. Einwohner

* Spitzel
Damit ist jemand gemeint, der im Auftrag einer Person heimlich Informationen sammelt.

Die Ständegesellschaft in Frankreich

Die französische Gesellschaft gliederte sich seit dem Mittelalter in drei gesellschaftliche Gruppen, die man auch als Stände bezeichnet. Die beiden obersten Stände, Klerus und Adel, genossen dabei alle Vorrechte. Sie mussten kaum Steuern bezahlen (zusammen ca. 2%) und wurden bei der Vergabe hoher Ämter bevorzugt. Der größte Teil der Adligen lebte in den luxuriösen Verhältnissen am Hof des Königs in Versailles. Der Dritte Stand hingegen musste die Hauptlast der Steuern zahlen (ca. 98%) und wurde mit weiteren Abgaben wie Zöllen belastet.

Die Macht der königlichen Beamten

Um seinen Willen im ganzen Land durchzusetzen, verpflichtete der König in allen Provinzen königliche Beamte, sogenannte Intendanten. Diese wiederum setzen weitere ihnen unterstellte Beamte ein, die alle Bereiche des Staates kontrollierten. Sie trieben die Steuern ein, kontrollierten die Rechtsprechung, übernahmen polizeiliche Aufgaben oder legten wahllos Zölle fest. Wie *Spitzel sammelten sie überall Informationen und waren dem König treu ergeben. Wer diesen kritisierte, wurde hart bestraft. Im Gegenzug erhielten sie vom König eine lebenslange Anstellung und einen festen Lohn.

Eine Staatsreligion

Der Anspruch des Staates, alle Bereiche des Lebens zu regeln, machte auch vor dem Glauben des Einzelnen nicht halt. Zur Zeit Ludwigs XIV. war jeder zehnte Franzose ein Hugenotte, also ein Protestant. Die Hugenotten durften seit 1598 ihre Religion frei ausüben. Aber Ludwig XIV. verbot 1685 diesen Glauben.
Viele Hugenotten traten aus Angst zum katholischen Glauben über oder flohen ins Ausland. Königliche Beamte übernahmen jetzt die Aufsicht über die katholische Kirche. Die katholischen Geistlichen mussten in den Gottesdiensten die Anordnungen des Königs verkünden. Die Bischöfe ernannte Ludwig XIV. selbst. Damit wurde die katholische Kirche zur Staatskirche.

Erfolgreiche Kriege erfordern eine neue Armee

Während seiner Regierungszeit führte Ludwig XIV. 29 Kriege. Dabei kämpfte er zwi-

schen 1667 und 1697 gegen seine unmittelbaren Nachbarn, wobei er stets versuchte, seine Grenzen in Richtung Rhein auszudehnen.
Viele dieser Kriege hatten allerdings auch gezeigt, dass Söldnerheere unzuverlässig waren, mussten sie doch immer wieder neu angeworben werden. Deshalb hatte Ludwig XIV. ein stehendes Heer aufgebaut, das heißt die Soldaten wurden für mindestens drei Jahre gegen einen festen Sold angeworben und waren nun ständig einsatzbereit. Ab 1688 musste jede kleine Gemeinde verpflichtend einen Soldaten stellen. Wenn sich keiner fand, wurde ein Soldat ausgelost. So wurde Frankreich schon bald zur stärksten Militärmacht Europas. Doch die vielen Kriege trieben das Land letztendlich in den Ruin. „Ich habe den Krieg zu sehr geliebt“, bekannte Ludwig XIV. kurz vor seinem Tode am 1. September 1715.

Q1 Erzbischof Fenelon in einem anonymen Brief an den König:
... Sie waren 20 Jahre hindurch der Antreiber zu blutigen Kriegen, zu denen Ruhmsucht oder Rachsucht der einzige Anlass war ... Alle durch Krieg erlangten Gebietserweiterungen sind zu Unrecht erfolgt.
Immer wollten Sie den Frieden diktieren, Bedingungen stellen, statt maßvoll zu verhandeln. Deshalb war der Friede nie von Dauer ... Selbst im Frieden haben Sie Krieg geführt und gewaltige Eroberungen gemacht ... Ein solches Verhalten hat ganz Europa gegen Sie aufgebracht ...

Q2 Der Herzog von Saint-Simon äußerte sich in seinen zwischen 1740 und 1745 verfassten Erinnerungen:
... Um ihm [dem König] zu gefallen, stürzte man sich in Riesenausgaben für festliche Gelage, Gewänder, Pferde, Karossen und verausgabte sich bei der Errichtung von Bauwerken und beim Spiel ...

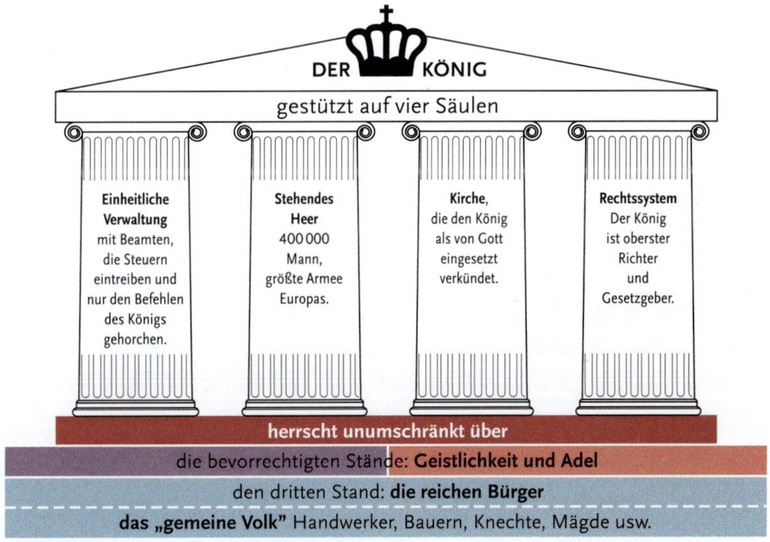

3 – Säulen der absolutistischen Herrschaft.

Was der König damit in Wirklichkeit erstrebte und auch erreichte, war, die Geldmittel der Adligen zu erschöpfen. Indem er den Luxus zur Ehrenpflicht und teils zur Notwendigkeit machte, wollte er allmählich jedermann in vollkommene Abhängigkeit von seinen *Gunstbezeugungen und Zuwendungen bringen. ...

Größe des stehenden Heeres unter Ludwig XIV.
1664: 100 000 Soldaten
1670: 138 000 Soldaten
1682: 170 000 Soldaten
1688: 220 000 Soldaten
1703: 400 000 Soldaten

* Gunstbezeugungen
Mit einer Gunstbezeugung zeigt man jemandem, dass man ihn schätzt.

1. Fertige unter Berücksichtigung dieser und der vorangegangenen Seiten eine Zeitleiste zum Leben Ludwigs XIV. an. Arbeite maßstabsgerecht.
   ▶ *Geburt Ludwigs XIV.*
2. Zeichne ein Säulendiagramm, das zeigt, wie die Steuerbelastungen auf die Stände aufgeteilt waren. Nutze Prozentangaben zur Erstellung und verwende die Farben aus Schaubild 1.
3. Erkläre, warum die katholische Kirche, die Beamten und das stehende Heer zu den Säulen der absolutistischen Macht gehörten.
4. Erkläre anhand von Q2, welches Ziel Ludwig XIV. verfolgte, und bewerte, inwiefern dies für die absolutistische Regierungsweise von Vorteil war.
5. Zeichne ein drittes Diagramm als Säulendiagramm, das die drei Stände zeigt.
6. Beurteile anhand der dargestellten Diagramme die Lage des Dritten Standes.
7. Diskutiere mit deinem Banknachbarn folgende Meinung Ludwigs XIV.: „Kriege sind wie ein weites Feld, aus dem große Gelegenheiten hervorwachsen konnten, mich auszudehnen.“

Gruppenpuzzle – weitere absolutistische Herrscher in Europa

König Karl I. von England (1600–1649)

König Karl I.

vertrat wie schon sein Vater Jacob I. die Auffassung, dass die Königsmacht von Gott verliehen werde. So versuchte er auch seine Regierung ab 1625 absolut zu gestalten. Allerdings führte seine Politik zu verschiedenen Kriegen. Diese waren teuer und mussten mithilfe von Steuern und Zöllen finanziert werden. Um aber solche Abgaben zu erheben, benötigte der König die Erlaubnis des englischen Parlaments, das es schon seit dem Mittelalter gab. Dieses Parlament (Volksvertretung) bewilligte aber nicht das nötige Geld, woraufhin es von Karl I. 1628 aufgelöst wurde. Als es einige Jahre später aber zu Aufständen in Schottland und Irland kam, brauchte er doch die Unterstützung des Parlaments. Es kam zum Machtkampf zwischen beiden Lagern. Ein langer Bürgerkrieg (1642–1649) brach aus, in dem sich das königliche Heer und das Parlamentsheer unter Oliver Cromwell erbittert bekämpften. Schlussendlich wurde Karl I. besiegt, wegen Hochverrats angeklagt und am 30. Januar 1649 in London hingerichtet. England wurde daraufhin bis 1660 zur Republik.

Zar Peter I. von Russland (1672–1725),

Zar Peter I.

genannt Peter der Große, soll tatsächlich über 2 Meter groß gewesen sein. Er wurde als 10-Jähriger zum Zaren (Kaiser) von Russland gekrönt. Nach einem erfolglosen Mordanschlag auf ihn, übernahm er 1689 die Regierungsgeschäfte und begann das Russische Reich nach westeuropäischem Vorbild zu organisieren. Dazu gehörte der Aufbau eines neuen schlagkräftigen Heeres und vor allem der Aufbau einer russischen Flotte. Um fortschrittliche Ideen aus Wissenschaft und Technik von anderen Ländern zu nutzen, schickte er Vertraute als die „Große Gesandtschaft" durch Europa. Peter selbst nahm daran heimlich teil. Zunächst unerkannt, begann er in Holland sogar eine Lehre als Schiffsbauer. Zurück in Russland ließ er im Sinne des Merkantilismus Manufakturen aufbauen, die vor allem seine Armeen ausstatten sollten. 1701 gründete Peter I. Sankt Petersburg als neue Hauptstadt seines Reiches. Im Ostseeraum siegte er im Großen Nordischen Krieg gegen Schweden, das ebenfalls Machtansprüche hatte. Damit machte er Russland zu einer europäischen Großmacht.

Zarin Katharina II. von Russland (1729–1796),

Zarin Katharina II.

genannt Katharina die Große, kam mit 14 Jahren aus dem deutschen Anhalt-Zerbst an den Zarenhof und heiratete Peter III. Durch einen Staatsstreich gegen ihren Mann kam sie 1762 an die Macht und baute die absolutistische Herrschaft weiter aus. Katharina war sehr intelligent und wissbegierig und stets über alle Angelegenheiten im Reich und am Hof bestens informiert. Sie stand mit Aufklärern wie Voltaire und Diderot (siehe S. 96/97) in regem Briefkontakt. So flossen Prinzipien der Aufklärung auch in Katharinas Politik ein. Sie erlaubte tausenden Deutschen die Ansiedlung an der Wolga und versprach ihnen Steuer- und Religionsfreiheit. Während Katharinas Regierungszeit stieg die Zahl der staatlichen Schulen von 6 (1781) auf 316 (1796). Zahlreiche Hospitäler und Obdachlosenasyle wurden von ihr gegründet. Durch eine geschickte Außenpolitik baute Katharina den Machtbereich Russlands weiter aus. In zwei Kriegen gegen die Osmanen (Türken) eroberte sie den Zugang zum Schwarzen Meer und weitere Gebiete.

König Friedrich II. von Preußen (1712–1786),

König Friedrich II.

genannt Friedrich der Große, gilt als der typische „aufgeklärte" absolute Herrscher. Sein Vater, der „Soldatenkönig" Friedrich Wilhelm I. von Preußen, hinterließ ihm ein schlagkräftiges Heer. Mit der Thronbesteigung 1740 machte sich Friedrich daran, seine Macht zu vergrößern. So erklärte er der Kaiserin Maria Theresia von Österreich und dem mit dieser verbündeten Sachsen im gleichen Jahre den Krieg, um das rohstoffreiche Schlesien zu erobern. Dies gelang ihm mit den ersten beiden Schlesischen Kriegen (1740–1745). Der Dritte Schlesische Krieg, auch Siebenjähriger Krieg genannt (1756–1763), führte aber fast zu Preußens Untergang. Danach galt Friedrichs Interesse als „Erster Diener des Staates" dem Aufbau seines Reiches mit zahlreichen Reformen im Schul-, Staats-, Wirtschafts- und Rechtswesen. Ein Religionsedikt sorgte dafür, dass in Preußen nun „jeder nach seiner Fasson selig" werden sollte. Friedrich II. ließ umfangreiche Baumaßnahmen (Kanäle, Manufakturen usw.) durchführen und förderte so erfolgreich die Wirtschaft. Außerdem verbesserte er die Nahrungsversorgung seiner Untertanen, indem er die Kartoffel als Kulturpflanze einführte.

Kaiserin Maria Theresia von Österreich (1717–1780) und ihr Sohn Kaiser Joseph II. (1741–1790)

Maria Theresia mit ihren Kindern, u. a. Jospeh II. zu ihrer Linken.

waren zwar die gekrönten Oberhäupter des Heiligen Römischen Reiches Deutscher Nation, ihr Hauptinteresse lag aber im Erhalt und Ausbau ihres Erzherzogtums Österreich und des Königreichs Ungarn. Nachdem Maria Theresia 1740 den Thron bestiegen hatte, musste die junge Monarchin gleich im Österreichischen Erbfolgekrieg (1740–1749), zu dem auch die ersten beiden Schlesischen Kriege mit Preußen gehörten, ihren Machtanspruch verteidigen. Von Preußen schaute sich die 16-fache Mutter in der Folgezeit die im aufklärerischen Geist durchgeführten Reformen ab und setzte sie auch in Österreich um. Joseph II. ging noch einen Schritt weiter. „Alles für das Volk, nichts durch das Volk" war sein Motto und danach handelte er. Religiöse Toleranz, wo seine Mutter den Katholizismus förderte, und die Abschaffung der Leibeigenschaft sind nur zwei wichtige Neuerungen. Er beschnitt die Macht von Adel und Klerus und ersetzte die Ständeversammlungen durch erzherzögliche Staatsbeamte. Die Todesstrafe wurde abgeschafft und ein für alle Stände der Gesellschaft gültiges Strafgesetzbuch eingeführt. Nach ihm wird diese Politik als Josephinismus bezeichnet.

1. Lest euch die fünf Karteikarten durch.
2. Bildet in der Klasse Fünfer-Gruppen (Stammgruppen). Jede Schülerin und jeder Schüler der Gruppe sucht sich einen absoluten Herrscher aus: König Karl I. von England, Zar Peter I. von Russland, Zarin Katharina II. von Russland, König Friedrich II. von Preußen oder Kaiserin Maria Theresia von Österreich sowie ihr Sohn Joseph II.
3. Alle Schülerinnen und Schüler, die sich für die gleiche Herrscherpersönlichkeit entschieden haben, treffen sich nun in Expertengruppen und erstellen einen Steckbrief mithilfe der Lehrbuchtexte und gegebenenfalls zusätzlicher Recherche.

Name	
Land	
Lebensdaten	
Innenpolitik	
Außenpolitik	

4. Kehrt in eure Stammgruppen zurück und stellt eure Herrscherpersönlichkeit den Gruppenmitgliedern vor.
5. Erstellt eine Übersicht zu den weiteren absolutistischen Herrschern in Europa, indem ihr die Informationen aus den Steckbriefen zusammenfasst und euer Ergebnis präsentiert.

Webcode: EV658282-089

August der Starke – ein absoluter Herrscher in Sachsen?

1 – Sachsen zur Zeit von August dem Starken.

Ein Zweitgeborener auf dem Thron?

Ludwig XIV. und dessen Schloss Versailles waren das Maß aller Dinge. Ihm an Prunk, Glanz und Ansehen nacheifern wollte auch Kurfürst Friedrich August, den die Nachwelt August den Starken nannte. Dabei war er anfangs gar nicht für das höchste Amt vorgesehen. Als Zweitgeborener genoss er seine Freiheiten, liebte ausschweifende Feste und kümmerte sich eher um Kunst und Kultur als um Politik. Dies alles sollte sich aber schlagartig ändern, als sein älterer Bruder Johann Georg IV. 1694 an den *Pocken verstarb. Nun musste Friedrich August die Geschicke seines Landes lenken. Damit begann in Sachsen des augusteische Zeitalter.

Wer war August der Starke?

Als der 24-jährige Friedrich August am 27. April 1694 offiziell zum Kurfürsten von Sachsen aufstieg, errichtete er sofort eine absolute Herrschaft nach dem Vorbild Ludwigs XIV. Eine seiner ersten Regierungsmaßnahmen war dabei, die Macht der *sächsischen Landstände zurückzudrängen.
So setzte er bereits 1697 eine „große Kommission" mit landfremden Beratern ein, die Finanz- und Steuerkontrollen durchführten. Mit umfangreichen wirtschaftlichen, politischen und militärischen Maßnahmen formte er Sachsen zu einer der führenden europäischen Mächte. So förderte er den Bau von Manufakturen, Straßen sowie zahlreichen *Postsäulen und führte Leipzig zu einer der anerkanntesten Messestädte jener Zeit.

Ein Sachse als König von Polen?

Auch militärisch kam es unter August dem Starken zu umfangreichen Veränderungen. Genau wie der Sonnenkönig schuf er ein großes stehendes Heer und führte zahlreiche Kriege. Zur gleichen Zeit bot sich August eine Machterweiterung Richtung Polen. Anders als in Sachsen wurde dort nicht der älteste Sohn automatisch Thronfolger, sondern der polnische Adel wählte seit dem Mittelalter seinen König. Dazu musste August aber zum Katholizismus übertreten. Der Sächsische Kurfürst, der seit der Reformation einer der wichtigsten Anführer der deutschen Protestanten war, wurde katholisch. Doch die Aussicht auf die polnische Königswürde war eine große Chance auf Ansehen und Machtgewinn. Zur Erreichung dieses Ziels brachte er die polnischen Adligen mit hohen *Bestechungsgeldern auf seine Seite.

*** Kurfürstentum Sachsen**
Sachsen war zur Zeit des Heiligen Römischen Reiches Deutscher Nation ein Kurfürstentum, also der Herrschaftsbereich eines Kurfürsten.

*** Pocken**
Hierbei handelt es sich um eine von Viren ausgelöste und oft tödliche Krankheit. Ihr Name bezieht sich auf den körperbedeckenden blasigen Hautausschlag. Sie wurde durch weltweites Impfen 1980 ausgerottet.

*** sächsische Landstände**
Vertreter der Städte und des Landadels, die sich als Landtag in die sächsische Politik einmischten und z. B. über die Erhebung von Steuern abstimmten.

*** Postsäulen**
Die kursächsische Postmeilensäulen gaben Entfernungen an, die zuvor amtlich vermessen worden waren, und wurden an allen wichtigen Post- und Handelsstraßen sowie in fast allen sächsischen Städten aufgestellt. Sie sollten die Basis für eine einheitliche Berechnung der Postgebühren bilden.

*** Bestechungsgeld**
Friedrich August soll für die polnische Krone allein 39 Millionen Reichstaler Bestechungsgeld gezahlt haben.

2 – **August der Starke als polnischer König.** Gemälde von Louis de Silvestre, 1718.

3 – **Medaille: August II. von Polen als „Hercules Saxonicus", 1694.**

4 – **Medaille: Hercules mit der Weltkugel auf den Schultern, August II. von Polen mit antiker Rüstung und Lorbeerkranz.**

Schließlich krönten sie ihn am 15. September 1697 im Krakauer Dom zum polnischen König.
In der folgenden Zeit versuchte er auch in Polen eine absolute Herrschaft aufzubauen und eine polnische Erbmonarchie für sein Haus zu schaffen. Letztendlich scheiterte er damit aber am Widerstand des polnischen Adels.
Auch auf den Schlachtfeldern verließ den Kurfürsten das Glück. So endete seine Beteiligung am Nordischen Krieg (1700–1721) mit der zeitweiligen Besetzung Sachsens durch die Schweden und dem damit verbundenen Verzicht auf die polnische Krone 1706. Erst vier Jahre später regierte August der Starke wieder das Doppelreich Sachsen-Polen. Nach seinem Tod verblieb der Leichnam in Polen, das Herz aber wurde auf seinen Wunsch hin in einer silbernen, innen vergoldeten Kapsel nach Dresden gebracht.

1. Betrachte Karte 1 und beschreibe die Größe Sachsens, bevor und nachdem August der Starke polnischer König wurde.
2. Beschreibe die Medaillen und erkläre, welches Selbstbild August der Starke von sich vermitteln wollte.
3. Vergleiche die beiden Herrscher Ludwig XIV. und Friedrich August I. Erstelle hierfür eine Tabelle.

	Friedrich August I.	*Ludwig XIV.*
Beiname	*der Starke*	*Sonnenkönig*
Herrschersitz	…	*Versailles bei Paris*
Regierungsstil	…	…

4. Informiere dich im Internet zu den sächsischen Postsäulen. Findest du diese heute noch in deiner Gegend?
5. Analysiere das Herrscherbild von August dem Starken (Bild 2). Vergleiche es mit dem des Sonnenkönigs (S. 83).
   ▶ *Nimm hierzu die Methode „Ein Herrscherbild untersuchen", S. 82, zu Hilfe.*
6. Das Zeitalter von August dem Starken wird auch „Augusteisches Zeitalter" genannt. Beziehe Stellung, inwiefern diese Benennung gerechtfertigt ist.

Webcode: EV658282-091

Wie lebte man am Hofe Augusts des Starken?

1 – Schloss Hubertusburg in Wermsdorf bei Oschatz. Foto, 2016.

2 – Anna Constantia Reichsgräfin von Cosel (1680–1765). Gemälde von 1715.

* Mätresse
(frz.: maîtresse = Herrin) Sie war die mächtigste Geliebte eines Herrschers mit viel Einfluss in Politik und Gesellschaft.

Dresden – schillerndes Elbflorenz

Unter August dem Starken wurde Dresden zu einer Perle unter den europäischen Städten ausgebaut, sodass es oft mit dem italienischen Florenz verglichen wurde. Nach dem Vorbild von Versailles ließ der Kurfürst entlang der Elbe prächtige Paläste und Gärten anlegen. So entstand unter Anleitung des Architekten Daniel Pöppelmann Anfang des 18. Jahrhunderts der Zwinger, den der Bildhauer Balthasar Permoser mit Skulpturen und Säulen ausstattete. Zu den bedeutenden Persönlichkeiten jener Zeit zählte auch der Goldschmied Johann Melchior Dinglinger, der einzigartige Kunstwerke schuf, die noch heute im Grünen Gewölbe besichtigt werden können.

Weißes Gold aus Ton?

Eine weitere bedeutende Persönlichkeit war Johann Friedrich Böttger. Als 19-jähriger Apothekergeselle aus Preußen nach Sachsen geflohen, behauptete er, Gold herstellen zu können. Diese Aussage weckte das Interesse des Kurfürsten, der durch die polnische Königswürde in Finanznöten war. Böttger sollte in den Kellergewölben der Meißner Albrechtsburg zusammen mit dem Physiker Ehrenfried von Tschirnhaus und dem Bergbaubeamten Gottfried von Ohain, Gold herstellen. Was sie jedoch 1706 entwickelten, war „Rotes Porzellan". Um wie die Chinesen weißes herstellen zu können, waren weitere Versuche vonnöten, bis mit Feldspat der entscheidende Stoff neben Kaolin und Quarz entdeckt wurde. 1710 wurde daraufhin in Meißen die erste Porzellanmanufaktur Europas gegründet. Die Einnahmen durch das „Weiße Gold" reichten aber nicht aus, um die aufwendige Hofhaltung des Doppelreichs zu finanzieren. Nur hohe Steuern und Sonderausgaben der Untertanen sowie der Verkauf von Land konnten Abhilfe schaffen.

Mätressen am fürstlichen Hof

Barocke Hofhaltung bedeutete insbesondere für August den Starken aber auch das Unterhalten von außerehelichen Beziehungen mit sogenannten Mätressen. Gräfin Cosel war nur eine von ihnen, dafür aber die bedeutendste Geliebte Augusts. Durch ihre Klugheit und ihr politisches Geschick erlangte sie viel Macht am Dresdner Hof. Mit August hatte sie drei Kinder. Ihre Gegner konnten letztlich August davon überzeugen, sich von ihr zu trennen. Sie wurde 1716 auf die Burg Stolpen verbannt, wo sie 49 Jahre in Gefangenschaft bis zu ihrem Tod verbrachte.

VIP

„Wer seine Schüler das ABC gelehrt, hat eine größere Tat vollbracht als der Feldherr, der eine Schlacht geschlagen hat.“

Name: Gottfried Wilhelm Leibniz

Lebensdaten: 21. Juni 1646–14. November 1716

Familie: Leibniz stammte aus einer gebildeten Leipziger Professorenfamilie.

Jugend/Schule/Ausbildung:
- Ab 1655 bis 1661 besuchte Leibniz die Nikolaischule in Leipzig.
- Von 1661 bis 1663 studierte er Philosophie an der Universität Leipzig, bevor er 1663 für ein Jurastudium nach Jena ging.
- 1666 erhielt Leibniz durch die Universität Altdorf bei Nürnberg die Doktorwürde.

Werdegang:
- Bis 1672 war er als kurfürstlicher Berater in Mainz tätig.
- Dann begab er sich bis 1676 an den Hof Ludwigs XIV. in Paris, wo er sich mit den neuesten Wissenschaften befasste.
- 1676 kehrte er dann wegen finanzieller Nöte nach Deutschland zurück und wurde in Hannover Hofbibliothekar. In diesem Zusammenhang begann er einen umfangreichen Briefwechsel (15 000 Briefe sind erhalten) mit vielen internationalen Gelehrten und verstarb letztlich vereinsamt in Hannover.

Besonderheit:
Nach Leibniz wurde ein berühmtes Gebäckstück benannt. Leibniz hatte seinerzeit ein haltbares Nahrungsmittel für Soldaten gesucht. Ein Kekshersteller aus Hannover ehrte den berühmten Hofbibliothekar mit dieser Bezeichnung gut 200 Jahre später.

Was bleibt:
Leibniz gilt als universaler Geist seiner Zeit, weil er sich unter anderem mit Mathematik, Philosophie, Physik, Theologie, Politik, Geschichte und Sprachwissenschaft beschäftigte. Er war der Auffassung, dass wir immer in der „besten aller möglichen Welten leben“. Es gibt nur deshalb Gutes, weil es auch Schlechtes gibt und umgekehrt.

3 – Postkarte zum Meissner Porzellan. Der Name ist eingerahmt durch die typischen Schwertermarken.

1. Beschreibe anhand der Bilder 1 und 2 sowie des Textes (S. 92) das höfische Leben zur Zeit Augusts des Starken.
2. Erläutere die Bedeutung der Erfindung des Meißner Porzellans für August den Starken und Sachsen.
3. Erkläre das Zitat von Leibniz mit eigenen Worten.
4. Leibniz gilt als Vordenker seiner Zeit. Finde heraus, welche der folgenden Ideen und Erfindungen auf ihn zurückgehen: Rechenmaschine für Grundrechenarten, duales Zahlensystem (Grundlage für Computer), Unterseeboot, Gerät zur Bestimmung der Windgeschwindigkeit, Endloskette für Erzabbau, Gründung einer Witwen- und Waisenkasse, Nachweis für das Unbewusste im Menschen, Differentialrechnung, Begründung der modernen Sprachwissenschaft, Schnellschusswaffe.
5. Plane mit deinen Klassenkameraden einen Stadtrundgang in Dresden. Stelle den Ablauf auf einem skizzierten Stadtplan vor.

► *Nutze die Informationen aus dem Webcode.*

Webcode: EV658282-093

Der Dresdner Zwinger – Klein-Versailles

Schauplatz Geschichte

Während der Zeit des Absolutismus stellten Herrscher gern ihren Reichtum zur Schau. Hierzu veranstalteten sie auch prächtige Feste. Auf dem Bild „Aufzug im Zwinger" (1722) von Alexander Thiele ist eine solche Feierlichkeit dargestellt. August der Starke ließ sie im Februar 1722 zum Abschluss des Karnevals veranstalten. Der Dresdner Zwinger diente damals als Veranstaltungsort des Aufzugs mit anschließendem Pferderennen.

Bildet Paare oder Gruppen und wählt eine der folgenden Aufgaben. Stellt anschließend eure Ergebnisse den anderen vor.

1 Auf dem Gemälde ist besonders die Vorbereitung zum Pferderennen abgebildet. Überlegt, welche weiteren Highlights es an diesem Tag gegeben haben könnte. Entwerft eine Einladung zu diesem Fest, in der ihr die Höhepunkte aufzählt.

2 Stellt euch vor, ihr seid Stallbursche in den königlichen Stallungen. Zur Pflege der Pferde dürft ihr an diesem Tag mit vor Ort sein und das Geschehen beobachten. Was könntet ihr von diesem Fest am Abend euren Freunden erzählen? Schreibt einen Bericht.

3 Das Gemälde enthält auch geplante, später aber nicht umgesetzte Bestandteile. Vergleicht den heutigen Zwinger mit der vorliegenden Ansicht. Beachtet weitere Gebäude und Darstellungen im Hintergrund.

Die *Aufklärung als Gegenmodell zum Absolutismus?

1 – Abendgesellschaft bei Herzogin Anna Amalia, Herzogin von Sachsen-Weimar und Eisenach. Eine Runde von Gelehrten, Adligen, Bürgerinnen und Bürgern diskutiert Ideen der Aufklärung. Aquarell von Georg Melchior Kraus, ca. 1795.

*Salon
Als Salon bezeichnete man vom 17. bis zum 19. Jahrhundert Gesellschafts- bzw. Empfangszimmer, in denen sich Bürgerinnen und Bürger, Gelehrte und Künstler regelmäßig trafen und über politische und kulturelle Themen sowie die Ideen der Aufklärung diskutierten.

Charles de Montesquieu (1669–1755)

Denis Diderot (1713–1751)

Wer findet Antworten auf die Fragen der Zeit?

Schon in der Zeit des Humanismus und der Renaissance gab es Denker und Forscher, die durch ihren Verstand die Welt begreifen wollten. Diese gehörten allerdings einer kleinen Gruppe an. Der Großteil der Menschen hörte weiterhin darauf, was Lehnsherren, Obrigkeit oder die Kirche sagten. Im Laufe des 18. Jahrhunderts änderte sich dies. Immer mehr gelehrte Männer und Frauen fragten sich, wie man sich aus der Bevormundung durch die Obrigkeit befreien könnte. Gerade in Frankreich, der Geburtsstätte des Absolutismus, gab es eine große Anzahl von Dichtern, Philosophen und Schriftstellern, die darüber in *Salons diskutierten. Wir nennen sie heute Aufklärer, weil sie den Bürgerinnen und Bürgern ihre Bevormundung und Unfreiheit bewusstmachen wollten. So forderte der Philosoph Charles de Montesquieu eine dritte Gewalt neben Regierung und Parlament, die beide kontrollieren sollte.
Denis Diderot philosophierte über die Freiheit eines jeden Menschen und sein Freund Rousseau war überzeugt, dass man nur durch eine gute Bildung seinen Verstand vernünftig einsetzen könnte. Diese Ideen verbreiteten sich in Europa und kamen auch nach Deutschland, wo der Philosoph Immanuel Kant den Leitspruch der Aufklärung verfasste: „Sapere aude! – Habe den Mut, dich deines eigenen Verstandes zu bedienen!“ Die Freiheit des Denkens und die Toleranz gegenüber Andersdenkenden waren die Prinzipien der Aufklärung.

Das aufgeklärte Weltbild

Die Epoche der Aufklärung dauert bis heute an. Ihre Ideale wie Fortschrittsglaube, Gleichheit, Toleranz und Bildung sind die Grundlagen der westlichen Gesellschaft.
Aus der Vernunft heraus entstand der Leitgedanke, dass jeder Mensch frei geboren wird und sich frei entscheiden kann, wie er leben will.
In ganz Europa entstand ab dem 17. Jahrhundert eine Bewegung unter den Gelehrten. Sie wollten die Menschen dazu bringen, selber nachzudenken und die Dinge zu hinterfragen und kritisch zu betrachten. Diese Gedanken scheinen aus heutiger Sicht selbstverständlich. Zur damaligen Zeit waren sie jedoch gesellschaftlicher Sprengstoff, denn alles, was die Menschen bisher als gegeben hingenommen hatten, mussten sie prüfen und neue Ideen zulassen.
Die alte Gesellschaftsordnung mit ihren Regeln wurde in Frage gestellt. Viele Menschen waren nicht nur äußerlich unfrei und wurden unterdrückt. Sie dachten und handelten auch nicht frei, sondern waren unmündig. Die Forderung nach (geistiger) Freiheit,

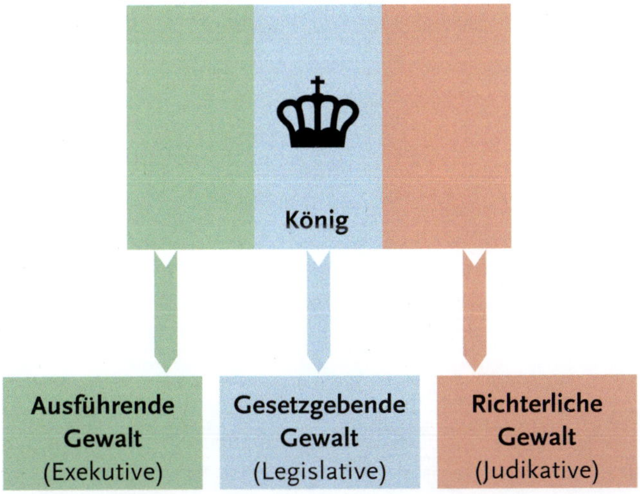

2 – Staatsordnung des Absolutismus. Schaubild.

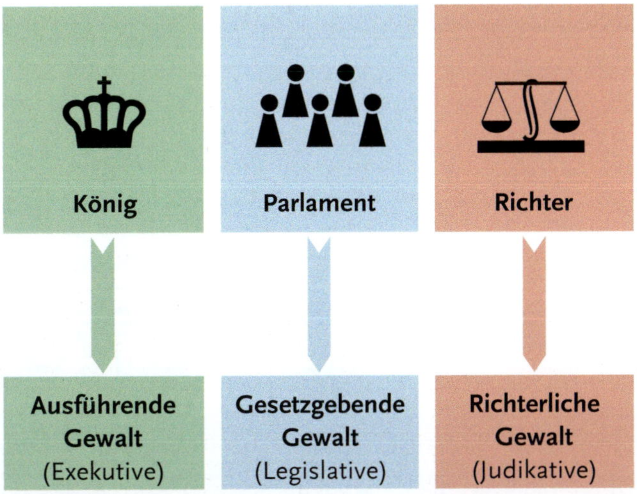

3 – Staatsordnung nach Montesquieu. Schaubild.

Gleichheit und Toleranz mündete schließlich in Europa in der Französischen Revolution von 1789.
Zuvor hatten sich schon die Bürgerinnen und Bürger der 13 britischen Kolonien in Amerika mit den Grundsätzen der Aufklärung erfolgreich gegen den britischen König durchsetzen können und gründeten am 4. Juli 1776 die unabhängigen und demokratisch organisierten Vereinigten Staaten von Amerika.

Q1 Der Philosoph Denis Diderot (1713–1784) schrieb 1751:
... Kein Mensch hat von der Natur das Recht erhalten, über andere zu herrschen. Die Freiheit ist ein Geschenk des Himmels, und jedes Mitglied des Menschengeschlechtes hat das Recht, sie zu genießen, sobald es Vernunft besitzt ...

Q2 Der Philosoph Charles de Montesquieu (1689–1755) schrieb 1748 in seinem Buch „Vom Geist der Gesetze":
... In jedem Staat gibt es drei Arten von Gewalten: die gesetzgebende, die ausführende und die richterliche Gewalt ...
Wenn die gesetzgebende Gewalt mit der ausführenden Gewalt in einer Person vereinigt ist, dann gibt es keine Freiheit. Es gibt keine Freiheit, wenn die richterliche Gewalt nicht von der gesetzgebenden und von der ausführenden Gewalt getrennt ist ...

Q3 Der deutsche Philosoph Immanuel Kant (1724–1804) beschrieb die Aufklärung 1784 folgendermaßen:
... Aufklärung ist der Ausgang des Menschen aus seiner selbst verschuldeten Unmündigkeit. Selbst verschuldet ist diese Unmündigkeit, wenn die Ursache derselben nicht am Mangel des Verstandes, sondern der Entschließung des Mutes liegt ... Habe den Mut, dich deines Verstandes zu bedienen! ist also der Wahlspruch der Aufklärung ...

Jean-Jacques Rousseau (1712–1778)

Immanuel Kant (1724–1804)

1 Entscheide dich für eines der aufgeführten Zitate (Q1–Q3). Formuliere die Forderungen in eigenen Worten.
▶ *Der Philosoph Denis Diderot ist der Meinung, dass alle Menschen ... Er fordert, dass ...*
Hinweis: Mit weiteren Philosophen der Zeit kannst du dich im Rahmen des Spiels (S. 114/115) befassen.

2 Erkläre mithilfe der Schaubilder 2 und 3, wie die Macht jeweils verteilt ist.

3 Recherchiere, welche Einrichtungen in unserem Staat die gesetzgebende, die ausführende und die richterliche Gewalt ausüben.

4 Auch im Biologieunterricht gibt es den Begriff der Aufklärung. Erkläre mit eigenen Worten die Gemeinsamkeit mit der Epoche der Aufklärung.

5 Erstelle eine Mindmap zum Thema Aufklärung. Berücksichtige dabei Vertreter, Forderungen und Instrumente. Ergänze die Übersicht mit Beispielen aus der Literatur.

6 Schätzt du dich selbst als aufgeklärten Menschen ein? Begründe deine Meinung.

Webcode: EV658282-097

Warum geriet der Absolutismus in die Krise?

1 – „Ludwig XVI. wird nie satt!" Der König ist als Riese Gargantua aus einem damals sehr bekannten Roman dargestellt, wie er mit seiner Familie ein Festessen verzehrt. Karikatur, 1791.

* göttliche Institutionen
Zumeist staatliche oder religiöse Einrichtungen, die angeblich von Gott eingesetzt seien.

* Staatsbankrott
Ein Staat ist bankrott, wenn er seine Schulden nicht mehr bezahlen kann, weil die Schuldenhöhe so hoch ist, dass die Einkünfte nicht mehr reichen, um Kredite zurückzuzahlen.

* Livre
Hierbei handelt es sich um die damalige französische Währung. Man geht davon aus, dass 1 Livre der Revolutionszeit heute ungefähr 15–20 Euro entspricht.

König Ludwig XVI. – einfach unersättlich

1774 bestieg Ludwig XVI. den französischen Thron. Doch am Ende des 18. Jahrhunderts stand Frankreich kurz vor dem *Staatsbankrott. Viele Franzosen hofften deshalb, dass der neue König das verschwenderische Leben am Hofe beenden und die erdrückenden Steuern senken würde. Doch Ludwig XVI. gab, ähnlich wie sein Vater und Großvater, das Geld mit vollen Händen aus. Überhaupt zeigte er wenig Interesse an den Staatsgeschäften, sondern ging lieber auf die Jagd oder in seine Schlosserwerkstatt.

Vorrechte von Geistlichkeit und Adel

Nach wie vor zahlte um 1775 lediglich der Dritte Stand hohe Steuern und Sonderabgaben, mit denen die teure Hofhaltung des Königs, das stehende Heer oder die zahlreichen Kriege finanziert wurden. So verschlang die Unterhaltung des Heeres allein in Friedenszeiten ein Drittel der Staatseinnahmen – im Krieg sogar das Doppelte. Das Ergebnis war ein völlig verschuldeter Staat. Die Einnahmen reichten dafür schon lange nicht mehr aus. Als der König 1776 nun auch Steuern vom Ersten und Zweiten Stand erheben wollte, lehnten diese das ab.
Der Unmut unter den einfachen Bürgerinnen und Bürgern wurde daraufhin immer größer, was sich im Erscheinen zahlreicher Flugblätter und Flugschriften gegen die bestehenden Ungerechtigkeiten widerspiegelte.

Der Staat ist pleite

Bis 1788 hatte sich die Situation in Frankreich weiter zugespitzt. Die Schuldenlast hatte sich während der Regierung Ludwigs XVI. verdreifacht und betrug nun fünf Milliarden *Livres. In seiner Not versuchte der König daraufhin beim Ersten und Zweiten Stand neue Steuern einzutreiben. Aber sowohl der Klerus als auch der Adel bestanden auf ihr Vorrecht der Steuerbefreiung und so scheiterte er erneut an ihrem Widerstand.
Die Lage verschlechterte sich weiter, als Missernten im Jahr 1788 zu einer drasti-

schen Verteuerung von Lebensmitteln (vor allem der Brotpreise) im Folgejahr führten. Hungersnöte und Unruhen im ganzen Land waren die Folge. Überall auf öffentlichen Plätzen oder in Cafés wurde über die Politik des Landes und die Unfähigkeit des Königs diskutiert. Die Ideen der Aufklärung wirkten und das Beispiel der amerikanischen Unabhängigkeit heizte die Forderungen der Bürgerinnen und Bürger nach mehr politischer Mitbestimmung an. Vom einfachen Handwerksgesellen über den Arzt und Rechtsanwalt bis hin zum Gutsbesitzer fanden die Ideen der Aufklärung ihre Anhänger. Sie alle forderten politische Beteiligung und lehnten es ab, den Luxus und die Verschwendungssucht am Hofe weiter zu bezahlen.

2 – Der Dritte Stand trägt die Lasten. Auf dem Stein steht: Steuern und Fronarbeit. Zeitgenössische Darstellung, 1789.

Q1 Vertreter des Ersten und Zweiten Standes nahmen zu den geplanten Steuern von 1776 Stellung:
... Die Garantie der persönlichen Steuerfreiheit und die Auszeichnung, die der Adel zu allen Zeiten genossen hat, sind Eigenschaften, die den Adel besonders hervorheben; sie können nur dann angegriffen werden, wenn die Auflösung der allgemeinen Ordnung erstrebt wird. Diese Ordnung hat ihren Ursprung in *göttlichen Institutionen: Die unendliche und unabänderliche Weisheit hat Macht und Gaben ungleichmäßig verteilt. Die französische Monarchie besteht deshalb aus verschiedenen und getrennten Ständen ...

Q2 In einer Flugschrift aus Paris aus dem Jahre 1788 hieß es:
... Steht auf gegen den Klerus und den Adel. Duldet nicht, dass ungefähr 600 000 Menschen vierundzwanzig Millionen das Gesetz aufzwingen! Völker, denkt an die Lasten, die ihr tragt! Schaut euch um nach den Palästen, den Schlössern, die gebaut sind mit eurem Schweiß und euren Tränen! Vergleicht eure Lage mit der dieser *Prälaten und Großen. Sie nennen euch Gesindel! Lasst sie erkennen, dass Gesindel diejenigen sind, die auf eure Kosten leben und sich mästen an eurer Arbeit ...

Q3 In einer anderen Flugschrift des Jahres 1788 stand:
Eigentlich gibt es in Frankreich nur zwei Stände, den Adel und das Volk. Ich für meinen Teil ... behaupte, dass der Adel ein Nichts ist. Auf den Adel kann der König verzichten, nicht aber auf das Volk. ... Vom Volk empfängt der Staat Unterhalt und Wohlstand, im Volk bestehen seine Kraft und sein Ruhm ...

* Prälat
(lat. praelatus = der Vorsteher, der Bevorzugte) Inhaber eines hohen Kirchenamtes innerhalb der christlichen Kirche.

1 Beschreibe die Karikatur 1. Wie bringt der Karikaturist die Maßlosigkeit des Königs zum Ausdruck?
▶ *Nimm hierzu die Methode „Karikaturen interpretieren", S. 156, zu Hilfe.*

2 Erläutere mithilfe von Q1, wie der Adel seinen Anspruch auf Privilegien rechtfertigte.

3 Erkläre, wogegen der Zeichner der Karikatur 2 protestiert.
▶ *Auf dem Bild sieht man drei Personen. Eng beieinander stehen ein Adliger und ein Geistlicher. Sie stehen auf ...*

4 Erläutere, was in Q2 und Q3 kritisiert wird. Führe Unterschiede zur Sichtweise des Adels in Q1 an.

5 Entwirf ein Flugblatt, in dem du aus der Sicht eines einfachen Bauern oder eines vermögenden Handwerksmeisters Forderungen an den französischen König stellst.

6 Verfasst in Partnerarbeit ein Streitgespräch zwischen einer Adligen/einem Adligen und einer Stadtbürgerin/einem Stadtbürger zum Thema „Steuern für alle". Präsentiert es der Klasse.
▶ *Adliger: Was bildet ihr euch ein, wir Adligen waren seit jeher von den Steuern befreit. ...*
Bürger: Deshalb ist es auch an der Zeit, ...

Was führte zur *Revolution?

1 – Die Eröffnung der Ständeversammlung am 5. Mai 1789. Oben links: Ludwig XVI. und seine Gemahlin Marie Antoinette; die Vertreter des Dritten Standes (Rechtsanwälte, Gelehrte, Kaufleute und Unternehmer) fallen durch ihre einfache Kleidung auf – unter ihnen Prominente wie La Fayette, der am Unabhängigkeitskampf in den USA teilgenommen hatte.
Gemälde von Auguste Couder, Paris um 1840.

*Revolution
(lat.: revolutio = das Zurückwälzen)
Dies ist ein aus der Astronomie entlehntes Fremdwort, das den Umlauf der Himmelskörper beschreibt. Es meinte im 17. Jh. eine Wiederherstellung eines politisch-gesellschaftlichen Zustands. Ab dem 18. Jh. hat das Wort die Bedeutung des politischen, zumeist gewaltsamen Umsturzes.

*Generalstände
Seit 1302 unter König Philipp IV. einberufene Versammlung der drei Stände.

*Nation
Das Wort Nation bezog sich früher lediglich auf die Herkunft einer Person. Mit der Selbsternennung zur Nationalversammlung wird Nation zu einem politischen Begriff, der sich auf ein bestimmtes Volk bezieht. In der Folgezeit wird „die Nation“ für alle Europäer zu einer Idee, die die geschichtliche Entwicklung stark beeinflusst.

*Jeu de Paume
Ballspiel, das als Vorläufer des Tennis gilt.

Der König beruft die Generalstände ein

1789 war in Frankreich der größte Teil der Bevölkerung verarmt, der Staat völlig verschuldet und wegen der Missernten und Lebensmittelverteuerungen kam es überall im Land zu Unruhen und Aufständen. In dieser verzweifelten Situation beschloss Ludwig XVI., die Vertreter der drei Stände – die sogenannten Generalstände – nach Versailles einzuberufen. Diese Ständeversammlung war zuletzt 1614, unter dem minderjährigen Ludwig XIII., zusammengekommen, denn sie passte so gar nicht in das Herrscherbild des Absolutismus. Damals durfte jeder Stand 300 Abgeordnete stellen. 1789 entschied sich Ludwig XVI., als Geste des Entgegenkommens, dem Dritten Stand 600 Abgeordnete zuzugestehen. So kamen am 5. Mai 1789 schließlich nach Versailles:

- 300 Vertreter des Ersten Standes (für 120 000 Geistliche)
- 300 Vertreter des Zweiten Standes (für 350 000 Adlige) und
- 600 Vertreter des Dritten Standes (für 24 Millionen Bürger und Bauern).

Gemeinsam sollten sie neue Steuern beschließen. In ihrem Gepäck führten die Abgeordneten des Dritten Standes 60 000 Beschwerdehefte mit. Alle enthielten die gleichen Klagen: zu hohe Abgaben, Ausbeutung durch die Grundherren, Verarmung der Bevölkerung usw.
Auch die Adligen führten Briefe mit sich. Darin betonten sie, niemals einer Besteuerung zuzustimmen.

Der erste Schritt zur Revolution

Voller Spannung warteten die Vertreter des Dritten Standes, was der König zu den Beschwerden sagen würde. Doch Ludwig XVI. ging mit keinem Wort auf die Nöte des Volkes ein, stattdessen sprach er ausschließlich über neue Steuern. Die Vertreter der einzelnen Stände sollten getrennt darüber beraten und abstimmen. Jeder Stand sollte eine Stimme haben.
Die Vertreter des Dritten Standes verlangten eine gemeinsame Beratung aller drei Stände und eine Abstimmung nach Köpfen. Doch das lehnten der König und die beiden anderen Stände ab. Daraufhin erklärten sich die Vertreter des Dritten Standes am 17. Juni zur *Nationalversammlung.
Immerhin vertraten sie die 98 % der Nation, also des Volkes. Einige Vertreter des Ersten und Zweiten Standes schlossen sich ihnen an.

Der Ballhausschwur

Der König war empört über das Vorgehen des Dritten Standes und ließ den Sitzungssaal sperren. Die Abgeordneten versammelten sich nun in einer Sporthalle (Salle du *Jeu de Paume), dem sogenannten „Ballhaus“. Dort leisteten sie einen Schwur: Sie schworen am 20. Juni 1789 feierlich, nicht

① Schwurhand im Zentrum des Bildes
② Wind und wehender Vorhang
③ Geistliche verschiedener Konfessionen
④ Lichteinfall
⑤ Maler (Jacques Louis David) und seine Kinder

2 – Der Schwur im Ballhaus am 20. Juni 1790. Gemälde von *Jacques Louis David, um 1790.

eher auseinanderzugehen, bis Frankreich eine Verfassung besäße. Als ein hoher Beamter auf Befehl Ludwigs XVI. den Versammlungssaal räumen lassen wollte, erklärten die Abgeordneten: „Die versammelte Nation empfängt keine Befehle.“ Von der Entschlossenheit des Dritten Standes beeindruckt, gab der König nach. Er forderte die beiden anderen Stände auf, sich der Nationalversammlung anzuschließen. Das war das Ende der Generalstände.

Q1 Die Bauern des Dorfes Guyancourt forderten in ihrer Beschwerde 1789 vom König:

1. ... dass alle Steuern von den drei Ständen ohne irgendwelche Ausnahmen gezahlt werden, von jedem Stand gemäß seinen Kräften;
2. ... das gleiche Gesetz und Recht im ganzen Königreich ...;
5. ... die völlige Beseitigung jeglicher Art von Zehnten in *Naturalien ...;
8. ... dass die Eigentumsrechte heilig und unverletzlich seien;
9. ... dass rascher und mit weniger Parteilichkeit Recht gesprochen werde;
10. ... dass alle Frondienste, welcher Art sie auch sein mögen, beseitigt werden.

Q2 Der Priester Emmanuel Joseph Graf Sieyès gehörte eigentlich zum Ersten Stand. Er schlug sich aber auf die Seite des Dritten Standes und erklärte am 17. Juni 1789:

Wir sind die Vertreter von 24 Millionen Franzosen. Wir sind die einzigen und wahren Vertreter des französischen Volkes. Deshalb geben wir unserer Versammlung den Namen „Nationalversammlung“. Wir werden Frankreich eine Verfassung geben, die allen Franzosen die gleichen Rechte garantiert.

*** Jacques Louis David**
Er war zunächst Hofmaler des französischen Königshauses, schloss sich aber ab 1789 mit großer Begeisterung der Revolution an. Später stimmte er als Abgeordneter des Konvents für die Hinrichtung des Königs.

*** Naturalien**
Dies sind Abgaben von landwirtschaftlichen Gütern, wie z. B. Getreide oder auch Vieh.

1. Vergleiche die Bilder 1 und 2 miteinander.
2. Ordne den Zahlen in Bild 2 die passenden Symbolbedeutungen zu und schreibe die Zuordnungen in dein Heft:
   a) Symbol für die Aufklärung (Erleuchtung)
   b) Symbol für Erneuerung
   c) Symbol für Eintracht
   d) Symbol für die Bedeutung des Schwurs.
3. Analysiere Bild 2 und arbeite die Absichten des Malers heraus.
   ▶ *Nimm hierzu die Methode „Bildquellen analysieren“ von S. 36 und deine Ergebnisse aus Aufgabe 2 zu Hilfe.*
4. Ziehe Schlussfolgerungen, was die Forderungen der Bauern in Q1 und die Aussagen in Q2 für die Stände bedeuteten.
5. Erkläre, warum das Verhalten des Dritten Standes und der Ballhausschwur als „erster revolutionärer Schritt“ bezeichnet werden können.
6. Ein Hofbeamter berichtet dem König von den Geschehnissen im Ballhaus. Verfasse diesen Bericht.
   ▶ *„Majestät, etwas Ungeheuerliches hat sich heute zugetragen ...“*

Wie kam es zum Ausbruch der Revolution?

1 – Der Sturm auf die Bastille am 14. Juli 1789.

* Barrikade (ital.: barricare = versperren) Straßensperre, häufig aus Hausrat oder Ähnlichem errichtet.

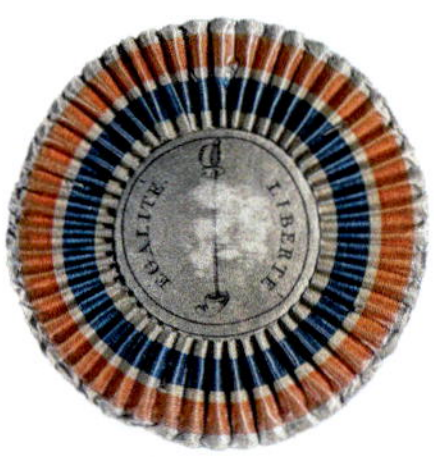

Eine blau-weiß-rote Kokarde: das Abzeichen der Revolutionäre.

Die Trikolore, die Staatsfahne Frankreichs, trägt noch heute die Farben der Revolution – von links nach rechts angeordnet: Blau, Weiß und Rot.

Die Festung des Königs fällt

Über Paris lag am 14. Juli 1789 Unruhe. Das Brot war knapp und kostete doppelt so viel wie sonst. Voller Ungeduld verfolgte die Pariser Bevölkerung die Ereignisse im nahen Versailles. Als die Bürgerinnen und Bürger erfuhren, dass der König heimlich Truppen nach Paris verlegt hatte, um gegen die Aufstände vorzugehen, wurde dieser zum Feind der entstandenen Bewegung. Der Ruf „Zu den Waffen, Bürger!" erklang in der ganzen Stadt. Kleinere Waffenlager wurden geplündert. Die Glocken der Stadt läuteten Sturm. Mit Tischen, Stühlen, Fässern und Pflastersteinen wurden *Barrikaden errichtet. Tausende Menschen versammelten sich und zogen zur Bastille, dem Staatsgefängnis mitten in der Stadt und Herrschaftssymbol des Königs. Gegen Mittag stieß die Menge bis an die geschlossene Zugbrücke der Bastille vor. Der Kommandant geriet vermutlich in Panik und gab Feuerbefehl. Mehr als einhundert Menschen wurden getötet, was die Wut der Menge nur noch steigerte. Kanonen wurden herangeschleppt und die Bastille so in kurzer Zeit erobert. Die sieben Häftlinge – vier Urkundenfälscher, zwei Geisteskranke und ein Graf – wurden befreit. Der Kommandant wurde sofort hingerichtet. Seinen Kopf spießte man auf eine Stange und trug ihn im Triumphzug durch die Stadt. Damit begann eine Zeit, die Europa von Grund auf verändern sollte.

„Nein, Sire, es ist eine Revolution"

Ludwig XVI. hatte von den Ereignissen in Paris zunächst nichts mitbekommen, da er sich wieder auf einer Jagd befand. Als er schließlich am Abend von einem Höfling unterrichtet wurde, fragte er: „Also, es ist eine Revolte?" und bekam zur Antwort: „Nein, Sire, es ist eine Revolution." Ludwig XVI. zog daraufhin seine Truppen vollständig ab und begab sich am 17. Juli schließlich selbst nach Paris. Im Rathaus heftete er sich das Abzeichen der Revolutionäre an, die blau-weiß-rote Kokarde. Blau und Rot waren die Farben der Stadt Paris und weiß die Farbe des Königshauses. Dies wurde als Zeichen gesehen.

Die Revolution ergreift das Land

Bewaffnet mit Sensen, Dreschflegeln, Mistgabeln und Jagdgewehren drangen Bauern gewaltsam in die Schlösser ihrer Grundherren ein, die nicht selten in Flammen aufgingen.
Um diese zu beruhigen, beschloss die Nationalversammlung gegen den Willen des Adels in einer Nachtsitzung vom 4. auf den 5. August 1789 folgende Neuerungen:

2 – **Das Erwachen des Dritten Standes.** Karikatur, Radierung, 18. Jh.

3 – **Bauern verbrennen Grund- und Adelsbriefe.** Holzstich, 1885, nach einer Zeichnung von Émile Bayard (1837–1891).

- die Leibeigenschaft und die Frondienste sollen abgeschafft werden,
- die Grundherren sollen nicht mehr richten können,
- der Zehnt kann in eine Geldzahlung umgewandelt werden,
- alle Bürger werden zu allen Ämtern in Staat und Heer zugelassen,
- alle Bürger sind gleich steuerpflichtig.

Q1 1789 schrieb ein Graf an die Nationalversammlung:
Am 29. Juli 1789 tauchte ein Haufen fremder Straßenräuber zusammen mit den mir unterstellten Bauern in meinem Schloss auf. Es waren fast 200 Mann. Sie brachen die Schlösser der Schränke auf, in denen die Urkunden aufbewahrt wurden. Einen Großteil dieser Urkunden, in denen meine Rechte und ihre Pflichten verzeichnet sind, nahmen sie mit und verbrannten sie im Walde neben meinem Schloss. ... Ich rufe Ihre Klugheit an, damit von der Nationalversammlung irgendein Mittel ausfindig gemacht wird, mir meinen Verlust zu ersetzen. ...

Q2 Frauen des Dritten Standes verfassten 1789 eine Bittschrift an den König:
Die Frauen des [Dritten] Standes werden fast alle ohne Reichtümer geboren; ihre Erziehung wird vernachlässigt. Wir bitten Euch inständig, Sire, kostenlose Schulen einzurichten, damit wir unsere Sprache von Grund auf erlernen können, die Religion und die geistlichen und sittlichen Werte ... . Ebenso [ist] es nur gerecht, ... [die] Stimmen [der Frauen] zu zählen, da sie doch wie die Männer dazu verpflichtet sind, die königlichen Abgaben zu zahlen und den Verpflichtungen des Handels nachzukommen.

1 Gestalte eine Zeitleiste für das Jahr 1789 und trage auf dieser die Geschehnisse in Frankreich ein. Nutze dazu auch die S. 100/101. Vergleiche deine Zeitleiste im Anschluss mit deinen Mitschülerinnen und Mitschülern. (Tipp: Nimm das Blatt quer.)

05. Mai

2 Analysiere die Karikatur 2 und erkläre mithilfe des Textes, warum sich Adel und Klerus vor dem Erwachen des Dritten Standes fürchteten.

▶ *Nimm hierzu die Methode „Karikaturen interpretieren“, S. 156, zu Hilfe.*

3 Gib die Forderungen der Frauen in Q2 in eigenen Worten wieder und nimm zu ihnen Stellung.

4 Versetze dich in die Rolle einer Person auf Bild 1 und berichte am Abend deiner Familie genau von den Geschehnissen des Tages.

5 Entwirf einen Brief: Ein Abgeordneter der Nationalversammlung antwortet dem Grafen auf seinen Brief (Q1). Berücksichtige dabei auch Bild 3.

Was bedeutet „Liberté – Egalité – Fraternité"?

1 – Am 5. Oktober 1789: Tausende Frauen ziehen vom Rathaus in Paris nach Versailles. Zeichnung eines unbekannten Künstlers, 19. Jahrhundert.

2 – Die Königsfamilie wird von Versailles nach Paris gebracht. Illustration aus einem Buch zur Geschichte Frankreichs von Jand L. Beuzon, 1933.

* **Nationalgarde**
Die Garde Nationale wurde schon am 13. Juli 1789 in Paris vom Marquis de La Fayette aufgestellt, um als eine Art Polizei die öffentliche Sicherheit in der Hauptstadt zu gewährleisten.

* **„der Bäcker"**
Das Volk von Paris gab dem König den Spitznamen „der Bäcker", der Königin Marie Antoinette den Spitznamen „die Bäckerin", weil diese auf den Hinweis, dass es in Paris kein Brot zum Essen mehr gebe, gesagt haben sollen: „Dann sollen die Leute doch Kuchen essen."

Freiheit – Gleichheit – Brüderlichkeit

So lautete die Parole der Französischen Revolution und diese Forderung sollte möglichst bald für alle Menschen gelten. Die Verwirklichung dieses Leitgedankens war besonders für den Grafen La Fayette (1757–1834) ein großes Anliegen. Er war ein begeisterter Anhänger der Aufklärung. Im Jahr 1777 war er zusammen mit einer Truppe von Freiwilligen nach Amerika aufgebrochen, um dort für seine Ideale Freiheit und Gleichheit zu kämpfen. Als Abgeordneter der Nationalversammlung Frankreichs brachte er einen Antrag für die Erklärung der Menschen- und Bürgerrechte ein, die am 26. August 1789 beschlossen wurden.
Die Nationalversammlung forderte den König auf, die Erklärung der Menschenrechte mit seiner Unterschrift zu bestätigen. Ludwig weigerte sich mit der Bemerkung: „Nie werde ich einwilligen, meine Geistlichen und meinen Adel zu berauben." Die Menschen in Paris waren enttäuscht und wütend. Schließlich hatte sich der König erst wenige Wochen zuvor die blau-weiß-rote Kokarde als Zeichen seiner Verbundenheit mit dem Volk angeheftet.

„Versailles schlemmt, Paris hungert"

Mit diesem Ruf zogen am 5. Oktober 1789 ca. 7000 Frauen (zumeist einfache Marktfrauen) Richtung Versailles. Sie hatten sich am Morgen bereits vor dem Rathaus versammelt und Brot verlangt. Bewaffnet mit Spießen und Mistgabeln zogen sie schließlich zum 15 km entfernten Schloss des Königs. Auf dem Weg dorthin erhielten sie militärische Unterstützung von der *Nationalgarde unter dem Marquis de La Fayette, der zusätzlich Kanonen stellte. Ludwig empfing die Frauen beim Schloss und versprach nicht nur Lebensmittel, sondern auch die Forderungen der Nationalversammlung zur Abschaffung der Vorrechte des Adels zu unterschreiben. Doch noch eine Forderung wurde laut: „Der König nach Paris!" Auch dieser gab der König nach und zog am 6. Oktober mit seiner Familie ins alte Königsschloss (Tuilerien) nach Paris um. Als abends die Massen unter lautem Jubel in der Stadt eintrafen, riefen die Frauen: „Wir bringen den *Bäcker, die Bäckerin und den kleinen Bäckerjungen!" Hier in Paris unterschrieb Ludwig XVI. auch die Erklärung der Bürger- und Menschenrechte. Damit erkannte der König, wenn auch gezwungenermaßen, offiziell die neue Ordnung in Frankreich an.

Die Erklärung der Menschen- und Bürgerrechte setzte die Ideen der Aufklärung um. Großen Anteil an der Ausarbeitung hatte der Adlige La Fayette, der Ideen der amerikanischen Unabhängigkeitserklärung von 1776 im Text einfließen ließ. Diese Artikel wurden die Grundlage aller modernen demokratischen Verfassungen in Europa.

Q1 Die Erklärung der Menschen- und Bürgerrechte vom 26. August 1789 beginnt mit folgenden Worten:

Die Vertreter des französischen Volkes ... haben unter der Berücksichtigung, dass die Unkenntnis, die Achtlosigkeit oder die Verachtung der Menschenrechte die einzigen Ursachen der öffentlichen Missstände und der Verderbtheit der Regierungen sind, beschlossen, die natürlichen, unveräußerlichen und heiligen Rechte der Menschen in einer feierlichen Erklärung darzulegen, ...

1. Die Menschen werden frei und gleich an Rechten geboren und bleiben es ...
2. Der Zweck jeder politischen Vereinigung ist die Erhaltung der natürlichen und unantastbaren Menschenrechte. Diese sind das Recht auf Freiheit, das Recht auf Eigentum, das Recht auf Sicherheit und das Recht auf Widerstand gegen Unterdrückung.
3. Der Ursprung jeder Souveränität liegt ihrem Wesen nach beim Volk.
4. Die Freiheit besteht darin, alles tun zu dürfen, was einem anderen nicht schadet ...
5. ... Da alle Bürger vor ihm [dem Gesetz] gleich sind, sind sie alle ... zu allen öffentlichen Würden, Ämtern und Stellungen zugelassen.
6. Alle Bürger haben das Recht, an der Gestaltung der Gesetze persönlich oder durch ihre Vertreter mitzuwirken.
7. Niemand darf außer in den durch das Gesetz bestimmten Fällen angeklagt, verhaftet oder gefangen gehalten werden.

10. Niemand soll wegen seiner Anschauungen, selbst religiöser Art, belangt werden ... solange deren Äußerung nicht die durch das Gesetz begründete Ordnung stört.
11. Die freie Äußerung von Meinungen ist eines der kostbarsten Menschenrechte ...

3 – Die Erklärung der Menschen- und Bürgerrechte – am 26. August 1789 von der Nationalversammlung verkündet. Die Erklärung beinhaltet viele Gedanken der Aufklärer, v. a. Montesquieus und Rousseaus. Diese Artikel wurden die Grundlage der französischen Verfassung. Ölgemälde von Jean Jacques Le Barbier, 1790.

1 Beschreibe Bild 2 und überlege, welchen Eindruck der Künstler von den Ereignissen am 6. Oktober 1789 erwecken wollte.

▶ *Der Künstler zeigt durch die Anwesenheit der Marktfrauen zum einen, dass ...*

2 Untersuche die Symbole im Gemälde zu den Menschen- und Bürgerrechten (Bild 3) und erläutere die Bildaussage.

▶ *Oben links kniet Marianne, die Nationalfigur der Franzosen, sie ... Die Pike und die rote Mütze in der Mitte ...*

3 Erklärt, welche Hoffnungen die Menge mit dem Ruf „Wir bringen den Bäcker und die Bäckerin" verband.

4 Die Königin sieht den Zug der Frauen vor dem Schloss in Versailles als Erste. Sie eilt zum König und berichtet ihm, was sich draußen abspielt. Sie sagt ...

▶ *Berücksichtige die Gedanken und Gefühle der Königin. Nutze dein Wissen zur Endphase des Absolutismus (S. 98–101).*

5 Der Historiker Jules Michelet schrieb später über die Geschehnisse des Jahres 1789: „Die Männer waren die Helden des 14. Juli, die Frauen die des 6. Oktobers. Die Männer haben die königliche Bastille eingenommen, die Frauen haben das Königtum selbst überwunden." Nimm Stellung zu diesem Zitat.

Wie wurde Frankreich zur Republik?

1 und 2 – Föderationsfest (Fête de la Fédération) auf dem Marsfeld in Paris zum ersten Jahrestag des Sturms auf die Bastille am 14. Juli 1790. Aus den 86 Départements (Regierungsbezirken) Frankreichs kamen 60 000 Abgesandte. Der Generalkommandant der Nationalgarde Marquis de La Fayette schwört auf Gesetz und Nation am Vaterlandsaltar. Ludwig XVI. wurde ebenfalls gezwungen, den Schwur zu leisten.

* konstitutionelle Monarchie (lat.: Constitutio = Verfassung, grundlegendes Gesetz)
Dies ist eine Staatsform, in der die absolute Macht des Monarchen durch eine Verfassung (Konstitution) beschränkt wird. Sie wurde zuerst in England verwirklicht. Die Verfassung garantiert dem Parlament Rechte, z. B. Gesetze zu erlassen und die Finanzen zu kontrollieren.

* Gewaltenteilung
Nach Ansicht der Aufklärer sollte die Gewalt in einem Staat in drei voneinander unabhängige Gewalten aufgeteilt sein: in die gesetzgebende (Legislative), die vollziehende (Exekutive) und die rechtsprechende Gewalt (Judikative). Damit sollte dem Machtmissbrauch durch einen absolut herrschenden König vorgebeugt werden.

Abschied von der alten Ordnung

Die alte Form der absoluten Monarchie – das Ancien Régime – hatte ausgedient. Nach dem Ballhausschwur arbeitete die neue Nationalversammlung zwei Jahre an einer Verfassung für Frankreich. Diese trat am 3. September 1791 in Kraft. Ihr wurden die Menschen- und Bürgerrechte vorangestellt. Der König war nun an die Verfassung und Gesetze gebunden. Er war fortan „Durch Gottes Gnade und die Verfassungsgesetze König der Franzosen“. Die Nationalversammlung als Vertretung des Volkes schränkte damit die königlichen Rechte ein. Ludwig war so dem Gesetz und dem Volk unterstellt. Man nennt dies eine *konstitutionelle Monarchie. Während nur die Nationalversammlung allein Gesetze beschließen konnte, durfte der König die Gesetze lediglich ausführen. Recht sollte nun von völlig unabhängigen Richtern gesprochen werden. Ganz im Sinne der Aufklärung war damit in Frankreich ein Staat mit einer Gewaltenteilung geschaffen worden.

Was heißt Gleichheit?

„Freiheit“ und „Gleichheit“ sind die Schlagworte der Französischen Revolution.
Die Verfassung garantierte allen Bürgern Freiheit und Gleichheit vor dem Gesetz und weitere Grundrechte. Die Macht ging vom Volk aus, aber nur von den sogenannten Aktivbürgern. Das waren diejenigen Franzosen, die Steuern in einer bestimmten Höhe bezahlten. Diese waren berechtigt, zu wählen. Frauen und Passivbürger besaßen dieses Recht nicht. Diese Bevölkerungsgruppe umfasste aber etwa 40 % der Franzosen. Tatsächlichen politischen Einfluss hatten nur die Wahlmänner. Sie waren es, die von den Aktivbürgern gewählt wurden. Voraussetzung, ein Wahlmann zu werden, war Reichtum. Wenn das Recht zu wählen vom Vermögen abhängt, spricht man vom Zensuswahlrecht. Die französische Schriftstellerin Marie Gouze, die sich schon früh den Ideen der Aufklärer zugewandt hatte, wurde zur eifrigen Verfechterin der Frauenrechte. Unter dem Künstlernamen Olympe de Gouges verfasste sie 1791 die „Erklärung der Rechte der Frau und Bürgerin“. Doch auch den radikalsten Revolutionären gingen diese Forderungen zu weit. Am 3. November 1793 wurde sie unter dem Fallbeil hingerichtet.

Q1 In der Pariser Zeitung hieß es 1791:
Aber was meint ihr eigentlich mit dem so oft gebrauchten Wort „Aktivbürger“? Die aktiven Bürger, das sind die Eroberer der Bastille, das sind die, welche den Acker bestellen, während die Nichtstuer im Klerus und bei Hofe trotz ihrer Riesenbesitzungen nichts weiter sind als kümmerliche Pflanzen.

Q2 Wenige Tage nach der Verkündung der neuen Verfassung erschien in Paris eine Schrift mit dem Titel: „Die Rechte der Frau – an die Königin“, verfasst von der Schriftstellerin Olympe de Gouges (1748–1793):
Mann, bist du fähig, gerecht zu sein? Eine Frau stellt dir diese Frage. ... Sag mir, wer hat dir die selbstherrliche Macht verliehen, mein Geschlecht zu unterdrücken?

Q3 Kernstück der umfangreichen Schrift von Olympe de Gouges (Q2) ist die Erklärung der Rechte der Frau und Bürgerin:
Die Mütter, Töchter, Schwestern, Repräsentantinnen der Nation, verlangen als Nationalversammlung eingesetzt zu werden ...
Art. 1: Die Frau wird frei geboren und bleibt dem Mann an Rechten gleich ...
Art. 3: Der Ursprung jeder Souveränität liegt seinem Wesen nach in der Nation, die nichts anderes als die Vereinigung von Frau und Mann ist: Keine Körperschaft, kein Individuum kann eine Macht ausüben, die nicht ausdrücklich daraus hervorgeht ...
Art. 6: Das Gesetz muss Ausdruck des Gemeinwillens sein; alle Bürgerinnen und Bürger müssen persönlich oder durch ihre Repräsentanten an der Gesetzgebung mitwirken ... Alle Bürgerinnen und alle Bürger... müssen gleichermaßen entsprechend ihren Fähigkeiten ... zu allen Würden, Stellen und öffentlichen Ämtern zugelassen sein ...
Art. 16: ... [D]ie Verfassung ist nichtig, wenn die Mehrheit der Individuen, die die Nation ausmachen, an seiner Erstellung nicht mitgewirkt hat.
Art. 17: Eigentum gehört allen Geschlechtern gemeinsam oder einzeln; es ist für jeden ein unverletzbares und heiliges Recht ...

3 – Olympe de Gouges präsentiert Marie Antoinette und Ludwig XVI. ihre „Rechte der Frauen“. Zeitgenössische Darstellung.

Olympe de Gouges (1748–1793)

1 Führe die Zeitleiste von S. 103 fort, indem du die Jahre 1790–1793 ergänzt. Trage zentrale Ereignisse der Französischen Revolution ein und vergleiche schließlich deine Ergebnisse mit deinem Nachbarn.

1790 — 1791 — 1792 — 1793

2 Beschreibe die Bilder 1 und 2. Welche Stimmungen wollen die Künstler ausdrücken? Erkläre, was der Maler von Bild 3 mit den unterschiedlichen Größenverhältnissen von Ludwig XVI. und dessen Frau einerseits und Olympe de Gouges andererseits zum Ausdruck bringen wollte.
3 Die Forderung nach einer Teilung der Gewalten im Staat wurde mit der Verfassung von 1791 erfüllt. Überprüfe diese Behauptung mithilfe des Verfassungsschemas auf S. 109.
4 Erläutere mithilfe des Textes den Begriff Zensuswahlrecht.
5 Erarbeite anhand von Q3 die Rechte, die Frauen 1791 nicht hatten.
6 Beziehe mithilfe von Q1 Stellung, ob das Zensuswahlrecht Gleichheit bedeutet und Gerechtigkeit hergestellt wird.
7 Bewerte mithilfe von Q1 und Q2 den Anspruch auf „Gleichheit“ aller Franzosen, den Olympe de Gouges in den Mittelpunkt ihrer Bestrebungen gestellt hatte. Vergleiche dabei die Quellen mit dem Verfassungsschema von S. 109.
8 Gestalte ein Flugblatt für die Frauen jener Zeit und fordere darauf gleiche Rechte für Männer und Frauen.

Methode

Ein Verfassungsschema lesen und verstehen

Was ist ein Verfassungsschema?
Eine Verfassung regelt die Machtverteilung in einem Staat. Sie ist das grundlegende Gesetz. Anhand eines Verfassungsschemas kann man erkennen, wie ein Land regiert wird.

Es zeigt den Aufbau des Staates und seine wichtigsten Ämter und Einrichtungen (z. B. Präsident, Parlament). Außerdem lässt es erkennen, wer wählen darf oder von Wahlen ausgeschlossen ist und wer die Gesetze beschließt.

Folgende vier Schritte helfen euch, ein Verfassungsschema zu lesen und zu verstehen:

Schritt 1 **Den Aufbau untersuchen**	■ Wie kann man das Schema lesen? Die Pfeile helfen euch. – Von unten nach oben bzw. oben nach unten? – Von links nach rechts bzw. rechts nach links? ■ Was sind wichtige Bestandteile des Schaubildes? ■ Welche Ämter und Einrichtungen gibt es?
Schritt 2 **Aussagen erschließen**	■ Wer darf wählen? ■ Wie kommen Gesetze zustande? ■ Welche Aufgaben haben die Ämter und Einrichtungen?
Schritt 3 **Zusammenhänge herstellen**	■ Wie ist die Macht verteilt? Welches Amt hat besonders viel Macht? ■ Wer kontrolliert wen? Wessen Macht geht auf Wahlen zurück? ■ Wo wird die Einflussmöglichkeit des Volkes erkennbar? ■ Welche Gruppen sind von politischer Mitbestimmung ausgeschlossen?
Schritt 4 **Die Verfassung beurteilen**	■ Fasst noch einmal zusammen, ob und wie die Gewalten geteilt sind. ■ Beurteilt, ob es sich um eine demokratische Verfassung handelt. ■ Beurteilt, ob das Wahlrecht aus heutiger Sicht als demokratisch bezeichnet werden kann.

1 In der Erklärung der Menschen- und Bürgerrechte heißt es in Artikel 1: „Die Menschen werden frei und gleich an Rechten geboren und bleiben es ...“. Untersucht mithilfe von Schaubild 1, ob die Verfassung von 1791 diese Forderung erfüllte.

2 Erklärt, an welchen Punkten diese Verfassung korrigiert werden müsste, damit sie in unserem heutigen Verständnis als „demokratisch“ bezeichnet werden könnte.

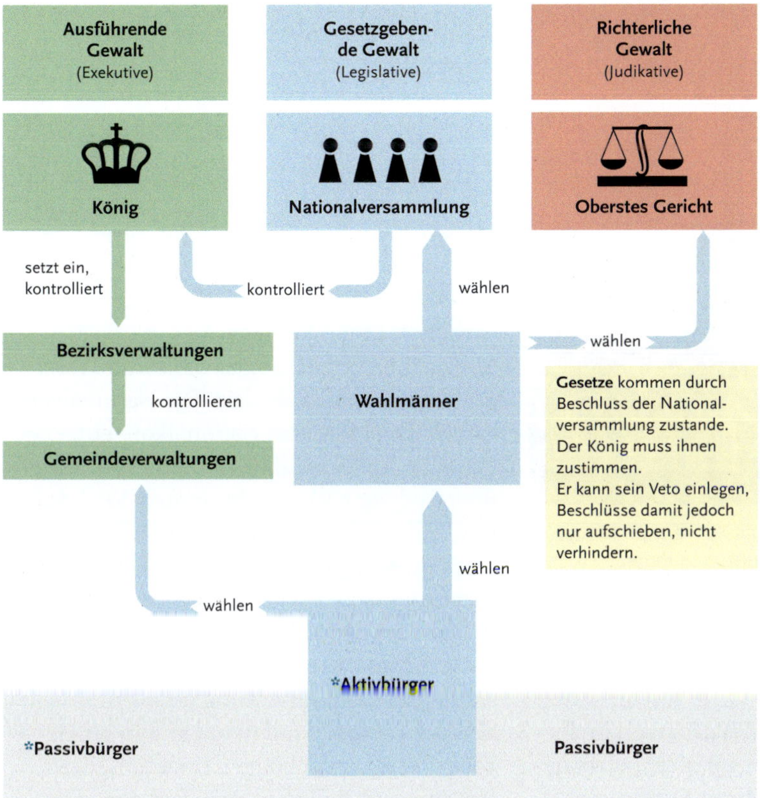

1 – Die Verfassung Frankreichs von 1791. Schaubild.

* Aktivbürger
4 Mio. Männer, die mindestens Steuern im Wert von drei Arbeitstagen zahlen.

* Passivbürger
21 Mio. Bürgerinnen und Bürger ohne Wahlrecht.

2 – Nationalfeiertag 14. Juli.
Am Himmel Kondensstreifen in den Farben der französischen Nationalflagge: Rot und Blau sind die Farben der Hauptstadt Paris, Weiß war die Farbe der königlichen Fahne. Die Anordnung der Farben bedeutete, dass der König umgeben von seinem Volk ist und beide Hand in Hand gehen.

Lösungsbeispiel:

Zum Schritt 1:
Das Schema kann von unten nach oben gelesen werden. Wichtiger Bestandteil ist der graue Kasten unten: Wahlberechtigt sind nur die 4 Mio. Aktivbürger, 21 Mio. Bürgerinnen und Bürger sind von der Wahl ausgeschlossen. Von links nach rechts gelesen, sind drei wichtige Einrichtungen zu sehen: Exekutive (König), Legislative (Nationalversammlung) und Judikative (Richter). ...

Zum Schritt 2:
Der graue Kasten unten zeigt, dass 1791 nur Männer, die Steuern zahlen, wahlberechtigt sind (Zensuswahlrecht). Es wird deutlich, wie der Wille der Wahlberechtigten Einfluss auf die Regierung nimmt. Die Nationalversammlung beschließt die Gesetze. Der König muss ihnen zustimmen, damit sie in Kraft treten.

Zum Schritt 3:
Die Macht ist zwischen König und der Nationalversammlung geteilt. Es gibt ein unabhängiges, von der Nationalversammlung gewähltes, oberstes Gericht. Von politischer Mitsprache ausgeschlossen sind die Mehrzahl der Menschen, arme Männer und Frauen insgesamt.

Zum Schritt 4:
Die Teilung der Gewalten in Exekutive, Legislative und Judikative spricht für eine demokratische Verfassung. Da das Wahlrecht aber damals nur Männer ausüben durften, die über ein bestimmtes Vermögen verfügten, ist diese Verfassung aus heutiger Sicht nicht demokratisch.

La Terreur – inwiefern fraß die Revolution ihre Kinder?

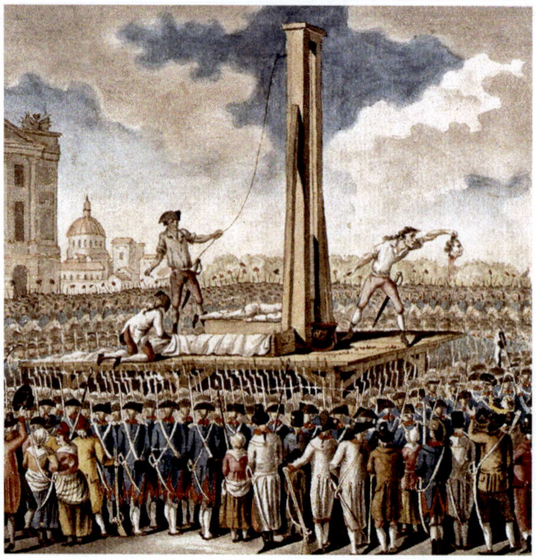

1 – Hinrichtung König Ludwigs XVI. am 21. Januar 1793 auf dem Platz der Revolution in Paris.

Die Revolution in Gefahr – von innen und von außen

Der König und die katholische Kirche hatten ihre Macht eingebüßt. Sie wurden erstmals an Gesetze gebunden, die sie nicht selbst geschaffen hatten. Damit war in Europa eine neue Zeit angebrochen. Aber vor allem die Landbevölkerung und der Adel waren mit den Umwälzungen und dem neuen Staat nicht einverstanden. Auf dem Land kam es zunächst zu gewaltlosen, von der Kirche unterstützten Unruhen, die die Lage in Frankreich verschärften.
Beunruhigt durch die Ereignisse in Frankreich, verbündeten sich Preußen und Österreich 1791 zu einer Koalition, um die alte Ordnung in Frankreich wiederherzustellen, bevor der Funke der Revolution auf Europa überspringen könnte. Später schlossen sich noch andere europäische Mächte wie Großbritannien und Russland diesem Bündnis gegen Frankreich an. Diese Vorgänge waren Ludwig XVI. bekannt und er hoffte, durch seine Flucht Richtung Metz am 20. Juni 1791 bald wieder zur alten Macht zurückkehren zu können. Vor ihm waren schon mehr als 40 000 Adlige aus Frankreich geflohen. Obwohl er als Kammerdiener verkleidet war, wurde der König erkannt. Man brachte ihn als Gefangenen nach Paris zurück und stellte ihn unter Hausarrest.

Bewährungsproben für die junge Republik

Das revolutionäre Frankreich hatte im April 1792 Preußen und Österreich den Krieg erklärt und wurde nun von beiden angegriffen. Die Wut der Bürger richtete sich nun gegen Ludwig XVI. Er hatte sein Land verraten und galt als Feind der Revolution. Ludwig floh in die Nationalversammlung und wurde dort verhaftet. Einen Monat später wurde die Monarchie offiziell abgeschafft und Frankreich zur Republik erklärt. Die Nationalversammlung hieß jetzt Nationalkonvent. Dieser fällte im Dezember 1792 das Todesurteil über Ludwig XVI., der im Januar 1793 durch das Fallbeil (*Guillotine) hingerichtet wurde. Um den Kampf gegen die feindlichen Nachbarstaaten zu bestehen, wurden vom Nationalkonvent 300 000 junge Franzosen zum Wehrdienst zwangsverpflichtet. Dieser Umstand und die Hinrichtung des Königs ließen die Unruhen auf dem Land in einen Bürgerkrieg umschlagen, in dem Bauern, Priester und Adlige gemeinsam gegen die Republik kämpften. Missernten und Hungersnöte heizten die Situation zusätzlich an. In dieser schwierigen Situation ergriff eine radikale Gruppe von Konventsmitgliedern die Macht. Diese *Jakobiner, angeführt von den Rechtsanwälten Georges Danton und Maximilien de Robespierre, stützten sich vor allem auf die sozialen Unterschichten in den Städten, die *Sansculotten, die trotz Revolution und Republik keine gleichberechtigten Bürgerinnen und Bürger waren.

Wer nicht für uns ist, ist gegen uns

Zum Mittel der Politik des von den Jakobinern eingerichteten Wohlfahrtsausschusses wurde der Terror. Von nun an war jeder schuldig, der auch nur im Verdacht stand, sich nicht genügend für Revolution und Republik einzusetzen. Wer deshalb vor eines der vielen Revolutionsgerichte kam, wurde schnell zum Tod durch die Guillotine verurteilt und hingerichtet. Egal ob Adliger, Priester oder Bürger – niemand war mehr sicher. Dieser Schreckensherrschaft sollen etwa 40 000 Franzosen zum Opfer gefallen sein.

*Guillotine
Dies ist ein nach dem französischen Arzt Joseph-Ignace Guillotin benanntes Fallbeil, das während der Schreckensherrschaft zur schnelleren und angeblich humaneren Hinrichtung durch Enthauptung eingesetzt wurde.

*Jakobiner
Hierbei handelt es sich um einen politischen Klub zur Zeit der Französischen Revolution, der sich nach seinem Treffpunkt in dem ehemaligen Pariser Kloster St. Jacob benannte. Im Laufe der Revolution wurden nur noch die radikalen Republikaner so genannt.

*Sansculotten
(frz. = „ohne Kniebundhose“) Bezeichnung für Pariser Revolutionäre, die aus einfachen Verhltnissen stammten, weil nur reichere Schichten Kniebundhosen trugen.

2 – **Verhör vor dem Revolutionsgericht.** Zeitgenössische Darstellung von Jean-Baptiste Lesueur, 1792.

*** Marseillaise**
Die Marseillaise ist heute die französische Nationalhymne. Ursprünglich wurde sie in der Nacht auf den 26. April 1792 während der Kriegserklärung an Österreich in Straßburg verfasst. Ursprünglich trug sie den Titel: „Chant de guerre pour l'armée du Rhin," („Kriegslied für die Rheinarmee").

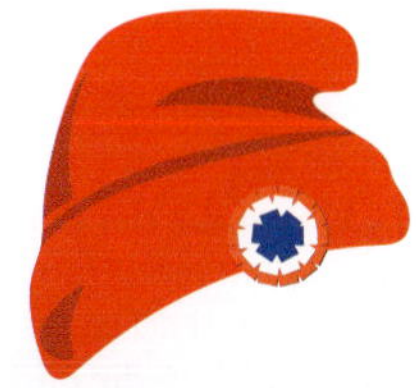

Jakobinermütze
(Phrygische Mütze)

Maximilien
de Robespierre

Georges Jacques
Danton

Auch der Bürgerkrieg auf dem Land forderte viele Opfer. Umso siegreicher waren aber die französischen Truppen gegen die Koalition an der französischen Westgrenze.

Das Ende der Terrorherrschaft

Begleitet von der *Marseillaise, hatten sie siegreich gegen die feindlichen Truppen gekämpft. Nun gab es auch keinen Grund für die Politik des Terrors. Am 21. Juli 1794 wurden Robespierre und die 21 Mitglieder des Wohlfahrtsausschusses festgenommen. Sie starben am Tag darauf ohne Gerichtsverhandlung unter dem Fallbeil. Der Nationalkonvent beschloss eine neue Verfassung und führte die Gewaltenteilung wieder ein. Die Regierungsgeschäfte übernahm nun ein großbürgerliches, fünfköpfiges Direktorium.

Q1 Aus einer Rede Dantons vor dem Nationalkonvent 1793:
Ehre den Rebellen, die des Volkes Zorn gegen seine Feinde lenken! ... Unterstützt die Französische Republik, unterstützt sie um jeden Preis ... [E]her soll Frankreich untergehen als in die Sklaverei zurückkehren ... Das Volk empfindet richtig, das Volk als Ganzes hat Drang und Geist der Revolution viel besser erfasst ... Ich sage euch, da ihr von der Vernunft des Volkes alles zu erwarten habt, braucht eure Hoffnung niemals zu schwanken ...

Q2 In einem zeitgenössischen Bericht über die Arbeit der Revolutionsgerichte steht:
... Verhöre und Verteidigungen gibt es nicht mehr. Zeugen werden keine vernommen. Wer im Gefängnis sitzt, ist bereits zum Tode verurteilt ...
Es gibt Verhandlungen, wo 100 oder 150 Angeklagte schon vor der Verhandlung als schuldig in die Listen eingetragen wurden. Der eine Richter vertreibt sich die Zeit damit, Karikaturen der Angeklagten zu zeichnen, andere sind oft betrunken ...

1. Beschreibe die in Bild 1 dargestellte Situation aus der Perspektive einer der abgebildeten Personen.
   ▶ *Frau am linken Bildrand, Henker, Soldat, ...*
2. Trage auf einer Zeitleiste die Ereignisse der Französischen Revolution von 1791 bis 1795 in chronologischer Reihenfolge ein.
3. Lies Q1 und erkläre, auf welche Macht sich die Jakobiner stützen wollten und warum.
4. Erläutere die Kritik, die in Bild 2 und Q2 an den Revolutionsgerichten geübt wird. Positioniere dich zu dieser Art der Verurteilung.
5. Erkläre mithilfe des Textes, was man unter „Die Revolution frisst ihre Kinder" versteht.
   ▶ *Mit den Kindern der Revolution sind die Revolutionäre selbst gemeint, die ...*
6. Schätze die Politik der Jakobiner ein. Betrachte dazu die Situation aus heutiger und damaliger Sicht.

Webcode: EV658282-111

Hatte die Französische Revolution Vorbilder?

1 – Übergabe der Unabhängigkeitserklärung 1776. Um den Tisch herum stehen die Gründerväter der USA und unterzeichnen die Unabhängigkeitserklärung. Gemälde von John Trumbull, 1824.

Frankreich schenkte den USA 1886 die Freiheitsstatue, die sich im Hafen vor New York befindet.

Von der Kolonie zum unabhängigen Staat
Großbritannien war bis 1660 Republik. Danach regierte mit König Jacob II. wieder ein absoluter Herrscher das Land. Nach seinem Tod 1685 wurde mit der „Bill of Rights" ein Gesetz erlassen, das bis heute den englischen König an Gesetz und Parlament bindet, womit die erste konstitutionelle Monarchie in Europa geschaffen wurde.
Zu diesem Zeitpunkt besaß Großbritannien 13 Kolonien in Nordamerika. Deren Einwohner hatten Europa zumeist aus wirtschaftlicher Not, aber auch wegen politischer und religiöser Verfolgung verlassen. Ihr gemeinsamer Kampf ums Überleben und das Aufbauen einer funktionierenden Wirtschaft und Verwaltung schweißte diese Menschen zusammen. Sie fühlten sich als ein Volk, eine Nation. Mitte des 17. Jahrhunderts waren erste Städte wie Boston, Philadelphia und New York entstanden. Bis 1770 lebten hier bereits 2,5 Millionen Ausgewanderte aus ganz Europa. England sah in den Kolonien aber lediglich eine Einnahmequelle. Je erfolgreicher die Kolonisten in Amerika waren, desto höher waren die Gewinne, aber umso selbstbewusster wurden auch die Amerikaner. Als 1773 die Steuern auf Tee wieder einmal erhöht werden sollten, stürmten Kolonisten, die als Mitglieder der indigenen Bevölkerung verkleidet waren, in Boston drei Schiffe und vernichteten die Ladung.
Mit dieser „Boston Tea Party" begann der bewaffnete Aufstand gegen das Mutterland. England schickte tausende Soldaten – z. T. gegen Geld in Hessen angeworben – nach Amerika. Im Gegenzug wurde auf einem Kongress der Kolonisten in Philadelphia 1775 die Loslösung von Großbritannien und die Schaffung einer eigenen Verfassung beschlossen. Nachdem die 13 Vereinigten Staaten von Amerika am 4. Juli 1776 ihre Unabhängigkeit von Großbritannien erklärt hatten, brach ein offener Krieg aus, der über acht Jahre andauern sollte. Unter dem General George Washington (1732–1799) dienten auch viele Freiwillige aus Europa, wie z. B. der Herzog La Fayette oder der Preuße Friedrich von Steuben. Letztendlich musste England im Frieden von Paris 1783 die Unabhängigkeit (Independence) anerkennen. Mit diesen Ereignissen begann die Geschichte einer Weltmacht und der ersten modernen Demokratie der Welt.

1 Recherchiere zur Geschichte der amerikanischen Flagge und finde heraus, wofür Sterne und Streifen symbolisch stehen.

2 Beschreibe Bild 1 und ordne es in die Entstehungsgeschichte der USA ein.

► *Nimm hierzu die Methode „Bildquellen analysieren", S. 36, und den Webcode zu Hilfe.*

3 Diskutiere, inwiefern die Ereignisse in den USA im Zusammenhang mit den Ereignissen in Frankreich gesehen werden können.

Webcode: EV658282-112

Das kann ich ...

Revolution und Reform im Europa der Neuzeit

Wichtige Begriffe

Absolutismus
Aufklärung
Aufgeklärter Absolutismus
Nationalversammlung
Konstitutionelle Monarchie
Revolution
Manufaktur
Marseillaise
Merkantilismus
Parlament
Trikolore

Wissen und erklären

1. Erklärt euch gegenseitig die wichtigen Begriffe und schreibt ihre Bedeutung in euren Hefter.
2. Finde die abgebildeten Personen (Bild 1) in diesem Kapitel und notiere deren Namen. Lege anschließend eine Zeitleiste an und trage dort das Todesdatum der Personen ein. Kennzeichne mit einem selbstgewählten Symbol die Todesart.
3. Erkläre die Ursachen der Französischen Revolution.

Anwenden

4. Lies noch einmal die Stella-Geschichte von S. 79 durch und gib jeder Person aus Aufgabe 2 einen Beinamen.
5. Erkläre, inwiefern Obama in seiner Rede Q1 Bezug auf die Amerikanische (S. 112) und Französische Revolution nimmt.
6. Analysiere mithilfe der Methodenschritte S. 82, Bild 2.

Ausschnitt a

Ausschnitt b

Ausschnitt c

Ausschnitt d

1 – Vier Ausschnitte aus Bildern aus diesem Kapitel.

Beurteilen und handeln

7. Recherchiert in Partnerarbeit unter der Frage: „Welche Bedeutung haben Revolutionen heute?" im Internet und findet aktuelle politische Beispiele. Stellt diese auf einer Wandzeitung vor.
8. Gedanken der französischen Bürger- und Menschenrechte finden sich auch in unserer Verfassung, dem Grundgesetz (S. 207), wieder. Warum sind diese Menschenrechte heute aktueller denn je? Beziehe in deine Überlegungen auch die Rede (Q1) ein.

Q1 Anlässlich des 10. Jahrestages des *Attentats auf das World Trade Center in New York am 11. September 2001 sagte der damalige US-Präsident Barack Obama 2011:

Unser Glaube – an Gott und aneinander – ist noch immer derselbe: ... dass Männer und Frauen sich selbst regieren sollten, dass alle Menschen gleich geschaffen sind und dieselbe Freiheit verdienen, ihr Schicksal selbst zu bestimmen. ...
Die vergangenen zehn Jahre haben gezeigt, dass wir an unseren Freiheiten festhalten. ... Unsere Einwanderer kommen aus allen Teilen der Welt zu uns. In den größten Städten und kleinsten Dörfern ... sieht man Menschen verschiedener Religionen, verschiedener Herkunft, verschiedener Abstammung – und alle ... wollen für sich den amerikanischen Traum verwirklichen. ...

2 – **„König August II. von Polen zu Pferde."** Gemälde von Louis de Silvestre, um 1718.

Webcode: EV658282-113
Selbsteinschätzungsbogen

Hier spielt die Geschichte …

Die Rallye der Aufgeklärten

Einführung

Habe den Mut, dich des Verstandes deines Nachbarn zu bedienen! Dieser Spruch des berühmten Philosophen Immanuel Kant lautet doch eigentlich anders? „Sapere aude“ – „Habe den Mut, dich deines eigenen Verstandes zu bedienen!“ Und genau das wollten die großen Aufklärer des 18. Jahrhunderts auch: Verlasse dich nicht auf das Hörensagen von anderen, sondern denke allein nach, mache dir selbst ein Bild von der Welt und nimm nicht alles als gegeben hin. Genau das sollt ihr auch bei diesem Spiel beherzigen. Findet die Fehler aus den vorgegebenen Zitaten heraus und berichtigt sie. Die vorgegebenen Begriffe und Markierungen helfen euch. Wer hat als Erstes die Lösung? Erklärt euch abwechselnd, was die Zitate bedeuten und wozu sie aufrufen.
Abschließend wählt jeder eine der Persönlichkeiten aus, von denen die Sprüche stammen, recherchiert gemeinsam mit einem Partner zu ihrem Leben und stellt die Person den anderen in der Klasse vor.

Fürsten *aufzuklären* *Menschen* *Verfinsterung* *Zucker* *Ketten* *Zweck*

vorteilhaft *Ausgang* *Wahrheit* *Sachen* *selbstverschuldeten* *Wissen*

Man kann vielen Tieren ihre Fehler abgewöhnen, indem man sie lächerlich macht.

(Molière)

Nichts ist mir unerträglicher als die klugen Affen, die anderen Menschen vordenken wollen.

(Alexander von Humboldt)

Wir dürfen das Weltall nicht einengen, um es den Grenzen unseres Vorstellungsvermögens anzupassen, wie der Mensch es bisher zu tun pflegte. Wir müssen vielmehr unser Gebiet ausdehnen, sodass es das Bild des Weltalls zu fassen vermag.

(Francis Bacon)

Alle Aufklärung ist nie allein, sondern immer Mittel; wird sie jenes, so ist's Zeichen, dass sie aufgehört hat, dieses zu sein.

(Johann Gottfried Herder)

Der Mensch ist frei geboren und überall liegt er in Betten.

(Jean-Jacques Rousseau)

Aus der Weisheit Gottes manche Lüge schließen zu wollen, ist nicht viel besser, als es aus seinem eignen Verstand zu tun.

(Georg Christoph Lichtenberg)

Durch Vernunft und nicht durch Gewalt soll man den Menschen zur Torheit führen.

(Denis Diderot)

Denn der Mensch hat ein unwiderstehliches Bedürfnis, sich zu ernähren. Ohne Aufklärung ist er nicht viel mehr als ein Tier.

(Heinrich von Kleist)

Man vergesse nicht, dass das, was wir Aufklärung nennen, anderen vielleicht als Verniedlichung scheint.

(Adolf Friedrich Freiherr von Knigge)

Aufklärung ist Salz; aber eine überzuckerte Speise ist fade, widriger und schlechter als eine, die mäßig oder gar nicht gezuckert ist.

(Karl Julius Weber)

Es wäre wenig in der Welt unternommen worden, wenn man immer nur auf den Eingang gesehen hätte.

(Gotthold Ephraim Lessing)

Der Sieg der Aufklärung ist immer der Größe und Verbesserung des menschlichen Geschlechtes nachteilig gewesen.

(Madame de Stael)

Aufklärung ist der Ausgang des Menschen aus seiner gegebenen Unmündigkeit.

(Immanuel Kant)

4 Die deutschen Staaten und Europa im 19. Jahrhundert

Schwarz-rot-goldene Flaggen und Girlanden zieren die Wände der Frankfurter Paulskirche, die 1848 zum Tagungsort der ersten deutschen Nationalversammlung wurde. Sie sollte eine Verfassung erarbeiten und damit die Schaffung eines einheitlichen deutschen Staates ermöglichen.
Bereits etwa 30 Jahre zuvor hatte sich eine Nationalbewegung in den deutschen Teilstaaten entwickelt, die sich an den Idealen der Französischen Revolution von Nation, Bürgerrechten und Freiheit orientierte. Doch was stand am Anfang dieser Entwicklung und wohin führte sie?

1804	1813
Kaiserkrönung Napoleons	Völkerschlacht bei Leipzig, Niederlage Napoleons

Die deutschen Staaten und Europa im 19. Jahrhundert

1 – Staatsformen und Revolutionen 1848/49.

Der Beginn des 19. Jahrhunderts ist eng mit dem Namen Napoleon Bonaparte verbunden. Sechzehn Jahre lang prägte er Frankreich und Europa einerseits durch Kriege, andererseits aber auch mithilfe umfangreicher Reformen. Er zog Grenzen neu, schuf und zerstörte Staaten. Napoleon hinterließ tiefe Spuren und bereitete den Boden des jungen 19. Jahrhunderts für tiefgreifende Veränderungen. Die Ideen und Forderungen der Französischen Revolution trafen auch in Deutschland auf Menschen, die sich nach nationaler Einheit und Freiheit sehnten: Erst wenige Studenten – dann Tausende aus allen Bevölkerungsschichten.
Doch es war nicht die Revolution von unten, sondern eine Bewegung von oben, die schließlich zur Gründung eines deutschen Nationalstaats führte.

Am Ende des Kapitels kannst du folgende Fragen beantworten:

- Wer war Napoleon und was wurde unter Ihm aus den Idealen der Französischen Revolution?
- Wie und von wem wurde Europa 1815 neu geordnet?
- Welche Forderungen erhoben die deutschen Bürger 1817 und 1832 gegen die Obrigkeit?
- Wie verlief die Deutsche Revolution von 1848/49?
- Wie kam es zur Gründung des Deutschen Kaiserreiches und welche Rolle spielte Otto von Bismarck dabei?
- Wozu dienen Denkmäler und wie kann ich sie genauer untersuchen?
- Wie werden politische Lieder und Karikaturen ausgewertet?

1815	1817	1832	1848/49	1864–1871	1871
Wiener Kongress, Gründung Deutschen Bund	Wartburgfest	Hambacher Fest	Bürgerliche Revolution in Deutschland	Reichs-einigungs-kriege	Gründung Deutsches Kaiserreich

Opa, sag mal …

Stella: Hallo, Opa! Lass mich schnell rein. Das Fußballländerspiel gegen Spanien geht doch gleich los.

Opa: Dann komm, es werden schon die Nationalhymnen gespielt.

Stella: Cool. Aber warum werden denn bei Sportveranstaltungen eigentlich Nationalhymnen gespielt?

Opa: Eine Hymne ist eigentlich ein feierliches Gedicht. Jeder Staat hat eine Hymne als Erkennungszeichen, genau wie eine Flagge. Und zu besonderen Anlässen, wie sportlichen Ereignissen oder auch beim Besuch von Staatsmännern, wird diese Hymne gespielt, um sich zu identifizieren.

Stella: Stimmt es, dass unsere Nationalhymne teilweise verboten ist?

Opa: Nein. Das „Lied der Deutschen" ist ein Gedicht aus dem Jahre 1841. Es wurde von August Heinrich Hoffmann von Fallersleben geschrieben. In den drei Strophen kommt der Wunsch vieler Deutscher nach einem einheitlichen Staat zum Ausdruck, denn Deutschland war damals in viele kleine Staaten aufgeteilt.

Stella: Ist es doch jetzt auch: in 16 Bundesländer.

Opa: Das stimmt, aber die Situation war damals noch eine ganz andere. Das werdet ihr im Geschichtsunterricht sicherlich noch besprechen. Auf jeden Fall erklärte Reichspräsident Ebert 1922 das gesamte Lied zur Nationalhymne. Unter den Nationalsozialisten wurde dann nur die erste Strophe gesungen, in der die alten Grenzen des Deutschen Reiches beschrieben werden.

Stella: Verstehe: Da wir ja heute andere Grenzen haben, ist das sicherlich komisch, wenn davon gesungen wird.

Opa: Genau und auch andere Aussagen werden heute nicht mehr als positiv angesehen. Jedenfalls ist unsere heutige Nationalhymne nur die 3. Strophe des Liedes. Die Melodie stammt übrigens von dem österreichischen Komponisten Joseph Haydn.

Stella: Schade eigentlich, dass unsere Nationalhymne nicht so wie die der Spanier ist.

Opa: Wieso das denn?

Stella: Na die ist ohne Text und manchmal wäre es ganz gut, die Sportler nicht beim Singen zu hören.

Opa (lacht): Deshalb sind es auch Sportler und keine Sänger geworden! Aber Hauptsache ist doch, dass sie sich so mit ihrem Land verbunden zeigen. Kannst du eigentlich mitsingen?!

2 – Der Zug zum Hambacher Schloss. Radierung, 1832. Etwa 30 000 Demonstranten zogen am 27. Mai 1832 zum Hambacher Schloss.

1. Lest die Geschichte mit verteilten Rollen.
2. Beantwortet innerhalb der Klasse die letzte Frage des Opas.
3. Nenne mithilfe von Karte 1 Länder, in denen es 1848/49 in Europa zu Aufständen und Revolutionen kam.
4. Führe ein Brainstorming zum Begriff „Nation" durch und verfasst danach eine Begriffserklärung dazu.
5. Manche Nationalspieler singen die Hymne immer mit, einige wehren sich dagegen. Welche Meinung vertrittst du dazu? Diskutiert in der Klasse eure Einstellung zum Thema „Nationalhymnen".

Die Umgestaltung Europas

Wie wurde Napoleon Kaiser?

Napoleon als junger korsischer Offizier, 1792.

1 – „Napoleons Stufenjahre" – nach dem Lebewohl aus Deutschland winken Galgen und Hölle. Aufstieg; Fall und Bestrafung Napoleons. Radierung, 1814.

Napoleons Aufstieg

Der Aufstieg des *korsischen Offiziers Napoleon beginnt mit seinem Eintritt bei den Revolutionstruppen. Hier wird er schnell vom Leutnant zum General befördert. Dabei machte sich Napoleon einen Namen als vorbildlicher, aber auch rücksichtsloser Anführer, der an der Spitze seiner Männer kämpft. Dies sicherte ihm schnell die Zuneigung und Treue seiner Truppen und Anhänger. Nach der Terrorherrschaft der Jakobiner wurde er vom Direktorium zunächst als Befehlshaber gegen Aufstände in Frankreich eingesetzt. Danach erhielt er den Befehl über eine ganze Armee in Norditalien gegen die österreichischen Truppen. Nach seinem Sieg dort begab er sich 1797 auf einen *Ägyptenfelzug. Die *korrupten Mitglieder des Direktoriums schafften es nicht, die Versorgung der Bevölkerung zu sichern. Vor allem aber waren sie nur auf ihren eigenen Vorteil bedacht. Die unruhige Stimmung im Volk nutzend, kehrte Napoleon zurück und *putschte mit anderen Verschwörern am 9. November 1799 gegen das Direktorium. Er wurde zum ersten Konsul der Republik ernannt und somit im Alter von 30 Jahren faktisch zum mächtigsten Mann in Frankreich.

Auf dem Höhepunkt der Macht

Als erster Konsul verkündete Napoleon nun das Ende der Revolution und erklärte: „Ich bin die Revolution". Das Volk wünschte sich nach Jahren des Aufstands und der Gewalt nun Ordnung, Ruhe und Stabilität. Das erreichte Napoleon mit seinen Truppen, einer neuen Verfassung (allerdings ohne Bürger- und Menschenrechte) und einer Reihe von Reformen:

- der Einführung des Code civil – eines einheitlichen, modernen, bürgerlichen Gesetzbuches, das bis heute die Grundlage für die französische Rechtsprechung ist und die Gleichheit der Bürger vor dem Gesetz endlich sicherte;
- der Gründung staatlicher Gymnasien und Universitäten, um den Nachwuchs für die Verwaltung des Landes und für das Militär auszubilden;
- der Vereinheitlichung der Maße und Gewichte;
- der Einführung einer stabilen Währung – des Franc;
- dem Bau von Straßen und Brücken, der viele Arbeitsplätze schaffte und hohe Gewinne für Unternehmer brachte;
- der Zentralisierung der Wirtschaft;
- der Ernennung von Verwaltungsbeamten, die an der Spitze der Departements

---

* **Korsika**
Ist eine zu Frankreich gehörende Insel im Mittelmeer. Hier wurde Napoleon 1769 geboren.

* **Ägyptenfeldzug**
Der Feldzug war militärisch ein Misserfolg, dafür auf wissenschaftlichem Gebiet ein Durchbruch. Ein Offizier hatte den Stein von Rosette gefunden, der später die Übersetzung der ägyptischen Hieroglyphen ermöglichte.

* **korrupt**
bestechlich, käuflich

* **Putsch**
Ein Putsch, auch als Staatsstreich bezeichnet, ist eine gewaltsame, oft blutige Absetzung einer bestehenden Regierung durch eine kleinere Gruppe von Militärs und Politikern.

2 – Napoleon krönt sich selbst und seine Frau Josephine am 2. Dezember 1804 in der Kathedrale Notre-Dame. Auf der Loge: Napoleons Mutter, die allerdings bei der Zeremonie gar nicht anwesend war. Gemälde von Jacques Louis David, 1806/07

Napoleon als König von Rom.

(Regierungsbezirke) dafür sorgten, dass Gesetze und Anordnungen schnell ausgeführt wurden.

Daneben führte Napoleon weiterhin sehr erfolgreich Krieg.

Um seine Macht weiter auszubauen, ließ er sein Konsulat durch eine Volksabstimmung 1802 auf Lebenszeit verlängern. Nun war es nur noch ein Schritt zur absoluten Alleinherrschaft. Am 2. Dezember 1804 krönte sich Napoleon in der Kathedrale von Notre-Dame selbst zum Kaiser der Franzosen.

Q1 Napoleon schätzt das französische Volk 1797 folgendermaßen ein:

... Glauben Sie vielleicht, dass ich eine Republik gründen will? Welcher Gedanke! Das ist eine Wahnvorstellung, in die die Franzosen vernarrt sind, die aber auch wie so manches andere vergehen wird. Was die Franzosen brauchen, das ist Ruhm, die Befriedigung ihrer Eitelkeiten; aber von Freiheit, davon verstehen sie nichts. Das Volk braucht einen Führer, einen durch Ruhm und Siege verherrlichten Führer, und keine Theorien übers Regieren. ...

1 Fertige mithilfe des Textes und Bild 1 eine Zeitleiste zum Werdegang Napoleons an. Führe sie in der nächsten Stunde fort.

2 Beschreibe Napoleons Maßnahmen als erster Konsul.

3 Analysiere Gemälde 2.

▶ *Nimm hierzu die Methode „Ein Herrscherbild analysieren", S. 82, zu Hilfe.*

4 Verfasse mithilfe von Bild 2 einen erdachten Tagebucheintrag zu Napoleons Selbstkrönung am 2. Dezember 1804 aus Sicht: a) des Papstes, b) Napoleons Mutter, c) Josephines oder d) Napoleons selbst.

▶ *Jetzt sitze ich, der Papst und Stellvertreter Gottes auf Erden, hier und muss erdulden ...*

5 Nimm Stellung zur Aussage Napoleons aus Q1: „Das Volk braucht einen Führer". Was sagt diese über seinen Charakter aus?

6 Verfasse eine Antwort auf Q1:

▶ *Lieber Monsieur Bonaparte, Ihre Aussage hat mich doch stark berührt ...*

Wie veränderte Napoleon Europa?

Frankreich 1804
Erwerbungen Napoleons bis 1812
von Napoleon abhängige Staaten
mit Napoleon 1812 verbündete Staaten
x bedeutende Schlacht
Kontinentalsperre gegen britischen Handel

1 – Europa unter der Herrschaft Napoleons 1804–1812.

Die Nelson-Säule auf dem Trafalgar Square in London ist ca. 51,5 hoch, genauso hoch wie Nelsons Flaggschiff, die HMS Victory, vom Kiel bis zur Mastspitze.

* Säkularisierung
(spätlat.: saecularis = weltlich)
Der Begriff bezeichnet die Überführung von Kirchengütern in weltlichen Besitz. Säkularisationen fanden z. B. während der Reformation, der Französischen Revolution und unter Napoleon statt.

* Kontinentalsperre
Diese wurde von Napoleon 1806 verhängt. Damit wurde jeglicher Handel mit England verboten. Alle Waren und Gegenstände, die aus England oder den britischen Kolonien stammten, wurden beschlagnahmt.

Napoleon und England
Napoleon wollte seine Macht in Europa ausdehnen und drang erfolgreich vor. Die französischen Truppen eroberten Land für Land. Nur England war nicht zu besiegen. Es brachte 1805 dem Kaiser eine erste größere Niederlage bei. Der englische Admiral Horatio Nelson vernichtete vor der Küste Südspaniens mit seinen Schiffen bei Trafalgar die gesamte französische Flotte. Er fiel zwar selbst dabei, machte damit aber Großbritannien für mehr als 100 Jahre zur unangefochtenen Seemacht. Damit waren die Pläne eines Angriffs auf England über den Ärmelkanal zerschlagen worden. Darauf reagierte Napoleon mit einer *Kontinentalsperre. Er verbot den europäischen Ländern jeglichen Handel mit England, um ihm wirtschaftlich zu schaden. Doch die Briten erweiterten unbeeindruckt ihr Kolonialreich und suchten sich schnell neue Handelspartner in Süd- und Nordamerika. Darüber hinaus blühte der Schmuggel mit Europa. Zu einem berühmten Warenumschlagplatz wurde z. B. die kleine Insel Helgoland, die die Engländer 1807 den Dänen abgenommen hatten.

Neue Grenzen in Europa
In Europa begann die völlige Umgestaltung insbesondere des Alten Deutschen Reiches. Schon im Jahre 1801 mussten sich die deutschen Fürsten einverstanden erklären, auf die von Frankreich eroberten Gebiete links des Rheins auf Dauer zu verzichten. Für diejenigen, die hierdurch Gebietsverluste erlitten hatten, wurden Entschädigungen vereinbart. Dazu wurden alle geistlichen Landesherren enteignet und ihre Gebiete an weltliche Fürsten verteilt. Dieser Vorgang wurde *Säkularisierung genannt.
Fast alle Reichsstädte und zahllose Kleinstaaten gingen in den Besitz mächtigerer Territorialherren über. Etwa 300 kleine Herrschaftsgebiete verschwanden so von der Landkarte. Drei Millionen Menschen bekamen neue Herren. Zu den Gewinnern zählten die Fürstentümer Bayern, Sachsen und Württemberg, denn sie wurden durch Napoleon zu

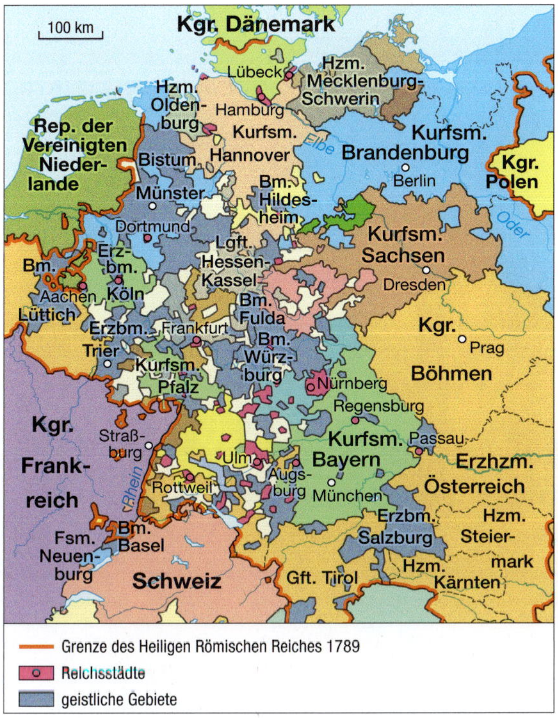

2 Mitteleuropa vor 1789.

3 Mitteleuropa von 1806–1812.

Königreichen erhoben. 1806 schlossen zudem 16 west- und süddeutsche Staaten mit Frankreich einen Bündnisvertrag und bildeten den sogenannten Rheinbund.
Damit wurde das Heilige Römische Reich Deutscher Nation faktisch aufgelöst. Kaiser Franz II. gründete das Kaiserreich Österreich und regierte dort als Franz I.

Q1 Die Hamburgerin Marianne Prell schilderte die Verhältnisse während der Kontinentalsperre folgendermaßen:
... Da schürzten sich die Weiber, um Kaffeebohnen in ihre Strümpfe zu schütten und kleine Beutelchen mit dieser Ware überall unter den Kleidern zu befestigen; da füllte ein Knabe die löcherigen Hosen mit Pfeffer, andere gossen Sirup in ihre Stiefel, ja man will Weiber in ihr schwarzes Zottelhaar, unter der Mütze, Puderzucker haben verbergen sehen ... Es sind auf diese Weise ungeheure [Mengen] hineingeschafft worden ...

Q2 Napoleon äußerte sich 1804 über seine Herrschaftspläne:
... Europa wird nicht zur Ruhe kommen, bevor es nicht unter einem einzigen Oberhaupte steht, unter einem Kaiser, der Könige als seine Beamte hat und der seinen Generalen Königreiche gibt.
Wir brauchen ein europäisches Gesetz, einen europäischen Gerichtshof, eine einheitliche Münze, die gleichen Gewichte und Maße. Wir brauchen dieselben Gesetze für ganz Europa ... Aus allen Völkern Europas muss ich ein Volk machen und aus Paris die Hauptstadt der Welt ...

1. Führe mithilfe des Textes und der Karten 2 und 3 deine Zeitleiste aus Aufgabe 1, S. 121, fort.
2. Beschreibe die Situation der Gebiete im Deutschen Reich mithilfe der Karten.
3. Erkläre die Begriffe Kontinentalsperre, Säkularisierung und Rheinbund. Tausche dich mit einer Partnerin/einem Partner aus und ergänze, wenn nötig.
4. Erstelle mithilfe des Textes und Q1 eine Mindmap zum Thema Kontinentalsperre. Gehe dabei auf Ursachen, Verlauf und Auswirkungen der Kontinentalsperre sowie die besondere Rolle Helgolands ein.
5. Verfasse eine Standpunktrede zum Thema „Vereintes Europa: gestern und heute". Berücksichtige in diesem Zusammenhang Q2. Tauscht euch untereinander aus. Stellt drei Reden in der Klasse vor.

Was bewirkte Napoleon in Preußen?

1 – **Napoleons Einzug in Berlin.** Zeichnung von Richard Knötel, koloriert, 1919.

2 – **„Der Pferdedieb von Berlin".** Karikatur, um 1813.

Preußen und Österreich

Preußen und Österreich waren die letzten deutschen Gegenspieler Napoleons außerhalb des Rheinbundes. Doch auch diese beiden Großmächte wurden von Napoleon vernichtend geschlagen: Österreich 1805 in der Schlacht bei Austerlitz und Preußen 1806 in der Doppelschlacht bei Jena und Auerstedt. Das preußische Königspaar, Friedrich Wilhelm III. und dessen Frau Luise, flohen daraufhin nach Ostpreußen. Noch bevor Napoleon am 27. Oktober 1806 in Berlin einrückte, besuchte er das Grab Friedrichs des Großen in Potsdam. Am Grab verneigte er sich und sprach einer Legende nach die Worte: „Wenn der noch gelebt hätte, wäre ich nicht hier." Als Zeichen seines Triumphes ließ er sich Degen, Orden und Schärpe des Königs nach Paris bringen. Im Dezember 1806, einige Wochen nach der Besetzung Berlins, ließ Napoleon das Viergespann (Quadriga) mit der Siegesgöttin vom Brandenburger Tor entfernen und zerlegt in 13 Kisten nach Paris bringen.
Im Friedensvertrag von Tilsit (1807) musste Preußen alle Gebiete westlich der Elbe abtreten und hohe Entschädigungen zahlen.

Preußen braucht Reformen

Die einstige Militärmacht war besiegt worden, das Land wurde fast halbiert. Die meisten preußischen Bürger fühlten sich nicht als ein preußisches Volk. Ob sie nun unter der Herrschaft eines französischen Kaisers standen oder eines preußischen Königs, war ihnen egal.
Viele Bauern lebten noch in Leibeigenschaft, die meisten Städte kannten keine Selbstverwaltung und die Armee war nicht auf dem neuesten Stand. Doch hochrangige Politiker, wie der Freiherr vom und zum Stein oder Karl August von Hardenberg, wollten Preußen erneuern. Als Vorbild diente ihnen Frankreich. Mit der Nation hatten die Franzosen ein gemeinsames Gut, das sie zusammen verteidigen konnten und mit dem sie sich identifizierten. Stein und Hardenberg erkannten, dass dies die Stärke der Franzosen war. Sie sollte auch die Stärke Preußens werden.

Bauernbefreiungsreform

Der größte Teil der Menschen lebte auch um 1800 noch auf dem Land. Wie im Mittelalter waren die preußischen Bauern von ihrem Gutsherrn abhängig. Sie durften ihr Land nicht verlassen und mussten ihn um Erlaubnis bitten, wenn sie heiraten wollten. Das alles änderte sich im Oktober 1807 mit dem sogenannten Oktoberedikt.
Die Leibeigenschaft wurde abgeschafft und damit waren die Bauern von nun an frei.

3 – Freiherr vom und zum Stein (1757–1831).

4 – Wilhelm von Humboldt (1767–1835).

5 – August Neidhardt von Gneisenau (1760–1831).

Städtereform

Dem Ziel, aus Untertanen freie und verantwortungsvolle Bürger zu machen, diente auch die im Oktober 1808 von Stein verkündete Städtereform. Mit ihr erhielten die Städte ihre Selbstverwaltung zurück, die sie in der Zeit des Absolutismus verloren hatten. Sie durften nun ihren Bürgermeister und das Stadtparlament selbst wählen. Allerdings konnte nur derjenige wählen, der ein Haus besaß oder mehr als 200 Taler im Jahr verdiente.

Preußisches Judenedikt

Ein erster Schritt zur rechtlichen Gleichstellung der in Preußen lebenden Juden war ein Edikt von 1812. Juden konnten nun auf Antrag den Bürgerstatus bekommen, sofern sie bereit waren, *bleibende Familiennamen anzunehmen, sich der Wehrpflicht zu unterwerfen und ihre Geschäfte in deutscher Sprache zu dokumentieren. Aber sie durften noch keine öffentlichen Ämter oder eine Offizierslaufbahn ausüben, außer sie *konvertierten zum Christentum. Auch Ehen zwischen Juden und Christen blieben verboten.

Bildungsreform

Wilhelm von Humboldt veränderte 1810 auch das preußische Bildungssystem. Der Staat erhielt die Aufsicht über die Schulen und setzte die 1717 eingeführte Schulpflicht noch strenger durch. Für eine höhere Bildung gab es Gymnasien und Universitäten. Leistung wurde wichtiger als Herkunft und Stand.

Heeresreform

Die Niederlage gegen Napoleon hatte die Schwächen des veralteten preußischen Heeres sichtbar gemacht. Eine neue, schlagkräftige Armee musste geschaffen werden. Dieser Aufgabe widmeten sich 1806 die drei Generäle Gneisenau, Scharnhorst und Clausewitz. Militärstrafen wie das Spießrutenlaufen und die Folter wurden ebenso abgeschafft wie das Vorrecht Adliger auf Offiziersstellen. Aus der ehemaligen Söldnerarmee wurde nun ein modernes Volksheer, indem die allgemeine Wehrpflicht eingeführt und von den Franzosen moderne Taktiken und Ausbildung übernommen wurden.

* **bleibende Familiennamen**
In der Regel erfolgte die Namensvergabe im Judentum im Hinblick auf den Vater. Das bedeutet, dem Namen des Kindes wurde der Name des Vaters als Beiname hinzugefügt (etwa „Isaac (ben) Levi" – Isaac Sohn des Levi). Die jüdische Namensgebung hatte zur Folge, dass die einzelnen Familien als solche nicht an ihrem Namen erkannt werden konnten. Dieser Umstand sollte durch einen festen, bleibenden Familiennamen umgangen werden.

* **konvertieren**
übertreten

1. Lege eine vierspaltige Tabelle wie abgebildet an. Ergänze die Inhalte.

Jahr	Reformer	Reform	Inhalt der Reformen
…	…	…	…

2. Berichte von Napoleons Feldzügen gegen Österreich und Preußen. Beziehe in deine Ausführungen auch Bild 1 ein.
3. Vergleiche die Ergebnisse der Reformen mit den aktuellen Gegebenheiten in den Bereichen Stadtverwaltung, Bildung und Militär in Deutschland. Finde Gemeinsamkeiten und Unterschiede.
4. Analysiere die Karikatur 2 und stelle Vermutungen an, warum Napoleon Kriegsbeute solcher Art nach Frankreich brachte.

▶ *Nimm hierzu die Methode „Karikaturen analysieren", S. 156, zu Hilfe.*

Napoleonische Zeit – auf wessen Seite stand Sachsen?

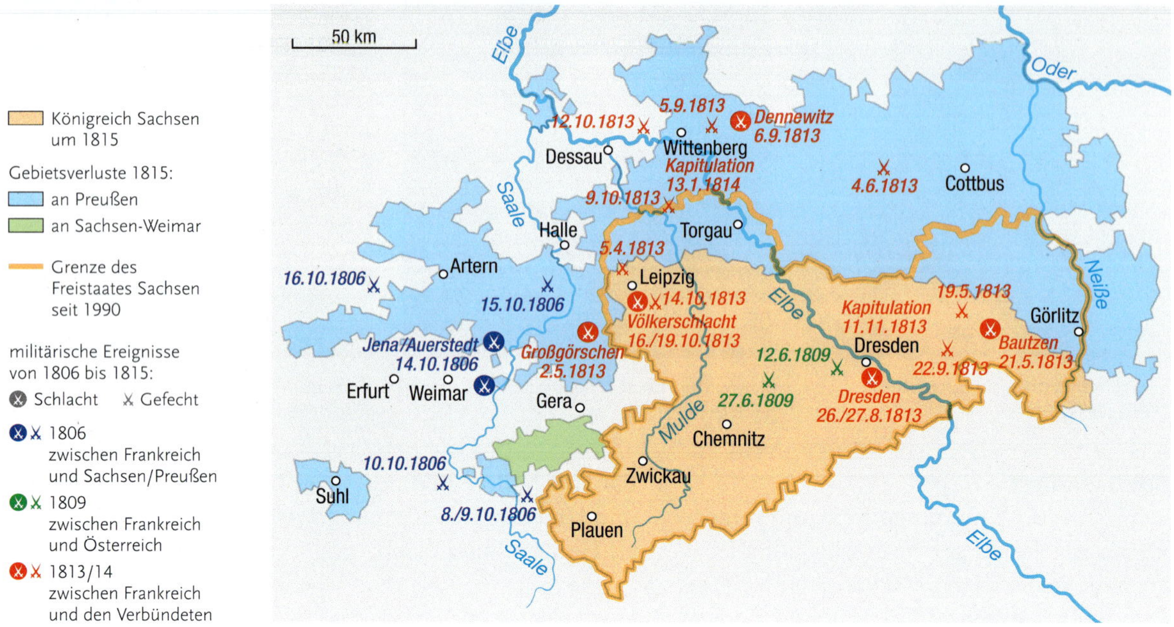

1 – Königreich Sachsen, 1806–1815.

Wappen des Kurfürstentums Sachsen seit 1423.

Wappen des Königreiches Sachsen 1806.

* **Njemen**
Frühere Bezeichnung für den Fluss Memel. Heute Grenze zwischen Litauen und Weißrussland.

Napoleon und Sachsen

Von den Umwälzungen der Napoleonischen Zeit war auch das Kurfürstentum Sachsen betroffen. Als Verbündeter Preußens gehörte es 1806 zu den Verlierern der Schlachten von Jena und Auerstedt. Napoleons Armee hatte daraufhin Sachsen besetzt und unter französische Verwaltung gestellt. Um jedoch den sächsischen Kurfürsten auf seine Seite zu ziehen, behandelte Napoleon Sachsen als neutrale Macht und erhob den Kurfürsten Friedrich August III. am 20. Dezember 1806 zum König. Dessen Titel lautete nun: „Friedrich August I. König von Sachsen". Als Gegenleistung musste Sachsen dem Rheinbund beitreten. Als Rheinbundfürst hatte der sächsische König nicht nur 40 Millionen Francs für den Unterhalt der französischen Armee zu zahlen, sondern musste auch 20 000 Soldaten bereitstellen.

An der Seite Napoleons nach Russland

Die sächsischen Soldaten überschritten am 24. Juni 1812 als Teil der etwa 600 000 Mann starken französischen Grande Armée den *Njemen und damit die russische Grenze. Das Ziel war Moskau, um den russischen Zaren Alexander zum Bündnis gegen England zu zwingen. Dieser hatte seit 1810 seine Häfen für britische Schiffe unter neutraler Flagge geöffnet und so die Kontinentalsperre durchlässig gemacht. Am 14. September erreichte der größte Teil der französischen Truppen schließlich Moskau. Zum Erstaunen Napoleons war die Stadt fast leer. Die russischen Truppen hatten sich in das Hinterland begeben. Der Grund wurde Napoleon klar, als die Stadt plötzlich in vielen Teilen lichterloh brannte. Am 16. Dezember lagen drei Viertel der damals vor allem aus Holzhäusern bestehenden Stadt in Schutt und Asche. Die Unterbringung und Versorgung der französischen Truppen war damit erschwert. Durch den bevorstehenden Winter blieb Napoleon keine Wahl – er musste zurück.

Der Rückzug wird zum Todesmarsch

Neben Hunger, Ermüdung und Krankheiten litten die Soldaten unter den Temperaturen von weniger als 30 Grad Minus. Dazu kam es immer wieder zu *Partisanen- und *Kosakenüberfällen, sodass die französischen Truppen nicht zur Ruhe kamen. Völlig erschöpft und fast erfroren konnten Napoleons Resttruppen schließlich am Fluss Beresina

2 – **Napoleon auf dem Rückzug von Moskau.** Gemälde von Adolph Northen, 1851.

Kurfürst Friedrich August I., der Starke (1694–1733)

Kurfürst Friedrich August II. (1733–1763)

Kurfürst Friedrich Christian (1763)

Kurfürst Friedrich August III. (1763–1827), ab 1806 König Friedrich August I.

über schnell gebaute Brücken der endgültigen Einkesselung durch die russische Armee entgehen. Zu diesem Zeitpunkt hatte Napoleon seine Truppen verlassen und war auf dem Weg nach Paris, um neue Soldaten zu verpflichten. Weniger als 80 000 Männer der ehemaligen Grande Armée erreichten im Dezember 1812 schließlich wieder den Njemen. Davon waren etwas mehr als 1000 Soldaten aus Sachsen. Nach dem Scheitern des Russlandfeldzuges verlagerte sich nun das zentrale Kampfgeschehen nach Sachsen. Trotz der anwachsenden antifranzösischen Stimmung blieb Sachsen noch im Rheinbund. Die sächsische Armee kämpfte weiter an der Seite Napoleons.

Q1 Der Historiker Heinrich T. Flathe schrieb im 19. Jahrhundert über die zurückkehrenden Reste der Grande Armée:
... Seit dem 9. Januar langten die Jammergestalten in Leipzig an, einzeln oder in kleinen Trupps, ohne Waffen und Montierungen, ohne einen Schein militärischen Aussehens, die meisten kaum fähig zu gehen, den Tod in den Gliedern ...

Q2 Der österreichische Kanzler Metternich berichtet nach einer Unterredung mit Napoleon:
... Napoleon fasste sich, und mit ruhigem Ton sagte er mir folgende Worte: Die Franzosen können sich nicht über mich beklagen; um sie zu schonen, habe ich die Polen und die Deutschen geopfert. Ich habe in dem Feldzug von Moskau 300 000 Mann verloren; es waren nicht einmal 30 000 Franzosen darunter. Sie vergessen, Sire, rief ich aus, dass Sie zu einem Deutschen sprechen ...

Partisanen
(ital.: partigiano = Parteigänger)
Hierbei handelt es sich um bewaffnete Kämpfer, die keiner Armee angehören und selbstständig in einem vom Feind besetzten Gebiet im Einsatz sind.

Kosaken
Bedeutet so viel wie „freier Krieger" und bezeichnet Angehörige von Gemeinschaften freier Reiterverbände in den südlichen Steppengebieten Russlands und der Ukraine.

1 Beschreibe anhand von Karte 1 die Folgen der Napoleonischen Kriege für Sachsen.

2 Untersuche Bild 2 anhand der Methode „Bildquellen analysieren" (S. 36).
▶ *Achte vor allem auf Gesichtsausdrücke und Körperhaltungen.*

3 Recherchiere im Internet oder in Bibliotheken zur Geschichte deines Heimatortes in der Napoleonischen Zeit. Stelle deine Ergebnisse in der Klasse vor.

4 Schreibe einen packenden Zeitungsartikel über den Russlandfeldzug. Lass ihn mithilfe von Bildmaterial besonders lebendig wirken.
▶ *Gegen Mittag des 24. Juni 1812 überquerte auch Napoleon mit einem frischen Pferd namens „Moskau" den Njemen. „Der Rubikon ist überschritten" schreibt ein Hauptmann in sein Tagebuch ... .*

5 Beurteile die Rolle Sachsens in der Zeit der napoleonischen Fremdherrschaft. Beantworte dabei die Ausgangsfrage der Doppelseite.

Wurde Napoleons Schicksal in Sachsen besiegelt?

1 – Anlässlich der Völkerschlacht bei Leipzig, die sich 1813 ereignete, wurde im Oktober 2013 eine Festwoche veranstaltet. In diesem Zusammenhang wurde auch das Schlachtgeschehen im Rahmen eines Reenactments nachgestellt. Foto, 2013.

* **Nationalbewusstsein**
Ist der besonders von den Bürgern getragene Gedanke, dass für die Angehörigen eines Volkes ein gemeinsamer Staat die beste Organisationsform wäre.

Napoleons Abstieg

Der katastrophale Ausgang des Feldzugs gegen Russland gab den Feinden Napoleons das Signal, nun gemeinsam zu handeln.
Als Erstes wechselte Preußen die Seiten und verband sich mit Russland. Der preußische General Graf Yorck und Zar Alexander I. schlossen insgeheim einen Vertrag – die Konvention von Tauroggen. Damit wurde Preußen zunächst neutral. König Friedrich Wilhelm III. zögerte noch, um schließlich doch das Bündnis mit Napoleon zu lösen und Frankreich im März 1813 den Krieg zu erklären. Österreich, Großbritannien und Schweden schlossen sich dem preußisch-russischen Bündnis an. Dabei spielte die öffentliche antinapoleonische und mittlerweile auch antifranzösische Haltung eine bedeutende Rolle. Die nationale Idee, die durch die Französische Revolution und die Besatzung großer Teile Europas verbreitet wurde, führte in vielen Ländern zu nationalen Bewegungen. Diese sahen nun im Kampf gegen Napoleons Truppen ihre Stunde gekommen. Die in ihrem *nationalen Bewusstsein gestärkten Bürger sahen die Möglichkeit, im Staat auch eine politische Rolle zu spielen – auf Augenhöhe mit den Fürsten.

Krieg als Vater der Nation

Überall meldeten sich Freiwillige zum Kampf gegen Napoleon. In den Schlachten von Großgörschen und Bautzen im Jahre 1813 konnte sich Napoleon noch unter hohen Verlusten behaupten. Aber überall in den deutschen Ländern wurden französische Truppen angegriffen. Die Rheinbundstaaten fielen nacheinander von Frankreich ab und liefen zur Gegenseite über.
Sachsen aber blieb an Napoleons Seite und wurde jetzt zunehmend zum Aufmarschgebiet seiner Armeen gewählt. Das bedeutete für das kleine Königreich erhebliche Belastungen für Staatskasse und Bevölkerung. Im August 1813 siegte Napoleon zum letzten Mal in der Schlacht bei Dresden. Durch Krieg, Hungersnöte und Epidemien waren in Sachsen mittlerweile 200 000 Menschen gestorben. Über 150 Ortschaften wurden zerstört.

Leipzig – der Anfang vom Ende Napoleons

Die letzte große Schlacht dieses Krieges auf sächsischem Boden fand bei Leipzig statt. Sie war zugleich die Entscheidungsschlacht im Kampf gegen Napoleon. Hier kämpften vom 16. bis 19. Oktober 1813 Franzosen und deren Verbündete gegen Preußen, Russen,

2 – „Auszug der Preußischen Landwehr ins Feld 1813“, nach der Aussegnung in der Kirche von Königsberg. Gemälde von Gustav Graef, 1861.

Schlesische privilegirte Zeitung.

No. 34. Sonnabends den 20. März 1813.

Se. Majestät der König haben mit Sr. Majestät dem Kaiser aller Reußen ein Off- und Defensiv-Bündniß abgeschlossen.

An Mein Volk.

So wenig für Mein treues Volk als für Deutsche, bedarf es einer Rechenschaft, über die Ursachen des Kriegs welcher jetzt beginnt. Klar liegen sie dem unverblendeten Europa vor Augen.

Wir erlagen unter der Uebermacht Frankreichs. Der Frieden, der die Hälfte Meiner Unterthanen Mir entriß, gab uns seine Segnungen nicht; denn er schlug uns tiefere Wunden, als selbst der Krieg. Das Mark des Landes ward ausgesogen, die Hauptfestungen blieben vom Feinde besetzt, der Ackerbau ward gelähmt so wie der sonst so hoch gebrachte Kunstfleiß unserer Städte. Die Freiheit des Handels ward gehemmt, und dadurch die Quelle des Erwerbs und des Wohlstands verstopft. Das Land ward ein Raub der Verarmung.

Durch die strengste Erfüllung eingegangener Verbindlichkeiten hoffte Ich Meinem Volke Erleichterung zu bereiten und den französischen Kaiser endlich zu überzeugen, daß es sein eigener Vortheil sey, Preußen seine Unabhängigkeit zu lassen. Aber Meine rein-

3 – Friedrich Wilhelms III. Aufruf „An mein Volk“, 1813.

Österreicher, Briten und Schweden. Insgesamt standen sich in dieser Völkerschlacht etwa 530 000 Soldaten gegenüber, von denen 90 000–120 000 tot oder verwundet auf dem Schlachtfeld zurückblieben. Napoleon musste sich letztendlich Richtung Paris zurückziehen – gefolgt von seinen Gegnern. Diese erreichten schließlich am 31. März 1814 die französische Hauptstadt, zwangen Napoleon zur Abdankung und verbannten ihn ins Exil auf die Mittelmeerinsel Elba. Wenige Tage später übernahm Ludwig XVIII., ein Bruder des geköpften Ludwig XVI., die Herrschaft über Frankreich.

„Der letzte Flug des Adlers“

Völlig überraschend kehrte Napoleon am 1. März 1815 aus seiner Verbannung zurück. Die französische Armee lief zu ihm über und Ludwig XVIII. floh. Die Allianz seiner Gegner entsandte Truppen, angeführt vom britischen Feldmarschall Wellington und dem preußischen Feldmarschall Blücher. Gemeinsam konnten sie Napoleons Armee endgültig in der Schlacht bei Waterloo, nahe Brüssel, am 18. Juni 1815 schlagen. Damit endete nach 100 Tagen die Rückkehr des Kaisers der Franzosen. Napoleon wurde dieses Mal 8000 Kilometer weit entfernt in den Südatlantik, auf die Insel St. Helena verbannt, wo er 1821 an Magenkrebs verstarb.

Q1 Nach der Kriegserklärung an Frankreich am 20. März 1813 ließ Friedrich Wilhelm III. den Aufruf „An mein Volk“ veröffentlichen:

... Große Opfer werden von allen Ständen gefordert werden ... Ihr werdet jene lieber bringen für das Vaterland, für Euern angeborenen König, als für einen fremden Herrscher ... Aber, welche Opfer auch von Einzelnen gefordert werden mögen, sie wiegen die heiligen Güter nicht auf, für die wir sie hingeben, für die wir streiten und siegen müssen, wenn wir nicht aufhören wollen, Preußen und Deutsche zu sein.

1 Vervollständige deine Zeitleiste von den S. 120/121.

2 Beantworte die Ausgangsfrage dieser Seite: Wurde Napoleons Schicksal in Sachsen besiegelt? Begründe deine Antwort.

3 Erläutere den Begriff Nationalbewusstsein mithilfe von Q1, der Erklärung am Rand und Bild 2.

4 Nimm Stellung zu der These: „Die Französische Revolution war eigentlich vergeblich, da nach Napoleon in Frankreich wieder die Monarchie Einzug hielt.“

5 Stelle dir vor, dass Napoleon 1815 von einem Journalisten interviewt wird. Dieser befragt ihn nach den Ursachen des Scheiterns bei Waterloo und seinen künftigen Zielen. Verfasst in Partnerarbeit dieses Interview. Tragt es anschließend der Klasse vor.

► *Journalist: Sehr geehrter Monsieur Bonaparte, schön, dass Sie sich die Zeit genommen haben ...*

Methode

Denkmäler untersuchen

Denkmäler sind Quellen
Denkmäler gibt es viele und oft nehmen wir sie im Alltag gar nicht richtig wahr. Sie werden allerdings errichtet, um an Ereignisse oder Personen zu erinnern, die in ihrer Zeit bedeutend waren oder auch in der Gegenwart und Zukunft für die Menschen eine Botschaft bereithalten. Denkmäler können identitätsstiftend sein für einen Ort, eine Region oder ein ganzes Land. Sie informieren über eine historische Epoche, sind Erinnerungsorte, Kunstwerke, die man erkunden, und Quellen, die man befragen kann. Sie sollen bei den Betrachtern ein historisches Bewusstsein wecken, Fragen an die Vergangenheit aufwerfen und nicht nur als Verschönerungsobjekte betrachtet werden.
Oft werden sie von einem Künstler gestaltet und sind Auftragswerke für den öffentlichen Raum. Herrscher ließen sich gerne Denkmäler errichten, welche das Volk an ihre Taten erinnern sollte.
Viele von ihnen stehen unter Denkmalschutz und können auch zum Weltkulturerbe gehören. Wir finden Denkmäler auf Plätzen, in Parks, in der Landschaft, an oder in Gebäuden. Auch ganze Gebäude können Denkmäler mit Symbolcharakter sein. Es gibt verschiedene Arten von Denkmälern. Dazu gehören: Nationaldenkmäler, Kriegerdenkmäler, Mahnmale, Herrscher- und Personendenkmäler oder Industriedenkmäler. Um ihre Botschaft zu entschlüsseln, sind Inschriften, Gestaltungsmerkmale, verwendete Materialien und Symbole sehr wichtig.

Folgende drei Schritte helfen dir, Denkmäler zu untersuchen:

Schritt 1 **Beschreibung des Denkmals**	■ Wo steht das Denkmal? ■ Wie sieht das Denkmal aus (Größe, Form, Material, verwendete Symbole, Inschriften)? ■ Was für eine Art von Denkmal ist es?
Schritt 2 **Deutung des Denkmals**	■ Warum wurde das Denkmal geschaffen? ■ Wann und wie wurde es eingeweiht? ■ Gab es Gegenstimmen zu diesem Denkmal?
Schritt 3 **Denkmal in der Gegenwart**	■ Welche Rolle spielt das Denkmal heute? ■ Welche Veränderungen wurden am Denkmal im Verlauf seines Bestehens vorgenommen bezüglich Aussehen, Inschriften oder Nutzung?

1 Betrachte das Bild 1 und beschreibe die Wirkung des Bauwerks in der Landschaft.
2 Finde im Lösungsbeispiel auf der rechten Seite die Unterschritte der Methode „Denkmäler untersuchen“ wieder.
3 Untersuche Denkmal 2 anhand der Methodenschritte.
4 Gestalte einen eigenen Denkmalentwurf, der den Wert des Friedens betont und sich gegen kriegerische Auseinandersetzungen ausspricht.
► *Typische Symbole können sein: Taube, Adler, zerbrochene Waffen, stolze, jubelnde oder arbeitende Menschen, Frauen mit Kindern …*

1 – Das Völkerschlachtdenkmal in Leipzig wurde 1913 anlässlich des 100. Jahrestages der Völkerschlacht bei Leipzig eingeweiht. Foto, 2017.

2 – Denkmal König Johanns vor der Semperoper in Dresden. Foto, 2019.

Lösungsbeispiel zum Bild 1:

Zum Schritt 1:
Das Völkerschlachtdenkmal befindet sich in Leipzig. Das 91 Meter hohe Bauwerk besteht in allen sichtbaren Teilen aus Beuchaer Granitporphyr und kann als Nationaldenkmal angesehen werden.

Zum Schritt 2:
Das Denkmal wurde vom Deutschen Patriotenbund in Auftrag gegeben und sollte einhundert Jahre nach der Entscheidungsschlacht gegen Napoleon an den damaligen Sieg erinnern und die Wehrhaftigkeit der entstehenden jungen deutschen Nation symbolisieren. Daher wurde die Einweihung mit den Feierlichkeiten zum hundertjährigen Jubiläum der Völkerschlacht vorgenommen – nach 15 Jahren Bauzeit. Es sollte einen neuen „germanischen“ Stil repräsentieren, sich also von Bauwerken im griechisch-römischen Stil abgrenzen. Zu diesem Zweck wurden die Blöcke grob behauen und Ritter um die Kuppel angeordnet, die sich auf ihr Schwert stützen und so die Wehrhaftigkeit des Volkes zum Ausdruck bringen. Das Innere der Kuppel zieren 32 fast lebensgroße Reiter. Über dem Eingang befindet sich eine Skulptur des Erzengels Michael, dem Bezwinger des Teufels, als Beschützer des Denkmals.

Zum Schritt 3:
Das Völkerschlachtdenkmal ist das größte Denkmal Deutschlands und gehört zu den bedeutendsten in Europa. Während des Zweiten Weltkriegs erlitt es Schäden, wurde aber zwischen 2003 und 2017 saniert.

Was geschah nach dem Sieg über Napoleon?

Grenze des Deutschen Bundes 1815

neu- oder wiedererworbene Gebiete in hellerer Farbstufe

1815 neugeschaffene oder wiederhergestellte Staaten

1 Kgr. der Vereinigten Niederlande
2 Kgr. Hannover
3 Grhzm. Luxemburg
4 Grhzm. Hessen
5 Kgr. Württemberg
6 Grhzm. Baden

1 – Europa nach dem Wiener Kongress 1815.

Klemens Wenzel Lothar von Metternich (1773–1859) Österreichischer Diplomat, Politiker und Staatsmann, zunächst als Botschafter in Dresden, Berlin und Paris tätig – ab 1809 österreichischer Außenminister und Staatskanzler.

* **Restauration**
Von lateinisch „restauratio" für „wiederherstellen" oder „erneuern".

„Der Kongress tanzt"

Nach dem Sturz Napoleons sollte in Europa wieder die alte Ordnung hergestellt werden. Neben den großen Gewinnern wie Österreich, Russland, England und Preußen hatten sich die europäischen Fürsten oder ihre Gesandten aus über 200 Staaten vom September 1814 bis Juni 1815 in Wien eingefunden. Dieser Kongress wurde vom österreichischen Außenminister Klemens Wenzel von Metternich geleitet. Der gesamteuropäische Adel wollte hier seine Macht- und Gebietsansprüche klären und feierte nebenbei viele Feste und Bälle.

Die Wiederherstellung und Neuordnung der Machtverhältnisse waren die zentralen Anliegen der Kongressteilnehmer. Der französische Gesandte Charles-Louis de Talleyrand konnte nicht verhindern, dass Frankreich wieder seine Grenzen von 1792 bekam. Aber er konnte durchsetzen, dass Frankreich unter Führung König Ludwigs XVIII. nicht mehr als Kriegsverlierer behandelt wurde. Damit kehrte es zurück in die Reihe der fünf europäischen Großmächte – neben Preußen, Österreich, Großbritannien und Russland.

Die Ergebnisse des Wiener Kongresses

Ein zentrales Ziel des Wiener Kongresses bestand darin, die Errungenschaften der Französischen Revolution und die bürgerlichen Forderungen nach politischer Mitbestimmung im Keim zu ersticken. Oberhand sollten wie einst die absolutistischen Monarchien erhalten. Damit begann die Zeit der *Restauration.

Ein weiteres Ziel der Kongressteilnehmer war Frieden in Europa. Dafür sollten zum einen die fünf Großmächte sorgen, zum anderen die Solidarität der europäischen Fürsten untereinander gegen jede weitere bürgerliche revolutionäre Bewegung. Diesem Zweck diente auch die Gründung der Heiligen Allianz zwischen Preußen, Österreich und Russland.

Weitere Ergebnisse des Kongresses sahen drastische Gebietsveränderungen vor:

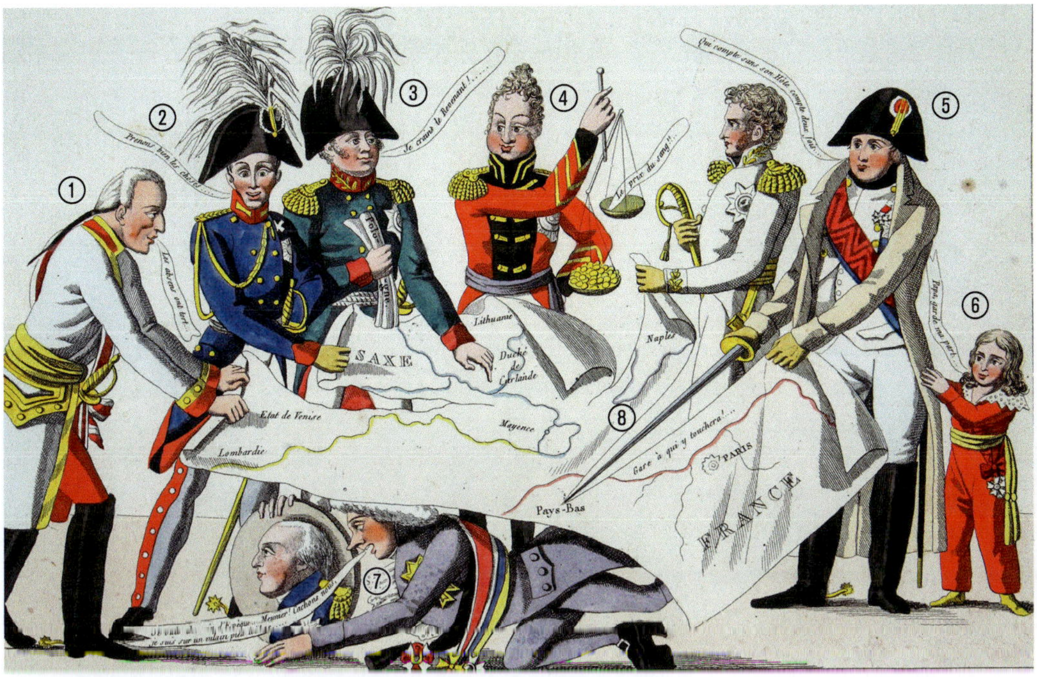

2 – „Der Kuchen der Könige.“ Zeitgenössische Karikatur, 1815.

Der Dialog der Fürsten während der Aufteilung Europas (von links nach rechts):

① **Kaiser Franz I. von Österreich:** „Die Abwesenden sind selbst schuld.“ Er greift die Lombardei und Venedig.

② **König Friedrich Wilhelm III. von Preußen:** „Nehmen wir uns die guten Stücke.“ Er greift nach Sachsen.

③ **Zar Alexander I.:** „Ich fürchte mich vor dem Gespenst.“ (= Napoleon) Alexander greift nach Polen, Kurland und Litauen.

④ **König Georg IV. von England:** „Der Preis des Blutes.“

⑤ **Napoleon:** „Wer die Rechnung ohne den Wirt macht, rechnet zweimal.“ Napoleon greift nach Paris und Frankreich.
Napoleon ist „das Gespenst“ (siehe Zar Alexander), weil er zu diesem Zeitpunkt verbannt war und somit nicht am Wiener Kongress teilnahm.

⑥ **Napoleons Sohn:** „Papa passt auf meinen Anteil auf.“

⑦ **Französischer Außenminister Talleyrand (unter dem Tisch liegend):** „Ich werde vom Bischof zum Müller. Ich lebe hier unten auf gefährlichem Fuß.“

⑧ **Auf der Karte:** „Wehe dem, der dies [Frankreich und Paris] hier anfasst.“

Großbritannien erhielt die Inseln Malta, Ceylon, Trinidad und Tobago, die Seychellen, Mauritius und Helgoland sowie die südafrikanische Kap-Kolonie.
- Russland bekam fast das gesamte polnische Staatsgebiet sowie den Königstitel und Finnland zugesprochen.
- Österreich gewann Tirol, Gebiete in Oberitalien, Galizien und Dalmatien (heute Kroatien).
- Preußen wurde mit der Hälfte von Sachsen, Westfalen und der Hälfte der späteren Rheinprovinz entschädigt.

Die Fürsten schoben während der Verhandlungen „Seelen“, d. h. Länder, Provinzen, Städte und Grenzstreifen zwischen sich hin und her. Dabei betrachtete man die betroffene Bevölkerung nur als Verhandlungsmasse, nicht als Menschen.

Q1 Fürst de Ligne (1735–1814), ein österreichischer Feldmarschall, begrüßte einen französischen Grafen bei dessen Ankunft in Wien 1814 mit den Worten:
Sie kommen zur rechten Zeit, um große Dinge zu sehen. Europa ist in Wien. Das Gewebe der Politik ist ganz mit Festlichkeiten durchsponnen. Denn der Kongress schreitet nicht vor, sondern er tanzt. Es ist ein königliches Wirrwarr. Von allen Seiten schreit man: Friede, Gerechtigkeit, Gleichgewicht, Entschädigung, Legitimität – ein Wort, um das Fürst von Talleyrand die Diplomatie bereichert hat. Die Eintracht hat endlich die Völker verbunden, die so lange feindlich waren; ihre berühmtesten Vertreter gaben das erste Beispiel dazu. Eine seltsame Sache, die man hier zum ersten Male sieht: das Vergnügen erringt den Frieden.

1 Fasse die Folgen des Wiener Kongresses zusammen.

2 Suche in der Karte 1 und mithilfe eines Atlasses die im Text genannten Gebiete, die die verschiedenen Länder hinzugewonnen hatten. Fasse deine Ergebnisse in einer Tabelle zusammen.

3 Verfasse eine offizielle Erklärung über die Folgen des Wiener Kongresses für Sachsen mithilfe der Karte und des Textes.
▶ *Hiermit erklärt der Wiener Kongress, dass Sachsen ab heute …*

4 Untersuche die Karikatur in Bild 2 und beziehe dabei die Aussagen der einzelnen Herrscher mit ein.
▶ *Nimm hierfür die Methode „Karikaturen interpretieren“, S. 156, zu Hilfe.*

5 Charakterisiere die auf dem Wiener Kongress herrschende Atmosphäre anhand der Aussage „Der Kongress tanzt“ (Q1). Erstellt dazu ein Standbild. Diskutiert anschließend die Bedeutung der Politik zur damaligen Zeit für den einfachen Mann.

Welche Auswirkungen hatte der Wiener Kongress auf Europa?

1 – „Die Heilige Allianz" – Zar Alexander I. von Russland, Kaiser Franz I. von Österreich und König Friedrich Wilhelm III. von Preußen. Gemälde eines unbekannten Malers, 1815.

2 – „Deutschlands Hoffnung" oder „Der Bundestag in Frankfurt". Radierung, 1816.

Heilige Allianz – erstes überstaatliches Bündnis Europas

Obwohl der russische Zar, der österreichische Kaiser und der preußische König Anhänger unterschiedlicher Konfessionen waren, gründeten sie im Zuge des Wiener Kongresses am 26. September 1815 die „Heilige Allianz". Kerngedanke dieses Bündnisses war die Sicherung eines „Ewigen Friedens" in Europa. Die beteiligten Herrscher verpflichten sich zur gegenseitigen Hilfe und überall da gemeinsam einzugreifen, wo die Monarchien bedroht schienen. Die Grundsätze des Christentums (z. B. Nächstenliebe) sollten darüber hinaus als höchste Instanz des Völkerzusammenlebens gelten. Dem Bündnis traten bald alle europäischen Staaten, außer dem Vatikanstaat und Großbritannien, bei. Unter der Führung Metternichs wurde die Heilige Allianz zum Werkzeug gegen alle demokratischen Bewegungen.

Der Deutsche Bund – ein Bund der Deutschen?

Viele Deutsche hofften, dass durch den Wiener Kongress anstelle der vielen kleinen Staaten ein einheitlicher deutscher Nationalstaat nach französischem Vorbild entstehen würde. Diese Hoffnungen wurden jedoch enttäuscht. Sowohl die Großmächte Europas als auch die einzelnen deutschen Fürsten wollten kein einheitliches Land mit einem starken deutschen Kaiser. Dies hätte einen Machtverlust bedeutet. Deshalb wurde statt eines National- oder Bundesstaates lediglich ein loser Staatenbund aus 35 Fürstentümern und den vier freien Reichsstädten Hamburg, Frankfurt, Bremen und Lübeck gegründet. Diese schlossen sich am 8. Juni 1815 zum Deutschen Bund zusammen.

Wer hat das Sagen im Deutschen Bund?

Das bedeutendste gemeinsame Ziel war die Einhaltung des äußeren und inneren Friedens in Deutschland sowie die Unabhängigkeit und Unverletzlichkeit der 39 einzelnen deutschen Staaten. Das bedeutete aber auch, dass jeder Staat seine eigenen Gesetze machte, seine eigene Währung behielt, eigene Zölle erhob und eine eigene Armee unterhielt. Als einzige gesamtdeutsche Einrichtung wurde der Bundestag in Frankfurt/M. geschaffen. Ein ständig tagender Kongress der Gesandten der Einzelstaaten, in dem Österreich mit Staatskanzler Metternich den Vorsitz hatte. Dieser sollte in der Folgezeit die gesamteuropäische Politik maßgeblich beeinflussen.

Grenze des Deutschen Bundes 1815

1 Hzm. Lauenburg
2 Grhzm. Mecklenbg.-Strelitz
3 Fsm. Schaumburg-Lippe
4 Fsm. Lippe
5 Hzm. Braunschweig
6 Hzm. Anhalt
7 Jülich-Kleve-Berg
8 Fsm. Waldeck
9 Lgft. Hessen-Homburg
10 Fsm. Hohenzollern
11 Fsm. Liechtenstein
12 Vorarlberg

Fsm.	Fürstentum
Grhzm.	Großherzogtum
Hzm.	Herzogtum
Kgr.	Königreich
Lgft.	Landgrafschaft
Mgft.	Markgrafschaft
Prov.	Provinz
Rep.	Republik

3 – Der Deutsche Bund 1815.

Sachsens Abstieg

Die Treue Sachsens zu Napoleon blieb nach der verlorenen Völkerschlacht nicht ohne Folgen. Als Kriegsverlierer wurde Sachsen vorerst unter russische Verwaltung gestellt und König Friedrich August I. als Kriegsgefangener behandelt.

Am 21.05.1815 unterzeichnete er gezwungenermaßen die Beschlüsse des Wiener Kongresses. Dadurch verlor er etwa die Hälfte seines Herrschaftsgebietes und seiner Untertanen. Somit umfasste Restsachsen nach 1815 nur noch 15 000 Quadratkilometer mit rund 1,8 Millionen Einwohnern. Dieses Gebiet wurde Teil des Deutschen Bundes. Nachdem Friedrich August am 7. Juni 1815 nach Dresden zurückgekehrt war, ordnete er an, dass die weiße Kokarde am Hut der sächsischen Soldaten nun eine grüne Umrandung erhalten sollte „zur Belebung des Nationalsinnes und als Zeichen der Eintracht“. Seitdem gelten weiß und grün als sächsische Landesfarben.

Q1 Die Gräfin Thurheim während des Wiener Kongresses 1815 über den gedemütigten Sachsenkönig:

... Inmitten dieser glänzenden und galanten Prinzen verbarg sich demütig und bescheiden Friedrich August I., König von Sachsen, ein Opfer seiner Bündnistreue für Napoleon. Des größten Teiles seines Landes verlustig, seiner Generäle und Soldaten beraubt, suchte er Gerechtigkeit oder wenigstens Trost im Gebet. Die Besucher der Messe ... konnten ihn häufig im Stephansdome in einem Winkel kniend finden ...

1. Nenne mindestens 10 der 39 Länder des Deutschen Bundes. (Karte 3)
2. Vergleiche die Zusammensetzung des Deutschen Bundes mit der heutigen Bundesrepublik Deutschland.
3. Erläutere anhand des Textes, Bild 2 und der Karte 3 die Entstehung des Deutschen Bundes.
4. Erkläre, ob der Deutsche Bund ein Bund der Deutschen war. Begründe deine Antwort.
5. Spielt anhand von Q1 die Begegnung zwischen der Gräfin und dem sächsischen König nach und lasst beide ins Gespräch kommen.
   ► *Gräfin: Majestät, darf ich Sie kurz im Gebet unterbrechen ...*
6. Teilt eure Klasse in Gruppen. Versetzt euch nun in folgende Personen: Zar Alexander, König Friedrich Wilhelm III., Kaiser Franz I. und König Friedrich August I. Schreibt Fürst Metternich nach dem Wiener Kongress einen Brief, der eure Gefühle zu den Ergebnissen ausdrückt. Lest euch gegenseitig die Briefe vor.

Wie reagierte die Bevölkerung auf die Ergebnisse aus Wien?

1 – **„Mein Nest ist das Best."** Zeichnung von Ludwig Richter, 1869.

2 – **„Zwei Männer in Betrachtung des Mondes".** Die Personen sind gekleidet in „altdeutsche" Tracht. Gemälde von Caspar David Friedrich, 1819/1820.

* Romantik
Eine von Deutschland ausgehende Bewegung (1790–1830), die in der Literatur begann und auf Musik und bildende Kunst übergriff. Sie ist geprägt durch die Flucht aus der Wirklichkeit in die Welt der Fantasie, der Natur und in die Vergangenheit. Die gute alte Zeit (des Mittelalters) wurde „romantisiert", also als besonders positiv angesehen.

* Autorität
Begriff für eine Persönlichkeit mit hohem Ansehen.

Das Bürgertum ist wie eine Romanfigur

Nach dem Sieg über Napoleon hatten die Bürger aufgeatmet und auf einen Neubeginn gehofft. Die Französische Revolution und ihre Ideale waren nicht vergessen, jedoch enttäuschten die Ergebnisse des Wiener Kongresses. Demokratische Bewegungen wurden zunehmend mit aller Macht von der Obrigkeit unterdrückt. Frustriert von diesen Entwicklungen zogen sich viele Bürgerinnen und Bürger ins Privatleben zurück. Sie konzentrierten sich nun vorrangig auf Familie, Bildung, Musik und Kunst, statt auf die Teilnahme am politischen Geschehen. Beispielhaft für den sich daraus entwickelnden Menschentyp war die von den Autoren Eichroth und Kußmaul geschaffene Romanfigur des spießigen und kleingeistigen Dorflehrers Gottlieb Biedermeier. Diese Figur wurde letztlich namensgebend für die Zeit zwischen 1815 und 1848 in Kunst, Einrichtungsstil und Politik in Deutschland – die Biedermeierzeit.

Die (spieß-)bürgerliche Familie

In den bürgerlichen Familien waren die Rollen klar verteilt: Der Vater war das Oberhaupt. Er hatte die uneingeschränkte *Autorität. Die Mutter kümmerte sich um den Haushalt und die Erziehung der meist zahlreichen Kinder. Seine gute Stube war für den „Biedermann" der Rückzugsraum in seine kleine heile Welt, weit weg von den Wirren der Zeiten. Deshalb wurden die „Spießbürger" und „Biedermänner" oft spöttisch mit Nachtmütze, Schlafrock und Pantoffeln auf Bildern dargestellt.
Man sehnte sich zurück in eine vermeintlich bessere Zeit des Mittelalters mit seinen Rittern, Burgen und einem Deutschen Kaiser. Aus dieser Zeit stammende Geschichten griffen die Gebrüder Grimm, Gustav Schwab oder Wilhelm Hauff auf und schufen bis heute gelesene Märchensammlungen.
Die Deutschen begannen, sich als eine Kulturnation zu verstehen.

Was ist *romantisch?

Zu den Ergebnissen des Zurückziehens ins Private gehörten auch einzigartige Werke in Kunst und Musik. Große Komponisten wie Beethoven, Mendelssohn-Bartholdy oder der in Zwickau geborene Robert Schumann machten Deutschland zur Musiknation. Carl Maria von Weber komponierte in Dresden 1821 mit seinem „Freischütz" die erste deutsche Nationaloper. Diese Oper besitzt Elemente wie Natur und Wald sowie eine

3 – „Die gute alte Zeit." Das Innere einer Bürgerwohnung im Biedermeierstil. Gemälde, um 1835.

märchenhafte Handlung. Diese gelten als typisch für die Kultur dieser Epoche – die Romantik. Auch berühmte Maler wie Caspar David Friedrich und Ludwig Richter nahmen diese Elemente in ihren Gemälden auf. Sie waren in Dresden tätig, das mit seinen Kunstschätzen und seiner landschaftlich schönen Umgebung zu einem kulturellen Zentrum der Romantik wurde. In den Bildern Richters kommen seine Liebe zum Kleinen und Nahen, der Hang zur Idylle und seine Volksverbundenheit zum Ausdruck. Caspar David Friedrichs Werke hingegen zeigen ein tiefes Empfinden für die Natur und sind geprägt von einer starken Gefühlswelt.

Folgende Namen sind eng mit der Biedermeierzeit und Zeit der Romantik in Sachsen verbunden:
Maler: Ludwig Richter, Caspar David Friedrich, Carl Gustav Carus;
Komponisten und Instrumentalisten: Clara und Robert Schumann (Klavier), Julius Otto, Carl Maria von Weber, Fanny und Felix Mendelssohn-Bartholdy.

Q1 Der Philosoph Friedrich Schleiermacher (1768–1834) schrieb 1804 in einem Brief über die Funktion der Familie:
... Und so denke ich mir auch jede Familie als ein niedliches, trauliches Kabinett in dem großen Palast Gottes, als ein liebes, sinniges Ruheplätzchen in seinem Garten, von wo aus man das Ganze übersehen, aber doch auch sich recht vertiefen kann in das Enge, Beschränkte, Trauliche ...

Idylle
Meint umgangssprachlich ein als harmonisch angesehenes Leben, zumeist auf dem Land, das nicht zwangsläufig den realen Gegebenheiten entspricht.

1. Definiert die Begriffe Biedermeierzeit und Romantik mithilfe einer Redekette. Nutzt dazu die Bilder 1 und 2.
   ▶ *Beispiel für die Biedermeierzeit: Darstellung einer Familie → mit vielen Kindern → alle haben sich lieb-> auch viele Tiere sind dargestellt → man umarmt sich*
2. Untersuche Q1. Inwiefern kann die Aussage als Zeugnis der Biedermeierzeit gesehen werden?
3. Analysiere das Bild 3. Beachte dabei besonders die Stellung von Mann und Frau.
   ▶ *Das Gemälde verdeutlicht die Rollenverteilung in der Zeit des Biedermeier.*
4. Recherchiere im Internet zu bekannten sächsischen Persönlichkeiten jener Zeit. Erstellt jeweils einen Steckbrief ähnlich der VIP-Seite. Stellt ihn eurer Klasse vor.
5. Erstelle jeweils eine Wandzeitung zu den Stilrichtungen Biedermeier und Romantik. Gehe dabei auf wichtige Vertreter der Kunst, Musik und Literatur ein. Bitte, bei Bedarf, deinen Kunst-, Musik- oder Deutschlehrer um Hilfe.
6. Der gute Ruf eines Bürgers hing im 19. Jahrhundert mehr von der intakten Familie als von beruflichen Erfolgen ab. Positioniere dich zu dieser Feststellung. Führt in der Klasse ein Streitgespräch und vergleicht mit heute.

Wie wurde die deutsche Nationalidee zur Bewegung?

1 – Wartburgfest 1817. Die Studenten tragen die altdeutsche Tracht.

2 – Der Zug auf das Hambacher Schloss am 27.05.1832. Radierung, 1832.

✲ Studentenverbindung/ Burschenschaft
Hierbei handelt es sich um einen Verband von Studenten und Absolventen (Alumni) einer Universität, der Bräuche und gewachsene Traditionen pflegt (eigene Regeln, Farben und z. T. Fechtübungen und -kämpfe bei schlagenden Verbindungen). Im Zuge der Einheitsbewegung wurde kurzzeitig das Ziel verfolgt, auch alle Studentenverbindungen zu vereinigen.

✲ Pressezensur
Hierunter ist eine Informationskontrolle zu verstehen. Dabei werden Texte streng geprüft und beurteilt. Unerwünschte Inhalte wurden dann gegebenenfalls gekurzt oder ganz verboten.

Protest war Schwarz-Rot-Gold

Während sich viele Bürgerinnen und Bürger nach den Kriegen und den enttäuschenden Ergebnissen des Wiener Kongresses fernab jeglicher Politik ins häusliche Idyll zurückzogen, rebellierte die Jugend gegen Restauration und Kleinstaaterei. Es waren v. a. Studenten und fortschrittliche Professoren an den Universitäten, die ihren Traum von Freiheit und Einheit nicht aufgeben wollten. Am 12. Juni 1815, bereits wenige Tage nach Abschluss des Wiener Kongresses, hatten aufgebrachte Studenten in Jena die Deutsche Burschenschaft (Urburschenschaft) gegründet, die sich als Verbindung aller Studenten an allen deutschen Universitäten verstand. Ihr Ziel war die Einheit Deutschlands und ihr Motto „Freiheit, Ehre, Vaterland". Sie organisierte Protestaktionen und trug erstmals Schwarz-Rot-Gold als deutsche Farben.

Was ist des Deutschen Vaterland?

Am 31. Oktober 1817 versammelten sich um acht Uhr morgens ca. 450 Studenten auf dem Marktplatz im thüringischen Eisenach, um gemeinsam zur Wartburg zu ziehen. Hier sollte eigentlich neben dem 300-jährigen Jubiläum der Reformation auch der 4. Jahrestag der Völkerschlacht bei Leipzig gefeiert werden. Doch stattdessen wurde von Freiheit, der deutschen Einheit und den Toten, die hierfür ihr Leben gegeben hatten, gesprochen. Abends trafen sich die Teilnehmenden zum großen Fackelzug. Dabei warfen Studenten unter großem Beifall die Zeichen der alten Fürstenherrschaft ins Feuer: Bücher, die die Herrschaft der Fürsten verherrlichten, alte Soldatenzöpfe, einen österreichischen Korporalsstock, Uniformteile.

Die Reaktion der Obrigkeit

Zunächst reagierten die Landesherren mit Empörung und scharfem Protest auf den „Haufen verluderter Studenten und Professoren". Viele verlangten, die Jenaer Universität als „Asyl für Staatsverbrecher" zu schließen. Auch der preußische König Friedrich Wilhelm III. sah sich alarmiert und stellte Überlegungen an, alle studentischen Verbindungen zu verbieten. Nachdem im März 1819 der Schriftsteller und Generalkonsul August von Kotzebue, der als Fürsprecher der Fürsten und als Gegner der nationalen Einheit und revolutionärer Gedanken galt, durch einen Burschenschafter ermordet worden war, begann die Verfolgung der Verbindungen. Der aus Jena stammende Attentäter, Karl Ludwig Sand, wurde sofort hingerichtet. Alle „gemeingefährlichen" Burschenschaften wurden durch die Karlsbader Beschlüsse im August 1819 verboten, die ✲Pressezensur verschärft und die Versammlungsfreiheit eingeschränkt.

Die Gesetze des Denker-Clubs auf dem rechten Schild:
1. Der Präsident eröffnet präzise 8 Uhr die Sitzung.
2. Schweigen ist das erste Gesetz dieser gelehrten Gesellschaft.
3. Auf das kein Mitglied in Versuchung geraten möge, seiner Zunge freien Lauf zu lassen. So werden beim Eintritt Maulkörbe ausgeteilt.
4. Der Gegenstand, welcher in jedesmaliger Sitzung durch ein reifes Nachdenken gründlich erörtert werden soll, befindet sich auf einer Tafel mit großen Buchstaben deutlich geschrieben.

3 – „Der Denker-Klub“. Karikatur, um 1820.

Von Eisenach nach Hambach

Jede bürgerliche, nationale oder demokratische Bewegung sollte fortan als Volksverhetzung unterdrückt werden. Doch die fortschrittlichen demokratischen Kräfte ließen sich durch Verbote und dauernde Bespitzelung nicht entmutigen. Erneut trafen sich Studenten und Bürgerinnen und Bürger 15 Jahre nach dem Wartburgfest, um ihre Forderungen nach politischer Freiheit und nationaler Einheit zu bekräftigen. Diesmal waren es über 30 000, die unter schwarz-rot-goldenen Fahnen zur *Hambacher Schlossruine zogen. Wieder folgten Verhaftungen und Verurteilungen, eine weitere Verschärfung der Pressezensur und die Abschaffung der Rede- und Versammlungsfreiheit. Enttäuscht flohen Tausende in der Folge ins Ausland, vor allem nach Amerika.

Q1 Der Student Heinrich von Gagern (1799–1880) schrieb am 17.07.1818 in einem Brief über die Ziele der Burschenschaft:

... Überhaupt wünschen wir, dass Deutschland als ein Land und das deutsche Volk als ein Volk angesehen werden ... Wir leben in einer deutschen Burschenschaft, im Geiste als ein Volk, wie wir es in ganz Deutschland gerne in der Wirklichkeit täten. Wir geben uns die freieste Verfassung, so wie wir sie gerne in Deutschland möglichst frei hätten ...

Q2 Aus der Rede des Journalisten und Juristen Philipp Jakob Siebenpfeiffer (1789–1845) auf dem Hambacher Fest am 27.05.1832:

Ja, es wird kommen, der Tag, wo ein gemeinsames deutsches Vaterland sich erhebt ...! Es lebe das freie, das einige Deutschland! ... Hoch lebe jedes Volk, das seine Ketten bricht und mit uns den Bund der Freiheit schwört! ... Bald muss es geschehen, soll die europäische Freiheit nicht erdrosselt werden von den Mörderhänden der Aristokratie ... . Auf ein Ziel nur lasset uns blicken, auf das leuchtende Ziel deutscher Nationaleinheit, deutscher Größe, deutscher Macht ...

* **Hambacher Schlossruine**
Das Hambacher Schloss ist in der Pfalz gelegen, 20 Kilometer westlich von der Universitätsstadt Heidelberg.

1. Beschreibe die Stimmung auf den Bildern 1 und 2.
2. Versetze dich in verschiedene Personen, die auf dem Wartburgfest oder dem Hambacher Fest dabei waren (Bilder 1 und 2) und formuliere Sprechblasentexte für sie.
3. Vergleiche mittels einer Tabelle das Wartburg- und das Hambacher Fest. Überlege dir selbstständig Vergleichsmerkmale.
4. Analysiere die Karikatur 3.
   ► *Nimm hierzu die Methode „Karikaturen interpretieren“, S. 156, zu Hilfe.*
5. Recherchiere im Internet zur Symbolik und Geschichte der Farben Schwarz-Rot-Gold, die noch heute die deutschen Nationalfarben sind.
6. Vergleiche Q1 und Q2. Bilde dir ein Urteil: Welche Ziele erscheinen dir nachvollziehbar, welche nicht?

Webcode: EV658282-139

Sachsen im *Vormärz

1 – Sturm auf das Haus des Leipziger Polizeichefs am 4. September 1830. Kolorierter Stich von Georg Emanuel Opitz, 1830.

Erste Anzeichen von Unzufriedenheit

Zu Beginn des 19. Jahrhunderts machte sich in Sachsen eine wachsende Unzufriedenheit breit. Einerseits verschlechterte sich aufgrund hoher Steuern die soziale Situation. Dies betraf vor allem Handwerker, Gesellen und Tagelöhner. Andererseits war die nach den Kämpfen gegen Napoleon vom Bürgertum erwartete Beteiligung an der Politik ausgeblieben. Als 1827 der *konservativ eingestellte sächsische König Friedrich August I. starb, hofften viele, dass Prinz Friedrich August den Thron besteigen würde. Doch König wurde Anton, der Bruder von Friedrich August I. Dieser setzte die Politik seines Bruders fort. So ließ er z. B. den unbeliebten Innenminister Detlef Graf von Einsiedel in seinem Amt. All dies trug zur Verschlechterung der allgemeinen Stimmung bei.

Erste Unruhen ereigneten sich im Juni 1830 in Dresden, als in Sachsen die 300. Wiederkehr des *Augsburger Bekenntnisses gefeiert wurde. Bei den Bürgerinnen und Bürgern der Stadt war der Eindruck entstanden, dass die Behörden – aufgrund des katholischen Herrscherhauses – dieses Ereignis nicht würdigen würden. So waren z. B. die Fenster des Dresdner Rathauses nicht erleuchtet. Wütende Bürger warfen daraufhin Steine gegen den Sitz des Stadtrates. Um zu verhindern, dass die Situation weiter eskaliert, wurden Armee und Polizei eingesetzt.

Die Situation spitzt sich zu – Aufstände in Leipzig und Dresden

Als im Juli 1830 eine Revolution in Frankreich ausbrach (Julirevolution), griff diese auf große Teile Europas über. Nun keimte auch in Sachsen ein neuer Wille zu Veränderung auf, der in Gewalt umschlug. Auslöser war ein Ereignis am 2. September 1830: Polizisten hatten in Leipzig Schmiedegesellen bei einem Polterabend niedergeschlagen. Daraufhin versammelten sich Handwerker, Arbeiter, Lehrlinge und Studenten. Sie liefen unter dem Motto „Es lebe die Freiheit!“ durch die Messestadt, zerschlugen Fensterscheiben und zerstörten Häuser. Sie erzwangen am 4. September den Rücktritt des dortigen Polizeipräsidenten, dessen Haus am selben Tag verwüstet worden war. Am 9. September schwappten die Unruhen auf Dresden über. Auf dem Altmarkt kam eine große Menschenmenge zusammen, es wurde die Marseillaise gespielt, das Rathaus sowie die Polizeiwache gestürmt und verwüstet. Als schließlich Militär gegen die Bevölkerung eingesetzt wurde, starben zwei Gesellen durch Bajonettstiche.

Nun musste die Regierung einlenken und Zugeständnisse hinsichtlich Veränderungen in Verfassung und Verwaltung machen. Auch der ungeliebte Graf von Einsiedel wurde entlassen. Sein Nachfolger Bernhard von Lindenau bildete ein Kabinett aus gemäßigten Konservativen und wirkte entscheidend daran mit, dass noch am gleichen Tag Prinz Friedrich August zum Mitregenten ernannt wurde.

Die Verfassung von 1831

Am 4. September 1831 wurde vom König eine neue Verfassung unterzeichnet und öffentlich gemacht.

Sachsen besaß damit eine neue Staatsform,

*** Vormärz**
Als „Vormärz“ wird im Allgemeinen die Zeitspanne zwischen der Julirevolution in Frankreich im Jahre 1830 und 1848 bezeichnet. In ihr vollzogen sich starke politische und gesellschaftliche Veränderungen. Die Bezeichnung kommt daher, weil im Jahr 1848 dann die Märzrevolution im Deutschen Reich erfolgte.

*** allgemeine Wehrpflicht**
Verbindliche Verpflichtung zur Verteidigung des Vaterlandes.

*** konservativ**
(lat. conservare = bewahren, erhalten)
Beschreibt eine politische Haltung, welche die Bewahrung bestehender oder die Wiederherstellung früherer gesellschaftlicher Ordnungen zum Ziel hat.

*** Augsburger Bekenntnis**
Dies ist das grundlegende Bekenntnis aller lutherischen Herrscher und Würdenträger im Heiligen Römischen Reich Deutscher Nation zu ihrem Glauben, das Kaiser Karl V. am 25. Juni 1530 auf dem Reichstag zu Augsburg vorgelegt wurde.

die sogenannte konstitutionelle Monarchie. Dies war der erste Schritt zur Mitbestimmung der Bürger im Staat.
Die Verfassung besaß mehrere große Abschnitte, die unter anderem die Rechte und die Pflichten der Untertanen sowie der Regierung enthielten. Es wurden erstmals bürgerliche Freiheiten, wie Freiheit der Person und des Eigentums, die Freiheit der Glaubensausübung, das Recht auf freie Berufswahl u. a., mit der Verfassung garantiert.
Zum ersten Mal wurde die Einheit des sächsischen Staatsgebietes festgeschrieben. Zudem wurde die *allgemeine Wehrpflicht eingeführt. Die Verfassung regelte auch die Vertretung der Staatsbürger. Es gab zwei Parlamentskammern, in denen alle bürgerlichen Schichten und die Abgesandten der alten Stände vertreten waren. Auch die Bauern und – erstmals in einem deutschen Landtag – Vertreter aus Handel und Industrie hatten Abgeordnete in den Kammern. Rechtlich waren beide Kammern gleichgestellt. Die Zweite Kammer repräsentierte den aus Wahlen hervorgegangenen „Volkswillen“, die Erste hingegen wurde den „alten“ Ständen als Vertretungsorgan zugedacht. Aber als Bürger konnte man auch durch entsprechenden Besitz Mitglied der Ersten Kammer werden. Um wählen zu können, gab es allerdings Hürden. So musste man über ein bestimmtes Vermögen verfügen. Frauen waren grundsätzlich von den Wahlen ausgeschlossen bzw. konnten nicht in die Kammern gewählt werden.

Entwicklungen bis 1848

Ab 1832 durften die sächsischen Städte sich selbst verwalten. Es gab nun gewählte Vertreter der Bürgerschaft. Jedoch wurden diese Fortschritte durch die Großmächte Preußen und Österreich wieder eingeschränkt. Es setzte eine verstärkte Zensur ein, die die liberale Presse unterdrückte. Der freiheitliche Kurs der sächsischen Regierung wurde beendet und erneut ein konservativer eingeschlagen. Die in der Folge entstehenden Spannungen zwischen Bürgern und Regierung entluden sich in der Revolution von 1848.

2 – Prinz Friedrich August zusammen mit seinem Onkel Anton auf der Medaille zur Verfassung des Königreiches Sachsen vom 4. September 1831.

Q1 Zu den Rechten und Pflichten der Bürger heißt es in der Verfassung des Königreichs Sachsen von 1831:

... § 26 Die Rechte der Landeseinwohner stehen für alle in gleiche[m] Maße unter dem Schutze der Verfassung.
§ 27 Die Freiheit der Personen und die Gebahrung mit dem Eigenthume sind keiner Beschränkung unterworfen, als welche Gesetz und Recht vorschreiben.
§ 28 (1) Jeder ist ... berechtigt, seinen Beruf und sein Gewerbe nach eigener (2) Neigung zu wählen und sich dazu im In- oder Auslande auszubilden ...
§ 32 Jedem Landeseinwohner wird völlige Gewissensfreiheit und ... Schutz in der Gottesverehrung seines Glaubens gewährt ...
§ 34 Die Verschiedenheit des Standes und der Geburt begründet keinen Unterschied in der Berufung zu irgendeiner Stelle im Staatsdienste ...

1 Beschreibe die Lage der sächsischen Bevölkerung im Vormärz.
2 Recherchiere, ob es auch in deiner Region Unruhen um 1830 gab.
3 Untersuche die Bilder 1 und 2 und ordne sie historisch ein.
4 Erkläre anhand von Q1, welche Bürgerrechte die Bevölkerung Sachsens ab 1831 besaß.
5 Beurteile den demokratischen Wert der Verfassung aus damaliger und heutiger Sicht.
▶ *Berücksichtige hierfür den Verfassertext und deine Lösung zu Aufgabe 2.*

Methode

Ein historisches Lied untersuchen

Lieder sind wichtige Quellen
Das Lied bzw. das Singen von Liedern ist bis zum heutigen multimedialen Zeitalter ein wichtiger Bestandteil des alltäglichen Lebens. In Liedern werden Stimmungen, Empfindungen und Haltungen der jeweiligen Zeit deutlich. Historische Lieder entstanden schon seit Jahrhunderten, um Einfluss auf Politik und Gesellschaft zu nehmen. Entweder dienten diese Lieder dem Zweck, politische Verhältnisse zu stützen oder bestehende Zustände zu kritisieren und eine Veränderung herbeizuführen. Daher muss dem Textinhalt besondere Beachtung geschenkt werden.

Folgende Hinweise helfen dir bei der Untersuchung von historischen Liedern:

Schritt 1 **Ersten Eindruck festhalten**	■ Welche Wirkung hat das Lied auf dich?
Schritt 2 **Wichtige Informationen sammeln**	■ Um welche Liedart handelt es sich (z. B. Volkslied, Liebeslied, politisches Lied)? ■ Wie lautet der Titel des Liedes? ■ Wer ist der Textdichter bzw. der Komponist? ■ Wann und wo wurde das Lied verfasst? ■ Welche Informationen, Grundeinstellungen und Anspielungen enthält der Liedtext in den einzelnen Strophen?
Schritt 3 **Zusätzliche Informationen heranziehen**	■ Was kannst du über die Hintergründe der Entstehung des Liedes in Erfahrung bringen? ■ Wie verbreitet/bekannt war das Lied? ■ Welchen Bezug zu historischen Ereignissen enthält es? Welches Ereignis/Problem steht im Zentrum des Textes?
Schritt 4 **Die Aussagekraft des Liedes**	■ Mit welcher Absicht wurde dieses Lied gesungen? ■ Kannst du den Inhalt des Liedes in einen historischen Zusammenhang bringen? ■ Welche Wirkung erzielte das Lied in seiner Zeit tatsächlich? ■ Welche Gesamtaussage lässt sich formulieren?

1 Vollziehe nach, wie man mit den Methodenschritten arbeiten kann, indem du dir das Lösungsbeispiel durchliest.

2 Untersuche mithilfe der Schritte 1 bis 4 das Lied Q2 „Bienenlos".

3 Recherchiere, wo das Lied Q1 bis heute Verwendung findet.

Q1 „Die Gedanken sind frei“ ist ein deutsches Volkslied, das etwa 1780 entstanden ist und vor allem in der Zeit der Nationalbewegung in Deutschland gerne gesungen wurde:

1. Die Gedanken sind frei!
Wer kann sie erraten?
Sie fliehen vorbei
Wie nächtliche Schatten.
Kein Mensch kann sie wissen,
Kein Jäger erschießen.
Es bleibet dabei:
Die Gedanken sind frei.

...

3. Und sperrt man mich ein
Im finsteren Kerker,
Das alles sind rein
Vergebliche Werke;
Denn meine Gedanken
Zerreißen die Schranken
Und Mauern entzwei.
Die Gedanken sind frei.

...

5. Ich liebe den Wein,
Mein Mädchen vor allen,
Die tut mir allein
Am besten gefallen.
Ich sitz nicht alleine
Bei meinem Glas Weine,
Mein Mädchen dabei:
Die Gedanken sind frei.

Q2 „Bienenlos“ (1840) ist ein weiteres Lied von Hoffmann von Fallersleben:

Wir geben und der König nimmt,
wir sind zum Geben nur bestimmt,
Wir sind nichts weiter als die Bienen,
arbeiten müssen wir und dienen.

Und statt des Stachels gab Natur
uns eine stumpfe Zunge nur,
die dürfen wir nie unseretwegen
und nur im Dienst des Königs regen.

1 – August Heinrich Hoffmann von Fallersleben. Radierung von C. Hoffmeister, ohne Datum.

Das Lied „Die Gedanken sind frei“ wurde 1842 in seinem Buch „Schlesische Volkslieder“ erstmals veröffentlicht. Der Text des Liedes ist aber bereits 1780 auf Flugblättern abgedruckt worden, der eigentliche Autor ist unbekannt. Die Melodie dazu entstand erst zwischen 1810 und 1820.

Populär wurde das Lied erneut, als Sophie Scholl, eine Widerstandskämpferin während des Nationalsozialismus, es 1942 ihrem verhafteten Vater vor dem Gefängnis auf ihrer Flöte vorspielte. Da auch in der heutigen Zeit die Einschränkung der Meinungsfreiheit immer wieder ein Thema ist, haben viele Künstler, wie Nena, Leonhard Cohen oder Maybebop, das Lied immer wieder neu interpretiert.

Lösungsbeispiel zu Lied 1:

Schritt 1:
Schon in den ersten Textzeilen spürt man die Sehnsucht nach Unabhängigkeit, nicht nur der Gedanken, sondern auch im Handeln. Unterdrückung und Unzufriedenheit waren meist ursächlich für diesen Wunsch.

Schritt 2:
Es handelt sich um ein Volkslied, da der Autor des Textes und der Komponist unbekannt sind. Es trägt den Titel „Die Gedanken sind frei“. Es wurde erstmals 1842 im Buch „Schlesische Volkslieder“ veröffentlicht. In den einzelnen Strophen kann man erkennen, dass sich der Sänger das Denken nicht verbieten lässt, auch wenn mit Gewalt und Brutalität gegen ihn vorgegangen wird.

Schritt 3:
Um 1780 wurde der Text wohl erstmals auf Flugblättern verbreitet, erst zu Beginn des 19. Jahrhunderts wurde er vertont. Das Lied weist auf die Zeit der Unterdrückung durch absolutistische Herrscher hin, von denen es innerhalb des Deutschen Bundes viele gab. Nach den Karlsbader Beschlüssen 1819 wurde es zum Lied der freiheitlichen Bewegungen. Nach dem Hambacher Fest 1832 wurde es in ganz Deutschland populär.

Schritt 4:
Lieder der Nationalbewegung wurden im 19. Jahrhundert vor allem für politische Zwecke gesungen. Jedoch begegnen einem diese Texte bis heute häufig, oft auch in anderem Zusammenhang. Aber die Botschaft, sich im Denken niemals einschränken zu lassen und hinter seiner Meinung zu stehen, ist bis heute aktuell.

Der deutsche Zollverein – erster Schritt Richtung Einheit?

1 – **„Das Lichten eines Hochwaldes"**. Karikatur auf die deutsche Kleinstaaterei: Ein Germane zerhaut die Schlagbäume. Holzstich nach einer Zeichnung von Hermann Dyck (1812–1874), 1847.

Friedrich List

Zollchaos in Deutschland

Anfang des 19. Jahrhunderts gab es in Deutschland noch etwa 1800 Zollstellen. Wollte ein Händler beispielsweise Waren von Königsberg nach Köln transportieren, wurde er ca. achtzigmal an Grenzübergängen kontrolliert. Außerdem musste er an jeder innerdeutschen Grenze Zölle in der jeweiligen Währung des Landes bezahlen. Und Währungen gab es damals viele im Deutschen Bund von 1815. So bezahlten die Menschen im Norden v. a. mit Thalern, im Süden hingegen mit Gulden, wobei die Münzen oft einen völlig unterschiedlichen Edelmetallgehalt besaßen. Daneben gab es verschiedene kleinere Münzen wie Heller, Schilling, Pfennig, Kreuzer oder den Stüber. All das hemmte den Handel, verteuerte die Waren und behinderte die sich ohnehin träge entwickelnde Wirtschaft in Deutschland.

„Sollen die Deutschen Wasserträger und Holzhacker der Briten werden?"

Diese Frage stellte der Wirtschaftsprofessor Friedrich List, der die rückständigen Wirtschafts- und Handelsbedingungen in den deutschen Ländern im Vergleich zu Großbritannien erkannte. Zu dieser Zeit ging gerade von den Briten eine weltumspannende industrielle Produktionssteigerung aus. Als Antwort darauf gründete List 1819 den ersten Allgemeinen Deutschen Handels- und Gewerbeverein. Diesem folgten 1828 drei weitere regionale Wirtschaftsbündnisse: der preußisch-hessische Zollverein, der Mitteldeutsche Handelsverein und der Süddeutsche Zollverein. Diese drei, die untereinander in Konkurrenz standen, schlossen sich, nach komplizierten Verhandlungen, schließlich am 22. März 1833 zum Deutschen Zollverein zusammen. Er trat am 1. Januar 1834 offiziell in Kraft. Preußen beherrschte diesen Zollverein und stärkte damit wiederum seine politische Rolle im Deutschen Bund.

Zollschranken fallen

In der Neujahrsnacht des Jahres 1834 versammelten sich Massen von Händlern mit ihren Pferdewagen an den ehemaligen Zollschranken und warteten auf das Öffnen der Schlagbäume. Auf einem Gebiet von ca. 60 000 Quadratkilometern war über Nacht ein einheitliches Handelsgebiet entstanden. Mehr als die Hälfte aller Staaten des Deutschen Bundes traten sofort bei, andere in den Folgejahren. Damit entstand das drittgrößte Handelsgebiet der Welt.
Wichtige Ziele des Deutschen Zollvereins wurden damit erreicht:

– Wegfall der Zollschranken,
– Schaffung eines einheitlichen deutschen Binnenmarktes,

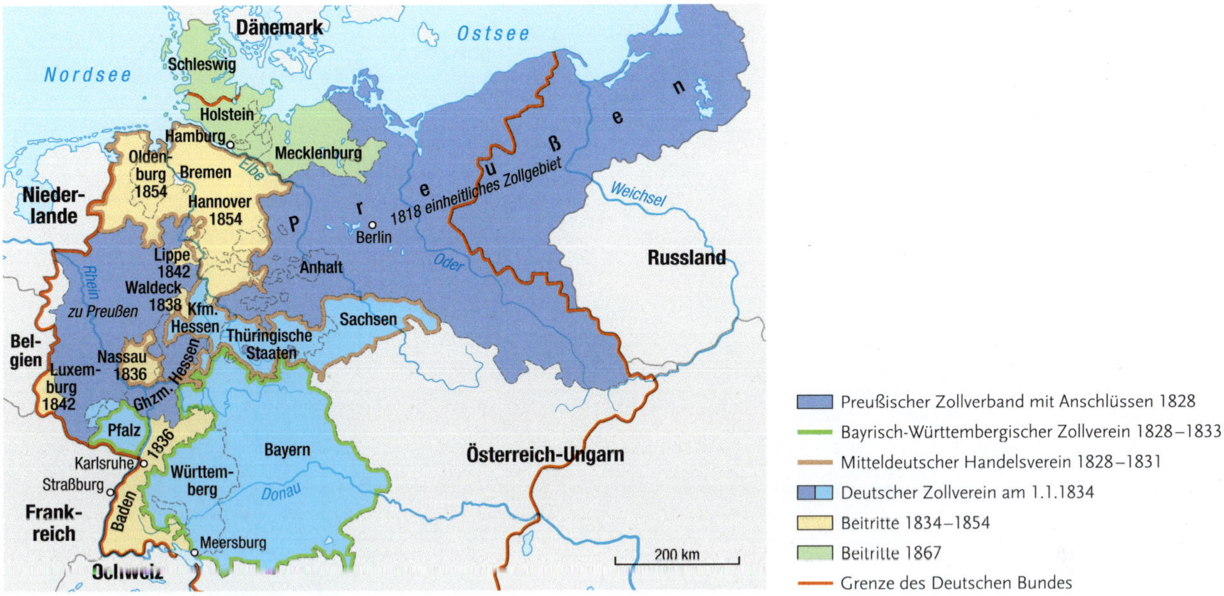

2 – Der deutsche Zollverein.

- Vereinheitlichung von Maßen, Gewichten und Währungen,
- Gründung eines obersten Organs: der Zollvereinskonferenz.

Der Zollverein leistete einen wichtigen Beitrag zur wirtschaftlichen und industriellen Entwicklung Deutschlands.
Politisch zeichnete sich hier der Konflikt zwischen Österreich und Preußen ab, der den Weg zur deutschen Einheit kennzeichnen sollte – die Deutsche Frage. Während Preußen von Anfang an die führende Rolle im Deutschen Zollverein übernahm, blieb Österreich von diesem ausgeschlossen.

Q1 Friedrich List schrieb bereits 1819 an den Bundestag in Frankfurt:
... 38 Zoll- und Mautlinien in Deutschland lähmen den Verkehr im Innern und bringen ungefähr dieselbe Wirkung hervor, wie wenn jedes Glied des menschlichen Körpers unterbunden wird, damit das Blut ja nicht in ein anderes überfließe. Um von Hamburg nach Österreich, von Berlin in die Schweiz zu handeln, hat man zehn Staaten zu durchschneiden, zehn Zoll- und Mautordnungen zu studieren, zehnmal Durchgangszoll zu bezahlen ... Und so geht denn die Kraft derselben Deutschen durch 38 Maut- und Zollsysteme zugrunde. ...

Q2 Der österreichische Schriftsteller Eduard von Bauernfeld schrieb 1844:
... Drum Zollverein, dich preis ich hoch,/Du bist doch ein Beginnen;/Und wer den Einsatz leistet, /kann doch Einmal den Trumpf gewinnen./Drum Zollverein, Du knospend Kind,/ Magst bald zur Blum aufbrechen;/ Und wann die Gedanken erst zollfrei sind,/ dann wollen wir weiter sprechen ...

Maut
(althochdt.: muta = Zollabgabe, Wegzoll)
Es handelte sich um ein Wegegeld, das an den jeweiligen Schlagbäumen auf einer Straße entrichtet werden musste.

Zoll
(spätlat.: teloneum = Gebührenstelle)
Hierunter ist eine Geldabgabe zu verstehen, die beim Transport einer Ware über eine Zollgrenze hinweg anfällt.

1 Beschreibe anhand des Textes und der Karte 2 die Entstehung und Bedeutung des Deutschen Zollvereins.
2 Recherchiere zur Person Friedrich Lists und erstelle einen Steckbrief. Gehe dabei auf seine besondere Rolle in Sachsen ein.
3 Erkläre, was Friedrich List mit seinem Ausspruch: „Die Überwindung der innerdeutschen Zollschranken und der Eisenbahnbau sind ‚siamesische Zwillinge'" gemeint haben könnte.
4 Lies Q1. Fasse die Kritikpunkte von Friedrich List zusammen. Schreibe ihm anschließend einen Antwortbrief.
▶ *Sehr geehrter Professor, mit großem Interesse habe ich Ihre Kritik zum Deutschen Bund gelesen. ...*
5 Analysiere die Karikatur 1.
▶ *Nimm hierzu die Methode „Karikaturen entschlüsseln", S. 156 zu Hilfe.*

Die Revolution von 1848/49

Warum ging das Volk auf die Barrikaden?

Grenze des Deutschen Bundes 1848/49

Staatsgrenzen von Preußen und Österreich

Staatsformen im Deutschen Bund vor 1848:
- Absolute Monarchie
- Konstitutionelle Monarchie
- Republik

revolutionäre Aufstände 1848/49

1 Hzm. Lauenburg
2 Grhzm. Mecklenbg.-Strelitz
3 Fsm. Schaumburg-Lippe
4 Fsm. Lippe
5 Hzm. Braunschweig
6 Hzm. Anhalt
7 Fsm. Waldeck
8 Lgft. Hessen-Homburg
9 Fsm. Hohenzollern
10 Fsm. Liechtenstein
11 Vorarlberg

1 – Revolutionen und Aufstände im Deutschen Bund 1848/49.

König Louis Philippe (1773–1850)

* Julirevolution 1830
In Frankreich war es vom 27.–29. Juli 1830 zum gewaltsamen Sturz des französischen Königs Karl X. gekommen. Sein Nachfolger wurde Louis Philippe. Gleichzeitig wurden die Bürgerrechte wieder in Kraft gesetzt. In ganz Europa kam es daraufhin zu Aufständen.

* „Bürgerkönig"
Damit ist gemeint, dass sich der König zu den Prinzipien und Idealen der französischen Revolution bekannte und auch seine Regierungsgeschäfte in diesem Sinne führte.

Frankreich gibt das Startsignal

Als es im Februar 1848 in Paris zu Massendemonstrationen gegen den sogenannten *„Bürgerkönig" Louis Philippe und seine Regierung kam, entwickelte sich erneut eine Revolution. Die Menschen forderten ein neues Wahlrecht. Bisher durften in Frankreich nur ca. 250 000 Bürger wählen – Männer, die ein besonders hohes Einkommen hatten. Eine Verbesserung des Wahlrechts wurde vom König strikt abgelehnt. Darum erhoben sich die Bürgerinnen und Bürger gegen den König, den sie während der *Julirevolution 1830 an die Macht gebracht hatten. Die Kämpfe weiteten sich aus und führten schließlich zur sogenannten Februarrevolution von 1848. König Louis Philippe musste abdanken und floh nach England. In Frankreich wurde zum zweiten Mal eine Republik ausgerufen.

Eine Revolutionswelle beginnt

Wie schon im Juli 1830 breiteten sich die Ereignisse von Paris wie ein Lauffeuer über ganz Europa aus. Überall gingen Menschen auf die Straßen und demonstrierten für politische Freiheit, Einheit und eine Verfassung. Besonders angespannt war die Lage in den deutschen Kleinstaaten nahe der französischen Grenze. Den Ernst der Lage erkennend gaben hier die Fürsten dem Druck des Volkes nach – ohne Gewalt und Blutvergießen. Doch entscheidend war das Verhalten der Herrscher Preußens und Österreichs.

Revolutionen in Wien und Berlin

In der österreichischen Hauptstadt kam es am 13. März 1848 zu blutigen Straßenschlachten zwischen Demonstranten und Regierungstruppen. Nach den ersten Toten lenkte Kaiser Ferdinand I. bereits am 15. März ein und versprach Pressefreiheit und eine neue Verfassung. Auch der verhasste Staatskanzler Metternich wurde entlassen. Ermutigt durch die Ereignisse in Wien kam es auch in Berlin am 16. März zu Protesten. Die Demonstranten forderten Maßnahmen gegen die Arbeitslosigkeit, Presse-,

Rede- und Versammlungsfreiheit, eine freiheitliche Verfassung und eine allgemeine deutsche Volksvertretung. Alarmiert durch die Ereignisse in den Nachbarstaaten gab König Friedrich Wilhelm IV. nach kurzem Zögern nach und versprach dem Volk ebenfalls die geforderte Pressefreiheit sowie eine Verfassung.

Die Revolution beginnt

Die Märzrevolution begann am 18. März 1848. Zunächst versammelten sich etwa 10 000 Berliner vor dem Stadtschloss, um ihrem König für die Zugeständnisse zu danken. Doch plötzlich fielen Schüsse – wahrscheinlich aus Versehen. Panik brach aus. Hatte der König seine Bürgerinnen und Bürger betrogen? In aller Eile riss man Pflastersteine aus den Straßen und errichtete ✲Barrikaden, auf denen schwarz-rot-goldene Fahnen wehten. Bei blutigen Straßenkämpfen zwischen Bürgern und der Armee starben über 230 Menschen. Um einen Bürgerkrieg in ganz Preußen zu vermeiden, zog der König schließlich seine Truppen ab. Am folgenden Tag trugen die Berliner die Leichen von 150 Barrikadenkämpfern vor das königliche Schloss und forderten den König auf, zu erscheinen. Unter den lauten Rufen „Mütze ab“ musste er sich schließlich demütig vor den Gefallenen verbeugen. Bereits am 21. März 1848 ritt der König unter der schwarz-rot-goldenen Fahne durch Berlin. Durch sein einlenkendes Handeln hatte sich die Lage nicht nur in Preußen, sondern auch im Deutschen Bund zunächst beruhigt. Das Volk hatte sich augenscheinlich durchgesetzt und erwartete nun weitere Zugeständnisse und Reformen wie eine Verfassung und die Gewährung von Freiheiten.

Q1 Friedrich Wilhelm IV. erklärte noch am 21. März 1848 in seinem Aufruf „An mein Volk und an die Deutsche Nation“:

... Rettung ... kann nur aus der innigsten Vereinigung der deutschen Fürsten und Völker unter einer Leitung hervorgehen. Ich übernehme heute diese Leitung ... und Deutschland wird sich mir mit Vertrauen anschließen. Ich habe heute die alten deutschen Farben angenommen und Mich und Mein Volk unter das ehrwürdige Banner des deutschen Reiches gestellt. Preußen geht fortan in Deutschland auf.
Ich beabsichtige, ... den Fürsten und Ständen Deutschlands die Gelegenheit zu eröffnen ... zu einer gemeinschaftlichen Versammlung zusammenzutreten ...

2 – Kampf zwischen Bürgern und Soldaten in der Straße Frankfurter Linden in Berlin am 18. und 19. März 1848. Zeitgenössische Darstellung aus dem Neuruppiner Bilderbogen.

König Friedrich Wilhelm IV. (1795–1861)

✲ **Barrikade**
(ital.: barricare = versperren)
Dies ist eineStraßensperre, die häufig aus Hausrat o. Ä. errichtet wird.

1. Schildere die Situation des Jahres 1848 im Deutschen Bund und insbesondere in Preußen.
2. Beschreibe das Verhalten des preußischen Königs während der Märzereignisse. Berücksichtige hierbei auch Q1.
3. Beziehe Stellung zum Verhalten Friedrich Wilhelms IV. und bewerte es. Was wollte er mit seinem Aufruf „An mein Volk“ ausdrücken?
4. Die Neuruppiner Bilderbögen erlangten im 18./19. Jahrhundert große Beliebtheit. Recherchiere im Internet nach diesen und stelle deren Bedeutung in einer Wandzeitung vor.
5. Schreibe unter der Überschrift „Ein heißer März“ eine packende Reportage über die Ereignisse in Wien und Berlin.

▶ *Überlege dir im Vorfeld, welchen Blickwinkel du dabei einnehmen möchtest.*

Webcode: EV658282-147

Welche Aufgaben hatte die erste Nationalversammlung?

1 – Unter dem Symbolbild der Germania diskutierten die Abgeordneten in der Frankfurter Paulskirche. Gemälde von Philipp Veit, 1848.

2 – Blick in die Nationalversammlung in der Frankfurter Paulskirche, über den Abgeordneten wacht Germania (Bild 1). Lithografie, 1848.

Paulskirche in Frankfurt/M.
Hier war seit 1816 Sitz des gesamtdeutschen Bundestags. Für die 600 Abgeordneten bot sie Platz, da sie den größten und modernsten Saal der Stadt hatte.

* Liberalismus
(lat.: liberalis = die Freiheit betreffend)
Politische Bewegung, die eine freiheitliche wirtschaftliche und soziale Ordnung zum Ziel hat.

Die Revolution in geordneten Bahnen

Im Unterschied zu der Situation in Paris hatten die Revolutionen in Wien und Berlin vor den Monarchen haltgemacht.
Dabei waren die Anfänge doch vielversprechend gewesen: Im Frühjahr 1848 waren überall im Deutschen Bund die alten Regierungen zum Rücktritt gezwungen worden, so am 13. März auch in Sachsen. Erstmalig fanden in ganz Deutschland allgemeine und gleiche Wahlen zu einer verfassungsgebenden Versammlung statt. Allerdings waren Frauen nicht stimmberechtigt und nicht wählbar. Am 18. Mai 1848 kamen schließlich ca. 600 Abgeordnete zusammen, um für ein zukünftiges Deutschland eine neue Verfassung auszuarbeiten. Zwei Drittel von ihnen waren Professoren, Juristen, Ärzte oder Beamte. Frauen und einfache Arbeiter fehlten.

Das Parlament

Die Sitzverteilung orientierte sich an anderen europäischen Staaten. So saßen aus Sicht des Parlamentspräsidenten die fortschrittlichen Kräfte der Nationalversammlung in Frankreich links, die Vertreter, die das Alte bewahren wollten, rechts. Ähnlich war es auch in der Paulskirche.
Links saßen die Abgeordneten, die für eine geeinigte Republik waren (Demokraten), die Mitte bildeten Vertreter, die eine konstitutionelle Monarchie befürworteten (*Liberale), und rechts saßen die Abgeordneten, die an den alten Zuständen festhielten (*Konservative).

Geburtsstunde der Demokratie

Zentrales Ziel der Paulskirchenversammlung war die Ausarbeitung einer Verfassung. Dabei konzentrierten sie sich auf die Gewaltenteilung und auf die Festlegung von *Grundrechten. Dieser erarbeitete Grundrechtekatalog sollte als Vorbild für die späteren deutschen Verfassungen dienen, so auch für unser Grundgesetz. Eine zweite Aufgabe drehte sich um die Deutsche Frage: Wie sollte ein einiges Deutschland zukünftig aussehen? Zur Diskussion standen drei Varianten:

1. Die „kleindeutsche Lösung" – Vereinigung der deutschen Länder ohne Österreich,
2. Die „großdeutsche Lösung" – Vereinigung der deutschen Länder mit den zum Deutschen Bund gehörenden Gebieten Österreichs (Böhmen, Mähren, Trient und Triest),

3. Die „großösterreichische Lösung“ – Vereinigung aller deutschen Länder mit dem gesamten Österreichischen Kaiserreich (inklusive nichtdeutschsprachigem Teil).

Eine dritte Aufgabe war die Einigung auf eine Regierungsform für das vereinigte Deutschland: Republik oder Monarchie?

Ergebnisse mit Weitsicht

Noch vor der Verabschiedung der fortschrittlichen Verfassung am 28. März 1849 wurden im Dezember 1848 bereits die Grundrechte des Deutschen Volkes in Kraft gesetzt. Sie fanden mit vielen bahnbrechenden Artikeln Eingang in die Verfassung. So sollten auch die jüdischen Mitbürger gleichberechtigt werden und Zugang zu allen Berufen und Ämtern erhalten.
Nach zähem Ringen hatten sich die Abgeordneten für die kleindeutsche Lösung mit einer konstitutionellen Monarchie unter dem preußischen König als neuem Kaiser entschieden.
Am 3. April 1849 überbrachten 32 Abgeordnete schließlich dem preußischen König feierlich die ausgearbeiteten Beschlüsse der Frankfurter Nationalversammlung.

Q1 Auszug aus der Reichsverfassung vom 1849

§ 137 Vor dem Gesetz gilt kein Unterschied der Stände. Der Adel als Stand ist aufgehoben ... Die Deutschen sind vor dem Gesetz gleich ...
§ 138 Die Freiheit der Person ist unverletzlich ...
§ 140 Die Wohnung ist unverletzlich. ...
§ 143 Jeder Deutsche hat das Recht, ... seine Meinung frei zu äußern ...
§ 144 Jeder Deutsche hat volle Glaubens- und Gewissensfreiheit ...
§ 161 Die Deutschen haben das Recht, sich friedlich und ohne Waffen zu versammeln.

3 – Karikatur zu Friedrich Wilhelm IV. Er sagt: „Soll ich? – Soll ich nicht? – Soll ich?! – Knöppe, ihr wollt! Nu jerade nicht!“ Lithografie, um 1849.

Konservatismus
(lat.: conservare = bewahren, aufbewahren)
Politische und soziale Bewegungen, die zum Ziel haben, die bestehenden Verhältnisse beizubehalten oder eine frühere Ordnung wiederherzustellen.

Grundrechte
Darunter versteht man wichtige Menschen- und Bürgerrechte, wie die Freiheit der Person oder die Gleichheit aller vor dem Gesetz.

1 Lege eine Zeitleiste an, auf der du die zentralen Ereignisse der Revolution von 1848/49 in Deutschland zusammenfasst. Beginne mit dem 16.03.1848.

2 Fasse mithilfe des Textes die drei wesentlichen Aufgaben der Nationalversammlung zusammen und stelle in einer Tabelle die erarbeiteten Beschlüsse gegenüber.

Aufgabe	*Erarbeitete Beschlüsse*
groß- oder kleindeutsche Lösung	*kleindeutsch ohne Österreich*

3 Beschreibe Bild 2. Gehe dabei mithilfe des Textes auch auf die Sitzverteilung ein. Suche im Internet die Sitzverteilung im heutigen Bundestag und vergleiche.

4 Analysiere die Karikatur 3.
▶ *Nimm hierzu die Methode „Karikaturen interpretieren“, S. 156, zu Hilfe.*

5 Bewerte, welche Grundrechte aus Q1 besonders wichtig sind. Begründe deine Meinung.

6 Vergleiche die Bürger- und Menschenrechte von 1848 mit denen aus der Französischen Revolution (siehe S. 105).

7 Entwirf mit einer Partnerin/einem Partner eine eigene Karikatur zum vermuteten Ausgang der Revolution.

Webcode: EV658282-149

War die Revolution erfolgreich?

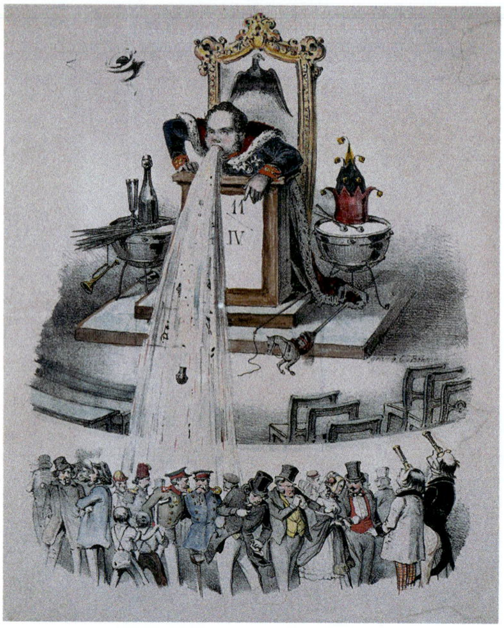

1 – „Das Volk ist mir zum Kotzen“. Lithografie von C. Böhme, um 1848.

Robert Blum (1807–1848). Er lebte ab 1832 in Leipzig, als Vertreter der Stadt Zwickau übernahm er eine führende Rolle als Abgeordneter in der Paulskirche.

„Die Krone verunehrt mit dem Ludergeruch der Revolution“

Dies waren die Worte, mit denen Friedrich Wilhelm IV. am 28. April 1849 die Kaiserkrone ablehnte. Eine solche Reaktion des preußischen Königs hatten die Abgeordneten nicht erwartet. Sie hatten aber auch nicht die Macht, ihre Beschlüsse durchzusetzen. Deshalb traten die meisten Abgeordneten aus der Nationalversammlung aus. Nur etwa 100 blieben und bildeten Anfang Mai 1849 in Stuttgart ein sogenanntes „Rumpfparlament“. Dieses wurde aber bereits im Juli von württembergischen Truppen aufgelöst. Die Nationalversammlung war somit gescheitert und mit ihr der Traum von einer fortschrittlichen Reichsverfassung und einem geeinten Deutschland.

„Gegen Demokraten helfen nur Soldaten“

Während der langen Beratungen der Frankfurter Nationalversammlung organisierten die Fürsten den Widerstand gegen die demokratische Bewegung. Eine erste entscheidende Niederlage mussten dabei die Revolutionäre in Wien hinnehmen. Hier kam es bereits im Oktober 1848 zu ersten Unruhen. Unterstützt wurden diese von einer Delegation von Frankfurter Abgeordneten, darunter Robert Blum und Julius Fröbel. Schon bald erhielten sie darauf die bittere Antwort. Die kaiserlichen Truppen schlugen die Revolution blutig nieder. Am 9. November 1848 wurde Robert Blum hingerichtet. Blum stand als Abgeordneter der Nationalversammlung unter diplomatischer Immunität. Das Vorgehen der österreichischen Regierung zeigte, wie machtlos die Paulskirchenversammlung eigentlich war.
Nur drei Tage danach wurde auch über Berlin der Ausnahmezustand verhängt. Mehrere Aufstandsversuche in ganz Deutschland wurden von preußischen Truppen niedergeschlagen. Im Juli 1849 kapitulierten die letzten Aufständischen auf der Festung Rastatt. Viele Revolutionäre wurden hingerichtet oder zu Zuchthausstrafen verurteilt. Tausende flüchteten ins Ausland, vor allem nach Amerika.

Alles auf Anfang

Die Fürsten stellten die alte Ordnung und den Obrigkeitsstaat schnell wieder her. In den meisten Staaten wurden alle Reformen von 1848 wieder zurückgenommen. 1850 stellten Preußen und Österreich den Deutschen Bund wieder her. Die demokratischen Grundrechte wurden 1851 durch den neu zusammengetretenen Frankfurter Bundestag aufgehoben. Johann Jacoby, einer der Revolutionäre, schrieb an einen Freund über diese Entwicklung, dass Revolutionen, die die alte Ordnung neben sich bestehen ließen, von vornherein verloren seien.

Q1 Friedrich Wilhelm IV. schrieb zur angebotenen Kaiserkrone in einem Brief an den Gesandten Bunsen am 13. 12. 1848:

Ich will weder der Fürsten Zustimmung zu der Wahl noch die Krone ... Die Krone, die ein Hohenzoller nehmen dürfte, ... ist keine, die eine ... revolutionäre ... Versammlung macht, ... sondern eine, die den Stempel Gottes trägt, die den, dem sie aufgesetzt wird, nach der heiligen Ölung, „von Gottes Gnaden“ macht ... . Die aber, die sie ... meinen, verunehrt ... mit ihrem Ludergeruch der Revolution von 1848, der albernsten, dümmsten, schlechtesten ... dieses Jahrhunderts. Einen solchen imaginären Reif, aus Dreck und *Letten gebacken, soll ein legitimer König von Gottes Gnaden und nun gar der König Preußens sich geben lassen ...? Soll die tausendjährige Krone deutscher Nation ... wieder einmal vergeben werden, so bin ich es und meinesgleichen, die sie vergeben werden. ...

Q2 In dem Badischen Wiegenlied von Ludwig Pfau (1849) heißt es:

Schlaf', mein Kind, schlaf' leis,
Dort draußen geht der Preuß'!
Deinen Vater hat er umgebracht,
Deine Mutter hat er arm gemacht,
Und wer nicht schläft in guter Ruh',
Dem drückt der Preuß' die Augen zu.
Schlaf', mein Kind, schlaf' leis,
Dort draußen geht der Preuß'!

Schlaf', mein Kind, schlaf' leis,
Dort draußen geht der Preuß'!
Der Preuß' hat eine blut'ge Hand,
Die streckt er über's bad'sche Land,
Und Alle müssen wir stille sein,
Als wie dein Vater unter'm Stein.
Schlaf', mein Kind, schlaf' leis,
Dort draußen geht der Preuß'!

Schlaf', mein Kind, schlaf' leis,
Dort draußen geht der Preuß'!
Gott aber weiß, wie lang' er geht,
Bis dass die Freiheit aufersteht,
Und wo dein Vater liegt, mein Schatz,
Da hat noch mancher Preuße Platz!
Schrei, mein Kindlein, schrei's:
Dort draußen liegt der Preuß'!

Q3 Die deutsche Schriftstellerin Malvida von Meysenburg (1816–1903) schrieb 1848:

... Als ich zuletzt den Weg mit der Eisenbahn zwischen Köln und dem Norden zurücklegte, da war es Frühling 1848. Von unserem Zug flatterten schwarzrotgoldene Fahnen; eine lange Reihe Waggons, eingenommen von Freischaren junger entflammter Männer. ... Ich mischte mich unter sie und hörte, wie sie Hoffnungen und Wünsche austauschten. ... Und nun? Keine Fahnen flatterten, keine Jünglinge schwärmten von Kampf und Sieg; lautlos schoss der Zug dahin, aber im Herzen brannte die tausendfache Schmach des Vaterlandes, die getäuschten Erwartungen und die vielleicht auf lange hinausgeschobene Entwicklung des politischen und sozialen Lebens. ...

2 – Kapitulation der Festung Rastatt am 23. Juli 1849. Farblithografie, 1849.

*Letten
Dies ist ein veralteter Ausdruck für ein tonartiges Gestein oder tonartigen Boden.

1 Fasse die Ergebnisse der Revolution von 1848/49 mit eigenen Worten zusammen. Berücksichtige hierbei Q3.
2 Analysiere die Karikatur 1. Bringe sie in Zusammenhang mit Karikatur 3, S. 149. Vergleiche sie, wenn möglich, mit deiner selbstgemalten.
3 Bewerte die Einstellung Friedrich Wilhelms IV. mithilfe der Karikatur und des Textes.
4 Vervollständige deine Zeitleiste von S. 149, indem du den Verlauf der Revolution ab dem 28. 04. 1849 ergänzt. Welches Ereignis hältst du für den Wendepunkt der Revolution? Begründe deine Meinung.
5 Schildere mithilfe des Wiegenliedes (Q2) die Situation von 1849.
6 Antworte Johann Jacoby auf dessen Zeilen. Gehe dabei auch auf die verlorenen Grundrechte ein.

► *Sehr geehrter Herr Jacoby, aufmerksam habe ich Ihre letzten Zeilen gelesen und möchte Ihnen dazu ...*

Geschichte vor Ort

Die Revolution von 1848/49 in Sachsen

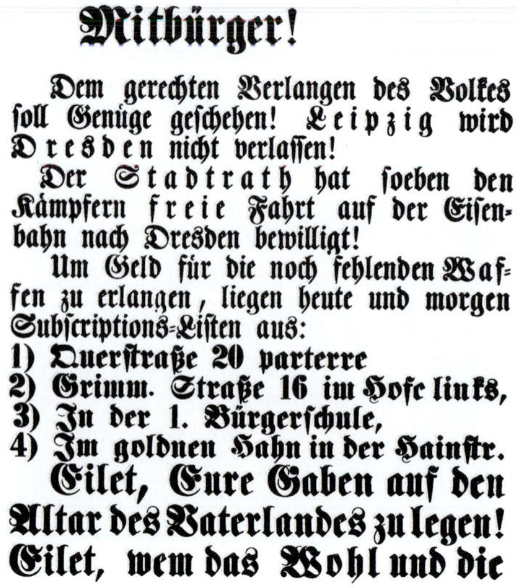

Mitbürger!

Dem gerechten Verlangen des Volkes soll Genüge geschehen! Leipzig wird Dresden nicht verlassen!

Der Stadtrath hat soeben den Kämpfern freie Fahrt auf der Eisenbahn nach Dresden bewilligt!

Um Geld für die noch fehlenden Waffen zu erlangen, liegen heute und morgen Subscriptions-Listen aus:

1) Querstraße 20 parterre
2) Grimm. Straße 16 im Hofe links,
3) In der 1. Bürgerschule,
4) Im goldnen Hahn in der Hainstr.

Eilet, Eure Gaben auf den Altar des Vaterlandes zu legen! Eilet, wem das Wohl und die

1 – Aufruf zur Unterstützung der Dresdner Aufständischen zur Verteidigung der Revolution. Leipzig, 5. Mai 1849.

2 – Sächsische Aufständische werden in Gefangenschaft geführt. In der Mitte im blauen Jackett Michail Bakunin, einer der wesentlichen Führer des Dresdner Maiaufstands. Zeitgenössische Darstellung aus dem Neuruppiner Bilderbogen.

Dresden in Aufruhr

Am 8. April 1849 hatte der sächsische Landtag für die Annahme der fortschrittlichen Reichsverfassung gestimmt. Daraufhin löste König Friedrich August II. bereits am 28. April den Landtag auf und forderte preußische Truppen zur Unterstützung gegen die Revolution an. Das wurde als Verrat am eigenen Volk gewertet. Es kam zu massiven Unruhen der Bevölkerung, in deren Ergebnis am 5. Mai eine vorübergehende (provisorische) Regierung gebildet wurde. Der König und seine Minister flohen auf die Festung Königstein. Zu den Aufständischen zählten Arbeiter, aber auch viele Intellektuelle, wie Gottfried Semper (VIP) oder der Komponist Richard Wagner. 3000 schlecht ausgerüstete sächsische Aufständische standen schließlich 5000 preußischen und sächsischen Soldaten gegenüber, die die Altstadt von Dresden schnell eingekreist hatten. Der ungleiche Kampf endete bereits am 9. Mai 1849. Die provisorische Regierung musste zurücktreten, viele Aufständische wurden verhaftet, verurteilt oder erschossen. Semper wurde als „Demokrat 1. Klasse" und „Haupträdelsführer" ab dem 16. Mai gesucht – ihm blieb nur die Flucht ins Ausland. Auch viele historische Gebäude nahmen erheblichen Schaden. So ging Pöppelmanns Opernhaus (direkt am Zwinger) in Flammen auf. Der Versuch einer demokratischen Ordnung war gescheitert.

Q1 Bundespräsident Roman Herzog sagte zum 150. Jubiläum der Paulskirchenversammlung im Jahre 1998:

... Und doch wies das Jahr 1848 weit in die Zukunft. Die „Paulskirche" ist das eine große Symbol für das Streben der Deutschen nach Einigkeit und Recht und Freiheit ... Das Zusammentreten des ersten, freigewählten deutschen Parlamentes vor 150 Jahren ist ein Moment in unserer oft so schwierigen Geschichte, auf den wir uns ohne Einschränkung berufen können ...
Wenn wir uns – zum Beispiel – daran erinnern, mit welchem Glanz Frankreich das Jubiläum von 1789 gefeiert hat, obwohl an dieser Revolution weiß Gott nicht alles Gold war, dann kann man eigentlich nicht begreifen, warum die Geburtsstunde der deutschen Demokratie bei uns nicht zu dem gleichen stolzen Gedenken führt ...

VIP

„Der häufige Missbrauch, der mit Materialien und Farben so leicht gemacht wird, darf für uns kein Grund sein, jede Farbe zu verbannen, und alles was nicht grau, weiß oder erdfahl ist, kurzweg für bunt zu erklären."

Name: Gottfried Semper

Lebensdaten: 29. November 1803–15. Mai 1879

Familie: Semper stammte aus einer wohlhabenden Fabrikantenfamilie.

Jugend/Schule/Ausbildung:
- Er war zunächst Schüler des Gymnasiums in Barmstedt bei Hamburg und besuchte dann ab 1819 die Gelehrtenschule des Johanneums in Hamburg.
- 1823/24 nahm er ein Studium der Mathematik und Geschichtswissenschaft in Tübingen auf, begann jedoch ab 1825 noch ein Architekturstudium in München.

Werdegang:
- Mehrere Studienreisen führten ihn nach Frankreich, Italien und Griechenland.
- Im Jahr 1833 entstand der erste Museumsbau nach seinen Entwürfen in Hamburg.
- Bereits 1834 wurde er als Professor der Baukunst nach Dresden berufen. Dort wurden nach seinen Plänen das Hoftheater (1838–1841) und die Gemäldegalerie in Dresden (1847–1855) erbaut. Nach dem gescheiterten Maiaufstand 1849 in Dresden floh er über Paris nach Zürich.
- 1855 wurde Semper in Zürich (Schweiz) zum Professor auf Lebenszeit erklärt.
- 1871 siedelte er auf Wunsch von Kaiser Franz Joseph I. nach Wien um und entwarf dort u. a. das Hofburgtheater (1874–1888).

Besonderheit:
Nach der Teilnahme am Dresdner Maiaufstand 1849 musste Gottfried Semper aus Dresden fliehen. Er wurde steckbrieflich als „Demokrat erster Klasse" und „Haupträdelsführer" gesucht. Bis zur Aufhebung des Steckbriefes 1863 wurde Semper noch von der sächsischen Polizei u. a. in Zürich bespitzelt.

Was bleibt:
Semper gilt als einer der bedeutendsten Baumeister Deutschlands und Mitbegründer der modernen Theaterarchitektur. Das von ihm erbaute Hoftheater in Dresden wurde stilbildend. Nach einem vernichtenden Brand wurde es 1871–1878 von seinem Sohn Manfred verändert wiederaufgebaut und ist heute als Semperoper weltberühmt.

2 – Das erste Dresdner Hoftheater, wie es unter Gottfried Semper gebaut wurde, bevor es 1869 abbrannte und als „Semperoper" neu errichtet wurde. Foto, 1865.

1. Schildere die Ereignisse in Dresden von 1848/49.
2. Erkläre das Zitat von Semper mit eigenen Worten. Zu was ruft er damit aus architektonischer Sicht auf?
3. Lies Q1 und erläutere, was der Bundespräsident mit der Formulierung meinte: „Wenn wir uns ... daran erinnern, mit welchem Glanz Frankreich das Jubiläum von 1789 gefeiert hat, obwohl an dieser Revolution weiß Gott nicht alles Gold war, dann kann man eigentlich nicht begreifen, warum die Geburtsstunde der deutschen Demokratie bei uns nicht zu dem gleichen stolzen Gedenken führt."
4. Beziehe Stellung, ob die Deutschen stolz auf die Revolution von 1848 sein können, begründe deine Meinung. Antworte Roman Herzog (Q1).

▶ *Sehr geehrter Herr Herzog ...*

Die Maiaufstände in Dresden

Schauplatz Geschichte

Das Bild „Biwacht (Lager) der Aufständischen auf dem Altmarkte zu Dresden" von 1849 aus dem Neuruppiner Bilderbogen stellt eindrücklich dar, wie entschlossen die Bevölkerung Sachsens für Freiheit und bürgerliche Rechte kämpfte. Beim Versuch, im Mai 1849 König Friedrich August II. von Sachsen zu stürzen, gab es über 100 Tote und mehr als 200 Verletzte.

Teilt die Klasse in drei Gruppen ein. Jede Gruppe beschäftigt sich mit einer Aufgabenstellung. Stellt anschließend zwei Beispielergebnisse pro Gruppe in der Klasse vor.

1. Untersucht das Bild genauer im Hinblick auf Gegenstände, die im Bild dargestellt werden.
   ▶ *aufgestapeltes Holz im linken Hintergrund: Barrikaden, um Angreifer abzuwehren.*

2. Erforscht das Bild im Hinblick auf die dargestellten Personen. Stellt Vermutungen an, was sie sagen und denken könnten. Formuliert Sprech- bzw. Gedankenblasentexte für sie.
   ▶ *Mann rechts außen mit gelber Hose und blauer Jacke. „Hoffentlich komme ich hier heil wieder raus!"*

3. Die beiden Männer im Zentrum des Bildes (links: grüne Hose, blauer Frack, rechts gelbe Hose und braune Jacke) scheinen in ein hitziges Gespräch vertieft. Entwerft einen Dialog und geht dabei auf Gründe für den Aufstand sowie den Verlauf der Auseinandersetzungen ein.
   ▶ *Nutzt hierfür auch die Informationen der S. 150–152.*

Methode

Karikaturen interpretieren

Wie ihr bereits im Kapitel 2 erfahren habt, kritisierte man die Obrigkeit zur Zeit der Reformation häufig mit übertriebenen bildhaften Darstellungen. Diese Spottbilder sind Vorgänger der bis heute beliebten Karikatur. Der Begriff leitet sich vom italienischen Wort caricare (übertreiben) ab. Die Karikatur ist eine Zeichnung, in der Personen oder Ereignisse übertrieben dargestellt werden. Gleichzeitig erfolgt eine Beurteilung der abgebildeten Personen oder Situationen durch den Zeichner.

Zur Zeit der Französischen Revolution entstand eine Vielzahl an Karikaturen, da sie nur kleine oder gar keine Texte enthielten und somit von den meisten Menschen verstanden wurden. In Deutschland setzte sich die Karikatur allerdings erst nach 1848 durch, da die strenge Zensur derartige Kritik bis dahin verbot.

Die folgenden Schritte helfen dir, ein Bild zu analysieren:

Schritt 1 **Beschreibung der Karikatur**	■ Formuliere deinen ersten Eindruck. ■ Welche Personen, Tiere, Gegenstände sind zu sehen? Wie sind diese dargestellt (übertrieben, lächerlich, realistisch, aggressiv, ...)? Achte dabei auch auf Details wie z. B. Gesichtsausdruck, Körperhaltung, Kleidung, Größenverhältnisse der Figuren zueinander. ■ Gibt es einen Text, eine Überschrift oder andere Beschriftungen? ■ Wie ist das Bild aufgebaut (Vordergrund, Zentrum, Hintergrund)?
Schritt 2 **Bedeutung verstehen**	■ Auf welche Problematik oder Situation wird aufmerksam gemacht und was wird thematisiert? ■ Welche Bedeutung haben abgebildete Symbole, Metaphern oder auch Mensch-Tier-Vergleiche?
Schritt 3 **Zusammenhang und Absicht des Karikaturisten**	■ Wann entstand die Karikatur? An wen richtete sie sich? ■ Welche geschichtlichen, politischen, wirtschaftlichen oder kulturellen Hintergründe und Zusammenhänge gibt es? ■ Wer ist der Künstler der Karikatur? In wessen Auftrag oder Zusammenhang wurde sie gezeichnet? ■ Wer oder was soll kritisiert oder bloßgestellt werden?
Schritt 4 **Wertung der Karikatur**	■ Was ist die Aussage der Karikatur? ■ Wie stehe ich zu dieser Kernaussage? Stimme ich dieser zu oder nicht? Warum? ■ Ist die Karikatur in meinen Augen gelungen und überzeugt mich? Weshalb?

1 Lies dir mit Blick auf die Methodenschritte die Musterlösung zur Interpretation von Karikatur 1 auf der folgenden Seite durch und ergänze fehlende Informationen.

2 Analysiere die Karikatur 2 mithilfe der vier Methodenschritte.

1 – Rundgemälde von Europa 1849. Karikatur von Ferdinand Schröder. Erschienen in den Düsseldorfer Monatsheften. Lithografie, 1848.

2 – „Zwischen mir und mein Volk soll sich kein Papier drängen!“ Friedrich Wilhelm IV. zwischen Demokratie und Militär. Lithografie, 1848.

Lösungsbeispiel:

Zum Schritt 1:

Das Bild mit dem Titel „Rundgemälde von Europa“ wirkt zunächst verwirrend, weil sehr viele Personen in unterschiedlichen Größen auf einer Europakarte handelnd in Erscheinung treten. Im Zentrum steht eine Person in preußischer Uniform (Pickelhaube), die mithilfe eines Besens Personen nach Helvetia (Schweiz) kehrt. Bei Paris steht ein Mann mit einem Besen, der auf Menschen in Booten Richtung Westen (Amerika?) zeigt.

Zum Schritt 2:

Es wird der Umgang von verschiedenen Herrschern mit revolutionären Gegnern thematisiert: Preußen verjagt diese in die Schweiz, ...

Zum Schritt 3:

Die Karikatur stammt aus dem Jahre 1849 und wurde von Ferdinand Schröder angefertigt. Sie ist als eine Reaktion auf die Niederschlagung verschiedener revolutionärer Bewegungen in Europa zu sehen ...

Zum Schritt 4:

Die Karikatur kritisiert, wie die Herrscher Revolutionen niederschlagen und „alles beim Alten“ bleibt. Auf der Karte ist zu diesem Zweck bei Frankfurt eine zerfetzte Vogelscheuche abgebildet. Sie kann als Sinnbild für den Misserfolg der Frankfurter Nationalversammlung von 1848 gedeutet werden ...

Entstehung des Deutschen Kaiserreichs

Durch Kriege zum deutschen Nationalstaat?

Kgr. Preußen 1864
preußische Erwerbungen bis 1866
x wichtige Schlacht
Grenze des Deutschen Bundes 1864
Südgrenze des Norddeutschen Bundes 1867–1871
Grenze des Deutschen Reiches 1871

1 Grhzm. Mecklenbg.-Strelitz
2 Fsm. Schaumburg-Lippe
3 Fsm. Hohenzollern

1 – Deutscher Bund, Norddeutscher Bund und Deutsches Reich.

König, später Kaiser Wilhelm I. (1797–1888).

Siegessäule in Berlin, 1873 auf dem Königsplatz zur Erinnerung an die Siege 1864, 1866 und 1871 errichtet.

Zwei Wege zum Nationalstaat

Trotz der gescheiterten Revolution von 1848/49 blieb die Idee von einem einheitlichen deutschen Nationalstaat bestehen. Um dieses Ziel zu erreichen, kamen zwei Wege in Frage: eine Einigung von unten durch das Volk – diese war mit der Revolution gescheitert – oder eine Einigung von oben durch die Fürsten. 1849 zeichnete sich ab, dass dies unter preußischer Führung gelingen könnte. Preußen musste aber zunächst ein Gegengewicht zu Österreich schaffen und strebte das durch die Einverleibung der Norddeutschen Länder an. Die Verwirklichung dieser Ziele Preußens war eng mit dem Namen Otto von Bismarck verbunden.

Mit Eisen und Blut zum Ziel

Nachdem Friedrich Wilhelm IV. mehrere Schlaganfälle erlitten hatte, übernahm 1858 sein Bruder Wilhelm die Regierung. Er krönte sich 1861 zum König von Preußen und ernannte 1862 Otto von Bismarck zu seinem Ministerpräsidenten. Dieser machte von Beginn an deutlich, dass militärisches Durchsetzungsvermögen für eine preußische Vormachtstellung notwendig wäre.
So kämpfte Preußen 1864 noch erfolgreich mit Österreich an der Seite gegen Dänemark um Schleswig und Holstein. Danach musste die Machtfrage im Deutschen Bund endgültig geklärt werden. Durch immer neue Forderungen brachte Bismarck Österreich dazu, im Jahre 1866 Preußen den Krieg zu erklären. Schon nach drei Wochen wurden die österreichischen Truppen in der Schlacht bei Königgrätz vernichtend geschlagen. Österreich trat aus dem Deutschen Bund aus. Wilhelm I. und das Militär drängten auf eine vollständige Niederwerfung Österreichs. Dies lehnte Bismarck jedoch ab.

Deutscher Bund – Norddeutscher Bund

Nach dem Sieg gründete Preußen mit allen Staaten nördlich des Mains 1867 den Norddeutschen Bund. Er bestand aus 22 Teilstaaten. Bismarck wollte auch die süddeutschen Staaten, Bayern, Baden, Württemberg, und Hessen in den Bund eingliedern.

2 – „König Wilhelm frisst die deutschen Kleinstaaten". Französische Karikatur auf Preußens Annexionen und die Gründung des Norddeutschen Bundes, 1866.

3 – Otto von Bismarck (1815–1898), preußischer Ministerpräsident. Gemälde, um 1870.

Dieser Absicht stand aber Frankreich kritisch gegenüber, denn es sah in einem großen deutschen Staat eine Gefahr. Bismarck entschied sich daher, mit den süddeutschen Staaten geheime Beistandsverträge für einen eventuellen Kriegsfall abzuschließen.

Sachsen: wieder auf der falschen Seite

Im Deutsch-Deutschen Krieg von 1866 stand Sachsen auf Seiten Österreichs.
Preußens Sieg stellte schließlich den Fortbestand Sachsens in Frage. Es waren erneut große Anstrengungen erforderlich, um das Königreich vor dem Untergang zu retten.
Als Zugeständnis trat das sächsische Königreich dem Norddeutschen Bund unter preußischer Führung bei. Es wurde zu einem Anhängsel Preußens und verlor seine eigenständige politische Rolle.

Q1 Im Preußischen Landtag sagte Bismarck 1862:

... Preußens Grenzen ... sind für ein gesundes Staatsleben nicht günstig. Nicht durch Reden und Mehrheitsbeschlüsse werden die großen Fragen der Zeit entschieden – das ist der große Fehler von 1848 und 1849 –, sondern durch Eisen und Blut. ...

Q2 Zum Friedensschluss mit Österreich schrieb Bismarck 1866:

... Österreich darf nicht gedemütigt werden. Man muss für die Zukunft seine Freundschaft gewinnen, sonst wird es der Bundesgenosse Frankreichs. ... Wir wollen nicht Richter über Österreich spielen ..., sondern die Anbahnung der deutschen Einheit unter dem König von Preußen ins Auge fassen. ...

1. Beschreibe Bismarcks Einstellung zu Parlament und Revolution.
2. Untersuche die Karte 1 und beschreibe die Gebietsveränderungen. Äußere dich dabei zur besonderen Bedeutung Preußens.
3. Erkläre Bismarcks Aussage mit eigenen Worten (Q1). Was sagt diese über seinen Charakter aus?
4. Erkläre anhand von Q2 Bismarcks Verhalten gegenüber Österreich nach Beendigung des Deutsch-Deutschen Krieges.
5. Recherchiere zu Otto von Bismarck und stelle ihn in einem Steckbrief vor. Orientiere dich dabei an den VIP-Seiten.
6. Entwerft ein Rollenspiel, in dem sich ein Österreicher und ein Preuße über Vor- und Nachteile eines Deutschen Reiches unter preußischer Führung unterhalten.

▶ *Preuße: Grüß dich, Sepp, lange nicht gesehen!*
Österreicher: Servus, Fritz! Kein Wunder in diesen Kriegszeiten ... Wir können ja froh sein, dass wir uns so friedlich gegenübersitzen. Ich bin schon wütend, dass euer Ministerpräsident uns so überrumpelt hat.
Preuße: Ach, er meint es doch nur gut. Stell dir vor, einfach ...

Wie wurde das Deutsche Reich gegründet?

1 – Die Ausrufung des Deutschen Kaiserreichs am 18. Januar 1871 im Spiegelsaal des Schlosses Versailles. Zu sehen sind Wilhelm I. ①, links daneben Kronprinz Friedrich ② und rechts des Kaisers steht Großherzog Friedrich I. von Baden ③. Das Gemälde existierte in 3 Versionen. Dies ist die letzte und kleinste Version, die Bismarck ④ zum 70. Geburtstag erhielt. In der ersten Version trug Bismarck ebenfalls eine blaue Uniform. Gemälde von Anton Werner, der selbst Augenzeuge war, 1885.

* Reparationen
Dies sind Kriegsentschädigungen, Wiedergutmachungen in Form von Geld oder Wirtschaftsgütern.

Die Thronfolge in Spanien wird zum Pulverfass

1868 wurde in Spanien Königin Isabella II. gestürzt. Der freigewordene Thron wurde nun einem nahen Verwandten des Königs von Preußen angeboten. Dagegen protestierte Frankreich aufs Schärfste. Der Kandidat verzichtete daraufhin auf eine Kandidatur. Ein Telegramm aus dem Kurort Bad Ems (Emser Depesche), das Bismarck über ein Gespräch zu diesem Thema zwischen König Wilhelm und einem französischen Gesandten informierte, nutzte dieser für eine verfälschende Pressemitteilung. Er provozierte damit bewusst Frankreich, das daraufhin Preußen am 19. Juli 1870 den Krieg erklärte.

Der letzte Reichseinigungskrieg

Gemeinsam mit den süddeutschen Staaten bezwang Preußen das französische Heer am 1. September 1870 in der Schlacht bei Sedan. Kaiser Napoleon III. musste kapitulieren und geriet mit ca. 100 000 Soldaten in Kriegsgefangenschaft. Trotzdem zogen sich die Kämpfe noch bis Anfang 1871 hin. Erst am 28. Januar wurde schließlich der Waffenstillstand unterzeichnet. Dieser beinhaltete harte Bedingungen für Frankreich: die Abtretung des Elsass und Teilen Lothringens an Deutschland und die Zahlung von 5 Mrd. Francs als sogenannte *Reparationen. Vor allem die Gebietsabtretungen führten zu einer starken Verbitterung in der französischen Bevölkerung.

In Versailles wird deutsche Geschichte geschrieben

Bereits während der letzten Kämpfe hatte Bismarck mit den deutschen Fürsten über die Gründung eines deutschen Kaiserreiches im Schloss Versailles verhandelt. Es musste geklärt werden, welche Rechte der zukünftige deutsche Kaiser haben sollte und auf welche Rechte die Fürsten verzichten würden. Am 31. Januar wurde schließlich der preußische König Wilhelm I. im Spiegelsaal von Schloss Versailles zum deutschen Kaiser gekrönt. Die Gründung eines einheitlichen deutschen Nationalstaats von oben war damit vollzogen.

Eine Verfassung von Preußens Gnaden

Die Freude über die Reichsgründung war groß, aber die Verfassung verzichtete auf

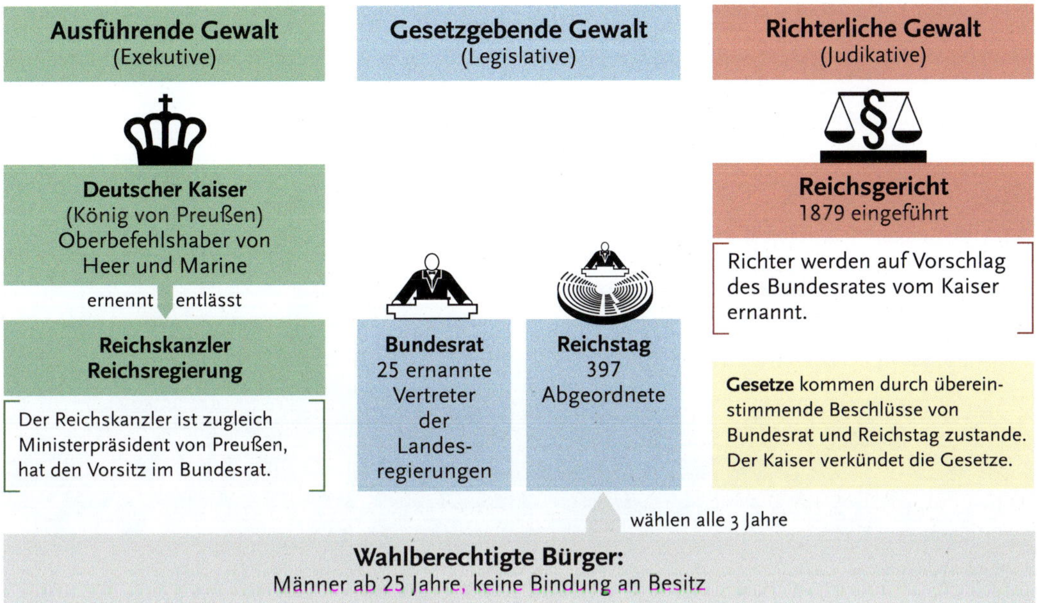

2 – Die Reichsverfassung von 1871. Schaubild.

Die Farben Schwarz, Weiß und Rot des Norddeutschen Bundes und des späteren Kaiserreiches setzen sich aus den preußischen Farben Schwarz-Weiß und dem Rot-Weiß der Hansestädte zusammen.

viele Grundrechte, die in der Verfassung der Frankfurter Nationalversammlung enthalten gewesen waren. Die oberste Gewalt im Reich lag nun nicht mehr beim Volk, sondern beim Kaiser und den 25 Landesregierungen. Alle Gesetze, die die Parlamentsabgeordneten im Reichstag beschlossen, mussten vom Bundesrat bestätigt werden. Kein Gesetz konnte gegen die Stimmen von Preußen beschlossen werden. Der Kaiser war alleiniger Oberbefehlshaber des Heeres und konnte im Namen des Reiches den Krieg erklären. Er allein ernannte den Reichskanzler und konnte außerdem den Reichstag auflösen und wieder einberufen.

3 – Kommt es unter einen Hut? Ich glaube, 's kommt eher unter eine *"Pickelhaube". Karikatur aus dem österreichischen Satiremagazin „Kikeriki" vom 20. August 1870.

*Pickelhaube
Der Helm der preußischen und später aller deutschen Streitkräfte wurde bald zum Symbol für die Deutschen und wird bis heute immer wieder in Karikaturen verwendet.

---

1 Beschreibe die Entstehung des Deutschen Kaiserreichs.

2 Führe Gründe an, warum Frankreich so entschieden gegen einen deutschen Kandidaten bei der Besetzung des spanischen Throns protestierte.
▶ *Bedenke dabei auch die geografische Lage der Länder.*

3 Analysiere Bild 1.
▶ *Nimm hierzu die Methode „Bildquellen analysieren", S. 36, zu Hilfe.*

4 Die Errichtung des Kaiserreichs wird als Schaffung eines Nationalstaats „von oben" gesehen. Erkläre die Formulierung und erläutere, was ein Nationalstaat „von unten" wäre.

5 Erkläre mithilfe der Methode „Ein Verfassungsschema lesen und verstehen", S. 108, den Aufbau der Reichsverfassung. Achte darauf, wer den Reichskanzler ernennt und welche Rechte der Reichstag hat.
▶ *Das Schema kann von unten nach oben gelesen werden, dabei helfen dir die Pfeile.*

6 Interpretiere mithilfe der Methode „Karikaturen interpretieren" (S. 156) die Karikatur 3.

Wo wurde noch um die nationale Einheit gekämpft?

1 – „Garibaldi in Palermo". Garibaldi erobert mit Freiwilligen Palermo, 27. Mai 1860. Zeitgenössisches Gemälde von Giovanni Fattori.

* Savoyen
Landschaft im heutigen Frankreich.

Die Flagge des Königreichs Italien trägt das Wappen des Königreichs Sardinien-Piemont in der Mitte.

König Viktor Emanuel II. (1820–1878), König von Piemont.

Giuseppe Garibaldi (1807–1882)

Wunsch nach nationaler Einheit

Zwischen 1815 und 1870 kämpfte auch Italien um seine nationale Einheit. Ähnlich wie die deutschen Länder war auch Italien von den Alpen bis Sizilien territorial zersplittert. Doch anders als in Deutschland wurden diese Teilstaaten von fremden Mächten beherrscht. Das waren nach dem Wiener Kongress: Österreich, Frankreich, Spanien, das Fürstentum Savoyen und der Kirchenstaat. Doch die Idee der Nation, die durch die Französische Revolution in ganz Europa verbreitet worden war, entfachte auch in Italien eine nationale Volksbewegung – das Risorgimento (Wiedererstehung). Der erste Versuch einer Revolution 1820 wurde noch mit Gewalt niedergeschlagen. Es bildeten sich in der Folge drei Bewegungen heraus. Die erste wollte eine demokratische Republik, die zweite ein geeintes, katholisches Italien unter der Führung des Papstes. Die dritte forderte eine konstitutionelle Monarchie unter einem König aus dem Haus *Savoyen, das das Königreich Sardinien-Piemont regierte. Diese dritte Idee fand die meisten Anhänger. Zu Beginn des Jahres 1848 kam es in ganz Italien zu massiven Aufständen und zum ersten von drei Unabhängigkeitskriegen.

Das Königreich Italien entsteht

Diese Bestrebungen scheiterten zunächst. Aber die Bewegung erhielt mit König Viktor Emanuel II. und Giuseppe Garibaldi zwei Anführer, die bis 1860 die Einigung Italiens vorantrieben. Garibaldi konnte die Unterschichten gut mobilisieren und führte 1860 einen siegreichen „Zug der Tausend" an, um Sizilien zu erobern. Danach akzeptierte er Viktor Emanuel II. als König von Italien, nachdem sich die meisten Italiener für ein Königreich ausgesprochen hatten. Als es 1866 zum Krieg zwischen Preußen und Österreich kam (siehe S. 158), erklärte auch Italien Österreich den Krieg und gewann die Region Venetien, im Nordosten Italiens, für sich. Vier Jahre später wurde der Kirchenstaat besiegt, sodass auch Rom Teil des vereinigten Italiens wurde.

1 Lies den Text und beantworte die Frage aus der Überschrift.
2 Recherchiere zu Garibaldi und den „Rothemden". Stelle deine Ergebnisse in Form eines kurzen Vortrags vor.
3 Erkläre, was das Risorgimento wiederherstellen sollte.

Das kann ich ...

Die deutschen Staaten und Europa im 19. Jahrhundert

Wichtige Begriffe

- 1815–1848
- 1848/49
- Biedermeierzeit
- Caspar David Friedrich
- Deutscher Bund
- Deutscher Michel
- Friedrich Wilhelm IV.
- Fürst Metternich
- Karlsbader Beschlüsse
- Nationalversammlung
- Restauration
- Reparationen
- Robert Blum
- Romantik
- Wiener Kongress
- Zensur

Wissen und erklären

1. Erklärt euch gegenseitig die wichtigen Begriffe und ordnet Daten und Personen zu.
2. Aus welcher Quelle in diesem Kapitel stammt der Satz: „Denn meine Gedanken zerreißen die Schranken“? Gebt die Fundstelle an und erklärt den historischen Zusammenhang.

Anwenden

3. Untersuche das Denkmal 1 mithilfe der Methodenschritte (S. 130).
   - *Nutze für weitere Informationen zum Denkmal das Internet.*
4. Interpretiere mithilfe der Methodenschritte (S. 156) die Karikatur 2.
5. Recherchiere, beispielweise im Internet oder dem örtlichen Archiv, ob es in eurem Heimatort noch Spuren des Kaiserreiches gibt. Denke an Denkmäler und Straßennamen.

Beurteilen und handeln

6. Das 1889 eingeweihte Reiterstandbild zu Ehren Kaiser Wilhelms I. wurde im Zweiten Weltkrieg zerstört und 1993 wiedererrichtet. Der Schriftsteller Kurt Tucholsky schrieb dazu: „Wir gingen auf der breiten, baumbestandenen Allee ... ich sah hoch ... und ... fiel beinah um. Da stand – Tschingbumm! – ein riesiges Denkmal Kaiser Wilhelms des Ersten: ein Faustschlag aus Stein.“ Nimm Stellung zu diesem Zitat.
7. Diskutiert in der Klasse die Frage, ob Nationalhymnen bei Sportveranstaltungen gesungen werden sollten. Erinnert euch in diesem Zusammenhang auch an das Einführungsgespräch zwischen Stella und ihrem Großvater.
8. Erläutere die Worte Heinemanns (Q1) und nimm Stellung zu diesen.

Q1 Der ehemalige Bundespräsident Heinemann sagte 1971 in einer Rede:

... Als das Deutsche Reich vor 100 Jahren gegründet wurde, war keiner der 48er zugegen ... Um den Kaiser standen in Versailles allein die Fürsten, die Generäle, die Hofbeamten, aber kein Volksvertreter ... Was 1871 erreicht wurde, war eine äußere Einheit ohne volle innere Freiheit. Die Staatsgewalt ging nicht vom Volke aus, sie lag bei den Fürsten ...

1 – Am Zusammenfluss von Rhein und Mosel, dem Deutschen Eck, wurde in Koblenz im Jahre 1897 eine Landzunge aufgeschüttet, auf der ein monumentales Reiterstandbild zu Ehren Wilhelms I. errichtet wurde. Foto, 2020.

2 – Michel und seine Kappe im Jahr 48. Unter den Bildern steht: „Frühling“, „Sommer“, „Herbst“. Karikatur aus dem Eulenspiegel, 24. März 1849.

Hier spielt die Geschichte …

Eine Deutschlandreise zwischen Zensur und Kleinstaaterei

* Hildesheimer Allgemeine Zeitung
Sie wurde bereits 1705 gegründet und ist damit die älteste bestehende Zeitung Deutschlands.

* Zensor
Begutachter öffentlicher Schriften. Er verbietet bzw. streicht unangemessene Textteile.

Einführung

Stell dir vor, du bist Journalist für die *Hildesheimer Allgemeine Zeitung. Für diese warst du Beobachter beim Wiener Kongress 1815 und sollst nun mit deinen persönlichen Eindrücken nach Hamburg kommen, um einen Bericht zu schreiben. Für diesen hast du dir vier Zitate auf dem Kongress notiert, die du nun vollständig nach Hamburg bringen sollst. Auf dem Weg nach Hamburg kann es aber passieren, dass ein *Zensor deine Unterlagen einsieht, diese begutachtet und eventuell zensiert (verändert). „Wurde da etwa etwas gegen Staat und Fürsten geschrieben?“ Wenn du auf ein Scherenfeld kommst, musst du fünf Worte aus deinen Zitaten streichen.

Folgende Zitate hast du dir beim Wiener Kongress notiert:

Wilhelm von Humboldt (Preußischer Reformer): *„Metternich nimmt nur Nebensächlichkeiten ernst, und das ernste Geschäft behandelt er wie Nebensächlichkeiten.“*

Kaiserin Maria Ludovica (dritte Frau des österreichischen Kaisers Franz I.): *„Der Kongress kostet mich 10 Jahre meines Lebens!“*

Zar Alexander I. (russischer Zar): *„Metternich ist der beste Zeremonienmeister der Welt, dafür aber ein umso schlechterer Minister.“*

Gebhard v. Blücher (siegreicher Feldherr gegen Napoleon): *„Es geht hier zu wie auf einem Jahrmarkt, wo jeder sein Vieh hintreibt.“*

Durchführung

Zu **Salzburg** – Auf deiner Rückreise über München musst du sehr lange an der Grenze bei Salzburg warten, weil die Stadt nach dem Wiener Kongress nicht mehr zu Bayern gehört, sondern nun zum Österreichischen Kaiserreich. Die Grenzkontrollen sind deshalb auch besonders streng. **Du musst drei Felder zurück.**

Zu **München** – In Bayern wird unter der Führung von König Maximilian Joseph eine neue Verfassung erarbeitet. Als bekannter Journalist sollst du mitarbeiten und bleibst dort vorerst. **Setze einmal aus.**

Zu **Eisenach** – Als du endlich weiterreist, kommst du an der thüringischen Kleinstadt Eisenach vorbei. Hier sind schon die Vorbereitungen für die Feierlichkeiten zur 300-Jahr-Feier der Reformation (1517) in vollem Gange. Besonders viele junge Leute tragen die Farben Schwarz, Rot und Gold. Erkläre diese Farben. **Gehe drei Felder vor.**

Zu **Jena** – Viele Grenzen der thüringischen Staaten musst du auf dem Weg nach Jena durchqueren. Als Journalist hast du Angst vor der Zensur, weil man ein bis zu 5-jähriges „Versuchsverbot“ erhalten kann, wenn man nicht angepasst und konform schreibt. **Durch deine Furcht bist du sehr aufmerksam. Du darfst fünf Felder vorrücken.**

Zu **Dresden** – In der alten Barockstadt Dresden triffst du einen der gefragtesten Maler der Zeit zu einem Interview: Caspar David Friedrich. Nenne die Kunstepoche, in die dieser Maler einzuordnen ist. **Du darfst noch einmal würfeln.**

Zu **Berlin** – Auf dem Weg nach Preußen lernst du den Komponisten Carl Maria von Weber kennen, der ebenfalls nach Berlin reist. Er berichtet dir von seinen Ideen für eine neue romantische Oper, die den Namen „Der Freischütz“ erhalten soll, aber auch von seinen Schwierigkeiten als „politischer Musiker“. Erneut beschleicht dich Angst. **Setze einmal mit Würfeln aus.**

Zur **Elbe** – In Berlin erhältst du eine Eilmeldung deines Chefs, dass du schleunigst in die Redaktion kommen sollst. Er empfiehlt dir, dafür ein Elbschiff zu nehmen, denn die Grenzen sind mit dem Schiff einfacher zu passieren. **Du darfst bis Hamburg vorrücken.**

Zu **Hamburg** – Geschafft! An deinem Ziel angelangt, schaust du dir deine Aufzeichnungen genau an.

Du musstest sicherlich viel streichen. **Verfasse nun mithilfe deiner fragmentarischen Aufzeichnungen einen Bericht über den Wiener Kongress.** Vergleicht anschließend eure Arbeiten.

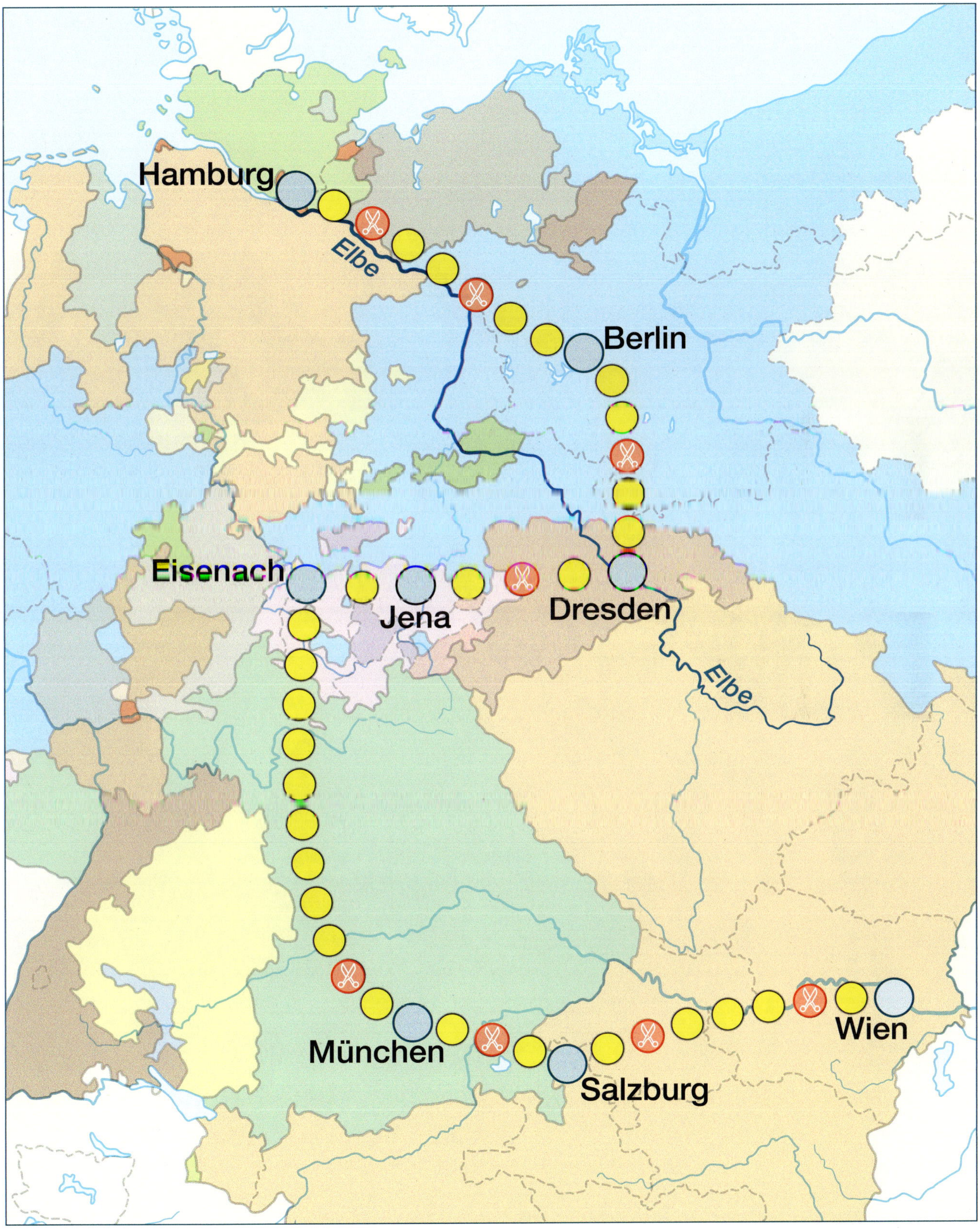
Hamburg
Elbe
Berlin
Eisenach
Jena
Dresden
Elbe
München
Salzburg
Wien

5 Industrialisierung und Soziale Frage

Fröhliche und festlich gekleidete Menschen, ein Pfarrer, der segnende Worte spricht – Chemnitz feierte im Jahre 1858 ein großes Fest. Grund war dieYFertigstellung der 100. Lokomotive aus der Maschinenfabrik von Richard Hartmann.
Die Eisenbahn wurde zum Symbol umwälzender Veränderungen, die vor über 250 Jahren begannen. Es war die Zeit der Industriellen Revolution. Durch sie wuchsen Städte wie Leipzig, Dresden und später Chemnitz zu Zentren der Wirtschaftskraft des Königreiches Sachsen heran und erlangten Bedeutung über die Grenzen des Landes hinaus. Bis heute bilden sie den Dreh- und Angelpunkt der sächsischen Wirtschaft. Doch wie kam es zu diesen Veränderungen und ist das Zeitalter der Industrialisierung bereits abgeschlossen?

1769

Dampfmaschine von James Watt

Industrialisierung und Soziale Frage

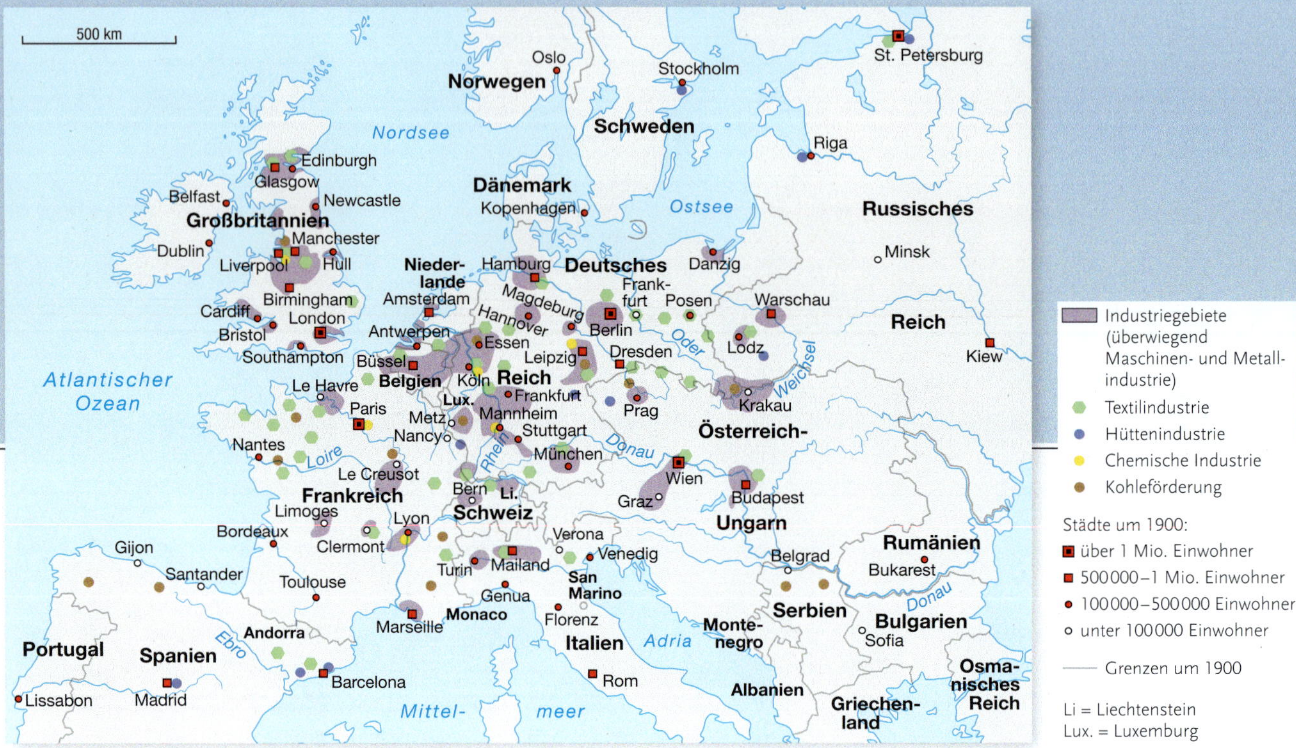

1 – Die Industrialisierung in Europa bis um 1900.

Über viele Jahrhunderte hatte sich das Leben der Menschen nur wenig verändert. Große Teile der Bevölkerung lebten als Bauern in kleinen Dörfern, als Handwerker und Händler in den Städten. Ab der zweiten Hälfte des 18. Jahrhunderts trat jedoch ein grundlegender Wandel dieser Situation ein. Ihren Ausgang nahm diese Entwicklung zunächst in England und dann ab 1800 auch langsam in Frankreich und Deutschland. Das Zeitalter der Industrialisierung hielt Einzug und wirkte so tiefgreifend, dass es das Leben heute noch prägt. Darum sprechen wir auch von der Industriellen Revolution. Sie ist in ihrer Bedeutsamkeit für die Menschheit vergleichbar mit dem Übergang vom wandernden Jäger und Sammler der Altsteinzeit zum sesshaften Ackerbauern und Viehzüchter in der Jungsteinzeit.

Am Ende des Kapitels kannst du folgende Fragen beantworten:

- Welche grundlegenden Veränderungen brachte die Industrialisierung mit sich?
- Weshalb begann die Industrialisierung gerade in England?
- Wie begann die Industrialisierung in Deutschland?
- Welche technischen Fortschritte gab es im 18./19. Jahrhundert?
- Welche Rolle spielte Sachsen in der Zeit der Industrialisierung?
- Wie veränderte die Industrialisierung das Leben der Menschen?
- Warum und wie organisierten sich Arbeiter?
- Was war die Soziale Frage und wie versuchten der Staat, die Kirche und einzelne Unternehmer sie zu beantworten?
- Wie bereite ich einen Besuch in einem Industriemuseum vor und wie gehe ich mit den dort erhaltenen Erkenntnissen um?

um 1770	1835	1848	1863	1875
Beginn der Industrialisierung in England	Erste deutsche Eisenbahnstrecke Nürnberg–Fürth	Auslieferung der ersten Hartmann-Lokomotive in Chemnitz	Gründung des Allgemeinen Deutschen Arbeitervereins	Gründung der SAD (seit 1890 SPD)

Opa, sag mal …

Opa: Hallo, Stella! Bald sind ja Sommerferien. Hast du eigentlich schon Pläne?

Stella: Ja, Opa. Ich werde meinen ersten Ferienjob annehmen. Ich arbeite in der Kantine bei Tante Sabine.

Opa: Na das ist ja ein Ding. Da geht meine kleine Enkelin schon arbeiten!

Stella: Naja, arbeiten ist vielleicht übertrieben. Ich helfe Tante Sabine beim Kartoffel-, Eier- und Zwiebelschälen für zwei Stunden am Tag. Mein Kumpel Georg muss da schon mehr schuften. Er teilt jedes Wochenende Zeitungen in seinem Wohngebiet aus und die sind wohl ganz schön schwer. Reine Kinderarbeit!

Opa: Naja, er macht das ja sicherlich freiwillig, um sein Taschengeld aufzubessern, oder? Vor 150 Jahren gab es noch „wirkliche" Kinderarbeit, auch bei uns in Deutschland. Da mussten schon 12 Jährige in Fabriken bis zu 12 Stunden am Tag Maschinen bedienen oder im Bergbau in enge Schächte klettern.

Stella: Das klingt nicht nach einem Nebenjob, sondern nach richtig harter Arbeit.

Opa: Das war es auch. Manche Kinder verdienten den Lebensunterhalt für ihre Familie. Deshalb konnten sie nicht zur Schule gehen und blieben später auch einfache Hilfsarbeiter, weil sie keine schulische Ausbildung hatten.

Stella: Jetzt kommst du wieder mit dem Loblied auf die Schule, Opa! Ich weiß schon, wie froh ich sein kann, in die Schule gehen zu können. Aber Ferien sind eben auch was Schönes.

Opa: Na klar, mein Schatz. Und ich finde es gut, dass du in deiner Freizeit nebenher jobbst. Da kannst du schon mal in die Arbeit reinschnuppern und vor allem „eigenes" Geld verdienen. Auf was sparst du denn?

Stella: Ich möchte mir einen neuen Laptop kaufen, weil mein alter von Papa viel zu langsam ist. Besonders bei den Schulaufgaben kommt der an seine Grenzen.

Opa: Ich glaube zwar nicht, dass das der Hauptgrund ist, aber du hast ein Ziel vor Augen.

Stella: Genau, und Hauptsache mir tränen dann nicht die Augen bei dem vielen Zwiebelschälen bei Tante Sabine!

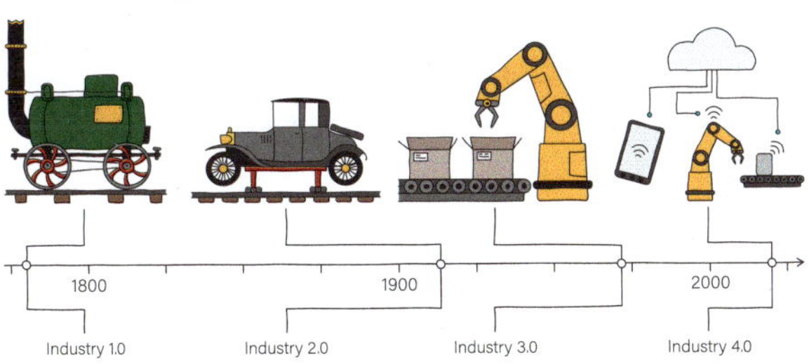

2 – Stufen der Industrialisierung. Schaubild.

1. Lest das Gespräch mit verteilten Rollen.
2. Beschreibe mithilfe der Karte, wo sich in Europa hauptsächlich Zentren der Industrialisierung befanden.
3. Führe eine Umfrage zum Thema „Ferienjob" in der Klasse durch. Wie viele bessern sich ihr Taschengeld nebenbei auf? Welche Arbeiten übernehmen sie dabei?
4. Beschreibe und erkläre Bild 2.
5. Recherchiere im örtlichen Museum, Stadtarchiv oder Internet, ob in deinem Heimatort Industriedenkmäler aus der damaligen Zeit existieren.

▶ *Beispiele für Industriedenkmäler können sein: Fabriken, Talsperren, Kraftwerke etc. aus der Zeit.*

Warum begann die Industrialisierung in England?

1 – Verarbeitung von Wolle zu Garn 1783. Die Fäden werden zunächst auf dem Spinnrad gesponnen und dann auf eine Garnwinde gewickelt. Illustration, vermutlich 19. Jahrhundert.

2 – Die „Spinning Jenny" von 1767. Drehte man das Rad, zogen und drehten die Spindeln die Wolle automatisch zu Fäden. Ein Mensch konnte daran so viel Garn spinnen wie acht Leute mit herkömmlichen Spinnrädern. Kolorierter Stich, 19. Jh.

Industrialisierung
Darunter versteht man Veränderungen der Wirtschafts-, Arbeits- und Lebensweise seit Anfang des 19. Jahrhunderts, aufgrund des Einsatzes von Maschinen.

Flachs
Dies ist eine pflanzliche Faser, aus der Garn gesponnen wird.

Spinning Jenny
„Jenny" war eine Verniedlichungsform für „engine", dem englischen Wort für Maschine.

Bevölkerungsentwicklung in England
1690 = 5,5 Mio.
1760 = 6 Mio.
1801 = 10,9 Mio.
1851 = 27,3 Mio.

Das Mutterland der Industrialisierung

Schon Mitte des 18. Jahrhunderts beherrschte England nicht nur die Weltmeere, sondern verfügte durch den Besitz zahlreicher Kolonien auch über große Rohstoffreserven.
Eine um 1700 einsetzende Verbesserung der landwirtschaftlichen Anbau- und Viehzuchtmethoden sowie Erfindungen ab Mitte des 18. Jahrhunderts steigerten die Erträge und führten zu einer Bevölkerungsexplosion. Doch mehr Menschen benötigten auch mehr Kleidung. Die Herstellung von Textilien erfolgte jedoch immer noch in mühevoller Heimarbeit. Frauen verarbeiteten zunächst Rohwolle oder Flachs am Spinnrad zu Garn, wickelten es anschließend auf Garnwinden (siehe Bild 1) und verarbeiteten es an Webstühlen zeitaufwendig zu Stoffen. Den wachsenden Bedarf an Stoffen konnten die kleinen Heimwerkstätten irgendwann nicht mehr decken. Die Herstellung des Garns dauerte einfach zu lange. Als dann der Webstuhl 1733 technisch verbessert wurde, sodass fortan mit doppelter Geschwindigkeit gewebt werden konnte, kam die Garnherstellung gar nicht mehr hinterher.

Ein einfacher Weber hat die Lösung

1761 wurden in einem Wettbewerb fünfzig Pfund Sterling für denjenigen ausgeschrieben, dem die Erfindung einer Maschine gelänge, „die sechs Fäden Wolle, Flachs, Hanf oder Baumwolle gleichzeitig spinnt, sodass nur eine Person zur Bedienung notwendig ist". Die Lösung des Problems fand 1764 schließlich der einfache Baumwollweber James Hargreaves. Seine Spinnmaschine „Spinning Jenny" konnte 8 Fäden spinnen. Die Spinner in den Heimwerkstätten sahen durch diese Erfindung ihren eigenen Lebensunterhalt bedroht. So entstand die Bewegung der „Maschinenstürmer", die ihre Wut gegen die neuen Maschinen richtete. Doch aufhalten konnten sie die Industrialisierung nicht mehr.

Unaufhaltsamer Wandel

Auf die Spinnmaschine von James Hargreaves folgten immer neue Erfindungen. 1769 entwickelte Richard Arkwright die „Waterframe" – eine Spinnmaschine, die mit Wasserkraft angetrieben wurde. Zehn Jahre später entwickelte Samuel Crompton seine „Spinning Mule" – eine Kombination der

3 – Dampfpflug im Einsatz. Dieser wird durch Auf- und Abwickeln eines zwischen zwei Lokomobilen gespannten Drahtseils hin- und herbewegt. Kolorierter Holzstich, 1890

M1
Erfinder
Benz, Colt, Daguerre, Daimler, Edison, Faraday, Fulton, Koch, Liebig, Morse, Otto, Pasteur, Siemens, Stephenson, Reis/Bell

Erfindungen und Entdeckungen
Glühlampe, Trommelrevolver, Bekämpfung der Cholera, Entdeckung der Bakterien, Telegraf, Automobil, Stromgenerator, Dynamo, Viertaktmotor, Kunstdünger, Telefon, Fotografie, Benzinmotor, Dampfschiff, Dampflokomotive

„Spinning Jenny" und der „Waterframe". Da es durch die Spinnmaschinen Garn im Überfluss gab, mussten auch die Webstühle immer leistungsfähiger werden. So stellte 1785 Edmond Cartwright seinen „Power Loom" vor – einen mechanischen Webstuhl mit Dampfantrieb.

Unter Volldampf

Die ersten Dampfmaschinen hatte bereits 1712 ein Mann namens Thomas Newcomen entwickelt. Sie hatten anfangs dazu gedient, das Grundwasser aus Bergwerken herauszupumpen. 1769 wurden diese Dampfmaschinen von James Watt, einem jungen Erfinder aus Glasgow, weiterentwickelt. Seine Erfindung war der Grundstein für eine neue Epoche. Bereits 1807 baute der amerikanische Ingenieur Robert Fulton das erste Dampfschiff.

Die ersten Dampfmaschinen waren zunächst so schwer, dass man sie nicht von der Stelle bewegen konnte. Doch 1814 gelang es dem englischen Konstrukteur George Stephenson, eine Dampfmaschine auf Räder zu setzen und sie in eine Zugmaschine zu verwandeln. Bald entstanden Bahnstrecken. Die erste ihrer Art wurde 1825 zwischen der Bergwerksstadt Darlington und der Hafenstadt Stockton eröffnet. Stephensons „Locomotion" mit ihren 34 Wagen brauchte für die etwa 15 km lange Strecke 65 Minuten. Diese Erstfahrt wurde noch im Mischbetrieb mit Fuhrwerken bewerkstelligt. Die erste reine Eisenbahnstrecke wurde 1828 zwischen Manchester und Liverpool eröffnet. Die Erfindung der Dampfmaschine veränderte die Welt ähnlich nachhaltig wie circa 300 Jahre zuvor der Buchdruck mit beweglichen Lettern.

1. Liste anhand des Textes in einer Tabelle wichtige industrielle Erfindungen des 18. und 19. Jahrhunderts auf.

Jahr	Erfindung	Erfinder
...	...	...

2. Recherchiere im Internet zu den in M1 genannten Erfindern und Erfindungen bzw. Entdeckungen. Erstelle jeweils einen Steckbrief (analog VIP) zu ihnen und ergänze deren Erfindung in der Tabelle (Aufgabe 1).
3. Erkläre mithilfe der Bilder 1–3 und des Textes, welche Veränderungen sich durch die Industrialisierung für den Menschen ergaben.
4. Beantworte die Ausgangsfrage der Seite: Warum begann die industrielle Entwicklung gerade in England?
5. Erkläre, warum man von einer „Industriellen Revolution" sprechen kann.

Webcode: EV658282-171

Wie begann die Industrialisierung in Deutschland?

Industriegebiete:
- um 1830
- Ausweitung bis 1850
- Ausweitung bis 1914

- wichtige Eisenbahnlinien um 1914

Städte nach Einwohnerzahl um 1914:
- mehr als 1 Million
- 500 000 – 1 Million
- 100 000 – 500 000
- weniger als 100 000

- Staatsgrenzen 1914
- Grenze des Deutschen Reiches seit 1871

1 – Entwicklung der Industrialisierung in Deutschland 1830–1914.

*einheitliche Münzen
Zunächst existierten zu Beginn des 19. Jahrhunderts noch 123 verschiedene Währungen mit mehr als tausend unterschiedlichen Münzen auf deutschem Gebiet. Mit der Dresdner Münzkonvention wurde 1838 der Vereinsdoppeltaler eingeführt. 1871 wurde auf dieser Grundlage dann die Mark (zu 100 Pfennigen) als Währung des Deutschen Reiches eingeführt.

Mit Volldampf hinterher

Die industrielle Entwicklung setzte in Deutschland später ein. Der Deutsche Bund besaß keine Kolonien, aus denen er billig Rohstoffe beziehen konnte, und seine territoriale Zersplitterung in 39 Einzelstaaten erschwerte einen einheitlichen wirtschaftlichen Fortschritt. Als es 1819 in England bereits 5000 Dampfmaschinen gab, arbeiteten in Preußen zur gleichen Zeit nur 450 Stück. Mit der Gründung des Deutschen Zollvereins 1834 und der Einführung einheitlicher Maße, *Münzen und Gewichte nahm die industrielle Entwicklung in den deutschen Staaten jedoch an Fahrt auf.

Eisenbahnen als Motor der Industrie

Den Anfang machte 1835 die Bayerische Ludwigsbahn (benannt nach dem bayerischen König) auf einer 15 km langen Strecke zwischen Nürnberg und Fürth – eine Sensation für alle Beteiligten.
Bereits vier Jahre später wurde die Eisenbahn-Fernlinie zwischen Dresden und Leipzig eröffnet. 6600 km Eisenbahnstrecken wurden allein zwischen 1840 bis 1849 in Deutschland verlegt. Mit dem Ausbau eines weitverzweigten Schienennetzes konnten binnen kurzer Zeit Kohle und Erz aus Oberschlesien, dem Ruhrgebiet und dem Saarland in die verschiedenen Industriestädte zur Weiterverarbeitung transportiert werden. Der Kohlebergbau sowie die Eisen- und Stahlindustrie wurden so zu Deutschlands wichtigsten Wirtschaftszweigen. Gleichzeitig schuf der Eisenbahnbau tausende Arbeitsplätze. Lokomotiven und Wagen mussten gebaut, Gleise verlegt, Tunnel gegraben, Brücken und Bahnhöfe errichtet werden.

Städte wachsen

Zu Hunderttausenden zogen nun die Menschen in die Städte, in der Hoffnung auf ein besseres Leben im Wohlstand. Neben den Fabriken entstanden schnell Mietshäuser, sogenannte Mietskasernen, die sich im Laufe der Zeit zu großen Arbeitervierteln wandelten. Da die Nachfrage nach Wohnraum groß war, waren diese Mietwohnungen völlig überteuert. Allein in Chemnitz wuchs die Einwohnerzahl zwischen 1834 (ca. 21 000) und 1905 (ca. 250 000) auf das Zwölffache.

2 – Eröffnung der ersten Eisenbahnstrecke zwischen Nürnberg und Fürth am 7.12.1835. Diese Lokomotive mit dem Namen „Adler" stammte noch aus der Fabrik Robert Stephenson and Company aus Newcastle und wurde von einem englischen Lokomotivführer bedient. Mit ihren 12 PS benötigte sie für die 6 km lange Strecke lediglich 6 Minuten. Kolorierter Stich von Carl von Heideloff (1789–1865).

M1 Länge des deutschen Eisenbahnnetzes in km

1835	6	1870	18 560
1840	549	1880	33 865
1845	2 131	1890	41 818
1850	5 822	1990	49 878
1855	7 781	2020	33 400
1860	11 026		

M2 Fahrzeiten von Postkutschen und Eisenbahnen im Vergleich

Von Berlin nach	Mit Postkutsche um 1800	Mit Eisenbahn um 1900
Dresden	23 Stunden	3 Stunden
Hamburg	36 Stunden	6 Stunden
Frankfurt/M.	64 Stunden	9 Stunden
Köln	82 Stunden	10 Stunden

Q1 Ärztliche Bedenken gegen die Eisenbahn in einem Gutachten von 1835:

... Ortsveränderungen mittels irgendeiner Art von Dampfmaschinen sollten im Interesse der öffentlichen Gesundheit verboten sein. Die raschen Bewegungen können nicht verfehlen, bei den Passagieren die geistige Unruhe ... hervorzurufen. Selbst zugegeben, dass Reisende sich freiwillig der Gefahr aussetzen, muss der Staat wenigstens die Zuschauer schützen, denn der Anblick einer Lokomotive, die in voller Geschwindigkeit dahinrast, genügt, diese Krankheit zu erzeugen. ...

1. Vergleiche die industrielle Entwicklung in England mit der in Deutschland. Nenne Gründe für den unterschiedlichen Entwicklungsstand Anfang des 19. Jahrhunderts.
2. Analysiere die Karte 1. Gehe dabei auch auf die Bedeutung des Deutschen Zollvereins ein.
3. Versetze dich in verschiedene Personen auf dem Bild 2. Formuliere Gedankenblasentexte, was sie gerade denken und empfinden könnten.
4. Werte M1 aus und stelle die Entwicklung des Eisenbahnnetzes mittels eines Säulendiagramms dar.
5. Werte M2 aus und stelle einen Zusammenhang zu M1 her. Recherchiere, wie lange heute die Züge für die verschiedenen Strecken (M2) benötigen.
6. Schreibe aus heutiger Sicht eine Antwort auf das ärztliche Gutachten von 1835 (Q1):

▶ *Mit Interesse, aber auch einem Schmunzeln las ich ...*

Geschichte vor Ort

Industrialisierung in Sachsen

1 – Fertigungshalle der Firma Götze und Hartmann, Chemnitz. Xylografie, Mitte 19. Jahrhundert.

* Manchester
Diese englische Stadt besaß für die Industrialisierung Englands eine Schlüsselrolle aufgrund der Vielzahl ihrer Fabriken.

* Weltausstellung
Hierbei handelt es sich um eine internationale Ausstellung, auf der verschiedene Länder technische und kunsthandwerkliche Neuerungen präsentieren. Die erste Weltausstellung fand im Jahre 1851 im Londoner Hyde Park statt.

Wirtschaftliche Entwicklung in Sachsen zu Beginn des 19. Jahrhunderts

Die Herrschaft Napoleons brachte einen entscheidenden Auftrieb für die sächsische Wirtschaft mit sich. Durch die Kontinentalsperre gegen England bot sich sächsischen Unternehmen die Möglichkeit, Anteile englischer Produkte und Firmen zu übernehmen. So wurden z. B. in Leipzig die englischen Vorräte an Tuchen und Webwaren verbrannt, was Platz für einheimische Produkte schuf. Diese Entwicklung führte zur Gründung zahlreicher sächsischer Baumwollfabriken. Nach Napoleons Niederlage war Sachsen allerdings am Boden. Die Aufhebung der Kontinentalsperre führte zu einem Gegeneffekt: englische Ware, die wiederum jahrelang aufgestaut worden war, überschwemmte nun die Märkte auf dem Kontinent. Sie konnte zudem billig angeboten werden, sodass viele sächsische Betriebe schließen mussten. Auch politisch gab es große Einschnitte. Das Königreich Sachsen verlor infolge des Wiener Kongresses etwa die Hälfte seines Territoriums und 39,4 % seiner Bevölkerung. Der eher industriell geprägte Teil blieb aber bei Sachsen.

Industrialisierung in Sachsen

Die sächsische Textilindustrie wurde als Erstes von dem Prozess der Industrialisierung erfasst. Innerhalb kurzer Zeit wurden zahlreiche neue Fabriken gegründet. Allein im Bereich der Wollspinnerei entstanden zwischen 1834 und 1839 102 neue Firmen. Der Siegeszug der Dampfmaschine ermöglichte es, wesentlich mehr in besserer Qualität zu produzieren. Durch die nun vorhandene Unabhängigkeit der Standortwahl konnten die Fabriken direkt an die Steinkohlegruben und in die Städte gelegt werden. So wurde z. B. der Plauensche Grund industrialisiert, da es dort reiche Steinkohlevorkommen gab. In Potschappel (heute ein Stadtteil von Freital) wurde 1840 der erste mit Koks betriebene Hochofen in Betrieb genommen.
Die geförderte Steinkohle in den Kleinrevieren um Zwickau, Oelsnitz und Freital war Energiegrundlage für die weitere Industrieentwicklung. Ab Mitte des 19. Jahrhunderts wurde Steinkohle im großen Stil abgebaut und über ein dichter werdendes Verkehrsnetz direkt zu den Fabriken transportiert. Dresden, Leipzig und Chemnitz entwickelten sich zu Zentren der Industrie, die wiederum neue Industriezweige anzogen.

Ein „sächsischer Lokomotivkönig"

Der junge Unternehmer Richard Hartmann (siehe VIP, S. 183) gründete 1837 eine eigene Maschinenbaufabrik mit umfangreichem Sortiment. Er produzierte zunächst Spinnmaschinen, später dann auch Webstühle, Lokomotiven, Turbinen, Gewehre, Bergwerksmaschinen, Bohrmaschinen und Werkzeugmaschinen. Im Jahr 1858 wurde seine 100. Lokomotive fertiggestellt (S. 166/167). Die große Anzahl der von ihm produzierten Lokomotiven brachte ihm den Spitznamen „sächsischer Lokomotivkönig" ein. Die Zahl seiner Mitarbeiter wuchs ständig. Waren es 1837 noch drei Beschäftigte, stieg die Zahl bis 1869 auf 3250 an. Ein Jahr später wurde aus Hartmanns Werk die Sächsische Maschinenfabrik AG.
Mitte des 19. Jahrhunderts stammten bereits 413 von 500 Dampfmaschinen von sächsischen Herstellern, davon wiederum 94 Stück von Richard Hartmann. Chemnitz wurde daher zu Recht auch als das „sächsische *Manchester" bezeichnet.

Sachsen als industrielles Zentrum

1862 erhielt die Werkzeugmaschinenbaufirma Johann Zimmermann als erstes deutsches Maschinenbauunternehmen eine goldene Preismedaille auf der *Weltausstellung in London. Dies zeigte, dass sächsische Betriebe für die englischen Marktführer eine ernstzunehmende Konkurrenz darstellten. Außerdem entwickelte sich das Königreich Sachsen zu einem bedeutenden Standort im Bereich der Nahrungs- und Genussmittelindustrie. So wurde 1823 die erste deutsche Schokoladenfabrik Jordan & Timäus in Dresden gegründet und 1835 die bis heute bestehende Firma Drogerie- und Farbwarenhandlung Gehe und Company. Ferdinand Adolph Lange schuf in Glashütte die Grundlage für den Weltruf der sächsischen Uhrenindustrie. Insgesamt bestanden 1861 in Sachsen rund 1500 Fabriken.

Neue Verkehrsmittel rücken sächsische Städte zusammen

Bereits 1837 wurde das erste Teilstück der sächsischen Eisenbahnlinie eröffnet. Treibende Kraft bei diesem Projekt war der „Vater“ des Deutschen Zollvereins Friedrich List, der auch an der Eröffnungsfahrt teilnahm. Am 7. April 1839 konnte nach nur vierjähriger Bauzeit schließlich die ganze Eisenbahnstrecke Leipzig–Dresden eröffnet werden. Über 6000 Arbeiter waren dafür im Einsatz gewesen, mehr als 100 Brücken gebaut und ein 513 Meter langer Tunnel bei Oberau gegraben worden. Ein neues Verkehrszeitalter brach damit in Deutschland an, das die Städte näher zusammenrücken ließ. Brauchte man von Leipzig nach Dresden zu Fuß mehrere Tage und mit dem Pferd 16 Stunden, so waren es mit der Eisenbahn nur noch vier Stunden. Johann Andreas Schubert stellte 1838 in Übigau (heute: Stadtteil von Dresden) die „Saxonia“ fertig. Sie war die erste funktionstüchtige Lokomotive, die in Deutschland produziert wurde. Am Ende des 19. Jahrhunderts besaß Sachsen eines der dichtesten europäischen Eisenbahnnetze.

2 – Eröffnung des ersten Teilstücks Leipzig–Althen am 24. April 1837: Rückfahrt nach Leipzig. Zeitgenössische Radierung, 1837.

M1 Der Historiker Wilhelm Bleek schrieb über die Eröffnung des ersten Teilstücks der sächsischen Eisenbahnlinie:

... Am frühen Morgen des 24. April 1837 zogen Tausende von Leipzigern zu einem großen Ereignis an den Nordrand der Stadt. Von dort war die Abfahrt des Zuges angekündigt, mit dem der erste Streckenabschnitt der in Bau befindlichen ersten deutschen Fernbahnlinie von Leipzig ins 115 km entfernte Dresden eingeweiht werden sollte. An dieser ersten Fahrt zum Dorf Althen sollten nur die Mitglieder des Direktoriums der Leipzig-Dresdner Eisenbahn-Compagnie und die leitenden Ingenieure teilnehmen, um auf diese Weise, wie es hieß, ihren ‚Muth und eine furchtlose Zuversicht in die Solidarität und Gefahrlosigkeit des Werkes zu bezeugen‘. Doch drei Minuten vor der Abfahrt jubelte die dichtgedrängte Menschenmenge: „Prinz Johann kommt“. Der königliche Thronfolger war von der sächsischen Residenzstadt die ganze Nacht hindurch in die Messemetropole kutschiert, um an der Eröffnungsfahrt teilzunehmen. ...

1. Nenne Faktoren, die die Industrialisierung in Sachsen begünstigten.
2. Gib den Inhalt von Q1 mit eigenen Worten wieder.
3. Stelle Vermutungen an, warum der sächsische Prinz Johann unbedingt an der Eröffnung des ersten Streckenabschnitts der Leipzig-Dresdner Eisenbahnstrecke dabei sein wollte.
4. Verfasse einen Artikel, in dem du über die Entwicklung der Industrialisierung in Sachsen und ihre Bedeutung für das Land und die Menschen informierst.
5. Recherchiere in verschiedenen Medien und finde Zeugnisse aus der Zeit der Industriellen Revolution in deinem Heimatort oder der Umgebung. Stelle die Fabriken und deren einstigen Produkte vor.

Methode

Ein Industriemuseum besuchen

Bereits in Klasse 5 habt ihr Anregungen erhalten, wie ihr einen Museumsbesuch vorbereiten und durchführen könnt.
Um mehr über das Thema Industrialisierung in Sachsen zu erfahren, bietet es sich an, ein Industriemuseum zu besichtigen. In Sachsen gibt es vier verschiedene: das Industriemuseum in Chemnitz, die Tuchfabrik Gebrüder Pfau in Crimmitschau, die Zinngrube Ehrenfriedersdorf im Erzgebirge sowie die Energiefabrik Knappenrode bei Hoyerswerda.

Diese vier Standorte des Sächsischen Industriemuseums bieten vielfältige Einblicke in die Industriegeschichte, klassisch als Museum, aber auch zum echten Erleben in einer Textilfabrik oder einem Schaubergwerk, die die damaligen Arbeitsbedingungen verdeutlichen. Dabei wird die gesamte Geschichte der sächsischen Industrie abgebildet: beginnend beim Bergbau über die Textilindustrie bis hin zum Maschinen- und Automobilbau. Oft kann selbst experimentiert und ausprobiert werden.

Folgende Schritte helfen dir, einen Besuch im Industriemuseum durchzuführen:

Schritt 1
Vorbereitung des Museumsbesuchs

- Entscheidet, welches Museum ihr besuchen wollt.
- Erkundigt euch, z. B. im Internet, über Öffnungszeiten, Eintrittspreise, Anfahrtswege und Verkehrsmittel.
- Tretet in Kontakt mit dem Museum und findet heraus, welche Empfehlungen und Programme für Schülerklassen angeboten werden, z. B. Führungen, Vorführungen, Erkundungen oder Rallyes.
- Vereinbart einen Termin.
- Setzt inhaltliche Schwerpunkte und verteilt eventuell Gruppenaufträge, um möglichst viele Bereiche abzudecken.
- Legt fest, wie ihr eure Ergebnisse nach dem Museumsbesuch präsentieren wollt (Bericht, Wandzeitung, Rätsel etc.).

Schritt 2
Durchführung des Museumsbesuchs

- Erfragt am Eingang des Museums, welcher Mitarbeiter für euch zuständig ist und welches Programm vorbereitet wurde.
- Fragt nach, ob ihr im Museum fotografieren dürft.
- Wenn ihr eigenständig recherchiert, achtet darauf, wo ihr euch einen Überblick zur Orientierung verschaffen könnt (z. B. Plan in der Eingangshalle, Informationsbereich).
- Seid während des Programms konzentriert und aufmerksam. Macht euch Notizen und stellt möglichst viele Fragen, um viel über das Thema Industrialisierung zu erfahren.

Schritt 3
Auswertung und Vorstellung der Ergebnisse

- Wertet aus, was gut geklappt hat und was weniger gut. Woran lag dies? Zieht Schlüsse daraus für eure nächste Exkursion.
- Was hat euch besonders gut gefallen?
- Nach der Exkursion sichtet ihr das Material und die Fotos, die ihr während des Museumsbesuchs gemacht habt. Erstellt nun die festgelegte Präsentationsform, vielleicht auch innerhalb einer Projektwoche in der Schule.

1 Bereitet mithilfe der Schritte 1–3 auf dieser Seite einen Besuch in einem Industriemuseum vor, führt ihn durch und wertet ihn aus.

2 Erkundigt euch während des Besuchs, warum das Museum eingerichtet wurde.

3 Prüft während eures Besuchs, inwieweit der Umweltschutz in der Industrialisierung eine Rolle spielte.

1 – Industriemuseum Chemnitz. Ursprünglich Montagehalle und Gießerei, erbaut 1907. Foto, 2012.

2 – Schülerinnen in der Ausstellung eines Industriemuseums an einer Dampfmaschine. Foto, 2019.

3 – Schülerinnen in der Ausstellung eines Industriemuseums an einer Spindelpresse. Foto, 2019.

Angebote der vier Standorte des sächsischen Industriemuseums:

Industriemuseum Chemnitz:
- originale Objekte aus 300 Jahren sächsischer Industriegeschichte
- handlungsorientierte und fächerübergreifende Angebote, z. B. Highlight-Tour, Fadenlauf, Rädchen im Getriebe, Alles aus einem Guss, Das liebe Geld, Rechenwege

Tuchfabrik Gebrüder Pfau
- lebendiges Denkmal der Textilindustrie mit funktionsfähiger historischer Technik
- Angebote: Fabrikführung, Industrie.Kultur.Rallye, Führung durch Crimmitschauer Villenviertel mit Perspektivwechsel Unternehmer – Arbeiter

Zinngrube Ehrenfriedersdorf
- 100 Meter unter Tage zu Fuß oder per Grubenbahn erkunden
- Edelsteinschleiferei mit Einführung in Geologie und Mineralogie

Energiefabrik Knappenrode
- Geschichten vom schwarzen Gold und stampfenden Maschinen
- der Weg der Kohle
- Maschinenkonzert mit Pressen, Trocknern, Sieben und Förderbändern

Die Folgen der Industrialisierung

Wie veränderte sich die Gesellschaft?

1 – Blick in eine Werkhalle (Dampfmaschinenbau) mit Arbeitern in der Sächsischen Maschinenfabrik zu Chemnitz. Foto, um 1890.

2 – Büroangestellte um 1900.

*Kapitalismus
(von ital. capitale = Reichtum)
In dieser Wirtschafts- und Gesellschaftsform ist das Erzielen und das Vergrößern des Gewinns oberstes Ziel. Der Kapitalist ist der Unternehmer, Fabrikbesitzer oder Großgrundbesitzer. Er stellt seinen Arbeitern die Mittel (z. B. Maschinen und Rohstoffe) zur Verfügung, mit denen sie für ihn produzieren, also seinen Reichtum vermehren.

Die Arbeiter – Knechte der Maschinen?
Zu Hunderttausenden zogen arbeitssuchende Landarbeiter und Bauern nun in die Städte. Zumeist völlig unterschiedlich ausgebildet, mussten sie schließlich alle die gleichen Erfahrungen machen: Sie besaßen zunächst nichts weiter als ihre Arbeitskraft, die sie gegen Lohn dem Fabrikherrn zur Verfügung stellten. Damit waren sie völlig von ihm abhängig. Durch das gemeinsame Los der Arbeit in Armut entwickelte sich schnell ein Gefühl der Zusammengehörigkeit. Diese neue soziale Schicht nannte sich Proletarier, wie schon im alten Rom die unterste Plebejer-Schicht.

Die Angestellten – Stehkragenproletarier?
Um sich deutlich von den Arbeitern abzugrenzen, trugen die Angestellten in den Büros stets einen Anzug und ein weißes Hemd mit Stehkragen. Sie erledigten als Buchhalter, Kassierer oder Zeichner die Verwaltungs- und Planungsarbeit in den Fabriken. Gegenüber den Arbeitern genossen die Angestellten Vergünstigungen, z. B. kürzere Arbeitszeiten, ansteigende Gehälter oder bezahlten Urlaub.

Fabrikbesitzer – der neue Industrieadel
Wieder bildete die Gesellschaft eine Pyramide, deren Basis diesmal das Proletariat war. An ihrer Spitze standen die Fabrikbesitzer. Anders als im Mittelalter war jetzt aber nicht der Besitz an Land und Leuten entscheidend, sondern der Besitz an Kapital (Reichtum) und Produktionsmitteln (z. B. Maschinen). Beides musste stetig vermehrt werden, um erfolgreich zu bleiben. Dafür sorgte wiederum die Produktion durch die Arbeiter.
Mit ihrer Lohnarbeit verdienten diese ihren Lebensunterhalt und waren somit vom Fabrikbesitzer abhängig, wie zuvor der Bauer vom Feudalherrn. Darum nannte man die neue Gesellschaftsspitze den „Industrie- bzw. Geldadel“ oder spricht von „Industriefürsten“. Die neue Gesellschafts- und Wirtschaftsform hieß *Kapitalismus.

Das „sächsische Manchester“
Als Industriestandort in Sachsen tat sich insbesondere das rasant wachsende Chemnitz hervor (siehe S. 174/175). Die Zeitgenossen nannten die Stadt bald das „sächsische Manchester“, was den Stolz auf die einheimische Industrie zum Ausdruck brachte. Durch die vielen Schornsteine, den Rauch und den

3 – Sächsische Webstuhlfabrik in Chemnitz, vormals Louis Schönherr. Foto, 1910

Ruß in der Luft färbten sich aber die Fassaden vieler Häuser schwarz. Einige Chemnitzer nannten deshalb ihre Stadt auch Ruß-Chams.

Zu den Unternehmern der Stadt zählte neben Richard Hartmann auch Louis Ferdinand Schönherr, der zusammen mit seinem Bruder Wilhelm den mechanischen *Tuchwebstuhl erfand. Seine Webstühle galten lange Zeit als die besten der Welt und wurden mehrfach prämiert. Noch heute erinnern die Schönherr-Fabrik in Chemnitz sowie nach ihm benannte Straßen in Plauen und Chemnitz an den Maschinenbauer von Weltruf.

Doch auch andere sächsische Industrielle schafften den Durchbruch auf dem Weltmarkt. Dazu zählten Johann Zimmermann, Johann Andreas Schubert, Philipp Reclam, die Gebrüder Esche und Christian Rudolf Sack. Sie werden auf den nächsten Seiten vorgestellt.

M1 Der Historiker Jürgen Kocka schrieb 1981 über die Angestellten:

... Obwohl die Angestellten keinen festen Anspruch darauf hatten, erstattete die Firma (Siemens & Halske) ihnen Krankheits- und Kurkosten, gewährte ihnen familienbedingte Unterstützung und Wohngelder sowie gegebenenfalls Vorschüsse und Prämien. Solche Geschenke banden den Empfänger eng an das Unternehmen und seinen Chef. Anders als Rechtsansprüche verlangten und stärkten solche freiwilligen Leistungen das Vertrauen aufseiten des Beamten [= kaufmännische, technische und sonstige Angestellte in der Industrie] und bewirkten so ein hohes Maß an persönlicher Abhängigkeit der Beamten gegenüber dem Unternehmer. ...

* **Tuchwebstuhl**
Tuchwebstühle stellten feine Tuche für die Anzüge der oberen Gesellschaftsschicht her.

1 Trage in einer Tabelle ein, was du auf dieser Doppelseite über jede Gesellschaftsschicht erfahren hast.

Proletarier	Angestellte	Fabrikbesitzer
besitzen nichts als ihre Arbeitskraft	...	...
...	...	...

2 Erkläre mithilfe der Bilder 1 und 2 sowie M1, woran man die unterschiedliche Stellung von Arbeitern und Angestellten erkennen konnte.

3 Erläutere, warum die Angestellten auch als „Stehkragenproletarier" bezeichnet wurden, und begründe, warum sie sich nicht dem Proletariat zugehörig fühlten.

4 „Die Industrielle Revolution brachte eine Klassengesellschaft hervor, die von starken Gegensätzen geprägt war." Nimm Stellung zu dieser Aussage.

Gruppenpuzzle: Industrielle in Sachsen

Johann Zimmermann (1820–1901) stammte aus Ungarn und kam nach seiner Schlosserlehre 1839 nach Chemnitz. Hier war er als Erfinder und Unternehmer sehr erfolgreich und errichtete 1848 die allererste Werkzeugmaschinenfabrik auf dem europäischen Festland. Damit war er der Begründer des Werkzeugmaschinenbaus in Deutschland und machte Chemnitz zum wichtigsten Standort dieses Wirtschaftszweiges in Sachsen und Deutschland. Für seine Leistungen wurde er von verschiedenen Ländern geehrt und 1877 in den Adelsstand erhoben – zum Ritter Johann von Zimmermann.

Johann Andreas Schubert (1808–1870) kam aus einer Tagelöhnerfamilie aus Wernesgrün. Nach dem frühen Tod seiner Eltern nahm ihn der Leipziger Polizeipräsident als Pflegekind auf. Dadurch bekam Schubert Zugang zu guter Bildung, unter anderem an der Leipziger Thomasschule. Er studierte in Dresden zwar Bauwesen, ließ sich aber auch im Maschinenbau ausbilden. 1832 wurde er Professor für Mathematik, Maschinenbau und Eisenbahnbau in Dresden. Hier eröffnete er 1836 die Maschinenbauanstalt Übigau und wurde Mitbegründer der Sächsischen Elbe-Dampfschifffahrt Gesellschaft, deren erste beide Dampfer seine Konstruktionen waren. 1839 präsentierte er mit der von ihm entwickelten „Saxonia" die erste in Deutschland konstruierte und gebaute Dampflokomotive. Aufgrund von Schuberts Berechnungen konnten die Elstertal- und die Göltzschtalbrücke errichtet werden. Letztere ist die größte Ziegelsteinbrücke der Welt.

Anton Philipp Reclam (1807–1896) stammte aus einer Leipziger Buchhändlerfamilie. Nach seiner Ausbildung zum Buchhändler bei seinem Onkel in Braunschweig kehrte er nach Leipzig zurück. Er erwarb 1828 eine Leihbücherei und Lesehalle, an die er einen eigenen Verlag anschloss. Seit 1839 verfügte Reclam auch über eine moderne Druckerei. Er war bemüht, kostengünstig große Auflagen für eine breite Leserschaft herzustellen und damit auch dem einfachen Volk den Zugang zur Literatur zu ermöglichen. Als ab 1867 das Urheberrecht im Deutschen Bund vorschrieb, dass 30 Jahre nach dem Tod eines Autors dessen Werke frei verfügbar werden sollten, gründete Reclam mit seinem Sohn „Reclams Universal-Bibliothek". Diese hat bis heute Bestand und bietet seit ihrer Nummer 1, Goethes „Faust", mittlerweile mehrere Tausend Ausgaben zu kleinen Preisen.

Die **Brüder Carl Julius Esche (1814–1867)** und **Theodor Esche (1817–1873)** führten die seit dem 17. Jahrhundert von ihrer Familie in Limbach betriebene Strumpffabrikation weiter. Sie machten aus der traditionellen Strumpfwirkerei eine industrielle Maschinenproduktion. Damit wurden Limbach und später Chemnitz zu wichtigen Textilindustriestandorten. Sie gründeten eine Familienstiftung zur „Unterstützung von bedürftigen schulpflichtigen Kindern aus Chemnitz sowie junger unbemittelter Leute aus Chemnitz oder Limbach zur Erlangung einer höheren allgemeinen Vorbildung". Damit wollten sie auch sicherstellen, dass die Industrie um Chemnitz gut ausgebildete Angestellte bekam.

Louis Schönherr (1817–1911) wurde in eine Weberfamilie geboren und erhielt auch eine Ausbildung als Weber. Zwei seiner Brüder finanzierten ihm eine Ausbildung in der Königlich-Sächsischen Bildungsanstalt, der heutigen Technischen Universität in Dresden. Danach setzte er alles daran, das Weberhandwerk mit Maschinen zu modernisieren. Dazu reiste Schönherr in die Textilfabriken von Leeds und Manchester in England und arbeitete in der Chemnitzer Maschinenbau-Kompanie. Hier entwickelte er auch seinen ersten mechanischen Webstuhl für die industrielle Produktion. 1844 begann er mit der ersten Fertigung seiner Webstühle in Erla/Schwarzenberg. 1849 wurde er zusammen mit einem Bruder von Richard Hartmann in dessen Maschinenbauunternehmen angestellt, wo sie fortan für die Webstuhlproduktion zuständig waren. 1852 endlich gründete er seine eigene Webstuhlfabrik, die 1871 über 18 000 und bis 1887 30 000 Webstühle produzierte. Damit wurde die deutsche Textilindustrie unabhängig von teuren Maschinenimporten aus England.

Christian Rudolph Sack (1824–1900) wuchs in der Landwirtschaft auf, die seinen Lebenslauf prägen sollte. Nach einer grundlegenden Ausbildung lernte er bei einem Landvermesser die Grundlagen höherer Mathematik. 1855 übernahm er den elterlichen Hof und musste feststellen, wie rückständig doch die Technik der Bauern war. So entwickelte er mithilfe des Dorfschmiedes den ersten Pflug, der komplett aus Stahl war. Zunächst stellte er Pflüge auf Bestellung her. Dann verlegte er 1858 seine Produktion ins industriell fortschrittlichere Großbritannien, um höhere Stückzahlen schneller fertigen zu können. Aber schon 1863 gründete er in Leipzig-Plagwitz die Landmaschinenfabrik R. Sack, die bald zu einem der größten Arbeitgeber in der Umgebung werden sollte (1881: 650 Mitarbeiter). Sacks Führungsstil war geprägt durch den persönlichen Umgang mit seinen Beschäftigten. Dazu gehörten auch öffentliche Belobigungen und materielle Anerkennungen. 1868 führte er eine Betriebskrankenkasse ein.

Gustav Harkort (1795–1865) stammte aus einer sehr alten und einflussreichen Unternehmerfamilie im Ruhrgebiet. Als sechstes von acht Kindern machte er eine Ausbildung zum Kaufmann im väterlichen Betrieb. 1813/14 nahm er an den Kämpfen gegen Napoleon teil. Als sein Vater 1820 starb, ging er nach Leipzig, wo er mit seinem jüngeren Bruder einen Handel mit englischen Garnen eröffnete. Aufgrund seiner Herkunft und seiner unternehmerischen Fähigkeiten leitete er 1829 die Bauvorbereitung für die Eisenbahnstrecke Magdeburg–Leipzig. 1835 übernahm er die Leitung der „Leipzig-Dresdner Eisenbahn-Compagnie". Ein Jahr später wurde er Mitbegründer der Kammgarn-Spinnerei zu Leipzig AG, der ersten Leipziger Aktiengesellschaft. Er gehörte ebenso zu den Gründern zweier Banken. Auch politisch war er sehr aktiv für die Bereiche Industrie und Handel. Als er mit 70 Jahren in Leipzig starb, gehörte er zu den einflussreichsten Wegbereitern für die Industrialisierung in Sachsen.

1. Bildet Gruppen und lost euch gegenseitig die vorgestellten Unternehmer zu.
2. Bereitet mithilfe eures Textes einen kurzen Vortrag vor.
3. Stellt „euren" Industriellen in der Gruppe vor und erstellt gemeinsam eine Präsentation mit allen Industriellen, die anschließend von der Klasse in einem Galeriegang bewertet werden soll.
4. Diskutiert in der Klasse die Behauptung: „Sachsen ist das Pionierland der deutschen Industrialisierung." Recherchiert nach weiteren bedeutenden sächsischen Industriellen. Nutzt dazu auch die Seiten 174/175, 179 sowie 183.
5. Findet mithilfe der vorgestellten Lebensläufe heraus, welche Voraussetzungen für eine erfolgreiche Industriellenkarriere nötig waren. Vergleicht mit der heutigen Gesellschaft.

Wie veränderte sich die Situation der Familien?

1 – **Arbeiterfamilie in ihrer Berliner Wohnung.** Der Mann und das älteste Mädchen (14) fehlen auf dieser Aufnahme. Die ebenfalls in der Wohnung lebende Großmutter ist anwesend. Foto, 1907.

2 – **„Schlafstelle zu vermieten".** Eine Familie vermietet ihr Bett an einen Schlafburschen. Zeichnung von *Heinrich Zille, um 1912.

Der Thüringer Pädagoge Friedrich Fröbel erkannte das Problem der vernachlässigten Kinder und gründete bereits 1840 einen Kindergarten, wo Kinder mit altersgerechten Liedern, Spielen und Beschäftigungen betreut wurden. Doch es sollte noch viele Jahrzehnte dauern, bis dies Normalität wurde.

*** Soziale Frage**
Bezeichnung für die ungelösten Probleme der Arbeiter im 19. Jahrhundert, die durch die Industrialisierung entstanden waren: schlechte Arbeitsbedingungen, lange Arbeitszeiten, zu niedrige Löhne, hohe Arbeitslosigkeit, fehlende Versicherungen, schlechte Wohn- und Lebensverhältnisse.

Wachsende Städte

Viele Handwerker und Bauern waren im Laufe des 19. Jahrhunderts vom Land in die Städte gezogen, weil sie sich dort Arbeit und sozialen Aufstieg erhofften. Gerade die ärmeren Landarbeiter versprachen sich von den wachsenden Städten neue Perspektiven und verließen ihre verarmten Höfe. Dieses Phänomen wird „Landflucht" genannt. Durch die Industrialisierung hatten sich nämlich die Lebensumstände der Landbevölkerung schnell und tiefgreifend verändert. Handwerker fanden kaum Arbeit, weil schon vieles billiger und in größeren Mengen industriell gefertigt werden konnte.

Überforderte Städte

Die Städte allerdings waren auf den großen Ansturm an Menschen nicht vorbereitet. Zunächst bildeten sich Armenviertel aus notdürftig zusammengebauten Hütten. Dann wurden Mietshäuser auf engstem Raum errichtet, oft eine Aneinanderreihung von Hinterhöfen, in die kaum Sonnenlicht hineinstrahlte. Die Häuser waren dunkel, stickig und feucht. Es ging den Wohnungssuchenden nur um eine Unterkunft, egal ob im Keller oder auf dem Dachboden. Das Minimum für eine Arbeiterwohnung sah eine Stube und eine Wohnküche vor. Toiletten befanden sich, wenn überhaupt, im Treppenhaus und mussten mit den Nachbarn im Haus geteilt werden. Doch auch der enge Wohnraum wurde oft an „Schlafburschen" (Bild 2) vermietet, um sich etwas hinzuzuverdienen.

Entstehung der Sozialen Frage

Aggressive Spannungen, Gewalt und sexuelle Übergriffe waren aufgrund der schlechten Lebensbedingungen nicht selten. Die Kriminalitätsrate war besonders hoch. Oft waren die Wohnungen in Stadtteilen, wohin die vorherrschenden Winde die Abgase der Fabriken wehten. Giftige Chemikalien gelangten ungeklärt in die Flüsse und so in das Trinkwasser der Menschen. In diesen Elendsvierteln lebten die oft kinderreichen Familien in Schmutz, Gestank und Armut. Ärztliche Versorgung war kaum vorhanden. All diese Gründe führten dazu, dass die Hälfte aller Kinder im 19. Jahrhundert bereits vor dem 5. Geburtstag starb. Die Lebenserwartung eines Erwachsenen lag bei 36 Jahren.
Da Frauen ebenfalls in den Fabriken arbeiten mussten, blieben die Kinder oft sich selbst überlassen und verwahrlosten. Häufig arbeiteten aber auch sie, um den Lebensunterhalt ihrer Familien zu sichern.
Diese Probleme wuchsen mit der Zeit und wurden zur *Sozialen Frage. Die Antwort darauf wurde zu einer der wichtigsten Aufgaben dieser Zeit.

VIP

„Der deutsche Gewerbefleiß hat der englischen Industrie eine wichtige Erfindung abgelernt und sich zunutze gemacht: Eisenbahnen mit Dampfwagenbetrieb – aber er bezahlt noch fortwährend an dem Lehrgelde durch die Millionen, welche alljährlich für Schienen und Lokomotiven nach England gehen …“

Name: Richard Hartmann

Lebensdaten: 8. November 1809–16. Dezember 1878

Familie: Hartmann stammte aus einer Gerber- und Schuhmacherfamilie aus dem Elsass.

Jugend/Schule/Ausbildung:
- 1823 erhielt er eine Schulausbildung im französischen Louneville.
- 1825 begann er in seiner Heimatstadt Barr eine Lehre als Zeugschmied/Werkzeugmacher.
- Ab 1828 begab er sich als Zeugschmied auf die Walz (Wanderjahre).

Werdegang:
- 1832 baute und reparierte Hartmann Textilmaschinen in der damals größten Maschinenfabrik Sachsens von Carl G. Hauboldt in Chemnitz. Durch Fleiß und technischen Sachverstand wurde er zum Gesellen und später zum Meister.
- 1837 gründete er zusammen mit Franz Carl Illing seine erste eigene Werkstatt zur Reparatur von Spinnmaschinen. Im gleichen Jahr wurde Hartmann Chemnitzer Bürger und heiratete Bertha Uppelt, eine Gastwirtstochter.
- 1840 trennte sich Hartmann von Illing und ging eine Partnerschaft mit dem Kaufmann August Götze ein.
- 1843 erhielt Hartmanns Firma die große Preismedaille in Gold der sächsischen Regierung für eine Spinnmaschine. Hartmann führte danach das Unternehmen alleine weiter.
- 1848 stellte er die erste Dampflok her, die weltweit exportiert wurde.
- Ab 1850 erweiterte Hartmann das Sortiment um Bergwerksmaschinen, Bohrapparate, Turbinen und schwere Werkzeugmaschinen. 1861 lief die Dampflokmaschine „Muldenthal“ vom Band.
- 1870 ist die „Sächsische Maschinenfabrik vormals Richard Hartmann AG“ eine Aktiengesellschaft mit 3 Millionen Talern Kapital.

Besonderheit:
Hartmann galt als guter Arbeitsgeber. Er verteilte Geschenke zu Weihnachten, organisierte Betriebsausflüge und verabschiedete oft seine Leute persönlich am Werkstor. Ab den 1860er-Jahren führte er in seinem Unternehmen eine Kranken- und Pensionskasse ein und ließ Wohnsiedlungen bauen. Andererseits lehnte Hartmann Streiks und Arbeiterverbände strikt ab.

Was bleibt:
Richard Hartmann gilt als Wegbereiter des sächsischen Maschinenbaus. Die „Sächsische Maschinenfabrik“ war in der 2. Hälfte des 19. Jahrhunderts das größte Unternehmen Sachsens.

* **Heinrich Zille**
Der in Radebeul geborene Maler, Grafiker und Fotograf Heinrich Zille (1858–1929) hielt in seinen Bildern eindrucksvoll das Leben der einfachen Arbeiter in Berlin fest.

1. Beschreibe die Situation der Arbeiterfamilien zur Zeit der Industriellen Revolution.
2. Hartmann schaffte es vom armen Wandergesellen zu einem reichen Großindustriellen. Zähle weitere Persönlichkeiten auf, denen ein solcher Aufstieg gelungen ist.
3. Sieh dir Bild 2 an. Beschreibe die dargestellte Szene. Bringe nun das Bild zum Sprechen, indem du allen fünf Personen mithilfe von Sprechblasentexten „Wörter in den Mund legst“.
4. Erkläre das Zitat von Hartmann mit eigenen Worten. Was kritisiert er?
5. Auf Bild 1 kannst du viele Kinder erkennen. Entscheide dich für eines und verfasse aus dessen Sicht einen möglichen Tagesablauf.

▶ *Kind vorne links: Noch bevor die Sonne aufgeht …*

Wie sahen die Arbeitsbedingungen in den Fabriken aus?

1 – Arbeiterinnen und Arbeiter der AEG (Allgemeine Elektricitäts-Gesellschaft) in Berlin. Foto, um 1900.

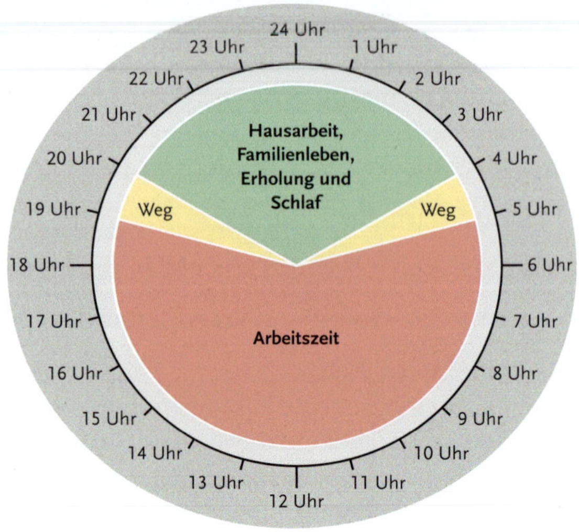

2 – Tagesablauf von Arbeiterinnen und Arbeitern in der Industrie um 1860.

Strenge Fabrikordnungen, Arbeitsbücher und ständige Kontrollen sollten die Arbeiterinnen und Arbeiter an die neuen Arbeitsbedingungen gewöhnen. Die Lohnauszahlung fand in den Großbetrieben am Freitagabend vor Arbeitsschluss statt. Aus dem Lohnbüro kam ein Angestellter mit weißem Kragen und Krawatte und brachte das Geld. Der Meister oder Vorarbeiter bezahlte dann jedem Arbeiter die errechnete Lohnsumme aus.

Hohe Anforderungen

Der Alltag der Industriearbeiter war vom Takt der Maschinen bestimmt. Um frühmorgens pünktlich an ihren Arbeitsplätzen zu stehen, mussten sie oft stundenlange Fußwege in Kauf nehmen.
Ihr oberstes Gesetz war die Fabrikordnung. Wurde diese nicht befolgt, widersetzte man sich den Weisungen des Meisters oder war man längere Zeit krank, erhielt man die sofortige Entlassung. Die Arbeitsplätze waren sehr begehrt, sodass jeder Arbeiter schnell ersetzt werden konnte.

Unwürdige Arbeitsbedingungen

Die Arbeit an den Maschinen bestand meistens aus nur wenigen Handgriffen, die stundenlang immer und immer wieder ausgeführt werden mussten, und das möglichst schnell. Dieses Verfahren wurde mit der Zeit noch beschleunigt durch die Entwicklung der Fließbandfertigung.
Zudem gab es kaum Arbeitsschutzmaßnahmen. Die Folge waren oft schwere Unfälle durch die offenen Getriebe und freilaufenden Treibriemen. Wer dadurch arbeitsunfähig wurde, verlor die Arbeit. Dazu kamen schlechte Luft- und Lichtverhältnisse in den engen, schmutzigen und vom Maschinenlärm erfüllten Fabrikhallen. Das beeinträchtigte die Gesundheit der Arbeiterinnen und Arbeiter noch zusätzlich.

Geringer Verdienst

Der Lohn der Arbeiter reichte meistens kaum aus, den Lebensunterhalt der Familie zu bezahlen. Um nicht zu verhungern, mussten meistens alle Familienmitglieder Geld verdienen und so zum Unterhalt beitragen. Frauen und Kinder wurden in den Fabriken gerne eingestellt, weil sie die gleiche Arbeit wie die Männer für kaum die Hälfte des Lohns leisteten. Daneben fanden Frauen auch Arbeit als Dienstmädchen oder Krankenpflegerinnen.
Vor allem in der Textilindustrie oder im Bergbau leisteten auch Kinder schwere Arbeit – oft schon ab ihrem sechsten Lebensjahr. So waren z. B. um 1840 von den 7213 Arbeitern in der Chemnitzer Textilindustrie 1516 Kinder. Ihr Lohn für 10 Stunden Arbeit betrug meist nicht mehr als 85 Pfennige. Für die Unternehmer waren sie somit billige Arbeitskräfte. Besonders Waisenkinder waren beliebt, weil sie ohne Familie den Fabrikbesitzern ausgeliefert waren. Durch Kinderarbeit konnten die Produktionskosten niedrig gehalten werden und man blieb konkurrenzfähig. Umso größer war der Widerstand der Unternehmer, als 1839 erstmals in Europa Gesetze gegen Kinderarbeit verabschiedet wurden – zunächst in Preußen, später in ganz Deutschland: 9- bis 16-Jährige sollten nicht länger als 10 Stunden arbeiten. Sonntags- und Nachtarbeit wurden ganz verboten.

M1 Der Wirtschaftshistoriker Jürgen Kuczynski äußerte sich 1981 über die Folgen der Kinderarbeit:

Eine Folge der Kinderarbeit zeigte sich bei den jährlichen Musterungen der Militärdienstpflichtigen. Während von den sächsischen männlichen Dorfbewohnern 19,28 % wegen „allgemeiner Schwächlichkeit“ nicht gezogen wurden, betraf das in Chemnitz 27,19 %. So waren es Militärärzte und Generäle, die auf ein Verbot der Kinderarbeit drängten. ...

Q1 Bestimmungen der Fabrikordnung der Firma Krupp (Gussstahlherstellung) von 1838:

... Jeder Arbeiter muss treu und unbedingt folgsam sein, sich in- und außerhalb der Fabrik anständig betragen, pünktlich die Arbeitsstunden halten und durch seinen Fleiß beweisen, dass er die Absicht hat, zum Nutzen der Fabrik zu arbeiten. Wer dies befolgt, hat zu erwarten, dass dem Wert der Arbeit nach auch sein Lohn erhöht wird. Wer aus Nachlässigkeit oder bösem Willen sich vergeht, wird bestraft. Branntweintrinken in der Fabrik wird nicht geduldet. Wer ein Stück Arbeit, ein Werkzeug und dergleichen verdirbt oder umkommen lässt, muss dasselbe vergüten. Wer fünf Minuten nach dem Läuten zur Arbeit kommt, verliert ¼ Tag, wer ¼ Tag eigenmächtig fortbleibt, verliert ½ Tag, für ½ Tag Fortbleiben wird ein ¾ Tag abgezogen. ...

Q2 In einem Bericht der *Gewerbeaufsicht aus dem Jahr 1899 über den Tagesablauf einer verheirateten Fabrikarbeiterin:

... Je nach Entfernung der Wohnung von der Fabrik, nach dem Beginn der Fabrikarbeit und je nach dem Arbeitsbeginn des Mannes steht die Frau um 3.30, 4, 4.30 oder 5 Uhr auf ... Dann wird das Frühstück zubereitet ..., das abends schon vorbereitete und angekochte Essen aufs Feuer gebracht ... und in Blechtöpfe gefüllt ... Die Kinder werden dann angekleidet, zur Schule geschickt oder zur Hütefrau oder Kinderkrippe gebracht.

3 – Kinderarbeit in den USA: „Tipple Boys“ (Wagenkipper) oder „Breaker Boys“ (Brecherjungen: sortierten von Hand Verunreinigungen aus dem Kohlebruch aus) in den Kohleminen von Pittston (Pennsylvania). Foto, 1908.

Von da geht es zur Fabrik ... Es gibt viele Arbeiterinnen, die täglich 10 bis 12 Kilometer zu Fuß zur Fabrik zurücklegen müssen. Ist die Entfernung zur Fabrik nicht so weit, eilt sie in der Mittagspause im Schnellschritt heim, macht Feuer, setzt die in Scheiben geschnittenen Kartoffeln auf, wärmt das vorher fertiggestellte Essen auf und isst mit den Angehörigen. Abends dasselbe. Abendessen, Schularbeiten der Kinder, Flicken und Waschen der Kleider und Wäsche. Vorbereitung des Essens für den anderen Tag. Vor 9 Uhr abends endet der Arbeitstag nie, vor 10 Uhr selten und oft erst nach 11 Uhr. ...

* **Gewerbeaufsicht**
Behörde, die die Arbeitsbedingungen in Betrieben überwacht.

1. Beschreibe die Arbeitsbedingungen der Fabrikarbeiterinnen und -arbeiter und ihrer Familien.
2. Fasse den Inhalt von M1 in einem Satz zusammen.
3. Erkläre anhand von Bild 2, Q2 und des Textes, inwiefern die Arbeiterinnen doppelt belastet waren.
4. Erkläre anhand des Textes, welche Bedeutung Kinderarbeit für die Unternehmer hatte.
5. Spiele mit deiner Banknachbarin / deinem Banknachbarn eine Szene nach, in der ihr euch a) abends beim Abendbrot über euren schweren Arbeitstag unterhaltet oder b) mit eurem Fabrikherrn sprecht. Nutzt dazu auch M1, Schaubild 2, Q1 und Q2.
6. Gestalte anhand von Q1 eine Betriebsordnung. Nutze, wo möglich, Icons/Symbole, um die Regeln zu verdeutlichen.
7. Erkläre mithilfe von M1, warum die Kinderarbeit in Deutschland eingeschränkt worden ist. Beziehe Stellung hierzu.
8. Schreibe für eine damalige Zeitung einen Artikel.

▶ *Mögliche Themenbereiche: Arbeitsbedingungen, Kinderarbeit, neue Verordnungen zur Einschränkung der Kinderarbeit etc.*

Methode

Fotos analysieren

Fotos sind aus unserem täglichen Leben nicht wegzudenken. Seit es Fotografien gibt (etwa seit 1840), gelten sie als wertvolle Quellen.
Fotos können nicht die objektive „Wahrheit" über Ereignisse oder Menschen wiedergeben, aber uns eine Momentaufnahme liefern. Wie durch ein „Guckloch" bekommen wir Einblicke in die Vergangenheit, die durch weitere Informationen ergänzt werden müssen.

Folgende Schritte helfen dir, Fotografien zu untersuchen:

Schritt 1 **Der erste Eindruck**	Wie ist dein erster Eindruck? ■ Was siehst du auf dem Foto? ■ Welche Gedanken, welche Gefühle hast du beim Betrachten des Fotos?
Schritt 2 **Bildbeschreibung**	Was ist alles zu sehen und zu entdecken? ■ Was genau wird dargestellt? ■ Wie ist die Darstellung: Welche Farben gibt es? Wie sind die Lichtverhältnisse? Gibt es eine auffällige Bildkomposition? Wie ist der Ausschnitt des Bildes gewählt (Nahaufnahme/Totale)? ■ Handelt es sich um eine Collage oder Montage (verschiedene Elemente werden kombiniert)? ■ Ist die Bildlegende informativ? Was verrät sie und was nicht?
Schritt 3 **Analyse**	Wofür steht das Foto? ■ Welche Absichten verfolgt der Fotograf vermutlich? Wofür wurde das Foto gemacht (Nachricht, Werbung, privat)? ■ Ist das Foto gestellt oder handelt es sich um einen Schnappschuss? ■ Sehen wir das Foto heute mit anderen Augen als zur Zeit seiner Entstehung? ■ Wie kann man die Bildaussage zusammenfassen? ■ Hat das Foto eine Bedeutung über die konkrete Situation hinaus, ist es typisch für ein bestimmtes Ereignis, ein Problem ...?
Schritt 4 **Erweiterung**	Wie kann man das Foto „erweitern"? ■ Was ereignete sich zeitlich vor und nach der Aufnahme? ■ Welche Fragen hast du? Welche Materialien benötigst du?

1 Vervollständige die Musterlösung zu Foto 1.

2 Bildet Arbeitsgruppen, um für Schritt 4 zu recherchieren.

3 Bearbeitet in der Gruppe die Fotos 2 und 3 mithilfe der vier Schritte.

1 – Arbeiter der Lokomotivenfabrik in Esslingen (Baden-Württemberg) mit einer fabrikneuen Lokomotive. Foto, 1864.

Musterlösung zu Foto 1:

Zum Schritt 2: Eine neue, saubere Lokomotive ... auf Schienen, sechs Räder ..., acht Arbeiter in sauberer Kleidung befinden sich ... alle lehnen an ihr oder berühren sie ... Körperhaltung zeigt Stolz an. ...

Zum Schritt 3: Vermutlich ist das Foto zu Werbezwecken aufgenommen worden. ... Es steht für die Produktivität und Qualität der Produkte des Esslinger Werkes. ...

Zum Schritt 4: Vermutlich wurde die Lokomotive extra für das Foto hier hingeschoben und die Arbeiter mit sauberer Kleidung für das Foto bestellt. ...

2 – Junger Bergarbeiter in den USA, Ausschnitt. Foto, 1908/11.

3 – Frauen beim Wickeln von Spulen für Elektromotoren. Maschinensaal der AEG in Berlin. Foto, um 1890.

Wie wurden die gesundheitlichen Gefahren bekämpft?

1 – „Death's Dispensary, open to the poor, gratis" (= Apotheke des Todes, geöffnet für die Armen, gratis). Karikatur, 1866.

2 – Florence Nightingale (1820–1910). Foto, 1855.

3 – Louis Pasteur (1822–1895). Französischer Chemiker.

* Cholera
Eine durch Bakterien verursachte schwere Durchfallerkrankung. Unbehandelt liegt die Sterblichkeitsrate zwischen 20 % und 70 %.

* Epidemie
Bezeichnet ein zeitlich und örtlich gehäuftes Auftreten von Krankheitsfällen beim Menschen, die die gleiche Ursache haben. Ein anderes Wort für Epidemie ist auch Seuche.

* Pandemie
Der Begriff umschreibt eine weltweit und zeitlich begrenzt auftretende neue Infektionskrankheit, mit zumeist schwerem Krankheitsverlauf.

* Milzbrand, Anthrax
(von altgr.: anthrax = Kohle) Hierbei handelt es sich um eine durch Bakterien übertragene Krankheit, die schmerzhafte schwarze Hautausschläge bildet. Unbehandelt führt die Krankheit zu einer Blutvergiftung und einer Sterblichkeitsrate von 5–20 %.

Eine „Geißel der Menschheit"

Nach dem Auftreten von Corona im Jahr 2020 ist deutlich geworden, was die Begriffe *Epidemie und *Pandemie bedeuten. Im Laufe der Geschichte traten immer wieder Seuchen auf und verursachten viel Leid und forderten Millionen Todesopfer. Im 19. Jahrhundert wurde zum Beispiel die *Cholera zur „Geißel der Menschheit".
Sie wird zumeist durch mit Bakterien verunreinigtes Trinkwasser hervorgerufen. Schon um 600 v. Chr. soll es im Tal des Ganges in Indien eine Cholera-Epidemie gegeben haben. Im Jahr 1831 brach die Krankheit erstmalig in Deutschland aus. Man schätzt, dass im 19. Jahrhundert über 300 000 Menschen allein in Preußen an der Cholera starben. Aufgrund der eingeschränkten Hygiene trat die Seuche immer wieder in Kriegszeiten auf. So starben während des Preußisch-Österreichischen Krieges 1866 allein in Erfurt 1000 Menschen daran. Die letzte große Cholera-Welle in Deutschland fand 1873 statt. Aber selbst im 21. Jahrhundert kam es zum Ausbruch der Krankheit. So gab es zwischen 2016 und 2019 im Jemen (Arabische Halbinsel) die historisch schwerste Epidemie mit über 1,7 Mio. Erkrankten und mehr als 3400 Toten.

Im Kampf gegen die Seuche

Drei Persönlichkeiten trugen dazu bei, dass die Cholera seit Anfang des 20. Jahrhunderts wirksam bekämpft werden konnte.
Die britische Krankenschwester **Florence Nightingale** (1820–1910) gilt als Begründerin der modernen Krankenpflege. Während des Krimkrieges (1851–1854) war sie als Sanitäterin vor Ort. Dabei beobachtete sie, dass viele Soldaten nicht auf dem Schlachtfeld, sondern an Seuchen wie der Cholera starben. Unermüdlich sorgte Florence Nightingale Tag und Nacht in den Lazaretten für mehr Sauberkeit und Hygiene, was vielen Verletzten das Leben rettete. 1858 stellte sie den Zusammenhang von Todesfällen und Hygienebedingungen öffentlich her.
Der französische Chemiker **Louis Pasteur** (1822–1895) untersuchte den Vorgang der Gärung. Ihn interessierte, welche natürlichen Vorgänge dafür sorgten, dass Milch sauer und Butter ranzig wurde. Dabei entdeckte er Milchsäurebakterien, die man aber nur mithilfe eines Mikroskops erkennen konnte. Damit gilt er neben Robert Koch als Begründer der Mikrobiologie. Pasteur forschte und experimentierte weiter mit Bakterien. So entwickelte er zum Beispiel einen Impfstoff gegen Tollwut. Weiterhin gelang es ihm, Schutzimpfungen gegen Krankheiten wie *Milzbrand zu entwickeln. Das 1887 in

Paris von ihm gegründete Institut Pasteur ist noch heute weltführend bei der Forschung auf den Gebieten der Biologie und Medizin. Interessiert und fasziniert verfolgte der deutsche Arzt **Robert Koch** (1843–1910) die Forschungen von Pasteur. Durch ein verbessertes Mikroskop konnte er unter anderem die Erreger der Tuberkulose, einer ansteckenden Lungenkrankheit, sowie das Kommabakterium nachweisen. Koch fand heraus, dass dieser Erreger der Cholera hauptsächlich in verunreinigtem Wasser lebt und so vom Menschen aufgenommen wird. Ausgehend von diesen Erkenntnissen schlug er vor, nur sauberes und abgekochtes Trinkwasser zu sich zu nehmen und strenge Hygienemaßnahmen wie Händewaschen einzuhalten. Somit konnten weitere Ausbrüche der Cholera verhindert werden. Für diese Leistung erhielt Koch 1905 den Nobelpreis für Medizin. Die deutsche Bundesbehörde für Infektionskrankheiten trägt seinen Namen – das Robert-Koch-Institut.

4 – Noch vor der offiziellen Bekanntgabe der Epidemie schickte der preußische Gesundheitsminister den Bakteriologen Robert Koch nach Hamburg. Dort äußerte er sich gegenüber der Hamburger Freien Presse am 14.11.1892. Anschließend setzte Koch Seuchenbekämpfungsmaßnahmen durch, die von einem Bakterium als Ursache ausgingen. Die Bevölkerung wurde aufgefordert, auf peinliche Sauberkeit zu achten und Trinkwasser abzukochen. Auf rohes Obst und Gemüse sollte vorübergehend verzichtet werden. Wohnungen von Erkrankten wurden von speziellen Desinfektionskolonnen gereinigt.

Q1 Robert Koch äußerte sich 1892 gegenüber der Hamburger Freien Presse über die Wohnsituation der Menschen in den Hamburger Wohnquartieren:

... Ich habe noch nie solche ungesunden Wohnungen, Pesthöhlen und Brutstätten für jeden Ansteckungskeim angetroffen wie in den sogenannten Gängevierteln, die man mir gezeigt hat, am Hafen, an der Steinstraße, an der Spitalerstraße oder an der Niedernstraße ... Ich vergesse, dass ich mich in Europa befinde. ...

Q2 Die Stadt Hamburg verkündete am 24.08.1892 offiziell den Ausbruch der Cholera. Über die Auswirkungen auf die Stadt schrieb das Hamburger Fremdenblatt am 13.09.1892:

... Die sonst bis auf den letzten Platz besetzten Hotels erscheinen wie ausgestorben ... Viele Gasthöfe haben geschlossen. Hamburg ist in Acht und Bann erklärt worden. Unsere Haupterwerbsquelle, die Schifffahrt, ist lahmgelegt ... Viele Firmen mussten, wenn auch mit schwerem Herzen, einen Teil ihres Personals entlassen. ... Traurig sieht es mit dem Fischfang aus ... Ganze Ladungen der herrlichsten Seefische sind in der letzten Zeit in den am St. Pauli-Markt veranstalteten Auktionen unverkauft geblieben und aus diesem Grunde als Dünger abgefahren worden ... Sehr schlimm betroffen sind die von den Vierlanden, der Schatzkammer unserer Vaterstadt, kommenden Frucht- und Gemüsegärtner. Wer kauft jetzt Obst und Gemüsewaren?! ...

1. Nenne weitere Seuchen, die du im Geschichtsunterricht bisher kennengelernt hast.
2. Beschreibe die Vorgehensweise der drei Persönlichkeiten aus Medizin und Wissenschaft im Kampf gegen die gesundheitlichen Gefahren der Zeit.
3. Erkläre den Begriff Epidemie am Beispiel der Cholera.
4. Erkläre die Metapher „Geißel der Menschheit“.
5. Untersuche Karikatur 1.
   ► *Nimm hierzu die Methode „Karikaturen interpretieren“, S. 156, zu Hilfe.*
6. Florence Nightingale möchte von der britischen Regierung mehr Geld für die Ausbildung von Krankenschwestern. Verfasst ein Bittschreiben aus ihrer Sicht.
7. Stell dir vor, Louis Pasteur wird von einer Tageszeitung zum Thema „Fortschritt in der Medizin“ befragt. Verfasse zusammen mit einem Partner dieses Interview und präsentiert euer Ergebnis.
8. Die Sozialdemokraten unterstützten 1892 Robert Koch bei der Bekämpfung der Cholera in Hamburg und verteilten Flugblätter mit Informationen zur Krankheit sowie Verhaltensregeln an alle Haushalte. Gestaltet beides in Partnerarbeit.
9. Schildere mithilfe von Q2 die Auswirkungen der Cholera auf die Hamburger Wirtschaft und vergleicht sie mit denen der Corona-Krise von 2020.

Gruppenpuzzle: Antworten auf die Soziale Frage

Mit der Ausweitung der Industrialisierung kam es zu einer Verelendung der untersten Gesellschaftsschicht, vor allem der Arbeiterinnen und Arbeiter, die immer weiterwuchs. Da soziale Probleme auch eine große Gefahr für die jeweils bestehende Ordnung bedeuteten, nahmen sich verschiedene Organisationen der Linderung und Lösung der Sozialen Frage an.

Die Arbeit der Kirchen
Schon in der ersten Hälfte des 19. Jahrhunderts setzten sich evangelische und katholische Geistliche für die Belange der Arbeiterschaft ein. Kirchliche Organisationen kümmerten sich in den Arbeitervierteln der Städte um die dort lebenden Familien.

Das Rauhe Haus – Johann Hinrich Wichern (1808–1881) erfand nicht nur den Adventskranz, sondern gehörte zu den ersten Geistlichen, die sich um die Belange vor allem der Kinder in den Elendsvierteln seiner Heimatstadt Hamburg kümmerten. 1832 gründete er eine „Anstalt zur Rettung verwahrloster und schwer erziehbarer Kinder", in der zunächst Jungen und später auch Mädchen aufgenommen wurden. Sie wohnten als große Wohngemeinschaft im „Rauhen Haus" in Hamburg und erhielten eine grundlegende Schulbildung. Die Betreuer wurden hier gezielt zu Volksschullehrern und Sozialarbeitern ausgebildet.
Er war der Auffassung, dass jeder Christ zur Nächstenliebe verpflichtet sei und von sich aus das Elend zu bekämpfen habe.

Handwerker und Priester – Der katholische Priester Adolph Kolping (1813–1865) setzte sich als einer der ersten katholischen Geistlichen mit der Sozialen Frage auseinander. Er stammte selbst aus ärmlichen Verhältnissen und konnte nach seiner Schuhmacherlehre nur durch fremde finanzielle Unterstützung studieren. Die elenden Lebensbedingungen der wandernden Handwerksgesellen veranlassten ihn, nach seiner Priesterweihe in ganz Deutschland Gesellenvereine zu gründen. Hier sollten Gesellen Unterkunft, Verpflegung und geistlichen Halt bekommen wie in einer Familie. Bei dieser Arbeit erhielt er Unterstützung von dem Mainzer Bischof Ketteler.

Kirchenmann und Politiker – Der Mainzer Bischof Emanuel Ketteler (1811–1877) wurde durch seinen Studienfreund Adolph Kolping auf die Soziale Frage aufmerksam. Ketteler war Mitglied der Frankfurter Paulskirchenversammlung 1848/49. Und auch in seiner späteren hohen geistlichen Position blieb er Politiker. Er setzte sich für die Verkürzung von Arbeitszeiten und das Verbot der Kinderarbeit ein. Außerdem ermutigte er die Arbeiter, sich in Vereinen und Genossenschaften zu organisieren, was ihm den Namen „Arbeiterbischof" einbrachte. Durch seine Arbeit begann die Katholische Kirche sich der Arbeiterschaft zuzuwenden.

Der „Arbeiterpapst" – Leo XIII. (1810–1903) galt als sehr konservatives Oberhaupt der katholischen Kirche. Dennoch machte er die Soziale Frage zu seinem Hauptthema. Er kritisierte die Verelendung der Arbeiterinnen und Arbeiter und ihre Ausbeutung infolge der Industrialisierung. Aufgabe der christlichen Kirchen sollte es sein, gegen diese Zustände anzukämpfen und die Not zu lindern. Er forderte 1891 eine wirtschaftliche Ordnung, in der der Staat soziale Verantwortung übernimmt, indem er für Arbeitsschutz und Arbeiterrechte sorgte. Die Arbeiterinnen und Arbeiter sollten sich organisieren dürfen. Er war weiterhin der Ansicht, dass das Eigentum der Fabrikbesitzer zugleich auch soziale Verpflichtung gegenüber den Arbeiterinnen und Arbeitern sei. Der Arbeitgeber habe für eine gerechte Entlohnung zu sorgen und diese mit Respekt zu behandeln.

Eigentum verpflichtet – Industrielle engagieren sich

Viele Unternehmer waren nicht nur an ihren Gewinnen interessiert. Auch ihnen blieb das Elend nicht verborgen. Sie sahen in der Lösung der Sozialen Frage zumindest für ihre Arbeiterschaft eine moralische Verpflichtung. Zudem musste man feststellen, dass zufriedene Arbeiterinnen und Arbeiter auch besser arbeiteten.

Soziale Verantwortung made in Thüringen – Der Jenaer Unternehmer Ernst Carl Abbe (1840–1905) hatte zusammen mit Otto Schott und Carl Zeiss ein Weltmarktunternehmen für optische Geräte aufgebaut und war damit sehr erfolgreich. Er führte als einer der Ersten in Deutschland den 8-Stunden-Tag für seine Arbeiter ein, gewährte ihnen Krankenversicherung und Altersversorgung. Abbe war der Überzeugung, dass die Arbeiter keine Halbsklaven seien, sondern Teil des Bürgertums sein sollten. Deswegen stiftete er der Stadt mit dem Volkshaus und einem Lesesaal Räume für Kultur und Bildung, die den mittleren und unteren Schichten zugutekommen sollten. Mit der Einrichtung der Carl-Zeiss-Stiftung 1889 sicherte er das für die Versorgung seiner Belegschaft nötige Kapital und schaffte so Frieden zwischen Arbeiterinnen und Arbeitern sowie Unternehmen und zudem die „Zeissianer-Identität".

Zufriedene Arbeiter leisten mehr – Werner von Siemens (1816–1892) gründete 1847 in Berlin ein schnell zum Weltmarktführer in Elektrotechnik aufsteigendes Unternehmen. Er stellte fest, dass sich der Betrieb nur positiv weiterentwickelte, wenn *„ein freudiges, selbsttätiges Zusammenwirken aller Mitarbeiter zur Förderung ihrer Interessen erwirkt werden könnte"*. Um dieses Ziel zu erreichen, sollten die Mitarbeiterinnen und Mitarbeiter je nach ihrer Leistung am Gewinn beteiligt werden. Darum bekamen schon in den 1850er-Jahren die leitenden Mitarbeiter eine Gewinnbeteiligung. In den 1860er-Jahren erhielt die gesamte Belegschaft regelmäßig Prämien. Siemens gründete 1872 eine Pensions-, Witwen- und Waisenkasse und führte 1873 den 9-Stunden-Tag ein. Damit konnte er eine motivierte Arbeiterschaft an das Unternehmen binden.

In den Fußstapfen des Vaters – Friedrich Alfred Krupp (1854–1902) übernahm von seinem Vater Alfred (1812–1887) ein Stahlunternehmen in Essen, das schon sehr erfolgreich am Weltmarkt war. Sein Vater hatte aus Angst vor Unruhen in der Belegschaft eine strenge Fabrikordnung erlassen. Wer sie einhielt, hatte Anspruch auf günstigen Wohnraum, Krankenversicherung und eine betriebliche Altersvorsorge. Friedrich Alfred Krupp ließ moderne Arbeitersiedlungen anlegen und vergab Hausbaudarlehen an die Angestellten. Außerdem sorgte er dafür, dass die Arbeiterschaft Teil des Bürgertums wurde, indem er Kultur und Bildung durch eine Lesehalle und die Gründung eines Bildungsvereins förderte. Dieser organisierte Ausstellungen, Fortbildungsveranstaltungen, Theater, Konzerte und Tanzabende und besaß eigene Orchester und Chöre. Damit band er die Belegschaft an das Unternehmen und schuf eine „Kruppianer-Identität".

1. Teilt die Klasse in zwei Hälften. Eine Hälfte bearbeitet die kirchlichen Beispiele und die andere die Unternehmerbeispiele für den Umgang mit der Sozialen Frage. Bildet innerhalb der Klassenhälften Paare, die sich jeweils einer Persönlichkeit widmen.
2. Erstellt nun zusammen mit eurer Partnerin/eurem Partner einen Steckbrief mithilfe der Karteikarten.

Name	*Lebensdaten*	*Beruf/Position*	*Maßnahmen*

3. Jeweils ein Paar stellt der Klasse eine Persönlichkeit vor.
4. Diskutiert im Anschluss, welche Motivation die vorgestellten Persönlichkeiten hatten, die Soziale Frage zu lösen. Bewertet ihre Maßnahmen und begründet eure Standpunkte.
5. Arbeitslosigkeit und Armut sind auch heute noch wichtige Themen. Recherchiert im Internet oder in Zeitungen, welche Lösungsvorschläge es aktuell gibt (z. B. von Gewerkschaften, politischen Parteien) und welche Einrichtungen Unterstützung anbieten. Erstellt eine Wandzeitung und diskutiert eure Ergebnisse im Vergleich zu den Lösungsansätzen im 19. Jahrhundert.

Wie und warum organisierten sich die Arbeiter?

1 – Karl Marx und Friedrich Engels erklären dem Volk ihre Idee des *Sozialismus. Auszug aus dem Comic „Karl Marx. Die Idee der Macht", 2017.

*Sozialismus
(von lat. socius = Gefährte, Kampfgenosse)
Diese Lehre von Marx und Engels hat die ideale Gesellschaft als Ziel. In ihr sollen alle Ungleichheiten und Ungerechtigkeiten der industriellen Gesellschaft überwunden sein. Der Sozialismus ist aber nur die Übergangsphase zum Kommunismus (von lat. commune = Gemeinschaft, Gemeingut). In dieser Gesellschaft gehört allen alles, die gemeinsame Produktion kommt jedem zugute.

Karl Marx als Denkmal in Chemnitz

Karl Marx (1818 –1883)
War ein deutscher Philosoph, Journalist und Ökonom aus Trier, der mit seinen Büchern „Das kommunistische Manifest" (1848) und „Das Kapital" (1867–1894, drei Bände) die Ideen des Sozialismus begründete.

Friedrich Engels (1820–1895, geboren in Barmen)
War Historiker, Journalist und erfolgreicher Textilunternehmer, der an der Seite von Marx die bestehende Wirtschafts- und Gesellschaftsordnung kritisierte und ihr mit dem Sozialismus einen eigenen Entwurf entgegenstellte.

Streiks und Proteste

Die Maßnahmen von Kirchen und einzelnen Unternehmern reichten nicht aus, um die Notlage der Arbeiter entscheidend zu verbessern. Viele Unternehmer lehnten Bitten und Forderungen der Arbeiter um bessere Bedingungen auch ab. Deshalb begannen die Arbeiter in einzelnen Betrieben zu protestieren und zu streiken. Die Unternehmer antworteten darauf mit Strafen, im schlimmsten Fall drohte die Entlassung. Die Arbeitnehmerinnen und Arbeitnehmer brauchten also eine Organisation, die alle Arbeiter vertrat und direkt mit den Fabrikanten verhandelte.

Gründung der Gewerkschaften

Die Unternehmer sahen in solchen Arbeiterorganisationen eine Bedrohung. Darum taten sie alles dafür, dass Arbeiter-Vereine und Gewerkschaften gesetzlich verboten wurden. Die ersten organisierten Arbeiterverbände entstanden bereits nach Beginn der Industrialisierung in Großbritannien Ende des 18. Jahrhunderts. In den deutschen Ländern schlossen sich die Proletarier im Zuge der 1848er-Revolution erstmals zu Gewerkschaften zusammen und verbreiteten sich sehr schnell im Land. Sie richteten sich dabei an den Ideen von Karl Marx und Friedrich Engels aus. Sie forderten ein Ende der Ausbeutung der Arbeiter durch die *Kapitalisten. Das Proletariat ermöglichte schließlich durch seine Arbeitskraft den Reichtum der Unternehmer und müsste daran beteiligt werden. Das sollte in einer *sozialistischen Gesellschaft verwirklicht werden. Nach der Ansicht von Marx und Engels konnte diese nur mit einer (weltweiten) politischen Vereinigung aller Arbeiterinnen und Arbeiter erreicht werden. Um die Gesellschaft derartig zu verändern, mussten große Reformen durchgeführt oder eine gewaltsame Revolution herbeigeführt werden.
In den Gewerkschaftsversammlungen konnten die Arbeiterinnen und Arbeiter gemeinsame Aktionen vorbereiten. Sie forderten vor allem höhere Löhne, eine Beschränkung der Arbeitszeit auf täglich zehn Stunden und bei Schwerarbeit auf acht Stunden sowie Schutz und Unterstützung bei Krankheit, Unfällen oder Arbeitslosigkeit. Außerdem richteten die Gewerkschaften Streikkassen ein, aus denen Arbeiter und ihre Familien bei länger andauernden Streiks unterstützt wurden.

Politische Organisation

Die Gewerkschaften kämpften für bessere Arbeitsbedingungen. Das war dem Journalisten und sozialistischen Politiker Ferdinand Lassalle (1825–1864) zu wenig. Die Lage der Arbeiterinnen und Arbeiter würde sich nur grundlegend verändern, wenn sie ihre Interessen selbst im Parlament vertreten könnten. Er hoffte, dass die Arbeiterschaft als politische Partei mithilfe von Gesetzen die Soziale Frage lösen würde.

2 – Karl Marx erklärt seinem Verleger den Inhalt seines Werkes „Das Kapital". Auszug aus dem Comic „Karl Marx. Die Idee der Macht", 2017.

Um dieses Ziel zu erreichen, gründete Lassalle 1863 in Leipzig den „Allgemeinen Deutschen Arbeiterverein" (ADAV). Der Drechslermeister August Bebel (1840–1913) und der Zeitungsredakteur Wilhelm Liebknecht (1826–1900) gründeten 1869 in Eisenach eine zweite Arbeiterpartei. Beide Parteien schlossen sich 1875 in Gotha zur „Sozialistischen Arbeiterpartei Deutschlands" zusammen, die seit 1890 „Sozialdemokratische Partei Deutschlands" (SPD) heißt.

M1 Zahl der Arbeitskämpfe in Deutschland

1848	49
1869	152
1871	158
1872	352

1878 wurde das Gesetz wider die gemeingefährlichen Bestrebungen der Arbeiterklasse („Sozialistengesetz") erlassen.

1881	15
1884	60
1890	390

Q1 August Bebel (SPD) sprach 1900 über die Aufgaben der Gewerkschaften:

... Der einzelne Arbeiter ist dem Unternehmer gegenüber machtlos. ... Die einzige Möglichkeit, seine Arbeit und damit seine Lebensbedingungen auf einige Dauer zu verbessern, ist die Vereinigung mit seinesgleichen. ... Die Gewerkschaft erstrebt: Erhöhung des Lohnes ..., Verkürzung der Arbeitszeit, Herbeiführung menschenwürdiger Zustände im Betrieb, Rechtsschutz, Arbeitslosenunterstützung. ... Ferner stärkt sie das Solidaritätsgefühl, ohne das kein großes Ziel erreicht werden kann. ...

Q2 Aus dem Parteiprogramm der SPD von 1891:

– Festsetzung eines höchstens 8 Stunden betragenden Normalarbeitstages,
– Verbot der Erwerbsarbeit für Kinder unter 14 Jahren,
– Verbot der Nachtarbeit ..., eine ununterbrochene Ruhepause von mindestens 36 Stunden in der Woche für jeden Arbeiter. ...

1. Beschreibe mithilfe des Textes, warum es zu Streiks und Protesten durch die Arbeiterschaft kam.
2. Vergleiche anhand des Textes und von Q2, inwiefern die SPD die Forderungen der Gewerkschaften in ihrem Programm aufgenommen hat.
3. Erläutere die Entwicklung der Arbeitskämpfe in Deutschland mithilfe der Tabelle M1, Q1 und des Textes.
4. Informiere dich, welche Gewerkschaften es heute gibt und wofür sie sich einsetzen.

▶ *Nimm hierzu die Methode „Eine Internetrecherche durchführen", S. 202, zu Hilfe.*

5. Bildet Gruppen und entwerft ein Rollenspiel. Lasst in diesem die Brüder Esche (siehe S. 180), Vertreter der Gewerkschaft und Arbeiterinnen und Arbeiter aufeinandertreffen.

Webcode: EV658282-193

Ein Streik beginnt

Schauplatz Geschichte

Das Ölgemälde „Der Streik“ von Robert Koehler zeigt eine Szene, wie sich ein Streik anbahnt. Es wurde 1886 als bedeutendster Kulturbeitrag der Frühjahrsausstellung in New York ausgezeichnet. Im selben Jahr kam es zu landesweiten Streikwellen in den USA.

Bildet Gruppen und wählt eine der Aufgaben 1–3 aus. Stellt eure Ergebnisse anschließend den anderen vor.

1. Sucht euch eine Person auf dem Gemälde aus und formuliert einen Sprechblasentext für sie. Verratet nicht, wem ihr die Worte „in den Mund“ legt, denn eure Mitschülerinnen und Mitschüler sollen erraten, welche Person ihr euch ausgesucht habt.

2. Der Anführer der Streikbewegung [illegible] Fabrikherrn die Nöte und Sorgen seiner Kollegen.
   - *Setzt die folgende Rede fort und stellt Forderungen an den Fabrikanten: „Sehen Sie nicht, wie Ihre Arbeiter, die zu Ihrem Reichtum beigetragen haben, im Elend leben? …*

3. Als Reporter der Tageszeitung „Leipziger Neueste Nachrichten“ verfolgt ihr die auf dem Gemälde abgebildete Szene und verfasst einen Zeitungsartikel.
   - *Achtet auf eine neutrale Darstellung und berücksichtigt sowohl die Argumente der Arbeiterinnen und Arbeiter als auch die des Fabrikanten.*

Warum schuf die Reichsregierung Sozialgesetze?

Krankenversicherung 1912 in	Deutschland	England	Frankreich
Beiträge in Millionen Mark	464	besitzt	41
Leistungen in Millionen Mark	426	ähnliche	24
Verhältnis von Leistung zu Beitrag	92%	Einrichtungen	59%
Leistung pro Fall in Mark	65	erst seit 1912	40

1 – Leistungen der deutschen Sozialversicherung. Plakat von 1913.

✲ Sozialgesetzgebung
Dies sind unter Bismarck eingeführte Gesetze zur Verbesserung der Arbeits- und Lebensverhältnisse benachteiligter Schichten, wie Arbeiter, Lehrlinge und ältere Menschen.

Anfänge staatlicher Sozialpolitik

Die Arbeiterinnen und Arbeiter hatten eine sehr hohe Arbeitsbelastung. Diese führte immer häufiger zu Unfällen in den Fabriken, zu Erkrankungen und zu früher Arbeitsunfähigkeit. Deshalb fühlten sich die Arbeiterinnen und Arbeiter vom Staat im Stich gelassen und große Teile der Arbeiterschaft sahen ihre Interessen von den Sozialdemokraten vertreten. Reichskanzler Otto von Bismarck befürchtete, dass sich mit dem Anwachsen der Arbeiterpartei eine Bedrohung der politischen Verhältnisse entwickeln könnte.

Gleichzeitig erkannte Bismarck, dass die Arbeiter nur hinter einem Staat stehen können, der sie in ihrer Notlage unterstützt. Deshalb baute er ab 1883 ein Sozialversicherungssystem auf.

Ausbau der Sozialversicherung

Das im Juni 1883 verabschiedete Gesetz über die Krankenversicherung für Arbeiter sah vor, dass im Krankheitsfall eine staatliche Kasse die Kosten der ärztlichen Behandlung sowie der Medikamente trug. Das Krankengeld bewahrte nicht vor materieller Not, aber der Krankenversicherung war es zu verdanken, dass eine ärztliche Behandlung nun zumindest auch für versicherte Arbeiter die Regel werden konnte. Die Beiträge bezahlten die Arbeiterinnen und Arbeiter zu zwei Dritteln selbst, ein Drittel übernahm der Arbeitgeber.

Anders verhielt es sich beim Unfallversicherungsgesetz. Beitragspflichtig waren nun allein die Unternehmer. Bei einem Betriebsunfall wurde der Verunglückte unabhängig von der Schuldfrage ab der 14. Woche und damit nach Ablauf der Krankenversicherung

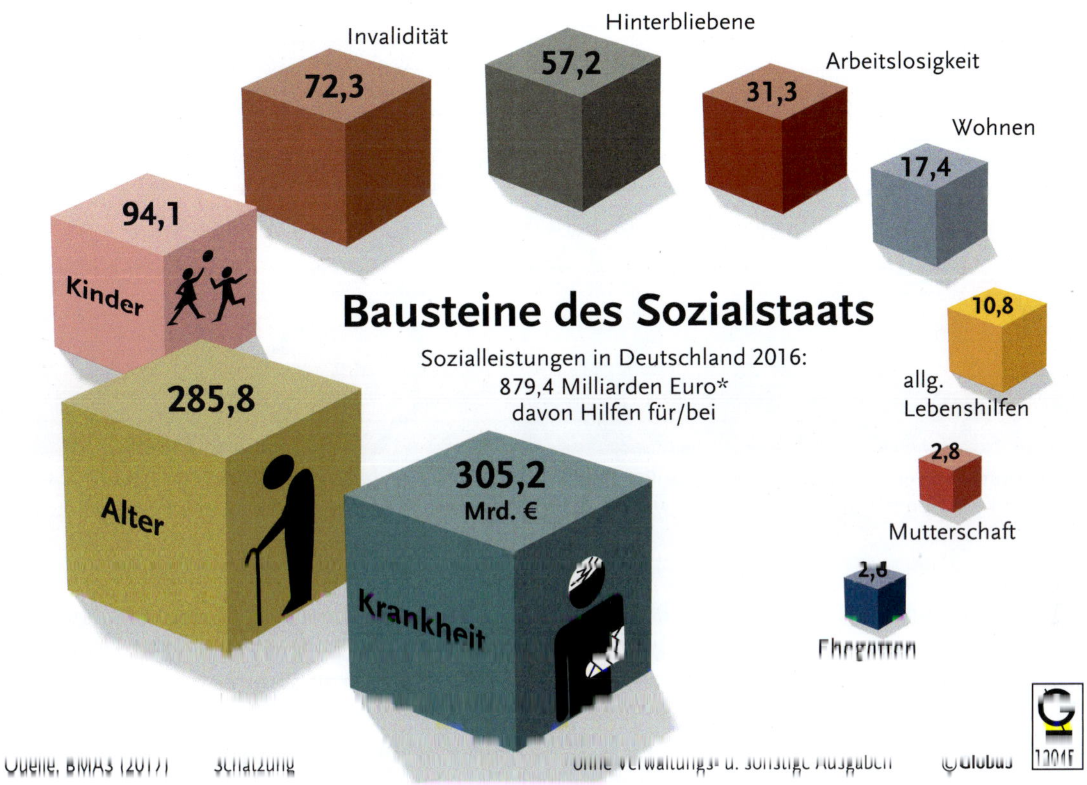

2 – Bausteine des Sozialstaates. Grafik von 2017.

entschädigt. War der Betriebsunfall tödlich, kamen die Gelder den Hinterbliebenen zugute. Im Mai 1889 wurde schließlich das Gesetz über die Alters- und Invalidenversicherung verabschiedet, welches eine *Invalidenrente bei Erwerbsunfähigkeit und eine Altersrente vom 70. Lebensjahr an beinhaltete. Die Beiträge teilten sich Arbeitnehmer und Arbeitgeber. Diese von der Reichsregierung verabschiedeten Sozialgesetze sollten der Arbeiterbewegung den Nährboden entziehen und die Arbeiterschaft beruhigen.

Folgen der Sozialgesetzgebung

Aus der politischen Absicht heraus, der Arbeiterbewegung den Wind aus den Segeln zu nehmen, schuf Bismarck ein staatliches Sozialsystem. Die anderen Staaten Europas erkannten schnell, wie zukunftsweisend diese Politik war, und machten es dem Deutschen Reich bald nach. Dennoch stand das System in der Kritik. Seitens der Unternehmer wurde die finanzielle Belastung beklagt. Seitens der Arbeiterorganisationen – allen voran die Sozialdemokraten – wurde kritisiert, dass die Gesetze nicht weit genug gingen.

Dennoch war das der Beginn des bis heute bestehenden deutschen Sozialstaates, der erheblich an der Bekämpfung der Armut der Arbeiterschaft Anteil hatte.

* **Invalidität**
  Starke Beeinträchtigung der Arbeitsfähigkeit infolge einer Krankheit oder Verletzung.

1 Fasse anhand des Textes die Beweggründe Bismarcks zusammen, Versicherungen für die Arbeiter einzuführen.

2 Nenne mithilfe des Textes und Bild 1 die Versicherungen des ab 1883 eingeführten Sozialversicherungssystems.

3 Erkundige dich bei deinen Eltern, Großeltern oder im Internet, ob es diese Versicherungen aus Bild 1 noch immer gibt.

4 Vergleiche die Sozialleistungen in der Bundesrepublik (Bild 2) mit dem Sozialstaat zu Beginn des 20. Jahrhunderts.

▶ *Nimm deine Ergebnisse aus Aufgabe 2 zu Hilfe.*

5 Beurteile, ob du, wie in Artikel 20 des Grundgesetztes festgehalten, in einem demokratischen und sozialen Bundesstaat lebst. Diskutiere dein Ergebnis mit deiner Partnerin, deinem Partner.

▶ *Nimm die Methode „Ein eigenes Urteil bilden" auf S. 206 zu Hilfe.*

Schiffe in der Wüste – der Kanal von Sues

1 – Die Eröffnungsfeier des Sueskanals erfolgt im Beisein des preußischen Kronprinzen Friedrich Wilhelm am 17. November 1869. Gemälde von Wilhelm Pape, 1900.

2 – Satellitenaufnahme des Sueskanals als Verbindung zwischen dem Mittelmeer und dem Roten Meer. Foto, 2010.

Alois Negrelli (1799–1858)

Ferdinand de Lesseps (1805–1894)

Muhammed Said Pascha von Ägypten (1822–1863). Nach ihm wurde Port Said benannt.

Der Traum vom neuen Handelsweg

Die Handelswege nach Asien führten seit den frühen Entdeckungsfahrten aus Europa immer um Afrika herum, weil ein Landstreifen von 162 km Breite die Verbindung zwischen dem Mittelmeer und dem Roten Meer verhinderte. Schon die Ägypter legten um 1850 v. Chr. Kanäle zur Verbindung zwischen beiden Meeren an.

Mit Beginn der Industrialisierung im 19. Jahrhundert verstärkte sich auch das europäische Interesse an einer Kanalverbindung. Sie würde ermöglichen, die alten Handelsrouten um bis zu zwei Drittel zu verkürzen und Güter wie Gummi arabicum, Kaffee, Tee, Baumwolle, Reis, Indigo und Kupfer schneller und kostengünstiger zu transportieren. In den 1830er-Jahren wurden erste ernsthafte internationale Landvermessungen unternommen, um mögliche Strecken für einen Kanal zu erfassen. Die Berechnungen des österreichischen Ingenieurs Alois Negrelli ermöglichten es dann 1854, dass der französische Diplomat Ferdinand de Lesseps die Erlaubnis von Pascha Muhammed Said für den Bau erhielt. Am 25. April 1859 erfolgte der erste Spatenstich nahe der späteren Stadt Port Said. Unter der Führung der französisch-britischen Sueskanal-Gesellschaft entstand in den nächsten 10 Jahren ein schleusenloser Kanal. Es wurden 75 Millionen Kubikmeter Sand auf 162 km Länge ausgehoben. Dies erledigten 1,5 Millionen Arbeiter – meist zwangsverpflichtete Ägypter. Baumaschinen und -material wurden aus Europa herangeschafft.

Der Kanal – ein politisches Großereignis

Zur Eröffnung des Kanals am 17. November 1869 wurden 30 000 Gäste aus Europa und den USA eingeladen, die aus den einflussreichsten Adelshäusern stammten. So kam der französischen Kaiserin Eugénie das Recht zu, als Erste den Kanal zu durchfahren, gefolgt von 80 Schiffen. Diese erreichten nach 16 Stunden die ägyptische Stadt Sues. Wegen der strategischen Bedeutung des Sueskanals wurde 1888 in Konstantinopel ein internationaler Vertrag ausgehandelt, der den Kanal zu neutralem Gebiet erklärte. So sollten alle Handels- und Kriegsschiffe ungehindert in Friedens- und Kriegszeiten den Kanal passieren können.

1. Beschreibe Bild 1.
2. Erläutere, warum der Bau des Sueskanals eine große wirtschaftliche und politische Bedeutung hatte. Ziehe deine Ergebnisse aus Aufgabe 1 hinzu.
3. Der Sueskanal – die wichtigste von Menschen geschaffene Wasserstraße – doch oft umkämpft. Recherchiere zur Geschichte des Sueskanals als Auslöser vieler Kriege und Konflikte zwischen verschiedenen Großmächten.

Das kann ich …

Industrialisierung und Soziale Frage

Wichtige Begriffe

Dampfmaschine
Industrielle Revolution
Proletariat
SPD
Soziale Frage
Sozialgesetzgebung
Sueskanal

Wissen und erklären

1. Notiert die wichtigen Begriffe jeweils auf eine Karteikarte und schreibt auf die Rückseite kurze Erklärungen. Ergänzt weitere Begriffe und Erläuterungen zum Kapitel und nutzt die Karten, um euch mit einer Partnerin/einem Partner gegenseitig abzufragen.
2. Was gehört zusammen? Verbinde die Erfindungen/Entdeckungen und die jeweiligen Erfinder/Entdecker miteinander. (M1)
3. Nenne und erläutere die gesellschaftlichen Veränderungen, die die Industrielle Revolution mit sich brachte.

1 – Französische Karikatur über die Industriearbeit, um 1910.

Q1 Im sogenannten Arbeiterschutzgesetz des Jahres 1891 heißt es:

… § 135 Kinder unter dreizehn Jahren dürfen in Fabriken nicht beschäftigt werden. Kinder über dreizehn Jahre dürfen in Fabriken nur beschäftigt werden, wenn sie nicht mehr zum Besuche der Volksschule verpflichtet sind. Die Beschäftigung von Kindern unter vierzehn Jahren darf die Dauer von sechs Stunden täglich nicht überschreiten. Junge Leute zwischen vierzehn und sechszehn Jahren dürfen in Fabriken nicht länger als zehn Stunden beschäftigt werden. …

Anwenden

4. Deute die Karikatur 1 in Hinblick auf die Arbeitsbedingungen zur Zeit der Industriellen Revolution.
5. Erstelle eine Mindmap zur Industriellen Revolution.

▶

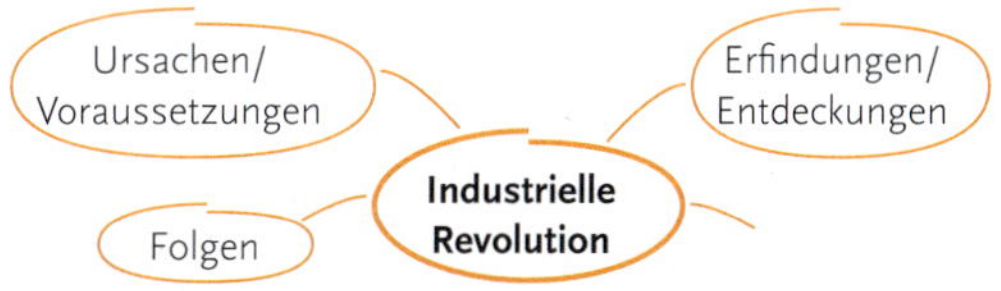

6. Beschreibe Bild 2 und ordne es historisch ein.
7. Untersuche Q1. Ziehe Rückschlüsse auf den Arbeiterschutz in Bezug auf Kinder und Jugendliche vor 1891.

▶ *Nimm hierzu die Methode „Textquellen untersuchen“, S. 205, zu Hilfe.*

Beurteilen und handeln

8. Verfasse einen Text über die Veränderungen in der Arbeitswelt aus Sicht einer Arbeiterin/eines Arbeiters und beschreibe die Bedingungen während der Industriellen Revolution.
9. Diskutiere die verschiedenen Ansätze zur Lösung der Sozialen Frage. Benenne die aus deiner Sicht beste Vorgehensweise.
10. Bildet Gruppen und entwerft Dialoge zu den verschiedenen dargestellten Szenen im Bild 2.

M1

Luftschiff	Daimler
Motorflugzeug	Stephenson
„Spinning Jenny“	Wright
„The Rocket“	Zeppelin
Dampfmaschine	Fulton
Mercedes	Hargreaves
Dampfschiff	Watt

2 – Unfall in einer Maschinenfabrik.

Webcode: EV658282-199
Selbsteinschätzungsbogen

Hier spielt die Geschichte …

Eisenbahnspiel

Die neue Erfindung Eisenbahn fasziniert euch und ihr möchtet endlich Deutschland mit diesem neuen Verkehrsmittel erkunden. Dazu braucht ihr allerdings Geld, um möglichst viele Eisenbahnstrecken benutzen zu können. Um es zu verdienen, benötigt ihr einen Würfel.

Ablauf

1. Der Mitspieler, der heute am zeitigsten aufgestanden ist, darf anfangen.
2. Würfelt reihum jeweils 5-mal und notiert euch die Würfelergebnisse. Wenn ihr eine Eins würfelt, dann bekommt ihr 1 Mark gutgeschrieben, bei einer Zwei sind es 2 Mark usw. Wer fünfmal die gleiche Zahl würfelt, erhält 5 Mark extra.
3. Zum Erwerb von Bahntickets steht euch so viel Geld zur Verfügung, wie ihr insgesamt erwürfelt habt. Es geht wieder reihum. Vor jedem Kauf muss jeder einmal würfeln. Wer eine 1 würfelt, darf eine Strecke kaufen, wer eine 2 hat, darf 2 Strecken kaufen usw. Bei einer gewürfelten 6 kommt der Schaffner und verbietet euch, ein Ticket in dieser Runde zu kaufen. Die nächste Spielerin /Der nächste Spieler ist dran. Passt genau auf, denn jede Spielerin bzw. jeder Spieler darf jede Strecke maximal zur Hin- und Rückfahrt nutzen, also zweimal. Notiert euch die Reiserouten. Wenn der erste Mitspieler kein Geld mehr hat, endet das Kaufen von Bahntickets auch für alle anderen Mitspieler.
4. Stellt euch nun gegenseitig eure Reisewege vor und zeigt sie auf der Karte.
5. Abschließend zählt ihr die zurückgelegten Kilometer zusammen. Wer die längste Strecke mit der Eisenbahn „fahren“ durfte, ist Sieger!

Nürnberg-Fürth 1 Mark (1835 | 6 km)
Hannoversche Bahn 2 Mark (Hannover – Lehrte, 1843 | 16 km)
Braunschweigische Bahn 3 Mark (Braunschweig – Wolfenbüttel, 1844 | 18 km)
Pfälzische Ludwigsbahn 4 Mark (Ludwigshafen – Speyer, 1852 | 22 km)
Ostbayrische Bahn 5 Mark (München – Landshut, 1858 | 71 km)
Leipzig – Dresden 6 Mark (1839 | 116 km)

Rostock
Hamburg
Stettin
Bremen
Berlin
16 km
Lehrte
Hannover
Braunschweig
Wolfenbüttel
18 km
Dortmund
116 km
Halle
Leipzig
Köln
Dresden
Frankfurt
Prag
Mainz
Ludwigshafen
Saarbrücken
22 km
Speyer
Fürth
Nürnberg
6 km
Budweis
Landshut
Stuttgart
Straßburg
71 km
Linz
München
Basel
Konstanz
Lindau

Methodenübersicht

Gewusst wie ... arbeiten mit Methode

Methodenübersicht aus den Bänden 6 und 7:

Methoden aus Band 5 und 6:

Informationen beschaffen

Internetrecherche durchführen

1 Finden
- Formuliere zu deinem Arbeitsauftrag einen passenden Suchbegriff. Beachte dabei, dass du den Begriff nicht zu allgemein formulierst, sondern ihn konkretisierst. Wenn du z. B. Rom als Suchbegriff eingibst, erhältst du unendlich viele Einträge. Erläuterungen, wie z. B. Sklavenaufstand als zweiter Begriff, schränken die Suchergebnisse ein.
- Wähle eine passende Startseite. Am besten nutzt du spezielle Suchmaschinen und Online-Lexika für Kinder. Hier findest du altersentsprechend aufbereitete Seiten, die leicht verständlich und gut recherchiert sind.

2 Filtern
- Falls du andere Suchmaschinen oder Online-Lexika nutzt, musst du schauen, ob die aufgeführte Seite für dich nutzbar ist. Ist die Website von einem glaubwürdigen Anbieter (Museum, Schule, öffentliche Sendeanstalt, Institut)? Überfliege die Seite und überprüfe, ob sie wirklich zu deinem Arbeitsauftrag passt, nicht zu ausführlich oder zu oberflächlich ist.
- Kennst du bereits die Adresse einer Internetseite (www. ...) kannst du diese auch direkt in das Browserfeld eingeben.
- Wenn keine brauchbaren Ergebnisse vorliegen, dann versuche es erneut mit einem anderen Suchbegriff.

3 Fixieren
- Notiere dir den Link und wichtige inhaltliche Punkte. Alternativ kannst du dir auch Seiten ausdrucken und markieren.
- Lies den Arbeitsauftrag erneut und überprüfe deine bisherigen Ergebnisse.
- Suche gegebenenfalls Bilder, Karten oder Grafiken, die deine gesammelten Informationen veranschaulichen.

4 Formalitäten beachten
- Notiere von allen Textteilen und Bildern, die du verwendest, die Quelle. Dazu gehören der Autor, das Datum und die Internetadresse. Kennzeichne deine Zitate als solche, denn bloßes Kopieren wäre Diebstahl geistigen Eigentums.

Ein Museum erkunden

1 Vorbereitung des Museumsbesuch

- Welches Museum möchtet ihr besuchen? Zu welchen Themen gibt es dort Ausstellungen?
- Was wollt ihr im Museum lernen?
- Welche besonderen Aktionen/Programme bietet das Museum an?
- Welche Prospekte oder Materialien stellt das Museum für die Vorbereitung des Besuchs zur Verfügung? Fordert diese telefonisch an oder ladet sie von der Homepage des Museums herunter.
- Vereinbart einen Termin für die Besichtigung und Führung. Klärt hierbei auch die Kosten für die Anreise sowie eventuelle Eintrittsgelder.
- Wie sollen die Ergebnisse des Museumsbesuchs festgehalten werden, z. B. mit einem Erkundungsbericht, einem Museumsrätsel oder einer Wandzeitung?

2 Durchführung des Museumsbesuchs

- Erfragt am Eingang, welches Programm für euch vorbereitet wurde und ob ihr im Museum fotografieren dürft.
- Durchquert, wenn es möglich ist, erst einmal das gesamte Museum, um einen Überblick zu erhalten.
- Führt anhand eurer Materialien den geplanten Rundgang durch und notiert euch die erfragten sowie weitere interessante Informationen.
- Stellt möglichst viele vorbereitete, aber auch spontane Fragen an den Museumsführer.

3 Auswertung und Vorstellung der Ergebnisse

- Nach der Exkursion sichtet ihr das gesammelte Material und beschafft euch, wenn nötig, noch weitere Informationen.
- Erstellt die vorher festgelegte Präsentationsform.
- Was ist bei dem Museumsbesuch gut verlaufen? Was hättet ihr in der Vorbereitung oder Durchführung besser machen können?

Wir entdecken unsere Stadt – was ist vom Mittelalter noch übrig?

1 Aktuelle Luftbilder und Stadtpläne auswerten

Besorge dir im Internet oder in der Stadtinformation ein Luftbild und/oder einen Stadtplan deiner Stadt.

- Wo liegt der Stadtkern?
- Wo sind auffällige Linien oder Konturen im Stadtbild erkennbar?
- Welche besonderen Merkmale einer mittelalterlichen Stadt lassen sich noch erkennen, z. B. Marktplatz, Kirchen, Stadtmauern, Stadttore, Wälle?

2 Straßen-, Platz- und Flurnamen analysieren

Beschaffe dir einen Stadtplan mit genauer Beschriftung:

- Welche Straßen-, Platz- und Flurnamen könnten auf das Mittelalter hinweisen? Achte besonders auf Berufsbezeichnungen.
- Was bedeuten diese Namen?

3 Das Stadtbild beurteilen

Informiert euch weiter im Internet über mittelalterliche Gebäude. Nutzt hierzu auch historische Stadtpläne und vergleicht sie mit dem heutigen Stadtplan. Auf dem Stadtwappen kann man auch Interessantes entdecken.

- Welche noch heute erhaltenen Bauwerke sind wirklich im Mittelalter errichtet worden? Welche sind nur dem Mittelalter nachempfunden und später gebaut? Für fast jede Gemeinde gibt es beim zuständigen Denkmalamt eine Ortsbeschreibung, die ihr für eure Entdeckung heranziehen könnt. Dokumentiere deine Entdeckungen mit Fotos und Zeichnungen.

4 Museum und Archiv erkunden

Besuche das Stadtarchiv oder das Stadtmuseum in deinem Ort:
welche Quellen und Ausstellungsgegenstände stammen aus dem Mittelalter?

- Sind schriftliche Quellen oder Darstellungen zur mittelalterlichen Geschichte verfügbar? Was verraten sie dir über das städtische Leben im Mittelalter?
- Betrachte das Wappen der Stadt.

Informationen ordnen

Eine Mindmap erstellen

1 Thema festlegen und Informationen sammeln

- Wähle ein Thema aus, über das du etwas erfahren möchtest.
- Suche dazu Texte und/oder Bilder.
- Unterstreiche nützliche Informationen zum Thema im vorliegenden Text.
- Überlege, welche Begriffe zusammengehören, und finde Überschriften.

2 Mind-Map zeichnen

- Nimm ein Papier zur Hand.
- Formuliere das Thema in der Mitte, am besten umrahmst du es.
- Zeichne nun so viele dicke Hauptlinien vom Thema in der Mitte nach außen, wie du Überschriften gefunden hast.
- Schreibe diese an die Enden der Hauptlinien.
- Davon ausgehend zeichnest du weitere, dünnere Zweige. Notiere an deren Ende dazugehörige Stichworte.

3 Symbole und Farben einfügen

Die Überschriften und besonders wichtige Stichpunkte solltest du jetzt durch Unterstreichen oder verschiedene Farben hervorheben. So kannst du auf einen Blick erkennen, was Ober- und Unterpunkte sind.

- Zum besseren Einprägen kannst du Symbole oder einfache Zeichnungen zu den einzelnen Überschriften malen.

Eine Zeitleiste erstellen

1 Thema und Zeitspanne festlegen
- Lege das Thema der Zeitleiste fest.
- Stecke die Zeitspanne ab.

2 Material suchen und ordnen
- Führe eine Recherche zum gewählten Thema durch.
- Sammle Fakten und Bilder zu der von dir festgelegten Zeitspanne.
- Ordne das Material in der richtigen Reihenfolge. Beginne mit den ältesten Fotos/Ereignissen.

3 Zeitleiste anlegen
- Nimm ein großes Blatt Papier oder eine Tapetenbahn als Grundlage für deine Zeitleiste.
- Zeichne einen Pfeil in die Mitte des Blattes, damit du ober- und unterhalb arbeiten kannst.
- Schreibe das Jahr, welches am weitesten zurückliegt, ganz links. Unterteile die Zeitleiste in sinnvolle Abschnitte. (Beispielsweise kann 1 cm ein Jahr oder zehn Jahre bedeuten, je nachdem, wie groß die Zeitspanne ist, die du darstellen möchtest und wie viel Platz du für die Zeitleiste hast.)
  Hinweis: Denke daran, dass gleichgroße Zeiträume auch immer gleichgroß abgebildet werden müssen.

4 Zeitleiste gestalten
- Gestalte deine Zeitleiste mithilfe von Bildern und Zeichnungen sowie entsprechenden Beschriftungen (Zahlen, Informationen zum Ereignis, etc.)

Informationen fachgerecht auswerten

Statistiken und Diagramme untersuchen

1 Thema klären
- Was ist dargestellt? Informationen zum Thema findest du in Über- oder Unterschriften, Legenden oder anderen Beschreibungen.
- Welcher Zeitraum ist dargestellt?
- Welche Orte, Länder oder Regionen werden in die Statistik einbezogen?

2 Inhalt erfassen
- Welche Form der Darstellung wird genutzt (Tabelle, Säulen-, Linien-, Kreis- oder Flächendiagramm)?
  Welche Größen und Maßeinheiten werden verwendet (z. B. Zeit in Jahren, Einwohnerzahlen, Anteile in Prozent)?
- Wie viele verschiedene Sachverhalte werden dargestellt (z. B. die Stadt- und/oder Landbevölkerung; wird die Einwohnerzahl für einen oder mehrere Orte untersucht)?

3 Informationen entnehmen
- Welche Informationen werden konkret wiedergegeben (größter/kleinster Wert, starke oder plötzliche Veränderungen)?
- Welche Entwicklungen kann man ablesen (Zunahme, Abnahme, Stabilität)?

4 Ergebnisse auswerten
- Werden weitere Informationen für die Beantwortung der Sachfragen benötigt?
- Welche Vorkenntnisse sind vorhanden und können einbezogen werden?
- Was kann man zusammenfassend sagen?
- Welche Folgerungen kann man aus den Angaben ziehen?

Sachtexte verstehen

1 Überfliegen des Textes
- Lies den Text einmal grob durch. Überfliege ihn.
- Beachte auch Zwischenüberschriften und Bilder oder Zeichnungen.
- Halte fest: Um welches Thema geht es? Was weißt du schon darüber?
  Was möchtest du noch wissen?

2 Fragen stellen
- Beantworte die W-Fragen: Wer? – Was? – Wann? – Wo? – Wie? – Warum?

3 Genaues Lesen, Unbekanntes klären, Schlüsselwörter markieren
- Lies den Text erneut durch. Kläre die Bedeutung unbekannter Wörter.
- Kennzeichne unklare Stellen mit einem Fragezeichen.
- Markiere wichtige Stellen und Schlüsselwörter im Text, z. B. mithilfe eines Textmarkers oder durch Unterstreichen.

4 Gliedern des Textes
- Unterteile den Text in Abschnitte. Orientiere dich dabei an der Textstruktur. (Absätze)
- Formuliere zu den einzelnen Abschnitten Teilüberschriften, die den Inhalt des jeweiligen Textteils wiedergeben.

5 Formulieren des Textes
- Formuliere den Inhalt des Textes mithilfe der Zwischenüberschriften und markierten Textstellen.

- Kontrolliere, welche W-Fragen (Schritt **2**) beantwortet wurden.

Bilder und Symbole untersuchen

1 Ersten Eindruck festhalten
- Formuliere einen ersten Eindruck: Was ist auf dem Bild zu sehen?
- Was fällt dir sofort auf?
- Besitzt das Bild einen Titel?

2 Die Einzelheiten des Bildes beschreiben
- Aus welcher Zeit stammt das Bild? (Bildlegende beachten)
- Beschreibe das Bild möglichst genau.
- Welche einzelnen Elemente sind auf dem Bild zu sehen, zum Beispiel Personen oder Gebäude, Landschaften oder Symbole?
- Wie sind die Personen dargestellt (Kleidung/Frisuren/Gesichtsausdruck)?
- Gibt es Unterschiede bei der Darstellung der verschiedenen Personen (Größe/Hautfarbe/Ausschmückung)?
  Beschreibe die Situation oder Handlung, die das Bild zeigt. Greife dabei auf anschauliche Adjektive zurück. Gibt es weitere Gegenstände? Welche Funktion haben diese?

3 Zusammenhänge erklären
- Wie ist das Verhältnis der Personen untereinander und was tun sie?
- Gibt es Gegenstände/Symbole, die eine besondere Bedeutung haben könnten?
- Was verrät das Bild über das Leben der Menschen zur damaligen Zeit (Lebensumstände, Familiensituation, Arbeitsleben usw.)?

4 Zusatzinformationen beschaffen
- Wer ist der Künstler? Wann lebte er? Für wen hat er das Bild angefertigt?
- Was kann ich aus anderen Quellen über das Dargestellte erfahren?
- Gibt es weitere Bilder zum gleichen Thema?
- Was ist mir unklar geblieben? Wie kann ich meine Fragen beantworten?

Geschichtskarten auswerten

1 Thema der Karte finden
- Welches Gebiet ist dargestellt?
- Welcher Zeitraum wird behandelt?
- Um welches Thema geht es?

2 Darstellung des Themas herausarbeiten
- Welche Informationen kann man der Legende der Karte entnehmen?
- Welche Bedeutung haben die Flächenfarben?
- Welche Symbole enthält die Karte und was bedeuten sie?
- Wie groß sind Entfernungen und Ausdehnung eines Gebietes (Maßstab)?

3 Informationen der Karte auswerten
- Welche Aussagen kannst du zu einzelnen Informationen der Karte machen?
- Welche Gesamtaussage der Karte kannst du formulieren?
- Welche Fragen interessieren dich zusätzlich zu den Informationen, die du aus der Karte erhältst?

Textquellen untersuchen

1 Fragen zum Verfasser
- Wer ist der Verfasser der Textquelle? Was wissen wir über ihn
- Hat der Autor die Ereignisse, über die berichtet wird, selbst erlebt?
- Wie steht der Verfasser zu dem Ereignis, von dem er berichtet? Versucht er, neutral zu sein oder ergreift er Partei für eine Seite?

2 Fragen zum Text
- Wovon wird im Text berichtet? Was steht im Mittelpunkt?
- Wann ist die Quelle entstanden?
- Um welche Textsorte (z. B. Bericht, Erzählung, Inschrift) handelt es sich?
- Welche Begriffe sind unbekannt?
- Lässt sich der Text in einzelne Abschnitte gliedern? Lassen sich die Informationen kurz zusammenfassen?

3 Textabsicht erklären und Quelle beurteilen
- Unterscheide nun zwischen Sachinformationen der Textquelle und Meinungswiedergabe des Autors. Übertreibt der Schreiber an manchen Stellen oder wertet er bestimmte Personen?
- An wen wendet sich die Textquelle und zu welchem Zweck?
- Stimmen heutige Erkenntnisse mit dem Inhalt der Textquelle überein?
- Wie glaubwürdig ist die Quelle (auch im Vergleich mit anderen Quellen)?

Textquellen vergleichen

1 Erschließen der einzelnen Textquellen
- Wer ist der jeweilige Autor?
- Wo und wann sind die Texte verfasst worden.
- Welchem historischen Zeitraum lassen sich die Quellen zuordnen (Epoche,Ereignis, Konflikt)?

Welche Textsorte liegt jeweils vor (Bericht, Brief, Rede, Vertrag, Inschrift, Erzählung, ...)?
- Wer sind die Adressaten der Texte (Machthaber, Öffentlichkeit, bestimmte Personengruppen, ...)?
- Was ist das gemeinsame Thema der Texte?
- Welche Sätze enthalten Sachinformationen, welche Sätze geben die Meinung des Verfassers oder sein Urteil wieder?

2 Überprüfen der Glaubwürdigkeit der Texte
- Waren die Autoren wirklich Augenzeugen der Geschehnisse oder liefern sie Informationen aus „zweiter Hand"?
- Mit welchem zeitlichen Abstand zum Geschehen wurden die Texte verfasst?

3 Vergleich der Inhalte
- Stelle die wichtigsten Informationen und Kernaussagen beider Texte gegenüber.
- Welche Gemeinsamkeiten und Unterschiede kannst du feststellen?
- Wie kann man die Differenzen erklären (Perspektive, unterschiedliche Interessen der Autoren)?

4 Sammeln weiterer Informationen
- Ordne dein bisheriges Wissen über den Sachverhalt den neugewonnenen Informationen hinzu.
- Benötigst du weitere Informationen für deine Einschätzung? Recherchiere.

5 Formulieren der Ergebnisse
- Fasse deine Ergebnisse zusammen.
- Wie lassen sich die Texte aus heutiger Sicht bewerten?
- Bilde dir ein eigenes Urteil zu den Geschehnissen und begründe es.

Ein eigenes Urteil bilden (Sachurteil)

1 Art des Urteils festlegen
- Willst du wissen, was passiert ist und ein Urteil aus der damaligen Sicht fällen, triffst du ein Sachurteil.
- Möchtest du etwas aus deiner Sicht bewerten, fällst du ein Werturteil.

2 Informationen sammeln
- Stelle verschiedene Sachtexte, Zeitzeugenberichte oder bildliche Darstellungen zum Thema zusammen und sichte diese.

3 Quellen überprüfen
- In welchem Zusammenhang stehen die gelieferten Informationen zum bereits Bekannten?
- Wie glaubwürdig sind die Informationen? Verfolgte der Verfasser ein bestimmtes Ziel oder schrieb er im Auftrag einer anderen Person, die bestimmte Interessen verfolgte (Auftraggeber)?
- Wie sehr kann man den überlieferten Texten trauen? Berichtet ein Zeitzeuge anhand eigener Erlebnisse oder anhand von Berichten anderer? Überprüfe, welchen Zweck Texte erfüllen sollten oder welche Absicht Autoren mit ihm verfolgten.

4 Aus heutiger Sicht ein Werturteil bilden
- Vergleiche die damaligen Geschehnisse mit heute. Beurteile die Ereignisse/Situation aus deiner heutigen Sicht. Würdest du zustimmen? Begründe deine Entscheidung. (Werturteil)

5 Vergleich von Urteilen
- Höre dir die Urteile anderer an. Welches Urteil überzeugt dich, welches nicht? Dabei ist der gegenseitige Respekt wichtig.

Informationen präsentieren

Ein Lernplakat erstellen

1 Thema auswählen
Orientiere dich, welche Themen zur Auswahl stehen. Entscheide dich für ein Thema. Du kannst mit einer Partnerin oder einem Partner oder in der Gruppe arbeiten.

2 Wahlthema erarbeiten
Arbeite dein Wahlthema in Partnerarbeit oder Gruppenarbeit durch.
- Lies die Texte, betrachte das Bildmaterial dazu.
- Bereite das Lernplakat vor:
  Wie soll die Überschrift lauten?
- Welche Materialien werden benötigt?
  Stelle einen Arbeitsplan auf.

3 Material sammeln und auswählen
Sammle Bilder, Texte und weitere Materialien zu deinem Lernplakat. Du kannst in Sachbüchern, in einem Lexikon oder im Internet über das Thema weiter recherchieren. Trage deine Ergebnisse zusammen.

4 Das Lernplakat gestalten
Achte dabei auf Folgendes:
- Die Überschrift muss gut lesbar sein.
- Die Bilder und Fotos müssen zum Thema passen.
- Es muss insgesamt gut erkennbar sein, um welches Thema es geht.
- Die Texte und die Bilder sollten so angeordnet sein, dass die Betrachter schnell das Wichtigste erfassen können.
- Das Lernplakat informiert und zeigt deine Arbeitsergebnisse. Du kannst mithilfe des Plakates das Thema erläutern (Kurzvortrag).

Aus dem Grundgesetz

Aus dem Grundgesetz der Bundesrepublik Deutschland

Artikel 1
(1) Die Würde des Menschen ist unantastbar. Sie zu achten und zu schützen, ist Verpflichtung aller staatlichen Gewalt.
(2) Das Deutsche Volk bekennt sich darum zu unverletzlichen und unveräußerlichen Menschenrechten als Grundlage jeder menschlichen Gemeinschaft, des Friedens und der Gerechtigkeit in der Welt.
(3) Die nachfolgenden Grundrechte binden Gesetzgebung, vollziehende Gewalt und Rechtsprechung als unmittelbar geltendes Recht.

Artikel 2
(1) Jeder hat das Recht auf die freie Entfaltung seiner Persönlichkeit, soweit er nicht die Rechte anderer verletzt und nicht gegen die verfassungsmäßige Ordnung oder das Sittengesetz verstößt.
(2) Jeder hat das Recht auf Leben und körperliche Unversehrtheit. Die Freiheit der Person ist unverletzlich. In diese Rechte darf nur aufgrund eines Gesetzes eingegriffen werden.

Artikel 3
(1) Alle Menschen sind vor dem Gesetz gleich.
(2) Männer und Frauen sind gleichberechtigt. Der Staat fördert die tatsächliche Durchsetzung der Gleichberechtigung von Frauen und Männern und wirkt auf die Beseitigung bestehender Nachteile hin.
(3) Niemand darf wegen seines Geschlechtes, seiner Abstammung, seiner Rasse, seiner Sprache, seiner Heimat und Herkunft, seines Glaubens, seiner religiösen oder politischen Anschauungen benachteiligt oder bevorzugt werden. Niemand darf wegen seiner Behinderung benachteiligt werden.

Artikel 4
(1) Die Freiheit des Glaubens, des Gewissens und die Freiheit des religiösen und weltanschaulichen Bekenntnisses sind unverletzlich. ...

Artikel 5
(1) Jeder hat das Recht, seine Meinung in Wort, Schrift und Bild frei zu äußern und zu verbreiten und sich aus allgemein zugänglichen Quellen ungehindert zu unterrichten. Die Pressefreiheit und die Freiheit der Berichterstattung durch Rundfunk und Film werden gewährleistet. Eine Zensur findet nicht statt. ...

Artikel 6
(1) Ehe und Familie stehen unter dem besonderen Schutze der staatlichen Ordnung.
...

Artikel 8
(1) Alle Deutschen haben das Recht, sich ohne Anmeldung oder Erlaubnis friedlich und ohne Waffen zu versammeln.
(2) Für Versammlungen unter freiem Himmel kann dieses Recht durch Gesetz ... beschränkt werden.

Artikel 9
(1) Alle Deutschen haben das Recht, Vereine und Gesellschaften zu bilden.
(2) Vereinigungen, deren Zwecke oder deren Tätigkeit den Strafgesetzen zuwiderlaufen oder die sich gegen die verfassungsmäßige Ordnung oder gegen den Gedanken der Völkerverständigung richten, sind verboten. ...

Artikel 10
(1) Das Briefgeheimnis sowie das Post- und Fernmeldegeheimnis sind unverletzlich. ...

Artikel 11
(1) Alle Deutschen genießen Freizügigkeit im ganzen Bundesgebiet. ...

Artikel 12
(1) Alle Deutschen haben das Recht, Beruf, Arbeitsplatz und Ausbildungsstätte frei zu wählen. ...
(2) Niemand darf zu einer bestimmten Arbeit gezwungen werden. ...

Artikel 12a*
(1) Männer können vom vollendeten achtzehnten Lebensjahr an zum Dienst in den Streitkräften, im Bundesgrenzschutz oder in einem Zivilschutzverband verpflichtet werden.
(2) Wer aus Gewissensgründen den Kriegsdienst mit der Waffe verweigert, kann zu einem Ersatzdienst verpflichtet werden. ...

Artikel 13
(1) Die Wohnung ist unverletzlich.
(2) Durchsuchungen dürfen nur durch den Richter, bei Gefahr im Verzuge auch durch die in den Gesetzen vorgesehenen anderen Organe angeordnet und nur in der dort vorgeschriebenen Form durchgeführt werden.
...

Artikel 16a
(1) Politisch Verfolgte genießen Asylrecht.
...
(2) Auf Absatz 1 kann sich nicht berufen, wer aus einem Mitgliedstaat der Europäischen Gemeinschaften oder aus einem anderen Drittstaat einreist, in dem die Anwendung des Abkommens über die Rechtsstellung der Flüchtlinge und der Konvention zum Schutze der Menschenrechte und Grundfreiheiten sichergestellt ist. ...

Artikel 20
(1) Die Bundesrepublik Deutschland ist ein demokratischer und sozialer Bundesstaat.
(2) Alle Staatsgewalt geht vom Volke aus. Sie wird vom Volke in Wahlen und Abstimmungen und durch besondere Organe der Gesetzgebung, der vollziehenden Gewalt und der Rechtsprechung ausgeübt.
(3) Die Gesetzgebung ist an die verfassungsmäßige Ordnung, die vollziehende Gewalt und die Rechtsprechung sind an Gesetz und Recht gebunden.
(4) Gegen jeden, der es unternimmt, diese Ordnung zu beseitigen, haben alle Deutschen das Recht zum Widerstand, wenn andere Abhilfe nicht möglich ist.

Artikel 21
(1) Die Parteien wirken bei der politischen Willensbildung des Volkes mit. Ihre Gründung ist frei. Ihre innere Ordnung muss demokratischen Grundsätzen entsprechen. Sie müssen über die Herkunft und Verwendung ihrer Mittel sowie über ihr Vermögen öffentlich Rechenschaft geben. ...

* Die Wehrpflicht wurde zum 1. Juli 2011 auf Beschluss der Bundesregierung ausgesetzt.

A

Ablassbrief
So wird ein Schriftstück genannt, das den Käufer von den Strafen für begangene Sünden befreite.

Absolutismus
Der Begriff leitet sich ab von dem Wort „absolut". Es bedeutet losgelöst bzw. nicht mehr gebunden an die Gesetze eines Staates.

Adlige/Adel
Die Edlen – Angehörige einer in der Gesellschaft hervorgehobenen Gruppe, eines Standes, ausgestattet mit erblichen Vorrechten. Adliger konnte man von Geburt aus sein (Geburtsadel); Adliger konnte man aber auch werden, indem man im Dienst des Königs tätig war (Amts- oder Dienstadel).

Aktivbürger
4 Mio. Männer, die mindestens Steuern im Wert von drei Arbeitstagen zahlen.

Aufklärung
Dies ist eine Reformbewegung, die in der 2. Hälfte des 17. und im 18. Jahrhundert in fast allen Lebensbereichen zu neuen Ideen und Denkweisen führte. In der Politik richteten sich die Aufklärer gegen die uneingeschränkte Macht des Königs. Sie traten für Meinungsfreiheit, Menschenrechte und ein von Vernunft geprägtes Handeln ein.

Augsburger Bekenntnis
Dies ist das grundlegende Bekenntnis aller lutherischen Herrscher und Würdenträger im Heiligen Römischen Reich Deutscher Nation zu ihrem Glauben, das Kaiser Karl V. am 25. Juni 1530 auf dem Reichstag zu Augsburg vorgelegt wurde.

Augsburger Religionsfriede
Der Augsburger Religionsfriede wurde 1555 zur Beilegung der Religionskämpfe verkündet. Die evangelisch-lutherische und die katholische Konfession wurden als gleichberechtigt anerkannt.

Autorität
Die Autorität des Papstes bedeutet, dass der Papst in Glaubensfragen das letzte Wort hatte und seine Entscheidungen nicht angezweifelt werden durften.

Azteken/-reich
Hochkultur in Mittelamerika, deren Kultur von den spanischen Eroberern 1521 zerstört wurde.

B

Barrikaden
(ital.: barricare = versperren) Straßensperre, häufig aus Hausrat oder Ähnlichem errichtet.

Bauernkrieg
Die 1524 unter Berufung auf Luthers Lehre begonnene Auflehnung der Bauern gegen die drückenden Lasten weitete sich 1525 zu bewaffneten Aufständen aus, die von den Fürstenheeren schnell niedergeschlagen wurde.

Biedermeier
Bezeichnung für den bürgerlichen Lebensstil zwischen 1815 und 1848. Enttäuscht von der Wiederherstellung der alten Ordnung, die die Bürger aus der Politik verdrängte, zogen sich die Menschen ins Privatleben zurück. Benannt wurde dieser Lebensstil nach einem erfundenen schwäbischen Lehrer, der in Gedichten die Geborgenheit des häuslichen Glücks pries.

Buchdruck
Um 1450 von Johannes Gutenberg entwickeltes Verfahren, um Bücher schnell herzustellen. Bücher mussten nun nicht mehr mit der Hand abgeschrieben werden.

D

Digitalisierung
Unter Digitalisierung wird allgemein die Aufbereitung von Informationen zur Verarbeitung oder Speicherung in einem digitaltechnischen System, wie z. B. einem Computer, verstanden.

Dreieckshandel
Dies bezeichnet den Handel zwischen Afrika, Amerika und Europa. Die Europäer kauften oder raubten Sklaven in Afrika, die nach Amerika transportiert wurden. Von dort brachte man Gold, Silber, Zucker und Baumwolle nach Europa. Weil dieser Handel sich auf der Karte ähnlich wie ein Dreieck darstellt, wird er auch „Dreieckshandel" genannt.

Dreißigjähriger Krieg
Ausgelöst 1618 durch den Prager Fenstersturz, weitete sich der Krieg von einem Religionskonflikt zu einem europäischen Staatenkrieg auf deutschem Boden aus. Die Folgen waren katastrophal: Neben den Verwüstungen waren die Bevölkerungsverluste am schwersten. Der Krieg endete 1648 mit dem Westfälischen Frieden.

Deutscher Bund
Auf dem Wiener Kongress 1815 schlossen sich 34 deutsche Einzelstaaten (Territorialstaaten) und vier freie Städte im Deutschen Bund zusammen.

E

evangelisch
So wurden Luthers Anhänger genannt, da sie allein dem Wort Christi in der Heiligen Schrift, dem Evangelium, verpflichtet waren.

F

Fabrik
(lat.: fabrica = Werkstätte). Großbetrieb mit oft mehreren Hundert Arbeiterinnen und Arbeitern und maschineller Fertigung von Erzeugnissen. Der Aufstieg der Fabriken begann mit der Industrialisierung zunächst in England.

Fegefeuer
(von mhd. „vegen“ für reinigen, putzen) Die Katholiken glauben, dass nach dem Tod die Seele zunächst in ein reinigendes Feuer kommt, wo alle kleinen Sünden des Lebens aus dem Diesseits „verbrannt“ werden. Die so gereinigte Seele kann am Tag des Jüngsten Gerichts auf das Himmelreich hoffen. Schwere Sünden hingegen kann selbst das Fegefeuer nicht heilen.

Fernhandel
Der Fernhandel war im Mittelalter ein wichtiger Wirtschaftsfaktor, weil er wichtige Güter und begehrte Luxuswaren aus dem Orient in die Handels- und Messezentren Europas brachte. Fernhandelskaufleute gehörten zur reichen Oberschicht der Patrizier in der Stadtgesellschaft. Auch Juden waren im Fernhandel sehr erfolgreich.

Flugschrift
Diese Einblattdrucke wurden beim Kirchgang oder auf öffentlichen Plätzen von umherziehenden Händlern billig verkauft und informierten und unterhielten so eine breite Leserschaft.

G

Gegenreformation
Dies ist eine Bezeichnung für die Maßnahmen der katholischen Kirche, die zur Zurückdrängung der Reformation dienen sollten.

Generalstände
Seit 1302 unter König Philipp IV. einberufene Versammlung der drei Stände.

Gewaltenteilung
Nach Ansicht der Aufklärer sollte die Gewalt in einem Staat in drei voneinander unabhängige Gewalten aufgeteilt sein: in die gesetzgebende (Legislative), die vollziehende (Exekutive) und die rechtsprechende Gewalt (Judikative). Damit sollte dem Machtmissbrauch durch einen absolut herrschenden König vorgebeugt werden.

Gewerkschaft
Vereine, die zur Veränderung der wirtschaftlichen und sozialen Lage von Arbeitnehmern Mitte des 19. Jahrhunderts begründet wurden und sich für eine Verbesserung der Arbeitsbedingungen und höhere Löhne einsetzten.

Glaubensspaltung
Die Kritik Martin Luthers an der Kirche führte in den folgenden Jahrzehnten zur Glaubensspaltung der christlichen Kirche in katholische und evangelische Glaubensbekenntnisse.

Gottesgnadentum
Dies ist eine Herrschaftsvorstellung, die sich daraus ableitet, die Herrschaft direkt von Gott empfangen zu haben und nur diesem gegenüber zur Rechenschaft verpflichtet zu sein.

Grundgesetz
Dies bezeichnet die Verfassung der Bundesrepublik Deutschland, die am 23. Mai 1949 in Kraft trat. Ursprünglich nur als vorläufige Verfassung gedacht, wurde der Name nach der Wiedervereinigung für die gesamtdeutsche Verfassung beibehalten.

Grundrechte
Darunter versteht man wichtige Menschen- und Bürgerrechte, wie die Freiheit der Person, oder die Gleichheit aller vor dem Gesetz.

H

Häresie, Häretiker
Als Häretiker wurden im Mittelalter diejenigen bezeichnet, die von der Glaubensmeinung der Kirche abwichen und ihr eine eigene Lehre entgegenstellten. Die abweichende Meinung nannte man auch Häresie. Dieselbe Bedeutung haben die Begriffe „Ketzer“ und „Ketzerei“.

Hochkultur
Merkmale einer Hochkultur waren: Staat mit zentraler Verwaltung und Regierung, Arbeitsteilung, ein Abgaben- oder Steuersystem, Recht, Schrift, Zeitrechnung, Kunst, Architektur, Anfänge von Wissenschaft und Technik.

Hofstaat
Im Absolutismus gehörten zum Hofstaat alle Personen in der engen Umgebung des absoluten Herrschers vom Adligen bis zum Diener.

Hugenotte
Der Begriff geht wahrscheinlich auf das schweizerische Wort für Eidgenosse zurück und war zunächst ein Schimpfwort für die französischen Protestanten, bis sie selbst den Begriff verwendeten.

Humanismus
Geistige Bewegung, die sich während der Renaissance von Italien aus in ganz Europa verbreitete. Die Humanisten waren überzeugt, dass die Menschen durch das Studium der antiken Vorbilder vollkommener würden.

I

Industrialisierung
Darunter versteht man Veränderungen der Wirtschafts-, Arbeits- und Lebensweise seit Anfang des 19. Jahrhunderts, aufgrund des Einsatzes von Maschinen.

J

Jakobiner
Hierbei handelt es sich um einen politischen Klub zur Zeit der Französischen Revolution, der sich nach seinem Treffpunkt in dem ehemaligen Pariser Kloster St. Jacob benannte. Im Laufe der Revolution wurden nur noch die radikalen Republikaner so genannt.

Janitscharen
Sie waren die Elitetruppe der osmanischen Armee und stellten die Leibwache des Sultans. Ihnen war es auch möglich, in hohe Staatsämter gelangen.

Jesuiten
Als Jesuiten werden die Mitglieder der katholischen Ordensgemeinschaft „Gesellschaft Jesu“ bezeichnet, die von Ignatius von Loyola 1534 gegründet wurde.

Julirevolution 1830
In Frankreich war es vom 27.– 29. Juli 1830 zum gewaltsamen Sturz des französischen Königs Karl X. gekommen. Sein Nachfolger wurde Louis Philippe. Gleichzeitig wurden die Bürgerrechte wieder in Kraft gesetzt. In ganz Europa kam es daraufhin zu Aufständen.

Junker
Der Begriff meint im eigentlichen Sinne Jungherrn oder Rittergutsbesitzer und wurde für Luther nur als Tarnung verwendet.

K

Kapitalismus
(von ital. capitale = Reichtum)
In dieser Wirtschafts- und Gesellschaftsform ist das Erzielen und das Vergrößern des Gewinns oberstes Ziel. – Der Kapitalist ist der Unternehmer, Fabrikbesitzer oder Großgrundbesitzer, der die Mittel zum Produzieren durch das Proletariat zur Verfügung stellt.

Kardinal
Nach dem Papst das höchste Amt in der Katholischen Kirche.

Kirchenbann
Der Kirchenbann ist die schwerste Strafe, die die katholische Kirche gegen ihre Angehörigen verhängen konnte. Der Gebannte ist von den Sakramenten (z. B. Abendmahl, Beichte) ausgeschlossen, die übrigen Gläubigen sollen jeden Kontakt mit ihm meiden. Der Bann kann aufgehoben werden, wenn der Gebannte die Handlung bereut, die zur Verhängung des Banns Anlass gegeben hat, und dafür in angemessener Form Buße tut. Stirbt ein Gebannter, ohne dass der Bann aufgehoben wurde, ist er nach katholischer Lehre auf ewig vom göttlichen Heil ausgeschlossen.

Kolonie
Gemeint sind überseeische Besitzungen eines europäischen Staates.

Kolonialherrschaft
Die Eroberung zumeist überseeischer Gebiete durch militärisch überlegene Staaten (vor allem Europas) seit dem Ende des 15. Jahrhunderts wird als Kolonialismus bezeichnet. Die Kolonialmächte errichteten in den unterworfenen Ländern Handelsstützpunkte und Siedlungskolonien. Sie verfolgten vor allem wirtschaftliche und militärische Ziele.

Konfession
„Konfession“ bezeichnet ein Glaubensbekenntnis; Katholiken und Protestanten unterscheiden sich im Glaubensbekenntnis; sie gehören verschiedenen Konfessionen an. Der Augsburger Religionsfriede 1555 gab den Landesherren das Recht, über die Konfession ihres Landes zu entscheiden.

Konservatismus
(lat.: conservare = bewahren, aufbewahren)
Politische und soziale Bewegungen, die zum Ziel haben, die bestehenden Verhältnisse beizubehalten oder eine frühere Ordnung wiederherzustellen.

Konstitutionelle Monarchie
(lat.: Constitutio = Verfassung, grundlegendes Gesetz)
Dies ist eine Staatsform, in der die absolute Macht des Monarchen durch eine Verfassung (Konstitution) beschränkt wird. Sie wurde zuerst in England verwirklicht. Die Verfassung garantiert dem Parlament Rechte, z. B. Gesetze zu erlassen und die Finanzen zu kontrollieren.

Kontinentalsperre
Diese wurde von Napoleon 1806 verhängt. Damit wurde jeglicher Handel mit England verboten. Alle Waren und Gegenstände, die aus England oder den britischen Kolonien stammten, wurden beschlagnahmt.

Konzil
Der Begriff bezeichnet eine große Kirchenversammlung.

Kornzehnt
Regelmäßige Abgabe an die Kirche, die ein Zehntel der Getreideernte betraf.

Kosaken
Bedeutet so viel wie „freier Krieger“ und bezeichnet Angehörige von Gemeinschaften freier Reiterverbände in den südlichen Steppengebieten Russlands und der Ukraine.

Kurfürsten
Bezeichnung für die vier weltlichen und drei geistlichen Fürsten, die den König des Heiligen Römischen Reiches Deutscher Nation wählten. Dies waren seit jeher die drei Erzbischöfe von Köln, Trier und Mainz, der König von Böhmen und die nach der Reformation protestantisch gewordenen Kurfürsten von Sachsen, Brandenburg und der Pfalzgraf bei Rhein.

L

Landesbischöfe
Dies ist der Titel des kirchlichen Leiters der evangelischen Landeskirche.

Liberalismus
(lat.: liberalis = die Freiheit betreffend) Politische Bewegung, die eine freiheitliche wirtschaftliche und soziale Ordnung zum Ziel hat.

M

Manufaktur
(lat. manus = Hand, factura = das Machen) Bezeichnung für eine Betriebsform, die es erlaubt, große Mengen Waren an einer Arbeitsstätte arbeitsteilig, aber noch nicht maschinell herzustellen. Die Manufaktur ist eine Übergangsform von einem Handwerksbetrieb zu einer Fabrik.

Menschen- und Bürgerrechte
Unantastbare und unveräußerliche Freiheiten und Rechte jedes Menschen gegenüber den Mitmenschen und dem Staat. Dazu gehören das Recht auf Leben, auf freie Entfaltung der Persönlichkeit und das Recht auf Eigentum. Nach dem Vorbild der Unabhängigkeitserklärung der Verei- nigten Staaten 1776 verkündete die französische Nationalversammlung 1789 die Erklärung der Menschen- und Bürgerrechte. Die Menschenrechte wurden seit dem 19. Jahrhundert in viele Verfassungen aufgenommen und 1948 von den Vereinten Nationen in der Menschenrechtskonvention als unveräußerliche Grundrechte jedes Menschen verabschiedet

Merkantilismus
Die gelenkte Wirtschaftsform des Absolutismus, bei der viel exportiert und wenig importiert wird.

N

Napoleon
Französischer Feldherr, Staatsmann und Monarch, der 1769 in Ajaccio (Korsika) geboren wurde und 1821 auf der Insel St. Helena starb. Er beendete die Französische Revolution und eroberte in zahlreichen Feldzügen große Teile Europas. Mit dem Russlandfeldzug 1812 begann sein Ab- stieg, der mit der Verbannung auf St. Helena endete.

Nationalgarde
Die Garde Nationale wurde schon am 13. Juli 1789 in Paris vom Marquis de La Fayette aufgestellt, um als eine Art Polizei die öffentliche Sicherheit in der Hauptstadt zu gewährleisten.

Nation
Das Wort Nation bezog sich früher lediglich auf die Herkunft einer Person. Mit der Selbsternennung zur Nationalversammlung wird Nation zu einem politischen Begriff, der sich auf ein bestimmtes Volk bezieht. In der Folgezeit wird „die Nation“ für alle Europäer zu einer Idee, die die geschichtliche Entwicklung stark beeinflusst.

Nationalversammlung
Eine verfassunggebende Versammlung von Abgeordneten, die die ganze Nation vertritt.

P

Partisanen
(ital.: partigiano = Parteigänger)
Hierbei handelt es sich um einen bewaffneten Kämpfer, der jedoch nicht zur Streitmacht eines Staates gehört

Passivbürger
So bezeichnet man Ausschreitungen und gewaltsame Verfolgung aus religiösen oder in Vorurteilen begründeten Absichten.

Philosophie
(altgriech.: philosophia = Liebe zur Weisheit)
Die Philosophie setzt sich mit allen Fragen auseinander die den Menschen, das Leben und die Welt betreffen.

Prälat
(lat. praelatus = der Vorsteher, der Bevorzugte)
Inhaber eines hohen Kirchenamtes innerhalb der christlichen Kirche.

Pressezensur
Hierunter ist eine Informationskontrolle zu verstehen. Dabei werden Texte streng geprüft und beurteilt. Unerwünschte Inhalte wurden dann gegebenenfalls gekürzt oder ganz verboten.

Proletarier
(lat. proles = die Nachkommene)
Bezeichnung der Römer für die Besitzlosen, die nichts außer ihrer Nachkommenschaft besaßen. Seit der Industrialisierung werden alle Arbeiter als Proletarier bezeichnet, die allein vom Verkauf ihrer Arbeitskraft leben.

R

Reichsacht
Die Reichsacht war die höchste weltliche Strafe im Alten Reich. Der Verurteilte wurde damit aus der Gemeinschaft ausgestoßen. Jeder hatte nun das Recht, den Geächteten zu töten.

Reichsgründung
Bezeichnung für die Gründung des Deutschen Reichs nach dem Krieg gegen Frankreich 1871.

Reformation
(lat.: reformatio = Erneuerung). Dies ist eine durch den Thesenanschlag an der Wittenberger Schlosskirche 1517 von Martin Luther ausgelöste Bewegung, die zur Gründung der evangelischen Kirche führte. Seit dieser Zeit ist das Christentum in mehrere Bekenntnisse gespalten.

Renaissance
(frz. für Wiedergeburt) Epoche am Ende des 15., Anfang des 16. Jh., die die antike Philosophie, Literatur und Kunst wiederentdeckte und wiederbelebte. Sie ging von den Städten Norditaliens aus und verbreitete sich in ganz Mittel- und Westeuropa.

Reparationen
Dies sind wirtschaftliche und finanzielle Leistungen des besiegten Landes zur Entschädigung und Wiedergutmachung für Schäden, Zerstörungen und Kriegskosten des Siegers.

Republik
(lat. res publica = die Öffentliche Sache)
Dies ist ein Begriff für eine Staatsform mit einer gewählten Regierung, in der das Volk oder ein Teil des Volks die Macht ausübt.

Residenz
Wohn- und Amtssitz eines weltlichen oder geistlichen Herrschers.

Restauration
Von lat. restauratio für Wiederherstellen, Erneuerung.

Revolution
(lat.: revolutio = das Zurückwälzen)
Dies ist ein aus der Astronomie entlehntes Fremdwort, das den Umlauf der Himmelskörper beschreibt. Es meinte im 17. Jh. eine Wiederherstellung eines politisch-gesellschaftlichen Zustands. Ab dem 18. Jh. hat das Wort die Bedeutung des politischen, zumeist gewaltsamen Umsturzes.

Romantik
Eine von Deutschland ausgehende Bewegung (1790–1830), die in der Literatur begann und auf Musik und bildende Kunst übergriff. Sie ist geprägt durch die Flucht aus der Wirklichkeit in die Welt der Fantasie, der Natur und in die Vergangenheit. Die gute alte Zeit (des Mittelalters) wurde „romantisiert", also als besonders positiv angesehen.

S

Salon
Als Salon bezeichnete man vom 17. bis zum 19. Jahrhundert Gesellschafts- bzw. Empfangszimmer, in denen sich Bürgerinnen und Bürger, Gelehrte und Künstler regelmäßig trafen und über politische und kulturelle Themen sowie die Ideen der Aufklärung diskutierten.

Sansculotten
(frz. = „ohne Kniebundhose")
Bezeichnung für Pariser Revolutionäre, die aus einfachen Verhältnissen stammten, weil nur reichere Schichten Kniebundhosen trugen.

sächsische Landstände
Vertreter der Städte und des Landadels, die sich als Landtag in die sächsische Politik einmischten und z. B. über die Erhebung von Steuern abstimmten.

Säkularisierung
(spätlat.: sacularis = weltlich)
Der Begriff bezeichnet die Überführung von Kirchengütern in weltlichen Besitz. Säkularisationen fanden z. B. während der Reformation, der Französischen Revolution und in Europa unter Napoleon statt.

Schreckensherrschaft
Die radikalen Jakobiner unter Robespierre errichteten nach der Hinrichtung des französischen Königs eine Schreckensherrschaft. Jeder, der verdächtigt wurde, die Revolution nicht zu unterstützen, wurde vor ein Schnellgericht gezerrt und in der Regel hingerichtet.

Sonnenkönig
In seiner Selbstdarstellung als absoluter Herrscher hat sich Ludwig XIV. mit dem Symbol der Sonne umgeben, weil sich um ihn der Hofstaat, das Land und Europa drehen sollten.

Soziale Frage
Bezeichnung für die ungelösten Probleme der Arbeiter im 19. Jahrhundert, die durch die Industrialisierung entstanden waren: schlechte Arbeitsbedingungen, lange Arbeitszeiten zu niedrige Löhne, hohe Arbeitslosigkeit, fehlende Versicherungen, schlechte Wohn- und Lebensverhältnisse.

Sozialgesetzgebung
Dies sind unter Bismarck eingeführte Gesetze zur Verbesserung der Arbeits- und Lebensverhältnisse benachteiligter Schichten, wie Arbeiter, Lehrlinge und ältere Menschen.

Sozialismus
(von lat. socius = Gefährte, Kampfgenosse)
Diese Lehre von Marx und Engels hat die ideale Gesellschaft als Ziel. In ihr sollen alle Ungleichheiten und Ungerechtigkeiten der industriellen Gesellschaft überwunden sein. Der Sozialismus ist aber nur die Übergangsphase zum Kommunismus (von lat. commune = Gemeinschaft, Gemeingut). In dieser Gesellschaft gehört allen alles, die gemeinsame Produktion kommt jedem zugute.

Stadtrepublik
Ein Staat, dessen Gebiet sich auf die Fläche einer Stadt und ihr Umland beschränkt. Venedig und Genua wurden von ihren Patriziern geführt. Aus ihren Reihen wurde ein Doge (Anführer) gewählt, der das Oberhaupt der Stadt war.

Stand
Frankreich war im 18. Jahrhundert noch wie die Ständegesellschaft des Mittelalters von einer festen Ordnung geprägt. Der 1. Stand war der Klerus (Geistlichkeit), der 2. Stand der Adel und im 3. Stand sammelte sich der Großteil der Bevölkerung, z. B. Bauern, Handwerker und Bürger.

Stehendes Heer
Ein dauernd unter Waffen stehendes und damit jederzeit einsatzbereites Heer.

Studentenverbindung/ Burschenschaft
Hierbei handelt es sich um einen Verband von Studenten und Absolventen (Alumni) einer Universität, der Bräuche und gewachsene Traditionen pflegt (eigene Regeln, Farben und z. T. Fechtübungen und -kämpfe bei schlagenden Verbindungen). Im Zuge der Einheitsbewegung wurde kurzzeitig das Ziel verfolgt, auch alle Studentenverbindungen zu vereinigen.

T

Theologie
(altgriech.: theos = Gott und logos = Lehre)
Hierbei handelt es sich um die Lehre von Gott.

U

Universalgenie
Begriff für eine gelehrte Person, die sich auf verschiedenen (wissenschaftlichen) Gebieten durch außergewöhnliche Leistungen hervorgetan hat.

Unternehmer
Eine Person, die einen Gewerbebetrieb als wirtschaftliches „Unternehmen" führt. Während der Industrialisierung kam den Leitern und Besitzern der jetzt entstehenden Industrieunternehmen, der Fabriken, immer größere Bedeutung zu. Sie entschieden über Investitionen, Einstellung und Entlassung der Arbeiter und z. B. Formen der Produktion.

V

Verfassung
Eine Verfassung legt fest, welche Aufgaben und Rechte die Bürger haben und wer den Staat regiert. Sie kann eine geschriebene Verfassung sein, wie etwa das Grundgesetz der Bundesrepublik Deutschland.

Vernunft
Die Vernunft sollte nach Auffassung der Aufklärung das Denken und Handeln der Menschen bestimmen.

Vizekönig
Vertreter/Vertreterin des eigentlichen Königs. Diese Konstellation war häufig bei den Überseereichen anzutreffen, bei denen das neu eroberte Territorium nicht direkt regiert werden konnte.

vogelfrei
Dies ist ein Begriff der alten deutschen Rechtslehre. Wer für vogelfrei erklärt wurde, durfte von jedermann straflos getötet werden.

Vormärz
Als „Vormärz" wird im Allgemeinen die Zeitspanne zwischen der Julirevolution in Frankreich im Jahre 1830 und 1848 bezeichnet. In ihr vollzogen sich starke politische und gesellschaftliche Veränderungen. Die Bezeichnung kommt daher, weil im Jahr 1848 dann die Märzrevolution im Deutschen Reich erfolgte.

W

Westfälischer Friede
Von 1645 bis 1648 berieten Abgeordnete der am Dreißigjährigen Krieg beteiligten Staaten in den westfälischen Städten Münster und Osnabrück, um einen Friedensschluss in diesem Krieg zu erwirken. Dieser wurde 1648 im sogenannten Westfälischen Frieden festgehalten.

Z

Zoll
(spätlat.: teloneum = Gebührenstelle)
Hierunter ist eine Geldabgabe zu verstehen, die beim Transport einer Ware über eine Zollgrenze hinweg anfällt.

Register

Textquellenverzeichnis

1. Neue Horizonte – neue Welten

S. 15 Q1: Zit. n. Peter G. Thielen; Günther Walzik (Hrsg.), Der Mensch und seine Welt. Geschichte – Politik für die Sekundarstufe I, übers. v. Peter G. Thielen, Bd. 2: Vom hohen Mittelalter bis ins Zeitalter des Absolutismus, Bonn (Dümmler) 1974, S. 105 **S. 15 Q2:** Anna Maria Brizio (Übers.), Leonardos Worte, Stuttgart (Belser) 1985, S. 133 **S. 16 Q1:** Fürsten, Künstler, Humanisten. Renaissance: Anbruch der Neuzeit, hrsg. und übers. von Maria Poelchau. Reinbek (Rowohlt) 1973, S. 26 **S. 19 Q1:** Zit. n. Ingrid Kästner, Johannes Gutenberg, 3. Aufl., Wiesbaden (Springer Fachmedien) 1984, S. 58 **S. 21 Q1:** Zit. n. Wolfgang Reinhard, Die Unterwerfung der Welt: Globalgeschichte der europäischen Expansion, 1415–2015, S. 116 f. **S. 25 Q1:** Eberhard Schmitt (Hrsg. und Übers.): Dokumente zur Geschichte der europäischen Expansion, Bd. 2, München (Beck) 1984, S. 113 **S. 25 Q2:** Christoph Kolumbus, Bordbuch, übers. v. Anton Zahorsky, München (Hugendubel) 2006, S. 35 ff. **S. 33 Q1:** Hermann Homann (Hrsg.), Die Eroberung Mexikos, Stuttgart (Erdmann) 1975, S. 50 **S. 35 Q1:** Miguel Léon-Portilla; Renate Heuer (Hrsg.), Rückkehr der Götter. Die Aufzeichnungen der Azteken über den Untergang ihres Reiches, übers. v. Renate Heuer, München (Middelhauve) 1965 **S. 35 Q2:** Arne Eggebrecht (Hg.), Glanz und Untergang des alten Mexiko. Die Azteken und ihre Vorläufer, Mainz (Phillip von Zabern) 1986, S. 120 **S. 39 Q1:** Christoph Strosetzky (Hg.), Der Griff nach der Neuen Welt, Frankfurt a. M. (Fischer) 1990, S. 274

2. Die Reformationszeit –Kirchenspaltung und Glaubenskonflikt

S. 49 Q1: Zit. n. Helmar Junghans (Hrsg.), Die Reformation in Augenzeugenberichten, übers. und hrsg. v. Franz Lau, Düsseldorf (Rauch) 1973,S. 43 **S. 49 M1:** Hans Kühner (Hrsg. und Übers.): Neues Papstlexikon, Frankfurt/M (Fischer) 1973, S. 43 **S. 50 Q1:** Heinrich Fausel (Hg. u. Übers.), Martin Luther: Leben und Werk, München (Siebenstern), 1967, S. 188 **S. 51 Q2:** Heinrich Fausel (Hrsg. u. Übers.), a. a. O., S. 191 **S. 51 M1:** Autorentext **S. 53 Q1:** Helmar Junghans (Hrsg.), Die Reformation in Augenzeugenberichten, übers. u. hrsg. von Franz Lau, Düsseldorf (Rauch) 1973, S. 58 **S. 55 Q1:** Zit. n. Geschichte in Quellen, Bd. 3. Renaissance, Glaubenskämpfe, Absolutismus, hrsg. v. Fritz Dickmann, Wolfgang Lautemann, Manfred Schlenke, München (BSV) 1970, S. 52 **S. 59 Q1:** Jürgen Herzog, Klosterflucht aus Sitzenroda im Jahr 1523, in: ders., Beiträge zur Residenz- und Reformationsgeschichte der Stadt Torgau (Schriften des Torgauer Geschichtsvereins 8), 1. Aufl., Sax-Verlag Beucha/Markkleeberg 2015, S. 89–102, hier S. 92 **S. 61 Q1:** Zit. n. Geschichte in Quellen, Bd. 3: Renaissance, Glaubenskämpfe, Absolutismus, hrsg. v. Fritz Dickmann, Wolfgang Lautemann, Manfred Schlenke, München (BSV) 1970, S. 52; Quelle dort: Hermann Barge: Der deutsche Bauernkrieg in zeitgenössischen Quellenzeugnissen, Teil 1 (Voigtländers Quellenbücher 71), Leipzig o. J., S. 138–146 **S. 61 Q2:** Martin Luther, Weimarer Ausgabe 1 (= kritische Gesamtausgabe), Sonderedition 2001, S. 299 ff. **S. 63 Q1:** Hans J. Hillerbrandt/Gottfried Brakemeier (Hrsg.), Brennpunkte der Reformation. Vandenhoeck & Ruprecht, Göttingen 1967 **S. 63 Q2:** Zit. n. Geschichte in Quellen, Bd. 3: Renaissance, Glaubenskämpfe, Absolutismus, hrsg. v. Wolfgang Lautemann, Manfred Schlenke, bearb. v. Fritz Dickmann, München (bsv) 1966, S. 204 ff. **S. 64 Q1:** Karl August Credner, Philipps des Großmüthigen Hessische Kirchenreformationsordnung, Gießen 1852, S. 48 ff. **S. 73 Q1** Martin Luther, Von der Freiheit eines Christenmenschen, in: Deutsch-Deutsche Studienausgabe Bd. 1: Glaube und Leben, S. 281

3. Revolution und Reform im Europa der Neuzeit

S. 80 Q1: Zit. n. Karl Heinrich Peter (Übers.): Briefe zur Weltgeschichte, Stuttgart (Cotta) 1961, S. 202 **S. 81 Q2:** Zit. n. Geschichte in Quellen, Bd. 3: Renaissance, Glaubenskämpfe, Absolutismus, a.a. O., München (bsv) 1966, S. 451 **S. 81 Q3:** Zit. n. Geschichte in Quellen, Bd. 3: Renaissance, Glaubenskämpfe, Absolutismus, bearb. V. Fritz Dickmann a.a.O., München (bsv) 1970, S. 429 f. **S. 87 Q1:** Zit. nach: Will und Ariel Durant, Die Geschichte der Zivilisation, Bd. 8. Das Zeitalter Ludwigs XIV., ins Dt. übertr. von Bee Juker. Bern/München (Francke) 1966, S. 707 **S. 87 Q2**: Sigrid Massenbach (Hrsg. und Übers.): Die Memoiren des Herzogs von Saint-Simon, Bd. 3: 1790–1815, Frankfurt/M. u. a.

(Ullstein) 1985, S. 293 f. **S. 97 Q1:** Erich Stahleder (Hg.): Absolutismus und Aufklärung, Ebenhausen (Langewiesche Brandt) 1982, S. 136 f. **S. 97 Q2:** Irmgard A. Hartig und Paul Hartig (Hrsg.): Die Französische Revolution im Urteil der Zeitgenossen und der Nachwelt, Stuttgart (Klett) 1990, o. S. **S. 97 Q3:** Immanuel Kant, Beantwortung der Frage: Was ist Aufklärung? in: Berlinische Monatsschrift, Dezember 1784, 481–494, zit. n. Immanuel Kant, Was ist Aufklärung? Ausgewählte kleine Schriften, hrsg. von Horst D. Brandt. Hamburg 1999, 20–22 **S. 99 Q1:** Zit. n. Robert R. Palmer, Das Zeitalter der demokratischen Revolution: eine vergleichende Geschichte Europas u. Amerikas von 1760 bis zur Französischen Revolution. Übers. v. Herta Lazarus, Frankfurt a. M.: Akademische Verlagsges. (Athenaion) 1959 **S. 99 Q2:** Irmgard A. Hartig und Paul Hartig (Hg.): Die Französische Revolution im Urteil der Zeitgenossen und der Nachwelt, Stuttgart (Klett) 1990, S. 11 **S. 99 Q3:** Zit. n. Reichardt, Rolf (Hg.), Ploetz. Die Französische Revolution, Freiburg (Herder) 1988, S. 35 **S. 101 Q1:** Zit. n. Ina Hartig/Paul Hartig (Hg.), Die Französische Revolution, Stuttgart (Klett) 1984, S. 34 ff. **S. 101 Q2:** Zit. n. Walter Markov (Hg.), Die Französische Revolution im Zeugenstand, Bd. 2, Leipzig (Reclam) 1982, S. 71 **S. 103 Q1:** Zit. n. Walter Markov (Hg.) a.a. O., S. 102 f. **S. 103 Q2:** Cahier de doléances des femmes en 1789 et autres textes; Zit. n. Geschichte auch für Mädchen, hrsg. v. Landesregierung NRW, übers. v. Sabine Franzen, Düsseldorf o. J., S. 20 **S. 105 Q1:** Zit. n. Marcel Gauchet, Die Erklärung der Menschenrechte. Die Debatte um die bürgerlichen Freiheiten 1789, übers. v. Wolfgang Kaiser, Reinbek (Rowohlt) 1991, o. S. **S. 107 Q1:** Francois Victor Alphonse Aulard: Politische Geschichte der Französischen Revolution. Entstehung und Entwicklung der Demokratie und der Republik 1789–1804. Übers. v. Friedrich von Oppeln-Bronikowski. München/Leipzig: Duncker & Humblot 1924 **S. 107 Q2:** Zit. n. Lottemi Doormann, Ein Feuer brennt in mir, Weinheim (Beltz & Gelberg) 1993, S. 104 f. **S. 107 Q3:** Frysak, Viktoria, zit. n.: http://olympe-de-gouges.info/frauenrechte/#erklaerung (letzter Zugriff: 15. 10. 2020) **S. 111 Q1:** Georges Danton: Über die Besteuerung der Reichen, 1793, in: Reden, die die Welt bewegten, Essen (Phaidon Verlag), 1998, S. 59 **S. 111 Q2:** Zit. n.Martin Göhring, Geschichte der großen Revolution, Bd. 2, Vom Liberalismus zur Diktatur, Tübingen (Mohr) 1951, S. 382 **S. 113 Q1:** Barack Obama: Rede beim „Konzert der Hoffnung" am 11. September 2011, zit. nach: http://blogs.usembassy.gov/amerikadienst/category/terrorismus (letzter Zugriff: 15. 10. 2020)

4. Die deutschen Staaten und Europa im 19. Jahrhundert

S. 121 Q1: Eckart Kleßmann, Die Französische Revolution in Augenzeugenberichten. Düsseldorf (Rauch) 1973, S. 397 **S. 123 Q1:** Marianne Prell: Erinnerungen aus der Franzosenzeit in Hamburg 1806–1814: Für Kinder erzählt von einer Hamburgerin, Hamburg (Verlag Gustav Eduard Nolte, Herold'sche Buchhandlung), 1873, o. S. **S. 123 Q2:** Friedrich M. Kircheisen (Hrsg.), Gespräche Napoleons I., Stuttgart (Verlag Robert Lutz) 1911, o. S. **S. 127 Q1:** Heinrich Theodor Flathe, Geschichte des Kurstaates und Königreiches Sachsen, 3. Band, Gotha (Friedrich Andreas Perthes) 1873, S. 106 **S. 127 Q2:** Clemens Wenzel von Metternich, Denkwürdigkeiten, Band 1, hrsg. v. Otto H. Brandt, München (Georg Müller) 1926, S. 246 **S. 129 Q1:** An mein Volk – Seine Majestät der König haben mit Seiner Majestät dem Kaiser aller Reußen ein Off- und Defensiv-Bündnis abgeschlossen. Schlesische privilegierte Zeitung vom 20. März 1813, S. 593 f. **S. 133 Q1:** Zit. n. Klaus Günzel, Der Wiener Kongress. Geschichte und Geschichten eines Welttheaters. München (Koehler & Amelang) 1995, S. 127 **S. 135 Q1:** Ingo Zimmermann, Sachsens Markgrafen, Kurfürsten und Könige, Berlin (BVA Union) 1990, S. 100 **S. 137 Q1:** Zit. n. Heinrich Meisner, Friedrich Schleiermachers Briefwechsel mit seiner Braut, Gotha (Friedrich Andreas Perthes) 1919, S. 23 **S. 139 Q1:** Johann August Wirth, Das Nationalfest der Deutschen zu Hambach, Nachdruck der Ausgabe von 1832, Neustadt a.d. Weinstraße (Meininger) 1981, S. 12 f. **S. 139 Q2:** Zit. n. Manfred Görtemaker, Deutschland im 19. Jahrhundert (= Schriftenreihe der Bundeszentrale für politische Bildung, Band 274), Bonn 1989, S. 92 f. **S. 141 Q1:** Verfassungsurkunde für das Königreich Sachsen 4. September 1831 (Sächsische

Gesetzsammlung 1831, S. 241) **S. 143 Q1:** August Hoffmann von Fallersleben (Hg.), Schlesische Volkslieder mit Melodien aus dem Munde des Volkes, Leipzig (Breitkopf & Härtel) 1842, S. 307 **S. 143 Q2:** August Hoffmann von Fallersleben, Unpolitische Lieder, zweiter Teil, Hamburg (Hoffmann & Campe) 1841, o.S. **S. 145 Q1:** Friedrich List, Schriften, Reden, Briefe. Bd. 1/ Teil 2, hrsg. v. Erwin Beckerath u. a., Berlin 1929, S 491 f. **S. 145 Q2:** Zit. n. Hans-Werner Hahn, Marko Kreutzmann: Der deutsche Zollverein, Köln (Böhlau) 2012, S. 22 **S. 147 Q1:** Zit. n. Tim Klein (Hrsg.), Der Vorkämpfer deutscher Einheit und Freiheit, München 1927, S. 209 **S. 149 Q1:** Zit. nach Günter Schönbrunn (Hg.), Das bürgerliche Zeitalter 1815–1914 (= Geschichte in Quellen, Bd. V, hrsg. v. Wolfgang Lautemann und Manfred Schlenke), München (bsv) 1980, S. 228 f. Quelle dort: Ernst Rudolf Huber, Dokumente zur deutschen Verfassungsgeschichte, Bd. 1, Stuttgart 1961, Nr. 102, S. 304 ff. **S. 150 Q1:** Aus dem Briefwechsel Friedrich Wilhelms IV. mit Bunsen, hrsg. v. Leopold v. Ranke, Leipzig (Duncker & Humblot) 1873, S. 235 **S. 151 Q2:** Zit. n. http://www.liederlexikon.de/lieder/schlaf_mein_kind_schlaf_leis/editiona (letzter Zugriff: 10. 10. 2020) **S. 151 Q3:** Walter Bußmann, Zwischen Preußen und Deutschland. Friedrich Wilhelm IV. Eine Biographie, Berlin (Siedler) 1990, S. 289 **S. 152 Q1:** Rede des Bundespräsidenten Roman Herzog anlässlich der Veranstaltung „150 Jahre Revolution von 1848/49" in der Paulskirche zu Frankfurt am Main; URL: https://www.bundespraesident.de/SharedDocs/Reden/DE/Roman-Herzog/Reden/1998/05/ 19980518_Rede.html (letzter Zugriff: 11. 9. 2020) **S. 159 Q1:** Günter Schönbrunn (Bearb.), Geschichte in Quellen, Bd. 5: Das bürgerliche Zeitalter 1815–1914, München (bsv), 1970, S. 312 **S. 159 Q2:** Bruno Walden (Hrsg.), Otto von Bismarck. Gesammelte Werke, Bd. 5, Berlin (UV) 1941, S. 95 **S. 163 Q1:** Gustav W. Heinemann, Allen Bürgern verpflichtet. Reden des Bundespräsidenten 1969–1974, Frankfurt/M. (Suhrkamp) 1974, S. 46

5. Industrialisierung und Soziale Frage

S. 173 Q1: Werner Pöhls (Hrsg.), Deutsche Sozialgeschichte 1815–1870. Ein historisches Lesebuch, München (C. H. Beck) 41988, S. 371 **S. 175 M1:** Wilhelm Bleek, Vormärz. Deutschlands Aufbruch in die Moderne. Szenen aus der deutschen Geschichte 1815–1848, C. H. Beck, München 2019, S. 198 **S. 179 M1:** Zit. n. Jürgen Kocka, Die Angestellten in der deutschen Geschichte 1850–1980 vom Privatbeamten zum angestellten Arbeitnehmer. Göttingen (Vandenhoeck& Ruprecht) 1981, S. 40 **S. 185 M1:** Jürgen Kuczynski, Geschichte des Alltags des deutschen Volkes. Bonn (Pahl-Rugenstein) 1981, S. 258 **S. 185 Q1:** Zit. n. Carl Jantke, Der Vierte Stand, Freiburg (Herder) 1955, S. 178 **S. 185 Q2:** Heidi Rosenbaum, Formen der Familie. Frankfurt/M. (Suhrkamp) 1982, S. 408 f. **S. 189 Q1:** Hamburger Freie Press 16. 11. 1892 Zit. n. https://www.hamburg.de/contentblob/111730/a807a2dd5fe86b4b-4652c8da43811787/data/grossbuch.pdf (letzter Zugriff: 16. 10. 2020) **S. 189 Q2:** Hamburger Fremdenblatt 13. 09. 1892 zit. n.https://www.hamburg.de/contentblob/111730/a807a2dd5fe86b4b4652c8da43811787/data/grossbuch.pdf (letzter Zugriff: 16. 10. 2020) **S. 193 Q1:** Zit. n. Helmut Hirsch (Hg.), August Bebel: Sein Leben in Dokumenten, Reden u. Schriften, Köln/ Berlin (Kiepenheuer u. Witsch) 1968, S. 352 **S. 193 Q2:** Zit. nach Günter Schönbrunn (Hrsg.), Das bürgerliche Zeitalter 1815–1914 (= Geschichte in Quellen, Bd. V, hrsg. v. Wolfgang Lautemann und Manfred Schlenke), Bayerischer Schulbuchverlag, München 1980, S. 884. Quelle dort: Deutsche Parteiprogramme, hrsg. v. Wilhelm Mommsen, München (Isar Verlag) 1960 **S. 199 Q1:** Alters- und Invali-ditätsrentenversicherung aus dem Reichsgesetzblatt 1889, Nr. 13 (Nr. 1858), in: Walter Steitz (Hrsg.), Quellen zur deutschen Wirtschafts- und Sozialgeschichte von der Reichsgründung bis zum Ersten Weltkrieg, Darmstadt (Wissenschaftliche Buchgesellschaft) 1985, S. 148

Bildquellenverzeichnis

Titelbild: Imago Stock & People GmbH/Hanke

1. Neue Horizonte – neue Welten

S. 10/11: dpa Picture-Alliance/Reuters/Enrique Shore; **S. 13|2:** Shutterstock.com/Josue Uh; **S. 13|3:** mauritius images/Pitopia; **S. 14|l.o.:** akg-images/Nimatallah; **S. 14|l.m.:** bpk/Alinari Archives/Bencini, Raffaello; **S. 14|l.u.:** bpk/Alinari Archives/Alinari; **S. 15|3:** Bridgeman Images/Louvre, Paris, France; **S. 15|4:** akg-images; **S. 15|5:** bpk/Scala; **S. 16|1:** bpk/Bayerische Staatsgemäldesammlungen; **S. 16|2:** bpk/Alfredo Dagli Orti; **S. 16|l.u.:** akg-images/Erich Lessing; **S. 17|o.r.:** © Look and Learn / Bridgeman Images; **S. 17|3:** mauritius images/Pitopia; **S. 19|2:** akg-images; **S. 19|o.r.:** akg-images; **S. 19|M1:** Medienpädagogischer Forschungsverbund Südwest (www.mpfs.de); **S. 20|l.m.:** akg-images/Roland and Sabrina Michaud; **S. 21|2:** akg-images/Roland and Sabrina Michaud; **S. 22|1:** Bridgeman Images; **S. 22|2:** akg-images; **S. 22|3:** akg-images; **S. 24|l.m.:** Bridgeman Images/SZ Photo; **S. 25|2:** akg-images; **S. 27|1:** Shutterstock.com/wavebreakmedia; **S. 30|o.:** akg-images/Album/Prisma; **S. 30|u.:** bpk/Scala – courtesy of the Ministero Beni e Att. Culturali; **S. 30|m.:** akg-images; **S. 31|o.:** akg-images/De Agostini Picture Lib./G. Dagli Orti; **S. 32|1:** Bridgeman Images/Sean Sprague/Mexicolore; **S. 32|l.:** Shutterstock.com/Atlaspix; **S. 33|2:** Bridgeman Images/Biblioteca Nazionale Centrale, Florence, Italy; **S. 33|3:** Brightman Images/ National Geographic Creative; **S. 34|1:** Bridgeman Images/SZ Photo/Scherl; **S. 34|2:** akg-images/Album/Oronoz; **S. 35|3:** Bridgeman Images; **S. 37|1:** bpk/Hermann Buresch/© Banco de México Diego Rivera Frida Kahlo Museums Trust/VG Bild-Kunst, Bonn 2020; Diego Rivera: Landung der Spanier in Veracruz, Detail, 1951; **S. 37|2:** akg-images; **S. 38|1:** bpk/Kunstbibliothek, SMB/Knud Petersen; **S. 40|1:** Gregory A. Harlin/National Geographic Image Collection / Bridgeman Images; **S. 40|2:** Bridgeman Images/Hong Nian Zhang; **S. 40|l.m.:** Pictures from History / Bridgeman Images; **S. 41|1 (Wh. S. 6):** akg-images/Erich Lessing; **S. 41|2 (Wh. S. 6):** dpa Picture-Alliance/newscom/Minneapolis Star Tribune

2. Die Reformationszeit – Kirchenspaltung und Glaubenskonflikt

S. 44/45: akg-images; **S. 48|1:** bpk/Scala; **S. 49|2:** © Albertina, Wien / www.albertina.at; **S. 50|1:** Johannes Saurer & Ulrike Albers, aus: 'Martin Luther,ein Mönch verändert die Welt', 2016; **S. 51|2:** akg-images; **S. 51|3:** bpk / Germanisches Nationalmuseum, Leihgabe der Paul Wolfgang Merkel'schen Familienstiftung / Dirk Meßberger; **S. 52|1:** akg-images; **S. 53|2:** akg-images; **S. 54|1:** akg-images; **S. 55|2:** akg-images/Erich Lessing; **S. 57|1:** akg-images; **S. 57|2:** akg-images; **S. 58|1:** Shutterstock.com/Sina Ettmer Photography; **S. 59|2:** akg-images; **S. 60|1:** akg-images; **S. 60|l.u.:** bpk; **S. 61|2:** akg-images/Dieter Demme/© VG Bild-Kunst, Bonn 2020; Werner Tübke: Frühbürgerliche Revolution in Deutschland, 1983/87, Detail; **S. 62|1:** akg-images; **S. 62|l.m.:** Bridgeman Images/SZ Photo / Sammlung Megele; **S. 63|2:** bpk/Gemäldegalerie, SMB, Kaiser Friedrich-Museums-Verein/Volker-H. Schneider; **S. 64|1:** akg-images; **S. 64|2:** akg-images; **S. 65|l.o.:** Photo © Christie's Images / Bridgeman Images; **S. 65|3:** akg-images/Bildarchiv Monheim; **S. 66|1:** Shutterstock.com/Alastair Wallace; **S. 66|2:** Shutterstock.com/Boerescu; **S. 66|l.o.:** akg-images/WHA/World History Archive; **S. 66|l.m.:** Bridgeman Images// G. Dagli Orti /De Agostini Picture Library; **S. 66|l.u.:** akg-images/De Agostini Picture Lib.; **S. 67|3:** stock.adobe.com/Jordan; **S. 67|4:** Shutterstock.com/Patrick Poendl; **S. 68|1:** akg-images/Erich Lessing; **S. 70/71:** akg-images/Erich Lessing; **S. 72|1:** akg-images; **S. 72|l.o.:** akg-images; **S. 72|l.m.:** Photo © Photo Josse / Bridgeman Images; **S. 72|l.u.:** Bridgeman Images; **S. 73|1:** akg-images/Schadach; **S. 73|2:** bpk/Kupferstichkabinett, SMB/Jörg P. Anders; **S. 74|1 (Wh. S. 7):** akg-images/Erich Lessing; **S. 74|2 (Wh. S. 7):** akg-images/Imagno; **S. 74|3 (Wh. S. 7):** akg-images/Rabatti & Domingie; **S. 74|4 (Wh. S. 7):** Bridgeman Images/ Master John (fl.1544)/National Portrait Gallery, London, UK; **S. 75|5 (Wh. S. 7):** akg-images; **S. 75|6 (Wh. S. 7):** Dinodia / Bridgeman Images; **S. 75|7 (Wh. S. 7):** Photo © Fine Art Images / Bridgeman Images; **S. 75|8 (Wh. S. 7):** akg-images/bilwissedition; **S. 75|9 (Wh. S. 7):** akg-ima ges; **S. 75|10 (Wh. S. 7):** interfoto e.k./Sammlung Rauch

3. Revolution und Reform im Europa der Neuzeit

S. 76/77 (Wh. S. 6): stock.adobe.com/Olena Z, Schlösserland Sachsen; **S. 79|2:** akg-images/Bildarchiv Steffens; **S. 80|1:** bpk/The Trustees of the British Museum; **S. 80|2:** akg-images/Erich Lessing; **S. 80|l.u.:** bpk/Deutsches Historisches Museum/Arne Psille; **S. 81|3:** akg-images/VISIOARS; **S. 83|1 (Wh. S. 6):** bpk/RMN – Grand Palais/Angèle Dequier; **S. 84|1:** akg-images/Jean-Claude Varga; **S. 84|l.m.:** bpk/adoc-photos; **S. 88|o.:** akg-images/Erich Lessing; **S. 88|m.:** akg-images; **S. 88|u.:** akg-images/Pictures From History; **S. 89|o.:** bpk/Stiftung Preussische Schlösser und Gärten Berlin-Brandenburg/Jörg P. Anders; **S. 89|u.:** Bridgeman Images; **S. 91|2:** akg-images; **S. 91|3:** bpk/Staatliche Kunstsammlungen Dresden; **S. 91|4:** bpk/Münzkabinett, SMB/Lübke & Wiedemann; **S. 92|1:** Shutterstock.com/Sina Ettmer Photography; **S. 92|2:** akg-images/Günter Schneider; **S. 93|o.r.:** akg-images; **S. 93|3:** akg-images/arkivi; **S. 94 /95 (Wh. S. 8):** akg-images; **S. 96|1 (Wh. S. 7):** akg-images; **S. 96|l.o. (Wh. S. 7):** akg-images; **S. 96|l.u. (Wh. S. 7):** bpk/RMN – Grand Palais/René-Gabriel Ojéda; **S. 97|r.o. (Wh. S. 7):** akg-images; **S. 97|l.o. (Wh. S. 7):** bpk; **S. 98|1:** Kunstsammlungen der Veste Coburg, www.kunstsammlungen-coburg.de; **S. 99|2:** akg-images/Erich Lessing; **S. 100|1:** akg-images/Erich Lessing; **S. 101|2:** akg-images/Jacques-Louis David; **S. 102|1:** bpk/RMN – Grand Palais; **S. 102|l.o.:** akg-images; **S. 102|l.u.:** mauritius images/alamy stock photo/Gavin Hellier; **S. 103|2:** akg-images; **S. 103|3:** akg-images; **S. 104|1:** bpk/adoc-photos; **S. 104|2:** © Look and Learn / Bridgeman Images; **S. 105|3:** Bridgeman Images; **S. 106|1:** akg-images; **S. 106|2:** akg-images/Erich Lessing; **S. 107|3:** Bridgeman Images/Granger; **S. 107|r.:** Bridgeman Images/ Kucharski, Alexandre (1741–1819); **S. 109|2:** dpa Picture-Alliance/Horacio Villalobos; **S. 110|1:** Bridgeman Images; **S. 110|l.:** akg-images; **S. 111|2:** Musee de la Ville de Paris, Musee Carnavalet, Paris, France/Bridgeman Images; **S. 111|r.o.:** Shutterstock.com/Tata Donets; **S. 111|r.m.:** akg-images; **S. 111|r.u.:** akg-images/Fototeca Gilardi; **S. 112|1:** akg-images; **S. 112|l.o.:** Shutterstock.com/Mike McDonald; **S. 112|l.m.:** Shutterstock.com/charnsitr; **S. 112|l.u.:** Shutterstock.com/shutterupeire; **S. 113|1a:** Bridgeman Images; **S. 113|1b:** akg-images/Günter Schneider; **S. 113|1c:** akg-images; **S. 113|1d:** Kunstsammlungen der Veste Coburg, www.kunstsammlungen-coburg.de; **S. 113|2:** akg-images

4. Die deutschen Staaten und Europa im 19. Jahrhundert

S. 116/117: akg-images; **S. 119|2:** akg-images; **S. 120|l.o.:** bpk/Daniel Arnaudet/RMN – Grand Palais/Jean Schormans; **S. 120|1:** bpk/Kunstbibliothek, SMB/Knud Petersen; **S. 121|2:** akg-images/Erich Lessing; **S. 121|r.o.:** bpk/Hermann Buresch; **S. 122|l.o.:** Shutterstock.com/Kamira; **S. 124|1:** bpk; **S. 124|2:** bpk/Kunstbibliothek, SMB/Knud Petersen; **S. 125|3:** akg-images; **S. 125|4:** dpa Picture-Alliance/IMAGNO/Schostal Archiv; **S. 125|5:** akg-images/English Heritage/Heritage-Images/Historic England; **S. 126|l.o.:** Shutterstock.com/yui; **S. 126|l.u.:** akg-images; **S. 127|2:** akg-images/Heritage Images/Fine Art Images; **S. 128|1:** dpa Picture-Alliance/dpa-Zentralbild/Peter Endig, mit freundl. Erlaubnis des VJV Leipzig 1813 e.V.; **S. 129|2:** bpk; **S. 129|3:** akg-images; **S. 131|1:** stock.adobe.com/M. Schönfeld; **S. 131|2:** Shutterstock.com/josefkubes; **S. 132|l.:** akg-images/Erich Lessing; **S. 133|2:** The Stapleton Collection / Bridgeman Images; **S. 134|1:** bpk/Stiftung Preussische Schlösser und Gärten Berlin-Brandenburg/Daniel Lindner; **S. 134|2:** bpk/Hermann Buresch; **S. 136|1:** akg-images; **S. 136|2:** akg-images; **S. 137|3:** akg-images; **S. 138|1:** akg-images; **S. 138|2:** akg-images; **S. 139|3:** akg-images; **S. 140|1:** Stadtgeschichtliches Museum Leipzig, Nr. O 5/56; **S. 141|2:** bpk/Staatliche Kunstsammlungen Dresden; **S. 143|1:** akg-images; **S. 144|1:** akg-images; **S. 144|l.:** akg-images; **S. 146|l.:** akg-images/Erich Lessing; **S. 147|2:** bpk/Dietmar Katz; **S. 147|r.u.:** akg-images; **S. 148|1:** bpk/Germanisches Nationalmuseum/Jürgen Musolf; **S. 148|2:** akg-images; **S. 148|l.u.:** Shutterstock.com/Sina Ettmer Photography; **S. 149|3:** bpk; **S. 150|1:** bpk/Dietmar Katz; **S. 150|l.:** akg-images; **S. 151|2:** akg-images; **S. 152|2:** bpk; **S. 153|r.o.:** akg-images; **S. 153|2:** bpk; **S. 154/155:** bpk; **S. 157|1:** bpk; **S. 157|2:** bpk/Geheimes Staatsarchiv, SPK/Thomann; **S. 158|l.o.:** akg-images; **S. 158|l.u.:** Shutterstock.com/VanderWolf Images; **S. 159|2:** bpk/RMN – Grand Palais/Franck Raux; **S. 159|3:** akg-images; **S. 160|1:** akg-images; **S. 161|3.:** bpk; **S. 162|1:** akg-images/Pirozzi; **S. 162|l.o.:** Shutterstock.com/vectorissimo; **S. 162|l.m.:** bpk/Alinari

Archives/Ranzani Mauro; **S. 162|l.u.:** akg-images/Mondadori Portfolio; **S. 163|1:** Shutterstock.com/CL-Medien; **S. 163|2:** akg-images;

5. Industrialisierung und Soziale Frage

S. 166/167: bpk; **S. 169|u. (Wh. S. 6):** Shutterstock.com/ChickenDoodleDesigns; **S. 170|1:** Bridgeman Images/Granger; **S. 170|2:** Bridgeman Images/Granger; **S. 171|3:** akg-images; **S. 173|2:** interfoto e.k./Sammlung Rauch; **S. 174|1:** INTERFOTO / Sammlung Rauch; **S. 175|2:** akg-images; **S. 177|1:** akg-images/Bildarchiv Monheim; **S. 177|2:** Katrin Roth; **S. 177|3:** Katrin Roth; **S. 178|1:** Industriemuseum Chemnitz im Sächsischen Industriemuseum; **S. 178|2:** interfoto e.k./Friedrich; **S. 179|3:** Industriemuseum Chemnitz im Sächsischen Industriemuseum; **S. 180|o.:** Industriemuseum Chemnitz im Sächsischen Industriemuseum; **S. 180|zw.v.o.:** SLUB Dresden / Deutsche Fotothek / Unbekannter Fotograf; **S. 180|dr.v.o.:** © SZ Photo / Knorr + Hirth / Bridgeman Images; **S. 180|u.r.:** Esche-Museum, Limbach Oberfrohna; **S. 180|u.l.:** Esche-Museum, Limbach-Oberfrohna; **S. 181|o.:** Industriemuseum Chemnitz im Sächsischen Industriemuseum; **S. 181|m.:** mauritius images/alamy stock photo/Zip Lexing; **S. 181|u.:** mauritius images/alamy stock photo/The History Collection; **S. 182|1:** bpk/Heinrich Lichte; **S. 182|2:** akg-images; **S. 182|l.m.:** bpk; **S. 183:** akg-images; **S. 184|1:** bpk/Georg Buxenstein; **S. 184|l.m.:** interfoto e.k./Sammlung Rauch; **S. 185|3:** akg-images; **S. 187|1:** akg-images/Science Source; **S. 187|2:** akg-images; S. **187|3:** bpk/Georg Büxenstein; **S. 188|1:** Granger / Bridgeman Images; **S. 188|2:** akg-Images/Glasshouse Images; **S. 188|3:** akg-images/Erich Lessing; **S. 189:** akg-images/IAM; **S. 190|o.:** akg-images; **S. 190|zw.v.o.:** akg-images; **S. 190|zw.v.u.:** akg-images; **S. 190|u.:** akg-images; **S. 191|o.:** akg-images; **S. 191|m.:** akg-images/Science Photo Library; **S. 191|u.:** bpk/Reichard Lindner; **S. 192|1:** © Saurer & Albers, Moisburg 2017; **S. 192|l.o.:** akg-images/Bildarchiv Monheim, Entwurf Karl-Marx-Monument: Lew Kerbel; **S. 192|u.:** akg-images; **S. 193|2:** © Saurer & Albers, Moisburg 2017; **S. 194/195:** akg-images; S. **196|1:** bpk; **S. 197|2:** dpa Picture-Alliance/Globus-Grafik; **S. 198|1 (Wh. S. 6):** bpk; **S. 198|l.o. (Wh. S. 6):** akg-images/Imagno/k. A.; **S. 198|l.m. (Wh. S. 6):** bpk/Félix Nadar; **S. 198|l.u. (Wh. S. 6):** bpk; **S. 198|2 (Wh. S. 6):** mauritius images/Science Faction; **S. 199|1:** bpk/Dietmar Katz; **S. 199|2:** bpk/Deutsches Historisches Museum; **S. 200:** akg-images/De Agostini Picture Lib./G. Nimatallah

Illustrationen und Karten:

Cornelsen/Klaus Becker: S. 18|1; S. 23|4–7; **Cornelsen/Thomas Binder:** S. 28/29; Cornelsen/Volkhard Binder: S. 12|1; **Cornelsen/Carlos Borrell Eikötter:** S. 20|1; S. 24|1; S. 39|3; S. 46|1; S. 61|3; S. 65|2; S. 78|1; S. 90|1; S. 118|1; S. 122|1; S. 123|2; S. 123|3; S. 126|1; S. 132|1; S. 135|3; S. 145|4; S. 146|1; S. 150|1; S. 165; S. 168|1 (Wh. S. 6); S. 172|1; S. 201; **Cornelsen/Elisabeth Galas:** S. 14|2; S. 38|2; S. 86|1; S. 86|2; S. 87|3; S. 109|1; S. 161|2; **Cornelsen/Elisabeth Galas, bearb. v. zweiband.media:** S. 97|2; S. 97|3; S. 184|2; **Cornelsen/Erfurth Kluger Infografik GbR:** S. 73|3; **Cornelsen/Carsten Märtin:** S. 13|o.r.; S. 43; S. 47; S. 79|o.r.; S. 119|o.r.; S. 169|o. (Wh. S. 6); **Cornelsen/Hans Wunderlich:** S. 85|2